Knötel/Sieg

FARBIGES HANDBUCH DER UNIFORMKUNDE

Knötel/Sieg

FARBIGES HANDBUCH DER UNIFORMKUNDE

Band 2: Die Entwicklung der militärischen Tracht der europäischen und außereuropäischen Staaten bis 1937 mit Ausnahme der in Band 1 behandelten Streitkräfte

Begründet von Prof. Richard Knötel
grundlegend überarbeitet und bis zum Stand von 1937
fortgeführt von Herbert Knötel d. J. und Herbert Sieg

Mit mehr als 800 farbigen Uniformdarstellungen auf
100 Tableaus nach Zeichnungen von Prof. Richard Knötel
und Herbert Knötel d. J.

Bechtermünz Verlag

Genehmigte Lizenzausgabe für
Bechtermünz Verlag im
Weltbild Verlag GmbH, Augsburg 1996

Umschlaggestaltung: Adolf Bachmann, Reischach
Gesamtherstellung: New Interlitho S. P. A.
Printed in Italy
ISBN 3-86047-165-1

Farbiges Handbuch der Uniformkunde

Vorwort

Das von Professor Richard Knötel Ende des letzten Jahrhunderts begründete „Handbuch der Uniformkunde“ wurde in den dreißiger Jahren von Herbert Knötel und Herbert Sieg grundlegend überarbeitet und erweitert. Es bot einen so umfassenden Überblick über die Entwicklung der Uniform europäischer und außereuropäischer Heere, von den Anfängen bis 1937, wie kein anderes Werk. Seither sind davon bereits acht weitere Auflagen als Nachdruck erschienen.

Der Wunsch nach einer farbigen Ausgabe des bis dahin schwarzweiß illustrierten Werkes konnte 1985 für den Teilbereich Deutschland, Österreich-Ungarn und die Schweiz erfüllt werden. Nun liegt auch der zweite Teil in Farbe und im größeren Format vor. Es werden darin die europäischen und außereuropäischen Staaten behandelt, mit Ausnahme der in Band 1 aufgenommenen Streitkräfte.

Der Stand von 1937 wurde auch bei diesem Band beibehalten. Der unverhältnismäßig große Aufwand, den eine Fortführung bis in heutige Zeit erfordert hätte, sollte dem Erscheinen nicht im Wege stehen.

Die Landheere

Albanien

(Kokarde rot-schwarz-rot)

In der kurzen Zeit des Bestehens des Fürstentums Albanien 1912/1914 trug das Heer hellgraue Uniformen in Form der albanischen Nationaltracht mit schwarzen Abzeichen und Verschnürung. Rangabzeichen am Kragen und auf den Achselstücken, Kalpak. Mannschaften für den Felddienst Landestracht (Abb. 1 a, b)

Nach dem I. Weltkrieg erhielt die Armee eine graugrüne Uniform. Die Feldbluse hatte Stehkragen mit waffenfarbigen Patten, versenkte Brust- und Seitentaschen mit geschweiften Patten. Die schirmlose Feldmütze österreichischer Form trug über der Stirn auf dem Kopfteil den Skanderbeghelm (Rundhelm mit aufliegendem Antilopenschädel) sowie waffenfarbigen Vorstoß um den Aufschlag. Die Hose mit Wickelgamaschen für die Mannschaft war aus Grundtuch, Lederzeug braun, Schuhzeug schwarz. Von Offizieren und Unteroffizieren wurde in und außer Dienst blanke Seitenwaffe nicht getragen, wohl aber an der linken Seite die durch einen Schulterriemen über die rechte Schulter gehaltene Pistole am Koppel. Die Rangabzeichen der Unteroffiziere bestanden in 1–3 schmalen senkrechten Goldtressen auf den Kragenpatten, bei Offizieren in 1–3 Silbersternen auf den Kragenpatten, die für Subalternoffiziere einen breiten grundfarbigen Mittelstreifen, für Stabsoffiziere grundfarbene Randstreifen aufwiesen und an der linken Seite der Feldmütze in goldenen senkrechten Rangtressen 1–3, Stabsoffiziere mit mittelbreiter Tresse davor.

Waffenfarben: Generale und Generalstab scharlachrot, königliche Garde dunkelkarmin, Infanterie grün, Artillerie dunkelblau, Genie violett.

1929 erhielt die Feldbluse aufgesetzte Taschen, spitze Achselklappen mit waffenfarbigem Vorstoß sowie einen vollwaffenfarbigen Stehkragen, auf dem in den Ecken für Mannschaften und Unteroffiziere die Abteilungsnummer in gelbem Metall befestigt wurde, die Unteroffiziersrangabzeichen in Gestalt von 1–3 senkrechten Balken dahinter. Die Offiziersgrade wurden nunmehr durch 1–3 waagerecht nebeneinander an den Kragenecken angebrachte goldene fünfstrahlige Sterne gekennzeichnet, bei den Stabsoffizieren trat eine schmale Goldtresse am vorderen und unteren Kragenrand bis zur Höhe des Achselstücks hinzu, während die Generale eine mittelbreite goldene Tresse am vorderen und unteren Kragenrand ringsum hatten. Der zweireihige Mantel aus Grundtuch ohne farbige Abzeichen hatte einen Stehumlegekragen, vorgestoßene Achselklappen und zweiknöpfigen Riegel hinten, der graugrüne Umhang liegenden Kragen. Die Feldmütze erhielt schwarzledernen Schirm und Kinnriemen und für Offiziere einen waffenfarbigen Vorstoß auch unten um den Aufschlag sowie quer über das Kopfteil, auf dem vorn der goldene Skanderbeghelm bei Offizieren, das waffenfarbige königliche Monogramm Z (Zogu I) bei Mannschaften befestigt war. Mannschaften hatten keine waffenfarbigen Vorstöße. Auch wurden bei den Offizieren die Rangabzeichen nunmehr auf dem Aufschlag über dem Schirm angebracht in Gestalt der Kragensterne, Stabsoffiziere Tresse darunter, Generale hatten zwei gekreuzte goldene Eichenlaubzweige mit 1 oder 2 goldenen, nach oben

Abb. 1. Albanien.
a Stabsoffizier in Parade – b Landwehrmann in Landestracht – c Stabsoffizier – d Unteroffizier

offenen Winkeln darunter, auch rote Lampassen an den Hosen (Abb. 1c). Der Stahlhelm hatte italienische Form mit kleinem Bügel.
1936 erfolgt eine weitere Uniformänderung. Offiziere und Mannschaften erhalten ein Jackett im Zivilschnitt, für Mannschaften mit verdeckten Knöpfen, Offiziere mit einer Reihe von 4 goldenen Knöpfen, aufgesetzte Brust- und Seitentaschen mit Quetschfalte. Bei dem Mannschafts- und Unteroffiziersjackett ist der Kragen grundfarbig und trägt in den Enden je eine speerspitzenförmige waffenfarbige Patte mit kleinem weißen Knopf in der Spitze und Abteilungsnummer darunter. Bei Offizieren ist der Kragen dunkelblau Samt mit waffenfarbigem Vorstoß an den Außenseiten, Generale und Generalstab zusätzlich in den Ecken ein dreiblättriges goldenes Eichenlaub. Neben dem Stahlhelm neuer halbrunder Form ohne Verzierung wird die schirmlose Feldmütze von vor 1929 mit den damaligen Rangabzeichen (Generale breite gemusterte Tresse mit schmalen Gradstreifen) wieder getragen, aber ohne den Skanderbeghelm, an dessen Stelle für Offiziere eine schwarz-rote Kokarde mit dem königlichen Monogramm im roten Feld tritt. Zum kleinen Dienst und außerdienstlich wird eine Schirmmütze in Reichswehrform eingeführt mit schwarzem Lederschirm und Kinnriemen, die bei Mannschaften und Unteroffizieren auf dem Band über dem Schirm ein waffenfarbiges Rechteck mit gelben senkrechten Gradstreifen und darüber auf dem Randteil das königliche Monogramm in weiß trägt (Abb. 1 d). Bei Offizieren ist der Besatzstreifen dunkelgrün; waffenfarbiger Deckel- und Bandvorstoß. Über dem Schirm befinden sich die Rangabzeichen wie an der Mütze M 29, bei Generalen goldener Eichenlaubzweig ringsum und über dem Schirm 1–3 Silbersterne. Über den Gradsternen befindet sich der Skanderbeghelm mit dem königlichen Monogramm darunter in Goldstickerei. Zur großen Uniform tritt an Stelle des Kinnriemens eine goldene Doppelkordel sowie eine rot-schwarz-rote Seidenschärpe von der rechten Schulter zur linken Hüfte, goldenes Koppel mit Schloß und Säbel in weißer Nickelscheide, goldenes Portepee mit dicken Fransen an goldener Doppelkordel. Die königlichen Garden haben eine einfache Fangschnur von der rechten Schulter zur linken Hüfte, Offiziere gold, Unteroffiziere silber, Mannschaften schwarz-rote Seide. Das graugrüne Hemd ist hochgeschlossen, für Offiziere mit weichem Kragen und Langbinder, außerdienstlich weiße Wäsche mit schwarzer Krawatte. Die Rangabzeichen werden auf den waffenfarbig vorgestoßenen Achselklappen des Rockes angebracht, Unteroffiziere 1–3 gelbe Balken, Offiziere 1–3 fünfstrahlige Goldsterne in Dreiecksform am unteren Ende, für Stabsoffiziere mit goldener Tresseneinfassung rings um den Außenrand, Generale goldenes geflochtenes Achselstück mit Silbersternen auf roter Unterlage. Zur großen Uniform wird der Skanderbeghelm über den Gradabzeichen befestigt. Der sonst unveränderte Mantel erhält Ulsterschnitt. Die Offiziere tragen außerdienstlich auch einen schwarzen Pelzattila mit schwarzem Pelzkragen, -aufschlag und -vorstößen ringsum und 5 Reihen schwarzer Brustverschnürung.

Belgien

(Kokarde schwarz-gelb-rot)

I. Infanterie

Abgesehen von der Brabanter Revolution 1789 gab es bereits 1814 eine »Belgische Legion«. Die Uniform bestand in einem weißen einreihigen Frack; Abzeichen beim 1. Regiment grün, beim 2. gelb, beim 3. hellblau und beim 4. rot. Hosen hellgrau, Tschakos.
1815 unterschieden sich die belgischen Truppen erheblich von den übrigen Niederländern: so trugen sie unter anderen Abweichungen Kasketts englischen Modells.
Die Armee des seit 1831 selbständigen Königreichs Belgien hat sich in der Uniformierung immer eng an das Vorbild Frankreichs angelehnt. Anfänglich hatte die blaue Infanterieuniform Rabatten. Die *Füsilierkompanien* blaue Achselklappen, *Grenadiere* rote und *Voltigeure* grüne Epauletten. Der Tschako war französischen Modells. Die Beinkleider grau. Gegen 1840 fielen die Rabatten weg. Die Uniform bestand nunmehr aus einem einreihigen blauen Rock mit ebensolchem Kragen, roten Vorstößen und Aufschlägen, gelben Knöpfen (Abb. 2, a). Die Füsilierkompanien hatten an Stelle der Achselklappen rote Konterepauletten erhalten. Die Fransen der Voltigeurepauletten waren gelb geworden. Um dieselbe Zeit trugen die *drei Fußjägerregimenter* ganz grüne Uniform. Als farbige Abzeichen dienten nur rote Vorstöße um Kragen und Ärmelaufschlag und auf dem vorderen und unteren Uniformrand sowie auf den Rockschößen, Taschenpatten und Hosen. Die von der Mannschaft getragenen Fransenepauletten waren grün und rot, die Knöpfe gelb, Tschakopompons rot, die darauf befindlichen Puschel grün. Das Lederzeug war schwarz. Das *Scheldebataillon* hatte einen grünen langen Überrock mit gelben Knöpfen, gelben Vorstößen und grünen Voltigeurepauletten mit gelben Halbmonden. Grüne Beinkleider, Hut mit grünen Fangschnüren und grünem Federbusch. Als Ende der 40er Jahre die Uniform zweireihig wurde, fielen (die Grenadieruniform ausgenommen) die Epauletten fort, dafür wurden Achselwülste angelegt. Die Uniform der *Linieninfanterie* (Abb. 2, c) bestand 1913 aus einem königsblauen Rock mit zwei Reihen gelber Knöpfe. Polnische Aufschläge von Grundfarbe; Kragen rot, graublaue Beinkleider mit roten Vorstößen. Tschako mit gelbem Beschlag, rotem Stutz und Pompon. Schwarzes Lederzeug. Kurz vor dem I. Weltkrieg wurde der Schnitt geändert, die bisher roten Abzeichen waren nunmehr blaugrau. Die *Grenadiere* (Abb. 2, d) trugen denselben Rock, nur noch in den Ecken des roten Kragens Granate. Schwarze Beinkleider mit roten Streifen. Pelzmützen vorn mit einer Granate geschmückt. Rote Fransenepauletten. Lederzeug weiß. *Karabiniers* (Abb. 2, e): Rock im Schnitt wie Infanterie, ganz grün mit gelben Vorstößen. Am Kragen zwei gelbe Jagdhörner. Beinkleider eisengrau mit gelbem Vorstoß. Als Kopfbedeckung ein sogenannter Tirolerhut. Lederzeug

Abb. 2. Belgien.
a, c Linien-Infanterie – b Linien-Infanterie, Offizier – d Grenadier – e Karabinier, Offizier – f Kürassier – g, i Ulanen – h, k Jäger zu Pferd – l Guide – m, n Artilleristen

schwarz. Die *Jäger* trugen die gleiche Uniform, nur fehlen die Jagdhörner am Kragen und an die Stelle des Hutes tritt ein Tschako.
Die belgische Armee ging mit ihren Friedensuniformen in den I. Weltkrieg und wurde erst langsam in die später eingeführte im Schnitt bis auf den auch von Offizieren getragenen Stehkragen der englischen gleichende kakifarbene Felduniform eingekleidet. Französischer Stahlhelm mit dem belgischen Löwen im Eichenlaubkranz vorn (Abb. 3, b, c). Lederzeug naturfarben. Waffenbezeichnung durch farbige geschweifte Kragenspiegel. Infanterie ziegelrot, Grenadiere scharlachrot. Schwarze Regimentsnummer, bei Grenadieren flammende Granate, auf den Achselklappen. Rangabzeichen 1 bis 3 goldene Sterne, bei Stabsoffizieren mit einem senkrechten Balken dahinter auf den Kragenspiegeln. Unteroffiziere kurze Schrägtressen auf den Unterarmen. Kragenspiegel der Jäger und Karabiniers grün, Regimentsnummern gelb, dazu Jagdhorn. Die Uniform ist auch nach dem I. Weltkrieg in ihren Grundzügen unverändert geblieben. Seit 1935 für Offiziere Rock im Jackettschnitt mit kaki bzw. weißer Wäsche. Außer Dienst Tellermütze englischer Form, Regimentsbezeichnung mit Krone darüber über der Stirn. Seit 1930 Einführung einer Gesellschaftsuniform für Offiziere. Dunkelblauer Waffenrock mit farbigem Kragen und französischen grundfarbenen Aufschlägen mit Vorstößen in Waffenfarbe für die Infanterie und Jäger, und waffenfarbigen Aufschlagpatten für Grenadiere und Karabiniers (rot bzw. grün). Dunkelblaue Hosen mit roten, für Jäger und Karabiniers gelben Lampassen. Dunkelblaue Tellermütze mit schwarzem Schirm, Band und Deckelvorstoß in Waffenfarbe. Rangabzeichen auf den Kragenpatten, goldene geflochtene Achselschnüre.

II. Kavallerie

Wie die Infanterie, so war auch die Kavallerie ganz nach französischem Muster uniformiert. Die *Kürassiere* (Abb. 2, f) trugen den bekannten Stahlhelm mit schwarzem Roßschweif und rotem Stutz. Blaues Kollett mit einer Reihe von weißen Knöpfen. Kragen, Aufschläge, Schoßfutter und Vorstöße bei dem einen Regiment rot, bei dem andern gelb. Blaue Beinkleider mit Streifen in der Abzeichenfarbe. Rote Grenadierepauletten, blanke Brust- und Rückenharnische, weiße Kartuschbandeliere und Stulphandschuhe. Die Uniform der *beiden reitenden Jägerregimenter* (Abb. 2, h) bestand in dunkelgrünen Kolletts und ebensolchen Beinkleidern mit roten Abzeichen, ferner in hohen schwarzen Tschakos mit weißem hängenden Busch und weißen Fangschnüren. Weiße Fransenepauletten und Lederzeug. Schabracke grün mit rot. Darüber eine Schaffelldecke. Das Regiment der *Guiden* trug dunkelgrüne Kolletts

Abb. 3. Belgien.
a, c Infanterie – b Jäger zu Pferd – d Guiden-Oberleutnant – e Kavallerie-Offizier, gr. Gesellschaftsanzug

und Reithosen, hellkarminrote Kragen, Aufschläge, ursprünglich hellkarminrote Rabatten, Schoß- und Hosenbesätze. Fransenepauletten, Achselschnüre und Lederzeug weiß. Als Kopfbedeckung Kalpaks mit roten Beuteln und Federbüschen. Die *beiden Ulanenregimenter* (Abb. 2, g) waren ganz blau gekleidet, das 1. mit karminroten, das 2. mit gelben Abzeichen. Epauletten und Lederzeug weiß, die Lanzenflaggen schwarz-rot-gelb.
Die zwei Guidenrgtr. (Abb. 2, l) trugen 1914 grünen Dolman mit amarantroten spitzen Aufschlägen und Kragen; orangegelbe Beschnürung. Amarantrote Beinkleider mit zwei gelben Streifen. Dazu Pelzmütze. Die beiden Regimenter *reitender Jäger* (Abb. 2, k) hatten als Hauptbekleidungsstück einen königsblauen Dolman mit weißer Beschnürung. Die Beinkleider waren graublau mit weißen Streifen. Das erste Regiment trug Tschako, Kragen und Aufschläge gelb, das zweite scharlachrot. Tschakos mit weißer Borte eingefaßt und mit einem kleinen weißen Busch geschmückt. Für gewöhnlich wurde diese Kopfbedeckung in schwarzem Überzug getragen. 1914 bestanden *vier Lanciersregimenter* (Abb. 2, i). Sie trugen denselben Dolman wie die reitenden Jäger und ebensolche Beinkleider. Tschapka, Kragen und Aufschläge für das erste Regiment amarantrot, für das zweite gelb, dritte weiß, vierte Ultramarinblau. Die Verschnürung bei den ersten beiden Regimentern weiß, beim 3. und 4. gelb. Die Trompeter hatten Verschnürung in Abzeichenfarbe. Die Lanzenflagge zeigte drei Dreiecke in schwarzer, gelber und roter Farbe.

Die Waffenfarben zur Felduniform sind für Lanciers weiß, Jäger zu Pferde gelb, Guiden dunkelrosa mit grünem Vorstoß. Der Gesellschaftsrock hat Ulankaschnitt.

III. Artillerie, Genie, Train, Gendarmerie – Generalität

Die alte belgische *Artillerieuniform* glich in Schnitt und Farbe fast ganz der französischen (Abb. 2, m). 1914 war der Tschako nur noch für die schweren Batterien in Gebrauch. Die *Feldartillerie* trug eine niedrige Pelzmütze mit rotem Beutel. Im übrigen war die ganze Uniform blau; Kragen, Vorstöße und Hosenstreifen rot, Knöpfe gelb. Die *Genietruppe* trug den königsblauen Waffenrock der Infanterie mit schwarzem Kragen. Königsblaue Beinkleider mit roten Streifen; rote Fransenepauletten und weißes Lederzeug. Der *Train* königsblauen Rock mit ultramarinblauen Kragenpatten; ebensolche Streifen an den schwarzen Beinkleidern, Tschako mit Stirn- und Nackenschirm. Die *Gendarmerie* erinnerte durch ihre großen Pelzmützen an die Garde-Gendarmen des zweiten Kaiserreichs. Der königsblaue Rock zeigte eine Reihe weißer Knöpfe und rote Kragenwie Aufschlagspatten. Achselschnüre und Lederzeug weiß; Beinkleider schwarzgrau. Die Uniform der *Generalität* unterschied sich auch wenig von der französischen.
Die Waffenfarben der Felduniform sind für Artillerie und

Abb. 4. Bulgarien.
a Bulgarenlegion – b, c Infanteristen – d Kavallerist

Abb. 5. Bulgarien
a, e Infanterie – b Kavallerie – c Leibgarde – d Infanterie-Offizier

Generale dunkelblau mit rotem Vorstoß, Pioniere schwarz, Fahrtruppe hellblau. Die Generale tragen hinter den Rangsternen am Kragen sowie beiderseits des Mützenabzeichens zwei senkrechte Balken.
Erwähnt sei hier die Garde civique, in der alle Waffengattungen vertreten waren. Im allgemeinen folgte die Uniformierung dem Muster der aktiven Armee. 1914 unterschied sich ihre Infanterie unter anderem von der Linie durch den Hut der Karabiniers.

Bulgarien

(Kokarde rot-grün-weiß)

Die Anfänge der bulgarischen Armee sind in den Freischaren zu sehen. So trug bereits 1867–68 die »Heilige Legion« eine einheitliche Uniform, die, reich verschnürt, starke Anklänge an die Nationaltracht aufwies.
1877 bildete sich aus Freiwilligen bulgarischer Abstammung in Bukarest und Ploesti die Bulgarenlegion, deren Bekleidung, abgesehen von dem Umlegekragen, bereits den Typ der späteren Uniformierung zeigte (Abb. 4, a). Die Offiziere dieser Legion waren ausschließlich Russen. Die Bekleidung und Ausrüstung war ganz nach russischem Muster, und auch heute noch ist die Uniformierung der Armee der ehemaligen russischen sehr ähnlich.
1890 trug die Infanterie dunkelgrüne Röcke und Beinkleider (Abb. 4, b); der Rock war eigentümlich geschnitten. Er wurde von oben durch eine Reihe schrägstehender Knöpfe geschlossen und dann vornherunter zugehakt. Kragen und Aufschläge waren von der Grundfarbe. Die Kanten des Rockes mit roten Biesen besetzt. Nur beim Alexander-Rgt. waren Kragen, Achselklappen und Ärmelpatten rot mit goldener Stickerei, beim Ferdinand-Rgt. weiß, beim Clementiner-Rgt. hellblau. Die Mütze glich in der Form der russischen und war vorn mit dem Bulgarenkreuz geschmückt. Erdgraue Mäntel, aus einem Gewebe von Wolle und Ziegenhaar hergestellt.
Die Reiterei (Abb. 4, d) trug dunkelblaue kurze Röcke mit roten silbergestickten Kragen und Aufschlägen; beim 1. Regiment waren die Nähte und Kanten mit weißen Vorstößen besetzt, beim 2. mit roten, beim 3. mit gelben, beim 4. mit blauen. Die schwarze Lammfellmütze hatte einen weißen aufrechtstehenden Busch.
Die Artillerie hatte den Uniformrock der Kavallerie mit Aufschlägen und Kragen von schwarzem Samt und roten Kalpakdeckel. Die Pioniere waren wie die Infanterie bekleidet, hatten jedoch Kragen und Aufschläge von schwarzem Samt und weiße Knöpfe. Die fürstliche Leibgarde trug

Abb. 6. Dänemark. Infanterie.
a Infanterie-Trommler – b, g Grenadier – c, e, h Infanterie-Offiziere – d, f, i, k, m Infanteristen – l Gardegrenadier

rote Attila mit weißen Schnüren und weiße Lammfellmützen mit rotem Deckel.
Im Sommer wurden allgemein weißleinene Uniformen getragen (Abb. 4, c), dazu ebensolche Schirmmützen. Die Offiziere unterschieden sich in ihren Graden durch die Zahl der Sterne auf Epaulett und Achselstück. Die silberne, grün-rot durchzogene Feldbinde wurde von den Regimentskommandeuren und den höheren Offizieren mit Quaste (als Schärpe) getragen. Die Infanterie trug 2 Patronentaschen an ledernen Riemen. Offiziere, Feldwebel und Spielleute trugen Revolver. Die Mannschaften der Infanterie hatten keine Seitengewehre.
Um 1900 erhielt der Rock Ulankaschnitt, bei den Offizieren mit zwei Knopfreihen.
1914 hatten die Infanterie-Regimenter 1, 4, 5, 6, 8, 9, 17 und 22 Litzen und auf den Achselklappen Namenszüge (Abb. 5, a).
Die Kavallerie hatte Ulankas beim 1., 2. und 3. Regiment von blauer, beim 4. von grüner Grundfarbe. Bei den ersten drei Regimentern waren die Abzeichen rot, beim 4. himbeerrot, die Vorstöße beim 1. und 4. weiß, bei den anderen rot (Abb. 5, b). Das Leibgarde-Kavallerie-Regiment (Abb. 5, c) hat die alte Husarenuniform beibehalten. Offiziers-Interims-Attila hellblau.
Seit 1908 Einführung graugrüner Felduniform nach russischem Muster ohne farbige Abzeichen. Während des I. Weltkriegs weitgehend deutsche feldgraue Bekleidungsstücke mit bulgarischen Abzeichen.
Nach dem I. Weltkrieg wird die Felduniform kaki mit Kragenpatten und Mützenbesatzstreifen in den alten Waffenfarben (Abb. 5, d, e). Feldrock einreihig. Rangabzeichen unverändert nach altrussischem Muster. Auch der grüne Waffenrock ist einreihig geworden. Vorzugsweise wird die weiße Mütze getragen. Kalpak nur noch bei Leibgarde-Kavallerie-Regiment. Einige Truppenteile tragen weiterhin Opanken.

Dänemark

(Kokarde rot-weiß-rot)

I. Infanterie

In der dänischen Armee war von altersher die rote Farbe bevorzugt. Rot war die alte nordische Lieblingsfarbe, wie Worsaae in seinem Werke »Dänen und Normannen« nachweist. Um 1700 trug das Grenadier-Korps rote Röcke mit himmelblauen Aufschlägen, dazu himmelblaue Strümpfe. Als Kopfbedeckung eine Grenadiermütze mit himmelblauem Beutel. Die National-Infanterie war in dieser Periode in schlichtes Grau gekleidet. Über den Schnitt der Uniform geben die Abbildungen Auskunft. Der Trommler von 1740 (Abb. 6, a) trug roten Rock, gelbe Kragen, Aufschläge, Weste und Hutborte. Hosen und Gamaschen weiß. Der

Trommelsarg war gelb, die Ränder grün; der Grenadier (Abb. 6, b) hatte roten Rock mit weißen Knopflöchern, blaue Abzeichen und Weste, weiße Beinkleider, schwarze Gamaschen. Der Hinterteil der Grenadiermütze rot, das Vorderschild blau mit weißen Besätzen. Um 1750 hatten die roten Uniformen der Linienregimenter Rabatten. Die Unterkleider stimmten in der Farbe mit den Abzeichen des Rockes überein. Die National-Regimenter hatten ebenfalls rote Röcke, jedoch ohne Rabatten, ferner rote Westen und Hosen. Die Offiziere (Abb. 6, c), durch Ringkragen, Sponton und rotgelbe Schärpe ausgezeichnet, die über der Schulter getragen wird, trugen den Degen, wie die Mannschaften den Säbel, an braunledernem Leibgurt.
1762 waren die Abzeichen folgende:

Name des Regiments	Rock	Kragen, Aufschläge, Rabatten	Vorstöße um Kragen, Aufschläge und Rabatten	Schoß-umschläge	Knöpfe
Garde	rot	hellblau keine Rabatten	keine	weiß	weiß
Dänisches Leibregiment	rot	hellgelb	keine	weiß	weiß
Norweg. Leibregiment	rot	hellgelb	weiß	weiß	weiß
König	rot	hellblau	keine	weiß	weiß
Königin	rot	hellblau	keine	weiß	gelb
Kronprinz	rot	hellblau	weiß	weiß	weiß
Erbprinz Friedrich	rot	grün	keine	weiß	weiß
Fünensches Regiment	rot	weiß	keine	weiß	weiß
Seelandsches Regiment	rot	grün	weiß	weiß	weiß
1. Jütisches Regiment	rot	schwarz	weiß	weiß	gelb
2. Jütisches Regiment	rot	weiß	keine	weiß	gelb
3. Jütisches Regiment	rot	schwarz	weiß	weiß	weiß
Oldenburgisches Rgt.	rot	grün	keine	weiß	weiß
Schleswigsches Regiment	rot	hellblau	weiß	weiß	gelb
Holsteinsches Regiment	rot	grün	weiß	weiß	gelb

Die beiden letzten Regimenter hatten weiße Vorstöße um die Rabatten. Die Jäger trugen eine der preußischen Uniform sehr ähnliche grüne Kleidung. Die Westindischen Truppen waren wie die Linie uniformiert (gelbe Abzeichen, weiße Litzen, weiße Unterkleider).
1770 waren die Unterkleider weiß (Abb. 6, e). Gegen Ende des 18. Jahrhunderts wurde als Kopfbedeckung ein zylinderartig gestalteter Hut mit Stutz eingeführt. Die Röcke, immer noch von roter Grundfarbe, erhielten die Form der russischen Kurtka, d. h. die kurzen Schöße waren nur vorn umgeschlagen. Kragen, Rabatten und Aufschläge von der Regimentsfarbe. Aufschlagspatten rot. Die Hosen, von hellgrauer Farbe, zeigten Gamaschenschnitt (Abb. 6, f). Die Garde hatte einen langschößigen Rock mit Silberbesatz, dazu eine eigenartig gestaltete Kopfbedeckung.
1801 waren die Abzeichen folgende:

Regiment	Kragen, Rabatten, Aufschläge u. Schöße	Knöpfe u. Litzen	Westen und Hosen
Garde z. F.	hellorange	weiß	hellorange
d. Königs Leib-Rgt. z. F.	dunkelblau	weiß	strohgelb
d. Königin Leib-Rgt. z. F.	gelb	weiß	gelb
Kronprinz	grün	weiß	weiß
Pr. Friedrich	gelb	gelb	dunkelblau
Jütsches	weiß	weiß	weiß
Seeländisches	blau Schoß gelb	weiß	gelb
Oldenburgisches	weiß	gelb	grün
Bornholmsches	grün	weiß	grün
Schleswigsches	blau	gelb	weiß
Holsteinsches	hellgrün	weiß	strohgelb
Nordenfieldsches	blau	weiß	blau
Südenfieldsches	gelb	weiß	grün
Falster	schwarz Schoß strohgelb	weiß	strohgelb
Moensches	schwarz Schoß weiß	gelb	weiß

Die Grenadiere waren durch eine Art Grenadiermütze von eigentümlicher Form ausgezeichnet (Abb. 6, g). Die Vorderseite der Kopfbedeckung war schwarz, unten mit gelbem Blech. Über dem Schilde eine weiße Raupe, von einer Schläfe zur andern gehend. Der weiße Stutz hatte eine farbige Spitze. Nach hinten fiel ein farbiger Beutel herab. Am Bandelier Luntenberger. *Jäger und leichte Infanterie* trugen dieselbe Uniform wie die Linien-Infanterie, nur von grüner Grundfarbe mit schwarzen Rabatten, weißen Vorstößen und Schoßumschlägen und gelben Knöpfen. Die Grenadierjäger Mütze wie die Grenadiere, mit grünem, oben rotem Stutz (Abb. 8, a). Als Seitengewehr hatten die leichten Truppen Hirschfänger mit Bügel, während bei der Linien-Infanterie die Grenadiere und Scharfschützen mit Säbeln ausgerüstet waren, wogegen die übrige Mannschaft nur das Bajonett in Scheide trug. Die *Leibjäger* (Abb. 8, b) trugen 1807 eine schwarze Tschapka, deren Deckel fünfeckig war. Das Pompon war kugelförmig von grüner Wolle. Die *Landwehr* (Abb. 8, c) hatte 1807 einen roten Rock mit weißen Schoßumschlägen, Knöpfen und Vorstößen, blauen Kragen und Aufschlägen; dazu ein buntfarbiges längeres Wams, unter dem Rock getragen. Kopfbedeckung und Beinkleider wie die Linie, Stutz auf dem Hut grün. Die *Garde* trug damals Pelzmützen. In der Folge blieb die Uniform rot mit verschiedenfarbigen Regimentsabzeichen. An Stelle des Hutes trat ein Tschako mit weißen Behängen. 1813 (Abb. 6, i) waren die Unterkleider noch hellgrau. Später kamen himmelblaue Pantalons auf. In den dreißiger Jahren war der Kragen von der Grundfarbe, also rot, vorn mit einer Patte von der Regimentsfarbe versehen, mit zwei Knöpfen besetzt. Auf den Schultern Konterepauletten (Abb. 6, k). Das *Lauenburgische Jägerkoprs* hatte grüne Uniform mit roten Abzeichen und gelben Knöpfen. 1842 erhielt die Linieninfanterie rotes doppelreihiges Kollett mit weißen Knöpfen und hellblauen, weiß vorgestoßenen spitzen Aufschlägen und Kragen. Um 1850 Einführung eines doppelreihigen dunkelblauen Waffenrocks mit gleichfarbigem Kragen und spitzen, rot vorgestoßenen Aufschlägen. Am Kragen rote Patten, zunächst mit zwei kleinen Knöpfen und gestickten Knopflöchern, die später fortfielen. Das nicht mehr gekreuzte Lederzeug wurde schwarz. Die Hosen blieben himmelblau, Tschako mit weißen Beschlägen, für gewöhnlich dunkelblaues Käppi mit roten Vorstößen und weiß-roter Kokarde, späger durch hellblaues ohne Vorstöße ersetzt. Jäger, die nach 1864 fortfielen, dieselbe Uniform in grüner Grundfarbe. Unteroffiziere 1 bis 3 Winkeltressen in Knopffarbe auf beiden Unterarmen, Offiziere Epauletten in Knopffarbe und 1 bis 3 Rosetten, Stabsoffiziere mit Fransen und Sternen. Seit 1865 geflochtene Achselstücke, für Stabsoffiziere in Knopffarbe, Subalternoffiziere in Knopf- und Waffenfarbe gemischt. Das Leibgarderegiment behielt den roten einreihigen Waffenrock mit hellblauen, weiß vorgestoßenen Kragen, Achselklappen und spitzen Aufschlägen. Weiße Gardelitzen, Offiziere Silberstickerei, weißes gekreuztes Lederzeug. Weiße Streifen an den hellblauen Hosen, Pelzmütze mit weißen Schuppenketten und Stern, der das vergoldete Wappen zeigt. Diese Uniform wird auch heute in Gala getragen. Zum täglichen Wachdienst dunkelblauer zweireihiger, am Kragen, Aufschlägen und Achselklappen rot vorgestoßener Waffenrock mit silbernen Kragen- und Aufschlaglitzen. 1911 Einführung eines einreihigen rot vorgestoßenen dunkelblauen Feldrocks mit Stehumlegekragen und aufgesetzten Brusttaschen (Abb. 9, a), Mannschaften am Kragen rote Litzen in Form eines offenen Rechtecks. Offiziere Rangsterne am Kragen und 1 bis 3 schmale bzw. mittelbreite Rangtressen am Käppi in Knopffarbe. Käppi und Hose blieben hellblau. Im Laufe des I. Weltkrieges wird dieselbe Uniform, nur aus ganz steingrauem Grundtuch, eingeführt. Seit 1923 ist eine kakifarbene Felduniform eingeführt, die aber nur von Offizieren und Unteroffizieren getragen wird. Metallteile durchgängig gelb, Rangsterne und Rosetten auf den Achselklappen. Waffenbezeichnung durch rundes Metallschild mit Prägung über der rechten Brusttasche. Lederzeug, auch Mützenschirm und Sturmriemen hellbraun. Mützenbesatzband grüngrau. Feldmütze in Bootsform mit dunklerer Tresseneinfassung. Leibgarderegiment seit 1909 grüngraue Felduniform im Blusenschnitt ohne farbige Abzeichen, gelbe Knöpfe.

II. Kavallerie

Bei der Kavallerie war anfänglich die graue, später die rote Grundfarbe vorherrschend; im Anfang des 18. Jahrhunderts erschienen die schweren Reiter in grauen Röcken mit geschwärzten Vollkürassen, die Dragoner in dunkelroten Röcken. Der Reiter von 1740 (Abb. 7, a) trug roten Rock mit gelben Umschlägen, die Schabracke war rot mit gelben Vorstößen. Hut, Borte und Knöpfe weiß. Der Harnisch war geschwärzt, Beinkleider und Bandeliere lederfarben. Der Reiteroffizier von 1750 (Abb. 7, b) hat grüne Abzeichen. Die Harnischbeschläge waren gelb, die Weste weiß, Hutborte golden, Schärpe karminrot mit Gold. 1762 hatten die Husaren Flügelmützen, schwarze Dolmans, rote Pelze und weiße Schnüre. Beim Husarenoffizier von 1764 (Abb. 7, c) Dolman, Säbeltasche und Stiefel gelb, Aufschläge, Pelz und Scharawaden dunkelrot, die Beschnürung weiß. Schärpe rot mit gelb; als Schabracke ein Pantherfell mit silberner Tresse. Der Mützenbeutel gelb. Der Reiter von 1772 (Abb. 7, d) trug himmelblaue Abzeichen auf dem roten Rock; Schoßumschläge und Unterkleider gelb. Weiße Hutborte und Knöpfe sowie Bandeliere; Schabracke rot mit himmelblauem Besatz. Im Jahre 1800 trug die *Leibgarde zu Pferde* gelbes Kollett mit roten Kragen und Aufschlägen und silbernen Besätzen. Schwarzes Lederzeug. Schwarzer Raupenhelm, unten mit rot und silbernem Bund umgeben. Weißer, oben roter Stutz. Rote Säbeltasche mit Silberborte und dem königlichen Namenszug (C. 7 = Christian VII.). Die *schwere Kavallerie* (Abb. 7, g): Roter Rock mit gelbem Schoßfutter, gelbe Lederhose und ungarische Stiefel; für gewöhnlich dunkelblaue Überknöpfhosen. Hut mit weißem Stutz. Offiziere: Frack mit langen Schößen. Rote Schabrakken mit weißem, bei den Offizieren silbernem Besatz.

Abb. 7. Dänemark. Reiterei.
a, d, g, Reiter – b Reiter-Offizier – c, l Husaren-Offiziere – f Leichter Dragoner – e Bosniak – h, e, k Dragoner

1801 waren die Abzeichen:

Name des Regiments	Rock	Kragen, Aufschläge, Rabatten	Vorstöße	Schoßaufschläge	Knöpfe
Leibreiterregiment	rot	gelb	keine	gelb	weiß
Seelandsches Regiment	rot	dunkelblau	keine	gelb	weiß
Schleswigsches Regiment	rot	hellblau	keine	gelb	weiß
Holsteinsches Regiment	rot	hellgrün	gelb	gelb	weiß

Leichte Dragoner (Abb. 7, f) Uniform wie die schweren Reiter. Statt des Hutes ein Raupenhelm mit Bund von der Abzeichenfarbe. Nur das Leibregiment, das schwarzen Kragen usw. trug, hatte roten Bund.

Name des Regiments	Rock	Kragen, Aufschläge, Rabatten	Vorstöße	Schoßumschläge	Knöpfe
Leibregiment leichte Dragoner	rot	schwarz	gelb	gelb	weiß
Jütisches Dragonerregiment	rot	grün	keine	gelb	weiß
Finnisches Dragonerregimen	rot	hellblau	gelb	gelb	weiß

Abb. 8. Dänemark. Verschiedenes.
a Grenadier-Jäger – b Leibjäger – c Landwehr – d Artillerie-Offizier – e, f, g Artilleristen – h Genie-Offizier – i Genie-Soldat – k General

Husaren: Hellblauer Dolman mit karminroten Kragen und Aufschlägen, karminroter Pelz mit schwarzem Vorstoß, weiße Schnüre, weiß und karminrote Schärpe. Lederhosen. Darüber karminrote, weißbesetzte Scharawaden. Braunes Lederzeug. Schwarze Flügelmütze mit weißen Borten, weißer Stutz. Karminrote Schabracke und Säbeltasche (auf letzterer der weiße Namenszug C. 7). Zackenrand hellblau. Die *reitenden Feldjäger* waren wie die Fußjäger montiert, nur gelbe Schoßumschläge. Grüne Schabracke mit schwarzem Zackenrande. Die *Bosniaken* (Abb. 7, e) hatten ganz hellblaue Kleidung mit roten Abzeichen. Turban rot mit weißem Bund. 1808 in Ulanen umgewandelt. Hellblaue Ulanka mit roten Abzeichen, Tschapka mit rotem Oberteil. Seit 1822 bis zur Auflösung 1842 hellblaues Kollett mit weißen Knöpfen und roten Abzeichen. Die schweren Reiter werden um 1820 Kürassier-Regimenter. Raupenhelm mit gelbem Beschlag, doppelreihige weiße Kolletts mit roten oder hellblauen Abzeichen und weißen Knöpfen, hellblaue Hosen. In der Folgezeit blieb die Uniform der *leichten Dragoner* die gleiche; nur der Helm erhielt eine etwas andere Gestalt; die Hosen wurden hellblau mit ledernem Reitbesatz. Auf den Schultern Konterepauletten (Abb. 7, h), bei den Trompetern weiße Fransenepauletten, dazu rote Helmraupe. Der Helm wurde später zum Bügelhelm (Abb. 7, i). Die Uniform verlor in der Folge die Rabatten. Bei der Einführung der Waffenröcke bekamen die Dragoner solche von hellblauer Farbe mit zwei Reihen von weißen Knöpfen. Die Kragen, Patten und Vorstöße dunkelrot, Mäntel hellblau, Helmbeschläge weiß (Abb. 7, k). Die *reitende Leibgarde* erhielt weiße Waffenröcke mit roten Abzeichen und weißen Litzen. Gelbe Kürasse und Helme mit weißen Beschlägen, schwarzen Haarbusch und schwarzes Lederzeug. Die Schabracke rot mit weiß. Zum Gala-Wachtdienst rote Superweste mit weißem Stern. Reitende Leibgarde ging 1868 ein. Die Husarenuniform wird 1845 ganz hellblau mit weißen Schnüren, der Pelz für Mannschaften rot, Offiziere karmin. 1870 statt des Dolman Attila mit 5 Reihen Brustverschnürung (Abb. 7, l), sehr niedriges Käppi mit geradem Schirm, seit 1912 mit weißem Haarbusch. 1889 bis 1909 Kragen und Aufschläge karmin, seitdem wieder hellblau. 1889 Einführung hellblauer Husarenhosen und schwarzer Husarenstiefel mit weißem Besatz. 1911 erhielt die Kavallerie hellblauen Waffenrock ohne Kragenlitzen mit Vorstoß in Waffenfarbe, Dragoner karmin, Husaren weiß. Später alles steingrau ohne farbige Vorstöße.

a b c d

Abb. 9. Dänemark 1912–1935.
a, c Infanteristen – b Dragoner – d Offizier

III. Artillerie und Genie – Generalität

Auf unserer Abbildung vom Jahre 1750 (Abb. 8, h) trägt der Genieoffizier ganz rote Uniform ohne andersfarbige Abzeichen; Knöpfe und Borten sind gelb. Der Artillerieoffizier (Abb. 8, d) hat roten Rock mit blauem Kragen und Aufschlägen sowie Schoßfutter; gelbe Knöpfe und Besätze, weiße Gamaschen, karminrot und gelbe Schärpe. Blaue Westen und Hosen, bei den Mannschaften waren die Knopflöcher blau ausgenäht. Im Jahre 1800 war die Uniform der Artillerie durchaus dieselbe wie die der Infanterie; nur dunkelblaue Hosen und schwarze Gamaschen. Abzeichen und Schoßumschläge blau, Knöpfe gelb (Abb. 8, e). Die Offiziere trugen langschößige Röcke von karminroter Grundfarbe. Als Seitengewehr der Mannschaften diente ein kurzer Pallasch mit gelbem Bügel. An Stelle des Hutes trat später der Tschako (Abb. 8, f), bei der reitenden Artillerie mit blauem Pompon geschmückt, bei den Offizieren mit blauem Busch. Nach der Einführung des Waffenrocks war die Artillerieuniform ganz dunkelblau mit karminroten Kragenpatten und Vorstößen und gelben Knöpfen. Schwarzer Tschako mit gelben Beschlägen (Abb. 8, g), schwarzes Lederzeug. Bei der Felduniform 1911 Hosen und Käppi dunkelblau, Waffenfarbe karmin, ebenso bei der steingrauen Felduniform. Die Genietruppe trug schwarze Kragenpatte, rote Vorstöße und gelbe Knöpfe, blaue und graue Felduniform wie Artillerie, nur Vorstöße hellrot, Kragenlitzen schwarz.

Die Generale trugen bis 1842 rote Röcke mit hellblauem Kragen und Aufschlag mit Goldstickerei, danach dunkelblauen, rot vorgestoßenen Waffenrock im Infanterieschnitt mit goldener Stickerei auf den roten Kragenpatten und den spitzen Aufschlägen. Zunächst Epauletten, später goldene Achselstücke mit 1 bis 3 großen sechsstrahligen Sternen. Hellblaue Hose mit Goldstreifen, schwarzer Hut mit weißem Federbusch (Abb. 8, k). Hellblaue Schabracken mit Goldborten. Generalstab ebenso, nur mit Silberstickerei, Hutfedern gelb und karmin. Zur Felduniform rote Vorstöße. Käppi mit Goldkordel und je nach Rang breite und mittelbreite Rangtressen.

Abb. 10. Estland.
a Infanterie – b Kavallerie – c General

Estland

(Kokarde blau-schwarz-weiß)

Den Grundstock der estnischen Armee bildeten im Jahre 1917 die estnischen Truppenteile des russischen kaiserlichen Heeres. Die ersten Uniformen lehnen sich daher weitgehend unter Verwendung des vorhandenen Materials an die frühere russische Uniform an, jedoch wurde die Mützenkokarde durch ein ovales Strahlenschild mit Auflage in Nationalfarben ersetzt. Die Offiziere trugen zunächst die russischen Achselstücke mit kleinen Abänderungen weiter, vielfach weiße oder in Nationalfarbe gehaltene Armbinden. Im Frühjahr 1919 kam ein finnisches Hilfskorps zur Unterstützung der estnischen Truppen beim Freiheitskampf gegen die Bolschewiken und brachte in die Bekleidung Anklänge an die finnische Ausrüstung. Der Feldrock blieb auch weiterhin kakifarben mit aufgesetzten Brust- und Seitentaschen, Stehumlegekragen für die Offiziere aus dunkelblauem, am Außenrand weiß vorgestoßenem Samt, Mannschaftskragen in Grundfarbe mit Waffenabzeichen an den Kragenenden. Die Rangabzeichen der Offiziere waren 1 bis 3 große sechseckige, mit dem Staatswappen belegte Sterne auf den Achselklappen für Subalternoffiziere; Stabsoffiziere und Generale mit zusätzlichen kleineren sechseckigen Dienstgradsternen auf den Kragenenden. Dazu Schirmmütze russischen Modells und bootsförmige Feldmütze mit der Kokarde auf dem hochgeklappten Tuchschirm und übergeknöpftem Nacken- und Ohrenschutz, alles kakifarben. Russische und deutsche Stahlhelme durcheinander. Die Kavallerie erhielt schon bald eine Paradeuniform: blauer Attila mit weißer Verschnürung und schwarzem Samtkragen, dazu kakifarbiges Käppi mit blauem, weiß besetzten nach rechts überfallenden Beutel, rote Hosen, schwarze Husarenstiefel.

Etwa 1925 Einführung einer englischen Schirmmütze für außerdienstliche Zwecke mit Goldstickerei auf dem Mützenschirm für Generale und Stabsoffiziere. Der Rockkragen wird grundfarbig mit waffenfarbigen, hinten spitzen Patten und kleinen Knöpfen sowie Waffenabzeichen auf den Kragenenden. Die Rangabzeichen befinden sich nunmehr nur noch auf den Schulterklappen, bestehend aus 1 bis 3 Sternen mit zusätzlichem Landeswappen mit und ohne Eichenlaubkranz für Generale und Stabsoffiziere. Stahlhelm deutschen Modells, Lederzeug naturfarben, für Offiziere Schulterriemen.

Finnland

(Kokarde weiß mit hellblauem Ring)

Den Grundstock des finnischen Heeres bildete das preußische Jägerbataillon 27, das 1915 aus kriegsfreiwilligen Finnen, die auf deutscher Seite den Krieg gegen Rußland mitmachen wollten, zusammengestellt war. Diese Truppe wurde 1918 mit dem deutschen Landungskorps zur Befreiung Finnlands eingesetzt. Nach dem Ausscheiden aus dem deutschen Heeresverband wurde die preußische Jägeruniform M 15 noch längere Zeit ziemlich unverändert mit finnischen Hoheitsabzeichen getragen. Die Rangsterne (1 bis 3) wurden aber schon sehr bald auf den Kragen in Dreiecksform angebracht. Die sich überall im Lande bildenden weißen Freiwilligentruppen waren in die verschiedenen behelfsmäßigen Uniformen gekleidet. Hierzu fanden alte russische Uniformbestände sowie Feldblusen und Röcke aus grauem schwedischen Uniformtuch Verwendung, zu denen Pelzmützen, Pelzmäntel und hohe, weiche schwarze Stiefel getragen wurden. Als Unterscheidungszeichen fanden vielfach weiße Armbinden mit farbigen Abzeichen und Beschriftung Verwendung. Neu aufgestellte Reiterregimenter trugen Uniformen, deren Grundzüge auch in den späteren noch erhalten geblieben sind. So hatte das Kexholm-, später Hämeen-Reiterregiment, hellgraue Röcke mit braunroten, gelb vorgestoßenen schottischen Aufschlägen und Kragen, dazu 6 dunkelrote Brustverschnürungen, dunkelrote Reithosen mit zwei schmalen gelben Streifen. Rotbraune Tellermütze russischer Art mit gelbem Besatzstreifen und Deckelvorstoß. Das Nyland-, später Uudenmaan-Dragonerregiment, trug ähnliche Uniform ohne Brustverschnürung mit dunkelblauer Abzeichenfarbe und Hose; dazu schwedische graue Filzhüte, dunkelblau gefüttert und dreieckig aufgeklappt oder dunkelblaue bootsförmige Mütze mit aufgeschlagenem Tuchschirm, Nacken- und Ohrenschutz. In der Folgezeit setzt sich eine hellgraue Uniform durch, die 1922 erstmalig geregelt wird. Das Grundtuch der Uniform M 22 ist hellgrau, das Besatztuch für Stehumlegekragen und Aufschlag dunkelgrau, bei der Küstenartillerie dunkelblau. Der für alle Truppenteile gleiche Rock hat eine Reihe von 6 matten Knöpfen, bei Offizieren aufgesetzte Brust- und Seitentaschen mit geschweiften Patten und Quetschfalten, in der Taille zwei Knöpfe; der Aufschlag ist durchgängig schwedisch, für die Artillerie polnisch, für Kriegsministerium, Generalstab und Gardetruppen (Finnlands weißes Garderegiment Karelisches Garderegiment, Gardejägerbataillon) französisch mit hellgrauer Aufschlagpatte. Auf den Schultern trägt die Mannschaft abgerundete Schulterklappen aus Besatztuch, Infanterie ohne, sonst mit waffenfarbigem Vorstoß, Garde vollfarbig dunkelblau, dunkelrot oder grün mit weißem Vorstoß. Darauf Waffenabzeichen in gelbem Metall. Die Offiziere haben geflochtene goldene, Generale gold-silberne Schulterstücke auf waffenfarbiger Unterlage, auf denen der finnische Löwe und das Waffenabzeichen in Gold befestigt sind. Die Rangabzeichen sind am Stehumlegekragen angebracht. Unteroffiziere hellgraue Doppellitze mit grauem Wappenknopf und einfache bzw. doppelte hellgraue Schnureinfassung. Dazu 1 bis 4 schmale silberne, Feldwebel eine breite goldene Quertresse auf den Achselklappen; Subalternoffiziere eine schmale hellgraue Seidentresse am Kragenaußenrand und 1 bis 3 kleine goldene Rosen; Stabsoffiziere eine mittelbreite und eine schmale Tresse sowie 1 bis 3 große Rosen; Generale eine breite gemusterte Seidenborte mit 1 bis 3 großen goldenen Wappenlöwen. Das Lederzeug ist naturfarben, Offiziere Schulterriemen, zur Parade silberne, blaudurchwirkte Schärpe mit Quasten links. Goldenes Portepee mit gleichfarbigem schwarzdurchwirkten Band. Die dunkelgraue lange oder kurze Hose trägt bei Generalen und Generalstab breite, bei der Artillerie, Radfahr- und technischen Truppen schmale Lampassen in Waffenfarbe. Die anderen Offiziere tragen mittelbreite Streifen, Mannschaften keine farbige Verzierung. Bootsförmige Feldmütze, im Winter mit grauem, bei technischen Truppen schwarzem, bei Generalen weißem Pelzbesatz; für Offiziere auch eine Tellermütze preußischen Modells mit schwarzem Lederschirm, der bei Obersten mit einem, bei Generalen mit zwei goldenen Eichenlaubzweigen bestickt ist. Sturmriemen für Unteroffiziere aus schwarzem Leder; Offiziere und Generale doppelte Goldkordel. Besatzstreifen, Deckelvorstoß aus Besatztuch, Deckel und Seitenteile aus Grundtuch. Auf dem Besatzstreifen befindet sich wie an der Feldmütze die rote finnische Löwenkokarde, auf dem Randstreifen darüber die Nationalkokarde. Der Waffenrock der Kavallerie hat eine Reihe von 8 Knöpfen und ist an den Außenkanten mit mittelbreiter hellgrauer Seidentresse eingefaßt. Auf der Brust befinden sich 8 nach unten kleiner werdende gerade Brustverschnürungen aus gleicher Tresse. Schottischer Aufschlag mit 2 Knöpfen und Tressenbesatz. Die Reithose ist dunkelrot mit 2 schmalen gelben Seitenstreifen. Offiziere haben zur Paradeuniform schwarze Kartusche mit grauem goldbetreßten Bandolier. Im Sommer wird eine für alle Waffen gleiche hellgraue Hemdbluse mit flachem Kragen, von Offizieren eine leichte Feldbluse getragen. Die hohen weichen Lederstiefel sind schwarz. Der Mantel aus Grundtuch ist zweireihig mit breitem liegenden Besatztuchkragen. Die Rangbezeichnung der Offiziere erfolgt durch graue Seidentressen auf den Rollumschlägen (1 bis 3 schmale, 1 mittelbreite oben und 1 bis 3 schmale darunter, 1 ganz breite und 1 bis 3 schmale darüber).

1927 wird eine neue kakifarbene Felduniform, für Offiziere auch ein gleichfarbiger Dienstanzug, eingeführt. Die graue und die kakifarbene Uniform werden nebeneinander getragen. Der Feldrock M 27 ist eine für alle Waffenarten gleiche Bluse mit Lederknöpfen, aufgesetzten Brust- und Seitentaschen und sehr breitem, flachem liegendem Kragen sowie gleichfarbenen spitzen Achselklappen, auf denen die gelbe Waffenbezeichnung bzw. die Unteroffizierstressen in Winkelform angebracht sind. Die Rangbezeichnung der Offiziere und Unteroffiziere am Kragen ist dieselbe wie zur Uniform M 22. Die Kopfbedeckung M 27 ist der Mütze des deutschen Arbeitsdienstes sehr ähnlich, aus kakifarbenem

Abb. 11. Finnland.
a, d Infanterie – b Nyland-Dragoner – c Generalstab, Oberst

Filz mit Tuchschirm und braunem Kinnriemen. Der Dienstanzug der Offiziere besteht aus langer kakifarbener Hose mit Umschlag, einem Jackett englischen Schnitts mit aufgesetzten Brust- und Seitentaschen und einer Reihe von 4 gelben Knöpfen. Auf den Kragenenden ist das Waffenabzeichen, auf den Achselklappen der finnische Wappenlöwe und die Regimentsnummer in Gold angebracht. Die runden, in der Ärmelnaht 3 kleine Knöpfe tragenden Aufschläge sind in Waffenfarbe vorgestoßen. Die Rangbezeichnung erfolgt durch kurze goldene Quertressen gleicher Zahl und Anordnung wie auf dem Mantel M 22. Kakifarbene Deckelmütze mit hellbraunem Schirm. Der Mantel wie M 22, nur kakifarben.
Die Waffenfarben sind: Kriegsministerium hellblau, Generalstab karmin, Artillerie rot, Infanterie hellgrau, Jäger grün, Kavallerie gelb, Radfahrtruppe orange, Panzertruppe schwarz, Train und technische Truppen purpurfarben; die Waffenabzeichen: Infanterie gekreuzte Gewehre, Kavallerie gekreuzte Säbel, Artillerie flammende Granate, Jäger Jagdhorn, Radfahrtruppe Rad mit 2 gekreuzten Skiern, technische Truppen römisches Kurzschwert mit aufgelegten technischen Geräten. Der Stahlhelm war stets deutschen Modells.

Frankreich

(Kokarde: Bis zur Revolution sehr verschiedenfarbig. Zur Revolutionszeit dreifarbig, blau-weiß-rot. Unter der Restauration weiß. Seit Louis Philipp wieder blau-weiß-rot)

I. Garden

Die königlichen Haustruppen (maison du roi)

Die Einführung der Uniformen fällt in Frankreich in das Jahr 1670; und zwar wird Colinan de Frandat als der Urheber dieser Neuerung bezeichnet. Indessen scheinen die königlichen Garden schon vorher eine Art Uniformierung gehabt zu haben. Wir behandeln hier zunächst nur die eigentlichen Haustruppen, die zum Wacht- und Eskortedienst bestimmt waren, während wir die Regimenter der französischen und Schweizer-Garde unter der Garde-Infan-

a b c d e f g h i

Abb. 12. Frankreich. Königliche Truppen.
a, h, i Garde du Corps – b Garde de la Porte – c Gensdarme – d Garde de la Manche – e Garde de la Prévôté – f Grenadier zu Pferd – g Musketier des Königs

terie besprechen werden. Bemerkenswert erscheint, daß den Haustruppen die rote und blaue Farbe für die Kleidung vorbehalten war. Die *Gardeducorps* (Abb. 12 a) bestand aus vier Kompanien. Sie trug blaue Röcke, rote Westen und Aufschläge, silberne Knöpfe und Litzen. Der Hut war mit Silberborte besetzt. Im 18. Jahrhundert wurden verschiedenfarbige Bandeliere eingeführt. Diese und die Kokarden an den Hüten zeigten die Kompanie an und zwar trug:

1. Kompanie (Comp. écossaise) schwarze Kokarde, silbernes Bandelier mit weißen Vierecken;
2. Kompanie (première française) weiß-grüne Kokarde, Bandelier silbern mit grünen Vierecken;
3. Kompanie (seconde française) Kokarde blau-weiß, Bandelier silbern mit blauen Vierecken;
4. Kompanie (troisième française) gelb-weiße Kokarde, Bandelier silbern mit gelben Vierecken.

Gardes de la Porte (Abb. 12 b): Blauer Rock. Aufschläge, Futter, Weste, Hosen und Strümpfe rot, Borten von Gold und Silber auf allen Nähten; die Aufschläge von Plüsch, Bandelier und Leibgurt in Gold und Silber gewürfelt. Degen und Musketen.

Die Hundert-Schweizer (Cent-Suisses): Blauer Rock mit rotplüschenen Aufschlägen. Kragen und Schoßfutter scharlachrot, gelbe Knöpfe, blaue oder weiße Hosen. Pelzmütze mit einem Blech, darauf das französische Wappen. Dragoner-Flinte und Säbel. Zum Gala-Wachtdienst sogenanntes Altschweizer Kostüm.

Gardes de la Manche (Abb. 12 d): Ganz weißes Kostüm, nur die Schuhe haben rote Absätze. Die Stickereien auf der Kasake in Gold und Silber, Schaft und Quast der Partisane weiß.

Gardes de la Prévôté de l'Hôtel (Abb. 12 e): Blauer Rock mit Goldborten. Aufschläge und Futter rot, Weste rot mit Gold besetzt, Hosen und Strümpfe ebenfalls rot. Goldene Hutborte, Kasake weiß mit inkarnatroten, blauen und weißen Streifen, die von der Hüfte herabfallen. Reiche Goldstickerei. Der Kasake, französisch: Hoqueton, verdankt die Truppe die Bezeichnung Hoquetons ordinaires de Sa Majesté.

Von den erwähnten Truppen waren die Gardes du Corps beritten, taten aber auch Dienst zu Fuß. Reitertruppen der Garde waren ferner die *Gensdarmes der königlichen Garde* (Abb. 12 c): Roter Rock. Aufschläge von schwarzem Plüsch, Weste gelblich, reicher Goldbortenbesatz. Goldene Hutborte, schwarze Kokarde und weiße Plumage. Die *Chevaulegers der Garde* trugen dieselbe Uniform mit weißer Hutkokarde. Die *Musketiere des Königs* bildeten zwei Kompanien und wurden nach der Farbe der Pferde graue oder schwarze Musketiere genannt. Die erste Kompanie trug eine ganz rote Uniform mit reichem Goldbortenbe-

satz, weiße Plumage und Kokarde. Im 17. Jahrhundert waren die Kasaken, das eigentliche Paradekleid des Reiters, von weitem mantelartigen Schnitt, im Anfange des 18. Jahrhunderts aber nahmen sie die Form der Superweste an, und zwar zeigten die Kasaken auf blauem Grund vorn und hinten ein weißes Kreuz mit roten Flammen in den Winkeln des Kreuzes. Die zweite Kompanie, die sogenannten schwarzen Musketiere, trug dieselbe Uniform, nur war der Bortenbesatz von Silber und die erwähnten Flammen waren gelb.
Die *reitenden Grenadiere des Königs* (Abb. 12f); hellblauer Rock, weißer Bortenbesatz, Weste, Hosen und Aufschläge rot, rote Mütze mit schwarzem Pelzbesatz. Gamaschen von Fahlleder, weißes Lederzeug.
Unter Ludwig XVI., und zwar unter dem Ministerium des Grafen von Saint-Germain, wurden die Haustruppen abgedankt, nur die Gardes du Corps blieben bestehen, bis der Ausbruch der Revolution auch deren Dasein ein Ende machte. Im Jahre 1814 lebten mit der Restauration auch die Hausgarden wieder auf, und zwar wie sie vor den Reformen des Grafen von Saint-Germain bestanden hatten. Man sah wieder Grenadiere und Hundert-Schweizer, Gardes du Corps, die Gardes de la Prévôté und de la Porte, die Gensdarmes und Chevaulegers sowie die grauen und schwarzen Musketiere. Die Uniformen waren der Farbe nach dieselben wie früher, nur der Schnitt war moderner. Bei der Mehrzahl verdrängte der Helm den Hut. Dies alles brach aber wieder mit der Rückkehr Napoleons zusammen. Nach dessen zweitem Sturz errichtete Ludwig XVIII. nur die vier Kompanien der *Gardes du Corps* (Abb. 12h, i) wieder, zu denen später noch eine fünfte kam. Uniform: Blauer Frack mit einer Reihe von Knöpfen und neun weißen Brustlitzen mit Quasten, weiße Epauletten und Fangschnüre. Karminroter Kragen mit einer weißen Litze, Schoßumschläge in der Farbe des Kragens, weiße Hosen, Stahlhelm mit schwarzem Bräm, schwarzer Raupe und gelben Beschlägen. Weißer Stutz, dessen Wurzel die Kompaniefarbe zeigte, ebenso wie die Vierecke des Bandeliers. Diese Farben waren für die 1. Kompanie weiß, 2. Kompanie hellgrün, 3. Kompanie dunkelblau, 4. Kompanie gelb, 5. Kompanie karmin.
Im Jahre 1826 bestanden auch vier Kompanien *Gardes du Corps zu Fuß:* Blauer Rock mit neun gelben Brustlitzen ohne Quasten, Knöpfe und Epauletten gelb, Kragen karminrot mit einer gelben Granate auf jeder Seite. Aufschlag karminrot, ebenso die Schoßumschläge, die mit gelben Lilien geziert waren, Pelzmütze mit weißem Stutz, gelbem Schild und Behängen, Säbel und Bajonettgewehr, Patronentaschen mit vier Granatenecken und einem Mittelschild, welches eine Lilie zeigte.
Die übrigen Regimenter, wie Garde-Lanciers, Garde-Husaren usw., werden, weil diese Truppen keine eigentlichen Haustruppen waren, unter den betreffenden Waffengattungen besprochen. Für die Garden des ersten und zweiten Kaiserreichs gilt dasselbe, da alle Gardetruppen Feld-Regimenter waren; höchstens kämen die Hundert-Garden Napoleons III. in Betracht. Aber auch diese finden besser ihre Besprechung in dem den Kürassieren gewidmeten Abschnitt.

Garde-Infanterie

Das vornehmste Garde-Infanterie-Regiment der alten Monarchie war das Regiment der Gardes Françaises, das seinen Ursprung aus dem Jahre 1558 herleitet. Die Farbenzusammenstellung war die den Garden vorbehaltene, nämlich blau mit rot, und zwar war der Rock blau, Weste und Hosen rot (Abb. 13a). Dazu kam noch ein reicher Besatz von weißen Borten. Nach dem siebenjährigen Krieg wurden die Hosen weiß. Um 1730 erhielten die Grenadiere dieser Truppe Pelzmützen mit Stutz, und zwar als die ersten in Frankreich (Abb. 13b). Später erhielten auch die Grenadiere der übrigen Infanterie diese Kopfbedeckung.
Das Regiment der *Schweizer-Garden* (Abb. 13c) trug rote Röcke mit blauen Rabatten, Westen und Hosen. Letztere wurden später weiß. Rock und Weste war mit weißem Besatz versehen.
Während die französischen Garden sich revolutionsfreundlich zeigten, besiegelten die Schweizer-Garden ihre Treue zum König mit ihrem Blut. Das Regiment wurde buchstäblich niedergemacht.
Die Revolution erkannte natürlich einzelnen Truppenteilen besondere Bevorzugungen nicht zu. Indessen hielt man sich schon im Jahre 1791 für genötigt, eine sogenannte Garde constitutionelle ins Leben zu rufen (blauer Rock mit roten Rabatten, Aufschlägen und Schoßumschlägen, weiße Unterkleider, weißbortierter Hut mit der dreifarbigen Kokarde). Dieser Truppe folgte 1792 eine Convent-Garde (Uniform in gleicher Farbenzusammenstellung). Wichtiger als diese Formation sollte die ursprünglich zur Bedeckung des Hauptquartiers der Consuln 1799 errichtete Consular-Garde werden, da sie den Stamm der späteren Kaiser-Garde bildete. Die Uniform der *Grenadiere der Consular-Garde* bestand aus königsblauem Frack mit gleichem Kragen ohne Vorstoß, weißen, eckig geschnittenen Rabatten ebenfalls ohne Vorstoß, roten Aufschlägen mit weißen Patten, rotem Schoßfutter mit gelben Granaten in den Ecken, Taschenpatten in der Länge mit rotem Vorstoß, gelben Knöpfen, roten Epauletten, weißen Westen und Beinkleidern, Pelzmützen mit gelbem Schild und Behängen, rotem Stutz und dreifarbiger Kokarde. Auf dem Patrontaschendeckel eine kupferne Granate.

Die Kaiser-Garde unter Napoleon I.

Erstes und zweites Regiment der Grenadiere zu Fuß. 1804 bis 1814 (Abb. 13d). Uniform wie die Grenadiere der Consular-Garde, nur weiße Behänge an der Pelzmütze. Auf dem gelben Mützenschild der kaiserliche Adler zwischen zwei Granaten; der Deckel der Pelzmütze war rot, mit einer weißwollenen Granate geschmückt.
Drittes Regiment der Grenadiere zu Fuß (Holländische Grenadiere). 1810 bis 1813: Weißer Rock mit karminrotem

Abb. 13. Frankreich. Garde-Infanterie.
a, b Französische Garden – c Zimmermann der Schweizer Garde – d, g, h, k Garde-Grenadiere – e Garde-Jäger – f Voltigeur-Jäger – i Voltigeur der Garde

Kragen, Schößen, Aufschlägen und eckiggeschnittenen Rabatten; Taschen in der Länge mit karminrotem Vorstoß. Weiße Aufschlagpatten, gelbe Granaten in den Schoßspiegeln, gelbe Knöpfe, rote Epauletten, weiße Unterkleider. Pelzmütze ohne Schild, weiße Behänge, roter Stutz, rotes Mützenfutter mit weißem Kreuz.

Jäger zu Fuß. 1804 bis 1814 (Abb. 13e): Blauer Frack mit ebensolchem Kragen, roten weiß vorgestoßenen spitzen Aufschlägen, weiße spitzgeschnittene Rabatten. In den vier roten Schoßspiegeln abwechselnd eine gelbe Granate und ein gelbes Jagdhorn, Taschenpatten in der Länge mit rotem Vorstoß, gelbe Knöpfe, grüne Epauletten mit roten Fransen, weiße Unterkleider, Pelzmütze ohne Schild mit weißen Behängen, Stutz oben rot, unten grün.

Füsilier-Grenadiere. 1806 bis 1814: Rock wie das erste und zweite Regiment der Grenadiere, ebenso Unterkleider, weiße Epauletten, deren Feld zweimal rot durchzogen war, Tschako mit weißen Seitenstegen und Behängen, roter Stutz.

Füsilier-Jäger. 1806 bis 1814: Rock und Unterkleider wie Jäger zu Fuß, Tschako mit weißem Behänge; Stutz oben rot, unten grün.

Tirailleur-Grenadiere. 1809 bis 1814: Kurzschößiger Frack, blau mit rotem, blau vorgestoßenem Kragen, spitzen blauen Rabatten mit weißem Vorstoß, rote spitze, weiß vorgestoßene Aufschläge, rote, weiß vorgestoßene Achselklappen, Taschenpatten in der Länge, weiß vorgestoßene, rote Schoßspiegel mit weißen Adlern, weiße Unterkleider, Tschako mit weißen Seitenstegen, roten Behängen und rotem, unten weißem Stutz.

Tirailleur-Jäger. 1809: Uniform genau wie Tirailleur-Grenadiere, nur grüne, rot vorgestoßene Achselklappen und grüne Adler in den Schoßspiegeln, Tschako mit weißem Behänge und grünem Kugelpompon.

Voltigeur-Jäger. 1810 bis 1814 (Abb. 13, f): Blauer, kurzschößiger Frack mit ebensolchen spitzen, weiß vorgestoßenen Rabatten, gelber Kragen, rote spitze Aufschläge mit weißem Vorstoß, Taschenpatten in der Länge weiß vorgestoßen, weiße Jagdhörner in den roten Schoßspiegeln, gelbe Knöpfe, weiße Unterkleider, grüne Epauletten mit gelben Halbmonden, Tschako wie Füsilier-Jäger.

Flanqueur-Grenadiere. 1812 bis 1814: Grüner Spenzer mit ebensolchem Kragen, Achselklappen und gerade heruntergehenden Rabatten. Alles gelb vorgestoßen, ebenso die langgesetzten Taschenpatten, rote spitze Aufschläge mit gelbem Vorstoß, rote Schoßspiegel mit weißen Adlern, gelbe Knöpfe, weiße Unterkleider. Tschako mit weißen Seitenstegen, rotem Behänge und gelbem, oben rotem Kugelpompon.

Flanqueur-Jäger. 1812 bis 1814: Spenzer wie bei den Flanqueur-Grenadieren beschrieben, nur sind auch die Aufschläge grün und die Schoßspiegel zeigen weiße Jagdhörner.

Tschako mit weißem Behänge und gelbem, unten grünem birnenförmigen Pompon.
Rekruten-Grenadiere. 1809 bis 1810: Kurzschößige blaue Uniform mit ebensolchen Kragen, Rabatten und Achselklappen. Alle diese Stücke sowie die langgesetzten Taschenpatten rot vorgestoßen; rote Aufschläge mit weißer Patte, weiße Schöße mit roten Adlern in den Ecken, gelbe Knöpfe, weiße Unterkleider, Tschako wie Füsilier-Grenadiere, aber mit rotem Behänge.
Rekruten-Jäger. 1809 bis 1810: Uniform wie eben beschrieben, nur roter Kragen, grüne, rot vorgestoßene Achselklappen, spitze rote Aufschläge mit weißem Vorstoß, blaue Schoßspiegel mit grünen Jagdhörnern, Tschako mit weißem Behänge und grünem birnenförmigen Pompon.
National-Garde. 1810 bis 1813: Kurzschößiger blauer Rock mit weißen, rot vorgestoßenen spitzen Rabatten und Schoßspiegeln; in letzteren blaue Adler, roter Kragen und spitze Aufschläge, weiß vorgestoßen, gelbe Knöpfe, Taschenpatten in der Länge, Tschako mit rotem Behänge, Kugelpompon und Wollbüschel darüber rot, weiße Unterkleider.
Pupillen der Garde. 1811 bis 1814: Uniform wie Flanqueur-Grenadiere, Aufschläge und Schoßspiegel grün, letztere mit gelben Adlern; Taschenpatten in der Quere, Tschako mit grünem Behänge und gelbem Kugelpompon.
Veteranen der Garde. 1804 bis 1814: Uniform wie 1. und 2. Regiment der Grenadiere, nur rote Rabatten, blaue Aufschlagspatten und quergesetzte Taschen; Hut mit rotem Pompon.
Seesoldaten der Garde: Blauer Dolman mit ebensolchem Kragen; orangegelbe Verschnürung wie bei den Husaren; rote spitze Aufschläge, gelbe Schuppen-Epauletten, blaue faltige Beinkleider mit orangefarbigem Seitenbesatz und ungarischem Knoten; Tschako mit orange Borte eingefaßt und ebensolchen Behängen, roter Stutz.
Die Tschakos der Garde waren durchgängig mit dem gelbmetallenen kaiserlichen Adler und Schuppenbändern geschmückt. Die Flanqueur-Grenadiere, Flanqueur-Jäger und Pupillen trugen keine Säbel, demnach auch kein Säbelbandelier. Die Bajonettscheide war am Patrontaschenbandelier befestigt.

Unter der Restauration und dem Juli-Königtum

Im Jahre 1826 betrug die Anzahl der Garde-Infanterie-Regimenter acht, von denen die ersten sechs französische und Nr. 7 und 8 Schweizer-Regimenter waren.
Die Abzeichen waren folgende:

Nr.	Rock	Kragen	Aufschläge	Aufschlags-patten	Schoß-umschläge	Vorstöße
1	blau	blau	karmesin	blau	karmesin	karmesin
2	blau	blau	rosa	blau	rosa	rosa
3	blau	blau	gelb	blau	gelb	gelb
4	blau	blau	blau	karmesin	karmesin	karmesin
5	blau	blau	blau	rosa	rosa	rosa
6	blau	blau	blau	gelb	gelb	gelb
7	rot	blau	blau	blau	weiß	rot
8	rot	rot	blau	rot	weiß	rot

Alle diese Regimenter trugen eine Reihe von weißen Knöpfen und weißem Litzenbesatz auf der Brust, Hosen blau. Die ersten sechs Regimenter hatten rote Epauletten mit weißgemischten Fransen; die letzten beiden weiße Epauletten. Die ersten sechs Regimenter trugen ferner Pelzmützen (Abb. 11, g) ohne Beschlag mit weißem Behänge und Stutz. Nr. 7 und 8 Tschakos, Behänge und Stutz wie die übrigen. Das Lederzeug war weiß.

Die Kaiser-Garde Napoleons III.

Durch einen Befehl vom 1. Mai 1854 wurde eine neue Kaiser-Garde ins Leben gerufen, und zwar wurden an Infanterie-Truppen drei Grenadier-, vier Voltigeur-Regimenter und ein Zuaven-Regiment gebildet. Die Uniform der *Garde-Grenadiere* (Abb. 11, h) bestand in einem blauen Frack mit rotem Kragen, Aufschlägen, Schoßumschlägen und Epauletten, weißen, die ganze Brust bedeckenden Rabatten und weißen Achselklappen. Gelbe Knöpfe. Die Hose anfänglich blau, aber bald krapprot wie bei der Linien-Infanterie. Weißes Lederzeug gekreuzt, Pelzmütze mit gelbmetallnem Schild, weißen Behängen und rotem Stutz. Die *Garde-Voltigeure* (Abb. 11, i) trugen dieselbe Uniform, nur spitze Aufschläge von der Grundfarbe des Frackes, gelb vorgestoßen; gelber Kragen und Halbmonde der roten Epauletten, Tschako mit gelbem Beschlag, oberem Rand und Seitenstegen und weißen Behängen. Stutz oben gelb, unten rot. Die Uniform der beiden erwähnten Truppenteile änderte sich in den sechziger Jahren dergestalt, daß der Frack durch einen einreihigen Waffenrock ersetzt wurde, und zwar erhielten die Grenadiere weiße Brustlitzen (Abb. 11, k), die Voltigeure gelbe. Das Lederzeug wurde nun nach demselben Modell wie bei der übrigen Infanterie getragen.
Die Garde-Zuaven trugen blaue Zuavenjacke und Weste mit gelbem Besatz, die spitzen Aufschläge waren rot. Rote,

Abb. 14. Frankreich. Linien-Infanterie 1680–1780.
a Pikenier – b, i Grenadiere – d, e, g, h Füseliere – c, f Offiziere

weite Hosen, hellblaue Leibbinde. Fez rot mit gelber Quaste und mit einem weißen Tuch umwunden. Die Überbleibsel der Garde-Regimenter wurden 1871 der Linie einverleibt.

II. Linien-Infanterie

Wie schon erwähnt, fällt die Einführung der Uniform in das Jahr 1670, von den Garden abgesehen, zunächst nur für die Fremdtruppen, und zwar waren hierbei deutsche Einflüsse spürbar*. Eine endgültige Vorschrift für die Nationalregimenter datiert erst seit 1690. Die ersten Uniformen waren im Gegensatz zu denjenigen der Garde ziemlich unscheinbar. Es walteten neutrale Töne vor, wie Graubraun, Isabellenfarbe usw. Die Umschläge der Uniform dagegen waren farbiger, nämlich gelb, rot, blau oder grün; vielfach erhielten auch Hosen und Strümpfe diese Farben. Die Pickeniere trugen den Brustpanzer, hatten aber die Sturmhaube abgelegt (Abb. 12, a). 1683 tritt die Kartusche an Stelle der einzelnen, am Bandeliere befestigten Ladungen. 1720 erhält der Hut, dessen Krempung bisher willkürlich war, eine einheitliche Dreispitzform. 1703 werden die Bajonette eingeführt als Ersatz für die abgeschaffte Picke. Um 1715 erscheinen einige Infanterie-Regimenter (Poitou, Auvergne, Champagne) in weißen Röcken; letztere Farbe wurde nach und nach die allgemeine für die national-französische Infanterie, während die Fremd-Regimenter, wie wir sehen werden, andersfarbige Röcke erhielten. 1720 führten die meisten Regimenter schwarze Kokarden an den Hüten, doch kamen auch andersfarbige und zweifarbige vor. Erst 1729 wurde die Offiziersuniform geregelt. Bis 1743 zeigte der Rock den Schnitt der bürgerlichen Kleidung. Außer den Abzeichen bildeten die sehr verschiedenartig geformten Taschenpatten ein weiteres Erkennungszeichen. In dieser Periode kommen Grenadiermützen englischer bzw. preußischer Form vor. Um 1757 hatte ein großer Teil der Infanterie die Gamaschen angenommen, gleichzeitig auch den mit Rabatten versehenen Rock und umgeschlagene Schöße. An Stelle des bis dahin üblich gewesenen Haarbeutels trat nach und nach der Zopf (Abb. 12, d). 1760 wurden die Hosen durchgängig weiß. Von den Fremd-Regimentern trugen die Schweizer und Irländer rote Uniformen, die übrigen blaue. Die sogenannten königlichen Regimenter (régiments royaux) hatten blaue Abzeichen auf den weißen Röcken. Die Abzeichen der prinzlichen Regimenter waren rot. 1759 wurden als Rangabzeichen für die Offiziere Epau-

* Vgl. Jany, Geschichte der Kgl. Preuß. Armee. Bd. I, S. 340, Anm. 504

Die französischen Infanterie-Regimenter 1761
(nach einem Manuskript im Staatl. Zeughaus Berlin).

Regiment	Rock	Kragen	Aufschläge	Schöße	Rabatten	Weste	Hose	Knöpfe
Picardie	weiß[1]	weiß	weiß	weiß	–	rot	weiß	gelb
Champagne	weiß[2]	weiß	weiß	weiß	–	rot	weiß	gelb
Navarre	weiß	weiß	weiß	weiß	–	rot	weiß	gelb
Piémont	weiß	weiß	schwarz	weiß	–	weiß	weiß	gelb
Normandie	weiß	schwarz	schwarz	weiß	–	weiß[2]	weiß	weiß
La Marine	weiß[5]	schwarz	schwarz[5]	weiß	–	rot	weiß	gelb
Boisgelin	weiß	weiß[8]	weiß	weiß	–	weiß	weiß	gelb
Bourbonnois	weiß[2]	–	weiß	weiß	–	weiß	weiß	gelb
Auvergne	weiß	–	violett	weiß	violett	weiß	weiß	weiß
De Rougé	weiß	–	violett	weiß	violett	weiß	weiß	gelb
Chatellux	weiß[1]	weiß	weiß	weiß	–	rot	weiß	gelb
Du Roi	weiß[5]	blau	blau[5]	weiß	–	blau[5]	weiß	gelb
Royal	weiß[2]	blau	blau	weiß	–	blau	weiß	weiß
Poitou	weiß[2]	blau	blau	weiß	–	blau	weiß	gelb
Lionnois	weiß[2]	rot	rot	weiß	–	rot	weiß	gelb
Dauphin	weiß[1]	–	blau	weiß	–	blau	weiß	gelb
Vaubecourt	weiß	schwarz	schwarz	weiß	schwarz	rot	weiß	gelb
Touraine	weiß[2]	blau	blau	weiß	weiß	blau	weiß	weiß
Aquitaine	weiß	blau	blau	weiß	blau	blau	weiß	gelb
D'Eu	weiß	blau	blau	weiß	–	blau	weiß	gelb
St. Chaumont	weiß[2]	karmin	karmin	weiß	karmin	weiß	weiß	gelb
Montmorin	weiß[2]	rot	rot	weiß	–	rot	weiß	gelb
Briqueville	weiß	rot	rot	weiß	–	weiß[4]	weiß	gelb
La Reine	weiß	rot	rot	weiß	rot	blau	weiß	weiß
Limousin	weiß	–	rot	weiß	rot	weiß	weiß	gelb
Royal Vaisseaux	weiß[2]	blau	blau	weiß	–	rot	weiß	gelb
Orléans	weiß	rot	rot	weiß	–	rot	weiß	gelb
La Couronne	weiß	blau	blau	weiß	–	blau	weiß	weiß
Bretagne	weiß	–	weiß	rot	schwarz	rot	weiß	gelb
Gardes Lorraines	blau[6]	–	blau	blau	–	blau	blau	weiß
Artois	weiß	weiß	weiß	weiß	–	rot	weiß	gelb
Montrevel	weiß	rot	rot	weiß	–	rot	weiß	weiß
Montmorency	weiß	weiß	rot	weiß	–	rot	weiß	weiß
La Sarre	weiß	blau	blau	weiß	–	rot	weiß	gelb
La Ferre	weiß	rot	rot	weiß	–	weiß	weiß	weiß
Alsace	blau	rot	rot	rot	rot	weiß	weiß	weiß
Royal Roussillon	weiß	blau	blau	weiß	–	blau	weiß	gelb
Condé	weiß	rot	rot	rot	–	rot	weiß	gelb
Bourbon	weiß[2]	rot	rot	weiß	–	rot	weiß	weiß
Grenad. de France	blau	rot[9]	blau[6]	rot	rot[6]	blau[6]	blau	weiß
Beauvoisis	weiß[2]	weiß	weiß	weiß	–	rot	weiß	weiß
Rovergne	weiß	rot	rot	weiß	–	rot	weiß	gelb
Bourgogne	weiß	weiß	weiß	weiß	–	rot	weiß	gelb
Royal Marine	weiß	blau	blau	weiß	–	blau	weiß	weiß
Vermandois	weiß[2]	rot	rot	weiß	–	blau	weiß	gelb
Anhalt	blau	gelb	gelb	gelb	gelb	weiß	weiß	weiß
Royal Artillerie	blau	rot	rot	rot	–	rot	rot	gelb
Royal Italien	weiß[5]	hellblau	hellblau	weiß	hellblau	hellblau[3]	weiß	gelb
Jenner	rot[7]	blau	blau	blau	–	blau[9] [2]	rot	weiß
Boccard	rot[7]	blau	blau	blau	rot[7]	blau	blau	weiß
Reding	rot[7]	blau	blau	blau	–	blau	blau	weiß
Castella	rot[7]	blau	blau	blau	rot[7]	blau	rot	weiß

Regiment	Rock	Kragen	Aufschläge	Schöße	Rabatten	Weste	Hose	Knöpfe
Languedoc	weiß	blau	blau	weiß	blau	weiß	weiß	gelb
Aumont	weiß	weiß	weiß	weiß	–	rot	weiß	gelb
Waldner	rot	blau	blau	blau	rot	blau	blau	weiß
Médoc	weiß	rot	rot	weiß	–	rot	weiß	weiß
Lemps	weiß	rot	rot	weiß	–	rot	weiß	gelb
Bouillé	weiß[2]	–	weiß	weiß	–	rot	weiß	gelb
Royal Comtois	weiß[2]	blau	blau	weiß	–	blau	weiß	gelb
Lastic	weiß	karmin	weiß	weiß	karmin	weiß	weiß	gelb
Provence	weiß	rot	rot	weiß	–	rot	weiß	gelb
Cambis	weiß	rot	rot	weiß	–	rot	weiß	w. u. g.
D'Arbonnier	rot[7]	rot	blau[6]	blau	–	blau[9] [6]	blau	weiß
St. Maurice	weiß	rot	rot	weiß	–	weiß[4]	weiß	gelb
Nice	weiß[1]	weiß	weiß	weiß	–	rot	weiß	gelb
La Mark	blau[4]	–	gelb[6]	weiß	gelb[6]	weiß	weiß	weiß
Penthièvre	weiß[1]	blau	blau	weiß	–	blau	weiß	weiß
Guyenne	weiß	rot	rot	weiß	–	rot	weiß	gelb
Lorraine	weiß	weiß	weiß	weiß	–	rot	weiß	gelb
Flandres	weiß	blau	blau	weiß	–	blau	weiß	w. u. g.
Berry	weiß[2]	rot	rot	weiß	–	rot	weiß	gelb
Béarn	weiß[2]	rot	rot	weiß	–	rot	weiß	gelb
Hainault	weiß	rot	rot	weiß	–	rot	weiß	gelb
Boulonnois	weiß	blau	blau	weiß	–	blau	weiß	gelb
Angoumois	weiß	blau	weiß	weiß	–	blau	weiß	weiß
Périgord	weiß	blau	blau	weiß	–	rot	weiß	weiß
Saintonge	weiß	blau	blau	weiß	–	blau	weiß	gelb
Bigorre	weiß	blau	blau	weiß	–	blau	weiß	gelb
Forez	weiß	rot	rot	weiß	–	rot	weiß	gelb
Cambresis	weiß	rot	rot	weiß	–	rot	weiß	gelb
Tournaisis	weiß	rot	rot	weiß	–	rot	weiß	gelb
Foix	weiß	rot	rot	weiß	–	blau	weiß	gelb
Bresse	weiß	–	blau	weiß	–	blau[3]	blau	gelb
La Marche	weiß	–	rot	weiß	rot	rot	weiß	gelb
Quercy	weiß	rot	rot	weiß	–	rot	weiß	gelb
La Marche, Prince	weiß	blau	blau	weiß	blau[6]	blau[6]	weiß	weiß
Brie	weiß[1]	rot	rot	weiß	–	rot	weiß	gelb
Soissonnois	weiß	blau	blau	weiß	–	blau	weiß	gelb
Isle de France	weiß[2]	blau	blau	weiß	–	blau	weiß	gelb
Diesbach	rot[7]	blau	blau	blau	–	blau[9] [6]	blau	weiß
Courten	rot[7]	rot	blau	blau	rot[7]	blau	blau	weiß
Bulkeley	rot[6]	rot	grün	rot	–	grün	weiß	weiß
Clare	rot	gelb	gelb	gelb	gelb	rot[6]	weiß	weiß
Dillon	rot	–	schwarz	weiß	–	rot[3]	weiß	gelb
Royal Suédois	blau	hellgelb	hellgelb	hellgelb	hellgelb	hellgelb	weiß	gelb
Chartes	weiß	rot	rot	weiß	–	rot	weiß	gelb
Conty	weiß	blau	blau	weiß	–	blau	weiß	weiß
Roth	rot[5]	–	blau	blau	–	blau[5]	blau	gelb
Berwick	rot[2]	schwarz	schwarz	weiß	–	rot[5]	weiß	gelb
Enghien	weiß[3]	rot	rot	weiß	–	rot	weiß	weiß
Royal Bavière	hellblau	schwarz	schwarz[6]	weiß	schwarz[6]	hellblau[6]	weiß	weiß
Salis	rot[2]	blau	blau	blau	–	rot	rot	weiß
Royal Corse	weiß	grün	grün	weiß	–	rot[6]	weiß	gelb
Royal Ecossais	blau[6]	rot	rot	blau	–	rot[6]	weiß	weiß
Royal Lorraine	weiß[2]	–	weiß	weiß	schwarz	weiß	weiß	gelb
Royal Barrois	weiß	schwarz	weiß	weiß	schwarz	weiß	weiß	gelb

Regiment	Rock	Kragen	Aufschläge	Schöße	Rabatten	Weste	Hose	Knöpfe
Lally	rot	grün	grün	weiß	–	grün	weiß	gelb
Nassau	blau[6]	rot	rot[6]	rot	rot[6]	weiß	weiß	weiß
Royal Cantabres	hellblau[10]	rot	rot, spitz	weiß	–	weiß	weiß	weiß
Ogilvy	rot	–	blau	blau	–	blau[5]	weiß	gelb
Lochmann	rot	blau	blau	blau	–	blau[9, 5]	weiß	weiß
Bouillon	weiß	schwarz	schwarz[6]	weiß	schwarz[6]	weiß	weiß	weiß
Deuxpont	hellblau[6]	karmin	karmin[6]	weiß	–	weiß	weiß	weiß
Vierzet	weiß	–	blau	weiß	blau	weiß	weiß	gelb
Horion	blau[5]	–	rot[5]	rot	rot[5]	rot[5]	weiß	gelb
Eptingen	rot	rot	blau	blau	rot	blau	blau	weiß

[1] *Taschen senkrecht* [2] *Doppeltaschen senkrecht* [3] *schwarze Rabatten* [4] *rote Rabatten* [5] *gelbe Litzen* [6] *weiße Litzen* [7] *blaue Litzen* [8] *roter Vorstoß* [9] *weißer Vorstoß* [10] *weiße Schnüre.*

letten eingeführt, Oberst 2 Epauletten mit reichen Fransen, Oberstleutnant ein solches auf der linken Schulter, Major 2 Epauletten mit weniger reichen Fransen, Hauptmann nur ein solches, Leutnant und Unterleutnant ein Epaulett mit rautenförmigem Seidenmuster, Fransen mit Seide untermischt. Außer diesen trugen sie seit 1762, aber nur als Dienstabzeichen, den Ringkragen. Die Subaltern-Offiziere führten eine Bajonettflinte (Abb. 12, f). 1762 wurde die Kleidung, vor allem die Weste, knapper und kürzer nach preußischem Schnitt. Das Koppel wurde über die Weste geschnallt. Die schon seit längerer Zeit getragenen Pelzmützen der Grenadiere wurden 1763 vorschriftsmäßig, dazu gehörten kleine Federn oder Pompons. 1765 werden die Tornister von Hunde- oder Ziegenfell angefertigt, an Stelle der bis dahin üblich gewesenen Zwillichranzen. 1775 erhielten die Regimenter Navarra, Flandern und das Königs-Regiment Helme, die sich indessen nicht bewährten und darum wieder abgeschafft wurden. Von 1779 an trug man das Lederzeug gekreuzt, nur die Garden behielten das Koppel um den Leib. Die Schoßspiegel wurden bei den Grenadieren mit Granaten, bei den Füsilieren mit Lilien versehen. Beim Ausbruch der Revolution hatte die ganze Linien-Infanterie mit Ausnahme der Fremdenregimenter weiße Westen, Hosen, Gamaschen und Rockfutter. Die Grundfarbe des Rockes war dieselbe wie schon beschrieben. Die farbigen Abzeichen (Kragen, Aufschläge und Rabatten) waren serienweise verschieden. So trug eine Gruppe von Regimentern himmelblaue Abzeichen, andere schwarz-plüschene, violette, eisengraue, rosa, gelbe, karminrote, silbergraue, hellorange und dunkelgrüne Abzeichen. Als Kopfbedeckung diente der Hut, bei den Grenadieren die Grenadier-Pelzmütze (Abb. 12, i), jetzt mit einem Metallbeschlag und Stutz. Das Regiment Colonel général, welches rote Abzeichen trug, hatte als Kopfbedekkung einen eisernen Helm mit schwarzem Haarschweif (Abb. 12, h). Im Jahre 1789 wurde die *Nationalgarde* errichtet. Uniform: Blauer Rock mit weißem Futter, ebensolchen Rabatten und Aufschlagspatten, roten Kragen und Aufschlägen. Die Zentrums-Kompanien trugen Hüte, auch wohl den damals bei den Jägern üblichen Helm; die Grenadiere die Pelzmütze, die indessen als zu kostspielig abgeschafft und durch den Hut mit rotem Busch ersetzt wurde (Abb. 13, b). Indessen taucht die Pelzmütze immer wieder auf. Die eben beschriebene Uniform ging im Jahre 1793 auch auf die Linien-Infanterie über, als damals die Halbbrigaden formiert wurden*. Jede Halbbrigade bestand aus einem Linien-Bataillon und zwei Bataillonen von Freiwilligen oder National-Garden. 1803 wurde die Organisation wieder aufgehoben, und wiederum wurden Regimenter gebildet.

Zeit des ersten Kaiserreiches

Farbe und Schnitt der Uniform änderten sich bis zum Jahre 1807 nicht, nur die Grenadiere trugen größere Pelzmützen als während der Revolution. Als Beschlag diente vorn ein kupfernes Schild, bei den Grenadieren einiger Regimenter nur eine kupferne Granate. 1804 wurde der Tschako eingeführt, doch dauerte es noch lange, bis die Truppe damit versehen war. Im Feldzuge 1806 trug die Linieninfanterie noch den Hut. Auch der Zopf, der bereits 1805 abgeschafft worden war, wurde längere Zeit beibehalten. 1806 wurde eine neue weiße Uniform vorgeschrieben, doch waren nur einige Regimenter damit versehen, als im Oktober 1807 wieder eine blaue eingeführt wurde. Nunmehr waren die Taschen allgemein senkrecht angebracht. 1805 waren bei der Linien-Infanterie Voltigeur-Kompanien errichtet worden, die gleich den Grenadieren Elite-Truppen waren. Das Bataillon bestand aus einer Grenadier-, einer Voltigeur- und vier Zentrums- oder Füsilier-Kompanien. Als Abzeichen der Voltigeure galten gelbe oder gelb und grüne Fransen-Epauletten und gelb und grüner oder gelb und roter Stutz an der Kopfbedeckung, ebenso wie die Grenadiere durch roten Stutz und Epauletten ausgezeichnet wa-

* Die frühere weiße Uniform wurde noch lange Zeit aufgetragen, vergl. Abb. 15a

a b c d e f g h i k

Abb. 15. Frankreich. Linien-Infanterie 1794–1894.

ren. Die Füsiliere trugen an den Tschakos nach den Kompanien verschiedenfarbige Pompons (Abb. 13, c). Auf der Patrontasche trugen die Grenadiere eine Granate, ebenso in den Schoßumschlägen, die Voltigeure ein Jagdhorn. 1808 vertauschten die Grenadiere die Pelzmützen mit Tschakos, die mit roten Seitenstegen und Einfassungsborte verziert waren. Die Voltigeure trugen dieselben Stücke am Tschako in gelber Farbe. 1810 wurden die Tschakobehänge und Stutze abgeschafft. 1812 wird der Rockschnitt verändert, dergestalt, daß die Rabatten nun gerade herunter gehen und die Schöße kürzer werden (sogenannte Spenzer) (Abb. 13, d). Die Spielleute der Infanterie trugen nach der Vorschrift goldene Tressen um die Kragen, Aufschläge, Rabatten und die glatten roten Schwalbennester. Da jedoch den Regimentskommandeuren erlaubt war, die Kolonnenspitzen nach eigenem Geschmack zu kleiden, herrschte hier eine ungeheuere Mannigfaltigkeit. Durch Dekret vom 19. Januar 1812 wird die Spielmanns-Montur gänzlich geändert. Sie bestand aus einem einreihigen grünen Spenzer mit rotem Kragen und Aufschlägen, alles ebenso wie Taschen und Schöße mit einer dunkelgrünen Tresse besetzt, die auf gelben Feldern grünen Adler und gekröntes grünes N in abwechselnder Reihenfolge zeigte. Auf dem Ärmel sieben sparrenförmige Besätze von derselben Tresse in gleichen Abständen.

Wir müssen hier wenigstens einiger aus der großen Anzahl der Fremd-Truppen gedenken.

Schweizer: Roter Frack, weiße Beinkleider, Kragen, Aufschläge und Rabatten beim 1. Regiment gelb, beim 2. dunkelblau, beim 3. von schwarzem Plüsch, beim 4. himmelblau; Tschakos und Pelzmützen.

Irländer: Grüner Frack, Kragen, Aufschläge und Vorstöße gelb; Tschakos.

Portugiesen: Brauner Spenzer mit rotem Kragen, Aufschlägen und Rabatten, Vorstöße weiß, Kopfbedeckung von eigentümlicher Form.

Weichsel-Legion (Polen): Blauer Spenzer mit gelbem Kragen, Aufschlägen und Rabatten, Tschakos.

Die Zeit der Restauration und Louis Philipps

Ludwig der XVIII. teilte die Armee im Jahre 1815 in 86 Departemental-Legionen ein. Die Abzeichen an der jetzt weißen Uniform waren folgende: 1–10 königsblau, 11–20 gelb, 21–30 rot, 31–40 dunkelrosa, 41–50 karmin, 51–60 orange, 61–70 hellblau, 71–80 dunkelgrün und 81–86 violett. Innerhalb jeder dieser Zehnerserien hatten die ersten 5 gelbe, die zweiten 5 weiße Knöpfe, die jeweils fünften und zehnten weiße Rabatten, die zweiten, vierten, siebten und neunten weiße Kragen. Ferner bildeten Aufschläge und Aufschlagspatten die Legionsunterscheidungen.

1820 fand jedoch wieder die Einteilung in Regimenter statt. In diesem Jahre wurden blaue Spenzer mit einer

Reihe von Knöpfen eingeführt. Diese waren nunmehr ausschließlich gelb. Kragen, Kontre-Epauletten, Aufschlagspatten, Schöße und Vorstöße waren rot, seit 1822 beim 1.–4. weiß, 5.–8. karmin, 9.–12. gelb, 13.–16. dunkelrosa, 17.–20. orange, 21.–24. hellblau, 25.–28. blaßorange, 29.–32. hellgrün. Aufschläge, Schöße und Vorstöße beim 33.–36. weiß usw. zu je vier Regimentern wie oben.
1825 wandelte sich die Form der Tschakos, sie wurden schlanker und zylindrischer. 1828 wurden die Abzeichen wiederum durchgängig rot. Seit 1829 trug die gesamte Linien-Infanterie die rote Hose, die traditionell geworden ist. Die Zentrumskompanien waren durch Kontre-Epauletten, blau mit roten Halbmonden, ausgezeichnet, Grenadiere und Voltigeure durch die schon lange üblichen roten oder gelben Fransenepauletten. 1832 wird der Kragen vorn ausgeschnitten. 1837 neuer Tschako. 1843 wiederum neues Tschakomodell, jetzt mit blauem Tuch bezogen mit rotem Oberrand. Der Spenzer machte 1845 dem Waffenrock (tunique) Platz. Im Feld wurde der Tschako im Überzug, vorn mit aufgemalter Regimentsnummer, getragen. Als Felduniform diente der graublaue Capotemantel.

Unter dem zweiten Kaiserreich

1852 wurden die Fransen-Epauletten auch für die Zentrums-Kompanien eingeführt, und zwar rot mit grünen Fransen. 1856 neuer Tschako, 1855 gelber, blau vorgestoßener Kragen. 1866 fällt der Kragenvorstoß fort, die Vorstöße und Aufschlagpatten werden ebenfalls gelb. Als 1867 die Unterscheidung zwischen Elite- und anderen Kompanien aufgehoben wurde, bekam die gesamte Infanterie die roten Grenadier-Epauletten. Im Jahr 1860 wurden die Schöße sehr kurz, die Hosen dagegen weit; zugleich wurde ein neues volledernes Tschako-Modell ausgegeben (Abb. 13, h). Diese Uniform verschwand im Jahre 1868, wo sie dem zweireihigen Waffenrock mit dem rotbezogenen Tschako Platz machte. Im Felde (Abb. 13, i) wurde fast durchgängig die rote Dienstmütze mit blauem Rand, darauf die rote Regimentsnummer, getragen. Der zweireihige Waffenrock hatte gelben Kragen und Ärmelpatten, Vorstöße. Auf dem Kragen hatten die Grenadiere rote Granaten, Voltigeure rote Hörner, Knöpfe gelb. Zu Beginn des Feldzuges 1870 wurde noch der Tschako 1860 getragen. Er verschwand aber sehr bald. Fremden-Regiment siehe unter »Afrikanische Truppen«.

1871–1915

An der Infanterieuniform ist zwar vielerlei geändert worden, doch ist der allgemeine Charakter derselbe geblieben. 1872 erhielt der gelbe Rockkragen blaue Kragenpatten, gleichzeitig verlor der Aufschlag den gelben Vorstoß. Das Käppi hatte jetzt nicht mehr einen waagerecht abstehenden, sondern nach unten geneigten Schirm; die Epauletten wurden im Felde nicht mehr getragen. 1884 fiel der Tschako, der 1872 ähnlich dem Modell 1856 wiedergekommen war, fort. 1886 wurde ein Paradekäppi eingeführt. Das Marschgepäck wurde nach der Einführung des sogenannten Tragegerüstes sowie dreier Patronentaschen in ähnlicher Weise angeordnet wie in der deutschen Armee.
Der Ringkragen der Offiziere verschwand 1885. 1883 wurde ein schwarzer Offiziersdolman eingeführt. 1893 einreihiger Offizierswaffenrock. 1899 wurde auch der Waffenrock der Mannschaften einreihig, die gelben Abzeichen wurden durch rote ersetzt.
Der Infanterist hatte eine dreifache Bekleidung: 1. Waffenrock blau mit rotem Kragen, blauer Patte, darauf die rote Regimentsnummer, rote Epauletten. 2. Exerzieranzug (veste), blaue Jacke mit ebensolchen schmalen Achselklappen und Kragen, auf letzterem rote Patten mit blauer Regimentsnummer. 3. Mantel (Capote) graublau mit ebensolchem Kragen, roter Kragenpatte, darauf graublaue Regimentsnummer. Knöpfe durchgängig gelb. Im Feld wurde die rote Hose entweder umgeschlagen über den Gamaschen oder in diesen getragen.
Die Territorialarmee trug keine Waffenröcke, dagegen Exerzieranzüge mit Capotmantel wie die Linie, nur mit weißen Knöpfen und weißen Regimentsnummern auf den Kragenpatten.

1915–1934

Das französische Heer zog noch in den farbigen Uniformen, das Käppi vielfach in hellblauem Überzug (Abb. 24 a) in den I. Weltkrieg, da eine 1912 erprobte resedafarbene Felduniform keine Billigung fand. Infolge der starken Verluste wurde schon 1915 eine schutzfarbene Uniform eingeführt, deren Grundfarbe horizontblau (ein sehr helles graublau) war. Der Feldrock hatte eine Reihe von 6 gelben Knöpfen, gerade Seitentaschen, Stehkragen mit zunächst gelben, bald grundfarbenen spitzen Patten mit dunkelblauer Regimentsnummer und zwei Winkelschnüren dahinter, keine Achselklappen und Aufschläge. Graublaue, gelb vorgestoßene Hose und Wickelgamaschen. Graublaues Käppi mit dunkelblauer Regimentsnummer über dem Schirm, sonst ohne farbige Verzierungen. Horizontblauer Mantel mit Schulterrolle und Kragenpatten wie am Rock. Das Lederzeug wird naturfarben. Gleichzeitig wird ein graublau gestrichener Stahlhelm mit kleinem Bügel, über der Stirn flammender Granate, und eine bootsförmige Feldmütze mit gelbem Vorstoß um den Aufschlag eingeführt (Abb. 24 c, f). Die Offiziere trugen vielfach Stoffgürtel und aufgesetzte Brust- und Seitentaschen. Nach dem Krieg erhält der Feldrock flachen Stehumlegekragen, auf dem die Patten in Winkelform mit den doppelten Schnüren am oberen Ende befestigt sind, und Achselklappen. Das in der Form höher und steifer gewordene Käppi bekommt dunkelblaue Vorstöße um den oberen Bandrand und in den Seitennähten. Die Offiziere trugen schon während des Krieges und auch nachher fast stets das farbige Vorkriegskäppi, hier also mit rotem Deckel und dunkelblauem Band, goldener Nummer und Rangtresse. Das farbige Käppi wird seit Ende der 20er Jahre außerdienstlich auch von Unteroffizieren und Kapitulanten getragen. Der Mantel ist in der Zwischenzeit zweireihig geworden.
Ab 1935: Schon bald nach Ausgang des I. Weltkrieges

setzten Bestrebungen dahingehend ein, das Horizontblau durch das von den Kolonialtruppen und den Alliierten Frankreichs im I. Weltkrieg bereits getragene Kaki zu ersetzen. Dies führte 1935 zur Einführung einer neuen kakifarbenen Felduniform, die im Schnitt und Aussehen der horizontblauen Uniform gleicht, nur alles graublaues Tuch durch kakifarbenes ersetzt. Der Rock- und Mantelkragen erhalten eine sehr viel flachere, breitere Form. Bei der Infanterie bleiben auf den grundfarbenen Kragenpatten Regimentsnummer und Winkelschnüre dunkelblau, bei den Maschinengewehrbataillonen gelb. Zum Feldrock wird ein kakifarbenes Hemd mit gleichfarbigem Langbinder, von den Offizieren auch weiße Wäsche und schwarzer Langbinder getragen. Die Offiziere legen zur kakifarbenen Uniform mit Ausnahme des jetzt kakifarben gestrichenen Stahlhelms stets das farbige Käppi, Lederkoppel mit Schulterriemen und eine hellkakifarbene Reithose an. Die lange kakifarbene Hose trägt an den Seiten breite dunkelkakifarbene Besatzstreifen. Im französischen Heer wird schon zur horizontblauen Uniform wie auch zur kakifarbenen von Offizieren und Unteroffizieren die Kragenpattennummer in Knopffarbe gestickt getragen, ebenso das Käppiabzeichen. Gleichzeitig erhalten die Offiziere eine Gesellschaftsuniform, die der alten Friedensuniform stark angeglichen ist (Abb. 24 i). Sie besteht aus einem langschößigen dunkelblauen Rock mit einer Reihe goldener Knöpfe. Der Stehkragen und die geschweiften Aufschlagpatten sind rot. Die am hinteren Ende zweimal geschweiften Kragenpatten mit goldener Nummer und der Aufschlag sind dunkelblau. Auf den Schultern goldene Passanten, mit oder ohne Epauletten getragen, rote Hose mit dunkelblauem Streifen, rotes Käppi mit dunkelblauem Band, goldenem Kinnriemen, Nummer und Rangtresse. Dunkelblaues Seidenkoppel mit zwei goldenen runden Schlössern, Säbel in weißer Scheide an einem dunkelblauen Säbelriemen.

III. Leichte Infanterie und Jäger

Im Jahre 1670 schuf der Marschall Broglie eine Kompanie Jäger in jedem der ihm unterstehenden Infanterie-Regimenter. 1776 wurde diese Einrichtung auf die gesamte französische Infanterie ausgedehnt. 1784 Aufstellung von 6 Jäger-Btln. 1789 vereinigte man die Jäger in vierzehn Bataillone, welche 1791 den Namen »Leichte Bataillone« annahmen. Die Organisation dieser Bataillone entsprach derjenigen der Linien-Infanterie, mit dem Unterschied, daß die Grenadiere der leichten Truppe Carabiniers genannt wurden. 1838 wurde ein Jäger-Bataillon unter dem Namen Tirailleure von Vincennes ins Leben gerufen. Zwei Jahre darauf erhielt es die Bezeichnung Jäger von Orléans. Unter dem zweiten Kaiserreiche sehen wir ein Jäger-Bataillon bei der Garde und zwanzig Linien-Bataillone entstehen. 1854 ging die leichte Infanterie, die bis dahin neben den Jägern ununterbrochen fortbestanden hatte, ganz ein.
Soviel in Kürze über die Formationsgeschichte.
Leichte Infanterie (Abb. 16, b). Während der Epoche der großen Revolution war die Grundfarbe des langschößigen Frackes, der Weste und der anliegenden Beinkleider blau; Rabatten, Aufschläge und Schoßumschläge von der Grundfarbe, mit weißen Vorstößen besetzt. Im Unterschied zur Linien-Infanterie waren die Rabatten unten spitz geschnitten; die Kragen waren rot, die Epauletten grün mit roten Monden, für die Carabiniers ganz rot, Knöpfe weiß; Hut, für die Carabiniers Pelzmütze mit roten Behängen und Busch und rotem Futter mit weißem Kreuz (Abb. 16, c). Schon gegen Ende des 18. Jahrhunderts bekam die leichte Truppe den Tschako (Abb. 16, d). Als 1804 die Voltigeur-Kompanien entstanden, erhielten diese gelbe Kragen mit weißen Vorstößen und grüne Epauletten mit gelben Halbmonden. Gelber, unten grüner Stutz auf dem Tschako. 1808 vertauschten die Carabiniers die Pelzmütze gegen den Tschako, der wie bei den Linien-Grenadieren verziert war. Während der Restaurationszeit unterschied sich die Uniform der leichten Infanterie von derjenigen der Linien-Infanterie anfänglich (1819) durch die grüne Grundfarbe, 1820 bei blauer Uniform durch blaue Kragen und gelbe Vorstöße. Die Aufschläge waren von Anfang an spitz, die Knöpfe weiß (Abb. 16, f). Die Beinbekleidung machte dieselben Wandlungen wie bei der Linie durch, wurde also 1830 durch rote Hose ersetzt. Ebenso waren die Abwandlungen der Tschakoformen dieselben (Abb. 16, g, h).
Jäger (Abb. 16, a): 1784 trugen die Jäger grüne Fracks mit verschiedenfarbigen Abzeichen, chamois Westen und Hosen, dazu Hüte. 1784 erhielten sie eine besondere Form der Achselklappen. 1788 wurden die farbigen Rabatten durch grüne ersetzt. Die Abzeichenfarben waren: rot, gelb, rosa und karmin. Je drei Bataillone hatten eine Farbe, die sich bei der ersten Gruppe in Kragen und Aufschlägen, bei der zweiten nur in den Aufschlägen und bei der dritten nur im Kragen ausdrückte. 1791 erhielten die Rabatten Vorstöße in Abzeichenfarbe. Statt der Hüte wurden Kasketts eingeführt. Das 13. und 14. Bataillon bekam weiße Abzeichen. 1840 bestand die Uniform aus einem blauen, einreihigen Waffenrock mit ebensolchem Kragen und spitzen Aufschlägen. Gelbe Vorstöße, weiße Knöpfe. Blauer käppiartiger Tschako mit gelben Vorstößen, eisengraue Beinkleider, schwarzes Lederzeug. Epauletten grün mit gelben Halbmonden (Abb. 16, i). Genau dieselbe Farbzusammenstellung hatte die Uniform weiterhin, wenn auch im Laufe der Zeit der Schnitt vielfache Änderungen erfahren hat.
Die Jäger der Kaisergarde Napoleons III. waren durch gelbe Schnüre auf der Brust und gelbe Granaten auf dem Kragen ausgezeichnet.
Die Alpenjäger wurden 1888 aus Jäger-Bataillonen errichtet. Sie behielten anfangs ihre alte Uniform bei, bekamen alsbald dazu die Baskenmütze. Der Rock wurde durch eine einreihige blaue Bluse mit großem Umschlagkragen ersetzt. Nur die Nummer auf dem Kragen blieb gelb. 1891 wurde das Käppi vollends abgeschafft.
Die Jäger trugen zu Kriegsbeginn dunkelblauen einreihigen Feldrock mit breitem, liegendem Kragen und runden Aufschlägen in Grundfarbe, weiße Knöpfe, am Kragen gelbe Bataillonsnummer und Jagdhorn darunter, Offiziere in sil-

Abb. 16. Frankreich. Leichte Infanterie und Jäger.
a, i, k Jäger (Chasseurs à pied) – b, d Jäger der leichten Infanterie – c, e, f, g Carabiniers der leichten Infanterie – h Offizier der leichten Infanterie

ber. Dunkelblaugraue Hose mit gelbem Vorstoß, dunkelblaue Wickelgamaschen, dunkelblaues Käppi mit gelben Vorstößen bzw. die Alpenjäger mittelblaues Barett mit gelbem Jagdhorn rechts, graublauen Mantel mit Nummer und Jagdhorn in den Kragenecken (Abb. 24, c). Die horizontblaue Uniform, zu der auf den Kragenpatten grüne Nummer und Jagdhorn vorgeschrieben war, setzte sich auch im I. Weltkrieg nicht durch. Die alte dunkelblaue Uniform wurde in entsprechendem Schnitt weiter getragen. Auf der grundfarbenen Kragenpatte sind oben zwei gelbe Winkelschnüre hinzugefügt. Der Stahlhelm wird schwarz gestrichen, das Abzeichen, ein Jagdhorn, häufig grün. Die Jäger sind also die einzige Truppe im französischen Heer, bei der die kakifarbene Uniform nicht zur Einführung gelangt ist. Der Gesellschaftsrock der Offiziere hat grundfarbenen Kragen und Aufschlagpatten, alles Metall in silber, das Käppi schwarzes Samtband.

IV. Kürassiere und schwere Reiter

Im Gegensatz zur Gendarmerie wurde die gesamte Kavallerie mit Ausnahme der Dragoner und Husaren mit »Leichte Kavallerie« bezeichnet.
Bereits nach dem Reglement von 1690 waren die Regimenter in blaue, rote oder weißgraue Röcke gekleidet. Diese Farben hielten sich bis zum Jahre 1762, in welchem alle die blaue Grundfarbe erhielten. Wegen des häufigen Wechsels der Abzeichen (1740, 1757, 1762, 1767, 1776 und 1786) können wir nur ein Schema, und zwar aus dem siebenjährigen Krieg, anführen.

a b c d e f g h i k

Abb. 17. Frankreich. Kürassiere
a, b, d, e, g, i, k Kürassiere – c Schwerer Kavallerist – f, h Garde Kürassiere

1761 (nach dem Zeughausmanuskript)

Regiment	Rock	Aufschläge	Schöße	Rabatten	Weste	Knöpfe	Bemerkungen
Colonel Général	rot	schwarz	rot	schwarz	hellgelb	gelb	
Mestre de Camp-Général	grau	schwarz	grau	schwarz	rot	gelb	
Commissaire Général	hellgrau	schwarz	hellgrau	schwarz	hellgelb	gelb	
Royal[1]	blau	rot	blau	rot	rot	weiß	
Du Roy[2]	blau	rot	rot	rot	rot	weiß	
Royal Allemand	blau	rot, spitz	rot	–	hellgelb	weiß	weiße Litzen
La Reine	rot	blau	blau	blau	rot	gelb	
Noailles	rot	rot	rot	rot	hellgelb*	weiß	*gelb-violett gewürf. Borte
Fitz James	rot	blau	blau	blau	hellgelb*	weiß	*weiß-grün gewürf. Borte

* *Ebenso: Royal Etranger, Curassiers du Roi, Royal Cravattes, Royal Roussillon, Royal Piémont, Royal Pologne, Dauphin, Bourgogne (rote Kragen), Carab. de Provence (weiße Vorstöße um Rab., Schöße u. Aufschläge), Artois*
* *Ebenso: Berry*
Die folgenden Regimenter: weiße Röcke, rote Rabatten, Aufschläge und Schöße. Hellgelbe Kollerwesten mit folgenden Borten: Royal Lorraine – rot mit schwarzem Kettenmuster. Royal Picardie – rot mit gelbem Kettenmuster. Royal Champagne – gelb mit schwarzem Kettenmuster. Royal Navarre – karmesin mit weißem Kettenmuster. Royal Normandie – weiß-rot gewürfelt. Condé rosa. Bourbon – bourbonische Borte. Clermont – karmesin. Pentièvre – gelb-blau gewürfelt (roter Kragen).
Dieselbe Uniform mit weißen Schößen: Orleans – blaue Borte. Chartres – violett mit weißem Kettenmuster. Conty die gleiche Uniform mit roten Schößen aber ohne Rabatten: Borte – weiß mit rot-blauem Kettenmuster

Merkwürdigerweise gab es in Frankreich unter den Regimentern der schweren Kavallerie nur ein einziges Kürassier-Regiment, welches im Jahre 1665 errichtet wurde (Cuirassiers du Roi). Die Uniform dieser Truppe (Abb. 17, a) war blau mit roten Abzeichen und Unterkleidern. Als Kopfbedeckung diente der Hut. 1733 wurde allerdings der Versuch gemacht, den Küraß für die gesamte schwere Kavallerie einzuführen, ohne daß diese Einrichtung lange Bestand gehabt hätte. Was nun das erwähnte Kürassier-Regiment betrifft, so wird 1762 die Uniform wie folgt beschrieben: Rock blau mit roten Umschlägen, Filzhut mit weißwollener Einfassung, Lederzeug und Hosen chamois, Knöpfe weiß. 1776 werden die Abzeichen gelb statt rot. Bei der Umbildung der Armee 1791 nahm das Regiment die Nummer 8 unter den schweren Regimentern ein. Erst 1802 erhalten mehrere jener Truppenteile den Harnisch (5., 6. und 7. Regiment). 1804 gab es schon zwölf Kürassier-Regimenter. In demselben Jahre wurde der eigenartige Helm mit dem schwarzen Roßschweif an Stelle des Hutes eingeführt und damit der bekannte Typus des französischen Kürassiers geschaffen (Abb. 17, e). Die Glocke des Helms war aus Stahl; Bügel und Schuppenketten aus gelbem Metall, die Verbrämung aus schwarzem Fell. Der blanke Vollküraß hatte gelbmetallene Haltebänder.

Der blaue Rock, seit 1812 mit kurzen Schößen, hatte eine Reihe von weißen Knöpfen, Taschenpatten in der Länge, weiße Granaten in den Schcßspiegeln. Rote Epauletten. Küraßmanschetten rot mit weißem Vorstoß; zur Parade schmückte den Helm auf der linken Seite ein roter Stutz. Schabracke und Mantelsack blau mit weißem Besatz. Auf ersterer in den Ecken eine weiße Granate, auf letzterem die weiße Regimentsnummer. Überdecke von weißem Schaffell mit sogenannten Wolfszähnen. Die Offiziere trugen silberne Epauletten, die Trompeter zumeist Fracks in gewechselten Farben mit Brustlitzen, da sie keine Harnische anlegten. 1812 trugen die Trompeter grüne Spenzer mit gelb und grünen Borten und weiße Schweife an den Helmen.

Die Regimentsabzeichen waren 1812 wie folgt:

Nr.	Kragen und Schoßfutter	Aufschlag	Aufschlagspatte
1	rot	rot	rot
2	rot	rot	blau
3	rot	blau	rot
4	hellorange	hellorange	hellorange
5	hellorange	hellorange	blau
6	hellorange	blau	hellorange
7	gelb	gelb	gelb
8	gelb	gelb	blau
9	gelb	blau	gelb
10	rosa	rosa	rosa
11	rosa	rosa	blau
12	rosa	blau	rosa
13	lila-karmin	lila-karmin	lila-karmin
14	lila-karmin	lila-karmin	blau

Nach der Schlacht von Waterloo errichtete Ludwig XVIII. sechs Regimenter mit folgenden Abzeichen:

1. Regiment der Königin	scharlachrot
2. Regiment des Dauphin	karmin
3. Regiment Angoulême	hellorange
4. Regiment Berri	dunkelrosa
5. Regiment Orléans	gelb
6. Regiment Condé	hellorange

In das Jahr 1815 fällt auch die Errichtung von zwei Garde-Kürassier-Regimentern (Abb. 17, f). Königsblauer Spenzer mit rotem Kragen, Aufschlägen und Schoßumschlägen, weißen Knöpfen und Fangschnüren, weißer Hose; eiserner Vollküraß, auf der Brust mit einem gelbmetallenen Schild, darauf das Wappen von Frankreich und Navarra. Stahlhelm mit schwarzer Raupe. Zur Parade weiße Hose in hohen Stiefeln, für gewöhnlich lange graue Beinkleider. 1834 gab es zehn Regimenter. Die Uniform blieb ähnlich wie vorher, die Abzeichen waren für das 1. Regiment scharlachrot, für das 2. karmin, das 3. hellorange, das 4. rosa, das 5. gelb, das 6. krapprot. Die Regimenter 7 bis 10 hatten die Aufschläge in denselben Farben wie die entsprechenden vier ersten, dagegen blaue Kragen mit Vorstoß von der Regimentsfarbe. Durchgängig seit 1830 rote Hosen. Der Helm war seit 1825 nicht verbrämt und der Bügel trug außer dem herabwallenden Schweif noch einen schwarzen, bürstenartigen Kamm (Abb. 17, g). Gegen 1840 wurde er genauso gefertigt wie unter dem ersten Kaiserreich. Seitdem hat die Uniform einige Wandlungen durchgemacht. 1842 änderten sich die Abzeichenfarben wie folgt:

Rgt.	Kragen	Kragenvorst.	Aufschl.	Aufschlagsvorst.	Patte	Pattenvorst.
1	orange	blau	blau	orange	orange	blau
2	orange	blau	orange	blau	blau	orange
3	blau	orange	blau	orange	orange	blau
4	blau	orange	orange	blau	blau	orange

Die Regimenter 5–8 nach dem gleichen Schema, nur anstatt oranger Abzeichen solche von gelber Farbe, bei den Regimentern 9 und 10 von roter.
1860 wurde ein Waffenrock mit einer Reihe von weißen Knöpfen und durchweg krapproten Kragen, Aufschlagspatten und Epauletten eingeführt (Abb. 17, i). Die Hosen hatten bis zum Knie reichenden Reitbesatz. Der Mantel war weiß. Napoleon III. hatte auch *zwei Garde-Kürassier-Regimenter* geschaffen, und zwar in den Jahren 1854 und 1855. Das 1. Regiment hatte dunkelblauen, das 2. hellblauen Waffenrock. Bei beiden scharlachrotes Rockfutter, Kragen und Aufschläge. Weiße Epauletten und Achselschnüre, weiße Hosen in hohen Stiefeln. Der Helm war statt der Bräme mit einer gelben Metallverzierung geschmückt, worauf ein gekröntes N stand. Das 2. Garde-Kürassier-Regiment ging 1865 ein; das einzige noch bestehende wurde 1871 aufgelöst. Als Kürassiere waren auch die zum Wacht- und Eskortedienst bestimmten *Hundert-Garden* ausgerüstet, und zwar hatte der Helm weißen Haarschweif; der Rock war himmelblau mit amaranthroten Abzeichen und golden- und rotgemischten Epauletten und Achselschnüren. Beinbekleidung wie die Garde-Kürassiere. Der Pallasch war zum Aufpflanzen auf den Karabiner eingerichtet.
Nach dem Krieg von 1870/71 erhielt der Kürassierhelm eine etwas andere Gestalt besonders durch die kräftigere Ausbildung des Nackenschirmes. Im allgemeinen ist der alte Typus deutlich zu erkennen. Die Farben blieben wie unter 1860 angegeben, nur waren 1890 alle roten Vorstöße fortgefallen und der rote Kragen hatte eine blaue Patte mit roter Regimentsnummer erhalten.
Zu Kriegsbeginn 1914 wird der Helm und Küraß in Kakiüberzug getragen (Abb. 24, c). Zur horizontblauen Uniform gehören dunkelblaue Kragenspiegel mit roter Nummer und Winkelschnüren, weiße Knöpfe, ebenso zur Kakiuniform 1935. Der Kavalleriemantel ist stets einreihig. Die Gesellschaftsuniform der Offiziere wie die der Infanterie, alles Metall aber in silber. Das Abzeichen der Kavallerie am Stahlhelm ist die flammende Granate.

V. Grenadiere zu Pferde und Carabiniers

Von den schweren Reiter-Regimentern der alten Monarchie trug ein Regiment, und zwar das Regiment *Royal-Allemand,* Pelzmützen und war damit als Grenadiertruppe gekennzeichnet. Die Uniform bestand im Jahre 1785 aus einem blauen Rock mit roten Umschlägen, weißen Brustlitzen mit Puscheln, weißen Knöpfen, Epauletten und Borten. Helle Unterkleider. Die Pelzmütze war mit weißen Behängen geschmückt; dazu weißer, oben roter Stutz. Ferner finden wir eine Grenadiertruppe in der *Directorial-,* später *Consular-Garde.* Die Pelzmütze hatte gelbe Behänge und Schuppenketten sowie roten Stutz. Der blaue Rock hatte weiße Rabatten und Schoßumschläge, beides mit roten Vorstößen. Roter Kragen und kleeblattförmige Epauletten, weiß gerandet. Die Knöpfe waren gelb, die Weste weiß, die Beinkleider chamois. Aus dieser Truppe entstand das *Regiment der reitenden Grenadiere der Kaiser-Garde* (Abb. 21, a). Die Pelzmütze hatte dieselben Abzeichen wie früher. Blauer Rock mit ebensolchem Kragen, weißen Rabatten, roten Schoßumschlägen mit gelben Granaten in den Spiegeln. Gelbe Contre-Epauletten, Achselschnüre und Knöpfe, weiße Weste und Beinkleider. Pallaschkorb und Scheide von gelbem Metall.
Unter der Restauration 1814 bis 1830 bestanden *zwei reitende Garde-Grenadier-Regimenter* (Abb. 21, b). Rock, Kragen und Aufschläge blau, neun weiße Brustlitzen mit Quasten, Knöpfe, Achselschnüre und Epauletten weiß, drei weiße Litzen auf den langgesetzten Taschenleisten. Am Kragen eine weiße Granate auf jeder Seite. Weiße Hosen. Das 1. Regiment hatte den Vorstoß um die Taschenleisten von weißer Farbe, Schoßumschläge und Aufschlagspatten waren blau; das 2. Regiment unterschied sich durch karminroten Taschenvorstoß, durch karminrote Schoßumschläge und Aufschlagspatten sowie durch ebensolchen Vorstoß um den Kragen. Die Pelzmütze war mit einem weißen, unten roten Stutz geschmückt. Seit 1830 gibt es eine derartige Truppengattung im französischen Heere nicht mehr.
Der Ursprung der Carabiniers fällt in das Jahr 1679, und zwar wurden damals zwei Reiter in jeder Kompanie mit dem Karabiner ausgerüstet. 1690 gab es bei jedem Regiment eine Kompanie, und 1693 wurde ein *Regiment Royal-Carabiniers* errichtet. Die Uniform war blau mit roten Abzeichen und ebensolchen Unterkleidern, die aber später chamois wurden. Reicher Besatz an weißen Litzen, weißbortierter Hut, gelbes, weiß vorgestoßenes Lederzeug. 1788 wurden zwei Regimenter errichtet. Die Uniformfarben blieben dieselben wie früher, nur kamen noch rote Brustklappen hinzu. 1801 Pelzmützen. Unter dem ersten Kaiserreich bestand die Uniform aus blauem Rock mit ebensolchem Kragen, roten Rabatten und Schoßumschlägen, ebensolchen Epauletten, die mit zwei weißen Langstreifen besetzt waren, und weißen Knöpfen. Weiße Unterkleider, gelbes, weiß vorgestoßenes Lederzeug. Pelzmütze mit rotem Stutz und gelben Schuppenketten (Abb. 21, c).

Diese Uniform wurde 1809 geändert, und zwar wurde ein weißer Frack mit himmelblauem Kragen und Schoßumschlägen eingeführt, dazu rote Epauletten, gelber Küraß und ebensolcher Metallhelm mit weißer Garnitur und Bügel. Auf letzterem eine rote Raupe. Das Lederzeug blieb wie früher (Abb. 21, d). Diese Uniform wurde auch unter der ersten Restauration beibehalten, nur wurden die Abzeichen karmin. 1825 dagegen wurde der Rock himmelblau mit roten Abzeichen, die Carabiniers erhielten die 1831 bei der ganzen Armee üblichen roten Hosen, der gelbe Küraß wurde mit einer weißen Sonne geschmückt. Mit Ausnahme mannigfacher Änderungen im Schnitt blieb die Uniform bis 1871 dieselbe (Abb. 21, e). Nach dem Feldzug wurde diese Truppe nicht wieder errichtet.

VI. Dragoner

Die Dragonerwaffe gehört zu den ältesten in Frankreich. 1690 wurden an Stelle des Lederwamses und der Sturmhaube Rock und pelzverbrämte Zipfelmütze eingeführt. Die Farbe des Grundtuches war bereits vorwiegend rot, doch gab es auch blaue, grüne und graue Röcke. 1736 erhält die Brust bei einigen Regimentern auch die Aufschläge, weiße Litzen. 1757 auf der rechten Schulter Epauletten. Als Kopfbedeckung diente der Hut.

1761 (Zeughausmanuskript)

	Regt.	Rock	Weste	Aufschläge	Bemerkungen
1	Colonel-Général	rot	blau	blau	Weste weiße
2	Mestre deCamp Général	rot	rot	weiß	Einfassung
3	Royal	blau	rot	rot	rote Schöße
4	du Roi	blau	rot	weiß	
5	La Reine	rot	blau	blau	blaue Schöße
6	Dauphin	blau	blau	blau	
7	Orléans	rot	blau	blau	blaue Schöße
8	Beauffremont	rot	rot	gelb	
9	Choiseul	rot	rot	dunkelgrün	
10	d'Autichamps	rot	rot	hellgrün	
11	La Ferronnaye	rot	rot	rot	
12	Flammarens	rot	rot	schwarz	
13	Nicolai	rot	rot	hellblau	
14	Chapt	rot	rot	gelb	
15	Marboeuf	rot	rot	rot	gelbe Litzen
16	Languedoc	blau	blau	rot	rote Kragen

Von 1762 datiert die allgemeine Einführung der grünen Uniform, ebenso des Helmes mit Roßhaarbusch, wie ihn die Dragoner des Marschalls von Sachsen schon im Jahre 1743 erhalten hatten und den später die daraus hervorgegangenen Schomberg-Dragoner (Abb. 18, c) trugen. Letztere waren so stolz auf diese Kopfbedeckung, daß sie sich sogar weigerten, den Helm in der Kirche abzunehmen. Erst ein Befehl des Königs selbst konnte dies abstellen. Als Merkwürdigkeit sei erwähnt, daß sich im Museum von Versailles ein Helm des Dauphins befinden soll, dessen Schweif aus Frauenhaar hergestellt ist. Die Abzeichen auf dem grünen Rock waren scharlachrot, purpurrot oder gelblich; beim Regiment Artois weiß, die Unterkleider gelblich. Während der Revolutionszeit erhielt der gelbe, mit brauner Verbrämung und schwarzem Schweif versehene Helm einen Augenschirm. Die Röcke blieben grün mit verschiedenfarbigen Abzeichen. Unter dem Kaiserreich gab es ein Garde-Dragoner-Regiment, welches 1810 den Namen *»Dragoner der Kaiserin«* (Abb. 18, f) annahm. Den gelben Helm, dessen Verbrämung aus Pantherfell bestand, schmückte ein roter Stutz, der Rock war grün mit ebensolchem Kragen, weißen Rabatten und gelben Knöpfen; gelbe Contre-Epauletten und Achselschnüre, weiße Unterkleider. An Linien-Dragonern zählte man im Jahre 1812 dreißig Regimenter. Der grüne Rock, der vorn spitz ausgeschnitten war (Abb. 18, e), änderte im genannten Jahr seinen Schnitt derart, daß er zum Spenzer wurde, d. h. er erhielt gerade heruntergehende Rabatten und bedeutend verkürzte Schöße. Die Knöpfe waren durchgehend weiß, der Helm war derselbe wie schon beschrieben. Auf der Schulter wurden Achselklappen getragen von der grünen Grundfarbe des Rockes, mit Vorstoß von der Abzeichenfarbe. Die Elite-Kompanien waren durch rote Grenadier-Epauletten und Pelzmützen ausgezeichnet, wobei die letzteren mit rotem Stutz und Behängen geschmückt waren.

Die Unterkleider waren weiß. Was nun die Regimentsabzeichen betrifft, so trug immer eine Gruppe von sechs Regimentern die gleichen, und zwar die erste Gruppe, also Regiment 1 bis 6, scharlachrot, die zweite Gruppe 7 bis 12 karmin, die folgende, Nr. 13 bis 18 rosa, die Gruppe Nr. 19 bis 24 gelb, 25 bis 30 hellorange. In jeder einzelnen Gruppe waren die Unterschiede nun wieder folgende:

Abb. 18. Frankreich. Dragoner.
a, b, c, d, e, g, h, k, l, m Dragoner – f, i Garde-Dragoner

Regimentsnummern	Rabatten und Schöße	Kragen	Aufschläge	Aufschlagspatte	Taschenleisten
1. 7. 13. 19. 25	Abzeichenfarbe	Abzeichenfarbe	Abzeichenfarbe	Abzeichenfarbe	quer
2. 8. 14. 20. 26	Abzeichenfarbe	grün	grün	grün	quer
3. 9. 15. 21. 27	Abzeichenfarbe	Abzeichenfarbe	grün	Abzeichenfarbe	quer
4. 10. 16. 22. 28	Abzeichenfarbe	Abzeichenfarbe	Abzeichenfarbe	Abzeichenfarbe	in der Länge
5. 11. 17. 23. 29	Abzeichenfarbe	grün	Abzeichenfarbe	grün	in der Länge
6. 12. 18. 24. 30	Abzeichenfarbe	Abzeichenfarbe	grün	Abzeichenfarbe	in der Länge

Die Schabracke wie bei den Kürassieren, nur von grüner Grundfarbe mit weißen Besätzen. Die Offiziere unterschieden sich durch silberne Epauletten und dadurch, daß sie keine Kartusche trugen. Bis 1812 trugen die Trompeter Uniformen in den gewechselten Farben. Die Trompeter-Montur der Dragoner der Kaiserin war weiß mit himmelblauen Abzeichen und Goldbesatz. Für die Linien-Dragoner, wie überhaupt für die gesamte Kavallerie, wurde der grüne, mit gelb und grünen Borten besetzte Spenzer (vgl. Kürassiere) vorschriftsmäßig. Die *Dragoner der Pariser Garde* hatten graue Fracks mit roten Abzeichen, im übrigen ganz wie die Linien-Dragoner.
Ludwig XVIII. behielt zehn Dragoner-Regimenter bei. Abzeichen:

1. Regiment du Calvados 2. Regiment du Doubs	scharlachrot	scharlachrot
3. Regiment de la Garonne 4. Regiment de la Gironde	gelb	gelb
5. Regiment de l'Hérault 6. Regiment de la Loire	hellorange	hellorange
7. Regiment de la Manche 8. Regiment du Rhône	dunkelrosa	dunkelrosa
9. Regiment de la Saône 10. Regiment de la Seine	karmin	karmin

Beim 2., 4., 6., 8. u. 10. Regiment waren die Aufschläge grün, nur die Patten in der Regimentsfarbe. Bei den ungeraden Nummern dagegen auch Aufschläge in der Abzeichenfarbe.

Abzeichen 1823

Regiment	Kragen	Rabatten und Vorst.	Aufschlags-Patten	Aufschläge	Contre-epauletten
1. und 2	dunkelrosa	dunkelrosa	dunkelrosa	grün	grün
3. und 4	grün	grün	grün	dunkelrosa	dunkelrosa
5. und 6	gelb	gelb	gelb	grün	grün
7. und 8	grün	gelb	grün	gelb	gelb
9. und 10	karmin	karmin	karmin	grün	grün

Die Grundfarbe blieb grün: an Stelle des Roßschweifes trat eine schwarze Raupe. Die Beinkleider grau (Abb. 18, g).
Die Dragoner der königlichen Garde trugen grünes Kollet mit ebensolchem Kragen, amaranthroten Rabatten und Hosen, weißen Epauletten und Achselschnüren. Der Helm änderte seine Form später in gleicher Weise wie der Kürassier-Helm, von dem er sich durch die gelbe Farbe des Metalls unterschied. 1823 gelangten die krapproten Beinkleider zur Einführung (Abb. 18, h). Die späteren Änderungen bis 1868 sind geringfügiger Natur. In diesem Jahre erhielten die Dragoner den dunkelblauen Waffenrock mit einer Reihe gelber Knöpfe. Der Kragen war weiß, Vorstöße und Patten ebenso. Dazu scharlachrote Epauletten und krapprote Hose. Gelbmetallener Helm (Abb. 18, l).
Auch unter dem zweiten Kaiserreich gab es ein Regiment Garde-Dragoner (Abb. 18, i). Die Uniform bestand in hellgrünem Kollet mit rotem Kragen, weißen Rabatten, Epauletten, Fangschnüren und Lederzeug. Aufschläge von der Grundfarbe, durch roten Vorstoß markiert, und zwar spitz. Schöße ebenfalls von der Grundfarbe, mit roten Vorstößen und Granaten. Taschenpatten in der Länge. Knöpfe gelb, Hosen rot mit weißen Seitenstreifen, gelbmetallener Helm ohne Verbrämung, mit schwarzem Schweif und zur Parade mit rotem Stutz. Mantel weiß mit vier roten Litzen auf jeder Seite des großen Überfallkragens. Die Offiziere hatten goldene Epauletten und Hosenstreifen. Nach dem Feldzug von 1870/71 wurden die Garde-Dragoner nicht wieder errichtet. Der Waffenrock, wie er bei den Linien-Dragonern beschrieben wurde, blieb die nächsten Jahre hindurch vorschriftsmäßig, bis er Mitte der 80er Jahre von einem blauen, schwarzbeschnürten Dolman mit spitzen Aufschlägen verdrängt wurde. Der gelbe Dragoner-Helm wurde abgeschafft und durch den weißen Helm mit gelber Garnitur und Bügel sowie schwarzem Roßschweif ersetzt, in derselben Form, wie ihn die Kürassiere jetzt trugen, doch fehlte der Stutz (houpette) auf der Spitze des Helmbügels. Das erste Glied sämtlicher Dragoner-Regimenter wurde nach deutschem Vorbild mit der Lanze bewaffnet (Abb. 18, m). Die Flagge war weiß und rot. 1907 wurde der Dolman wieder durch einen Waffenrock ersetzt. Der Kragen war weiß mit Patte von Rockfarbe, darauf rote Nummer. Die Aufschlagspatte war ebenfalls weiß.
Zur horizontblauen und kakifarbenen Uniform weiße Knöpfe, dunkelblaue Kragenpatten mit weißer Nummer und Winkelschnüren; motorisierte Dragoner einen fünfstrahligen weißen Stern unter der Nummer. Gesellschaftsuniform wie Kürassiere, aber der Kragen und die Aufschlagpatten weiß.

VII. Husaren

Diese Waffe besteht in Frankreich seit 1692. Damals wurde nämlich ein Regiment unter dem Namen Hussards royaux errichtet, hauptsächlich aus Kroaten, Polen und Türken. 1701 folgte die Bildung eines 2. Regiments und später noch anderer. Bis zum Jahre 1720 waren die verschiedenen Husaren-Formationen fast ausnahmslos hellblau uniformiert. In diesem Jahre erhielt das neu errichtete Regiment Esterhazy hellockerfarbene Dolmans. Abb. 19, a zeigt einen Husaren vom Regiment *Bercheny* aus dem Jahre 1724, und zwar vergegenwärtigt die Abbildung den frühesten Typus der französischen Husaren-Uniform. Der Dolman ist himmelblau mit weißen Schnüren; die roten Hosen sind durch die himmelblauen Scharawaden fast verdeckt, die Schultern umflattert statt der Pelzjacke ein Fell, die Mütze hat einen roten Beutel. Die schwarze Säbeltasche zeigt eine weiße Lilie. Bis 1740 waren einzelne Leute außer mit dem Säbel noch mit dem »Panzerstecher« bewaffnet, einem langen, dünnen, vierkantigen Degen.
Nach dem Reglement von 1752 waren alle Husaren-Regimenter (Bercheny-Turpin, Polleresky, Linden, Beausobre, Raugrave und Ferrari) mit hellblauen Dolmans, Pelzen und Hosen uniformiert, die Schnüre waren weiß. Die Regimenter trugen nunmehr Flügelmützen, deren Farbe und Garnierung die Regimentsabzeichen bildeten. 1757 bestanden nur noch vier Regimenter, von denen »Nassau-Saarbrücken« erst 1756 gegründet war. Dieses Regiment (Abb. 19, b) war völlig abweichend uniformiert. Schwarze Filzmützen mit ebensolchen orange und weiß bortierten Flügeln. Vorn an der Mütze eine weiße Lilie. Dolman und Hosen königsblau, Pelz rot, Schnüre weiß. Die rote Säbeltasche zeigte einen weißen gekrönten Löwen und war orange und weiß eingefaßt. Um 1745 finden sich auch bei den verschiedenen Freikorps Husarenabteilungen.
Als solche sind unter anderen zu erwähnen die *Bretonischen Frei-Husaren*. Dolman, Schnüre auf dem Pelz, Hosen und Flügelmütze himmelblau, Pelz, Dolmanaufschläge und

a b c d e f g h i k

Abb. 19. Frankreich. Husaren.
a, b, c, d, e, g, h, i, k Husaren – f Garde-Husar

Dolmanschnüre hellbraun. *Frei-Husaren des Dauphin:* Dolman und Hosen hellbraun. Pelz und Dolmanaufschläge hellblau, Schnüre gelb, Filzmütze schwarz mit hellblauem Flügel. *Monet-Husaren:* ganz grün mit weißen Schnüren und schwarzer Filzmütze. *Cantabrische Husaren:* ganz hellblau mit roten Aufschlägen und weißen Schnüren. Wie diese einzelnen Beispiele zeigen, war die Uniformierung sehr bunt.

Nach der Neuorganisation der Armee 1762 blieben nur drei Husaren-Regimenter bestehen, zu denen 1764 noch ein viertes kam. Die Abzeichen wurden jetzt vereinfacht. Alle vier Regimenter erhielten grüne Pelze und Dolmans mit weißen Schnüren, die Hosen wurden durchgängig rot. Als Schabracken Schaffelle mit gezahntem Tuchvorstoß. Die Farbe dieses Vorstoßes bildete mit den gleichfarbigen Dolmanaufschlägen und dem Flügelfutter der Filzmütze das Unterscheidungsmerkmal der Regimenter, und zwar trug das Regiment *Bercheny* krapprot, *Chamboran* schwarz, *Royal-Nassau* aurore (hellorange) und *Esterhazy* weiß. Die Säbeltaschen waren rot und mit einer Lilie geschmückt, an deren Stelle *Royal-Nassau* den königlichen Namenszug trug. Noch in den siebziger Jahren des 18. Jahrhunderts wurden jedoch wieder verschiedenfarbige Uniformen eingeführt, und zwar erhielt *Bercheny* himmelblau als Grundfarbe, *Chamboran* braun, *Conflans* (aus der Legion Conflans- und Nassau-Husaren gebildet) grün, *Esterhazy* silbergrau, das 1783 aus der Legion *Lauzun* errichtete Husaren-Regiment gleichen Namens himmelblau.

Der Typus der Uniform änderte sich während der Revolution nicht wesentlich. Als 1791 die Regimenter ihre Namen verloren und dafür Nummern erhielten, war der Bestand sechs Regimenter.

Nr.	frühere Bezeichnung	Dolman	Pelz	Schnüre	Hosen	Flügelmütze
1	Bercheny	blau	blau	weiß	blau	rot u. schwarz
2	Chamboran	braun	braun	weiß	himmelblau	himmelblau u. schwarz
3	Esterhazy	blaugrau	blaugrau	rot	blaugrau	weiß u. schwarz
4	Saxe	grün	grün	gelb	rot	grün
5	Colonel-Général	blau	rot	gelb	blau	schwarz
6	Lauzun	blau	weiß	gelb	blau	rot u. schwarz

Die Offiziere trugen Pantherfellschabracken und Pelzmützen. Der Stutz auf der Flügelmütze war schwarz mit roter Spitze. Als das Regiment Saxe-Husaren emigrierte, fand bei den Regimentern 5 und 6 eine Nummernverschiebung statt, Colonel-Général erhielt Nr. 4 und Lauzun Nr. 5. In den folgenden Jahren gab es viele Neubildungen, meist nur von kurzer Dauer. Wir finden jetzt außer den erwähnten regulären Regimentern *zwei Korps der Freiheit,* ferner *amerikanische Husaren, Husaren zu Fuß, Husaren des Todes**, *Wildschützen-Husaren, Frei-Husaren des Nordens (auch schwarze Husaren genannt), Husaren der Gleichheit* u. a. m. Die *Frei-Husaren von Paris* wurden wegen ihrer gelben Dolmans und Pelze mit dem Spitznamen *»Kanarienvögel«* bezeichnet. An die Stelle der Flügelmützen traten Tschakos. Anfänglich war der Stutz über der linken Seite des Tschakos angebracht, später vorn. Gegen 1812 wird die Form des Tschakos mehr zylindrischer, erhält farbigen Tuchbezug. Die Regimentsabzeichen waren 1803 bis 1812 folgende:

Nr.	Dolman	Kragen	Aufschläge	Pelz	Schnüre	Hosen
1	himmelblau	himmelblau	rot	himmelblau	weiß	himmelblau
2	braun	braun	himmelblau	braun	weiß	himmelblau
3	grau	grau	rot	grau	rot	grau
4	königsblau	königsblau	rot	rot	gelb	königsblau
5	himmelblau	himmelblau	weiß	weiß	gelb	himmelblau
6	rot	rot	rot	königsblau	gelb	königsblau
7	grün	rot	rot	grün	gelb	rot
8	grün	rot	rot	grün	weiß	rot
9	rot	hellblau	hellblau	hellblau	gelb	hellblau
10	himmelblau	rot	rot	himmelblau	weiß	himmelblau
11	königsblau	rot	rot	königsblau	gelb	königsblau

Der Pelzvorstoß war durchgängig schwarz mit Ausnahme des 11. Regiments, welches weißen trug. Die Schärpe war karmin mit gelben oder weißen Knoten, nach der Farbe der Schnüre und Knöpfe. Die Säbeltasche, die auf farbigem Grunde während der Revolutionszeit ein Bündel von Liktorenstäben, von der Freiheitsmütze überragt, neben zwei Kränzen mit den Buchstaben R. F gezeigt hatte, erhielt 1804 den kaiserlichen Adler. Später wurde sie von schwarzem Blankleder gefertigt, mit der metallenen Regimentsnummer darauf (Abb. 19, d). An Stelle der ungarischen Hosen, die nur Paradestück waren, wurden im Feld und zum gewöhnlichen Dienst Überknöpfhosen getragen, teilweise von grauer Farbe, teilweise der Farbe der ungarischen Hosen entsprechend. Die Elite-Kompanien der Husaren waren durch eine Pelzmütze mit rotem Stutz ausgezeichnet. 1812 grüne Reithosen. 1813: Das ehemalige Regiment 9 erhielt die Nummer 12 und behielt die Uniform des 9. Regiments mit weißen Schnüren. Das Regiment 13 erhielt die Bekleidung des 2. Regiments mit hellblauen Kragen und rotem zylindrischen Tschako.
Unter den Husarenformationen des ersten Kaiserreiches müssen wir noch die vier Regimenter *Ehrengarden* (1813 bis 1814) erwähnen. Roter Tschako mit weißer Borte und weißem Adler, grüne, weißbeschnürte Pelze und Dolmans; letztere mit roten Kragen und Aufschlägen, karmin und weißer Schärpe; rote ungarische Hosen mit weißem Besatz, grüne Überknöpfhose. Schwarze Säbeltasche mit weißem Adler. Die Regimenter unterschieden sich durch die farbige Spitze des grünen Tschakostutzes, und zwar waren diese Farben für das 1. Regiment rot, 2. blau, 3. gelb, 4. weiß. Weiße Schaffelldecke mit grünem Tuchrande. Ein 1813 errichtetes *kroatisches Husaren-Regiment* erhielt himmelblaue Dolmans und Pelze, chamois Kragen und Aufschläge, weiße Schnüre und eisengraue Hosen; im übrigen glich die Uniform ganz denen der anderen Regimenter.
Die Restauration von 1815 ließ nur sechs Regimenter bestehen:

Nr.	Namen	Dolman und Pelz	Hosen
1	du Jura	himmelblau	scharlachrot
2	de la Meurthe	braun	himmelblau
3	de la Moselle	grau	karmin
4	du Nord	hellgrün	scharlachrot
5	du Bas-Rhin	königsblau	scharlachrot
6	du Haut-Rhin	dunkelgrau	himmelblau

Die Farbe der Beschnürung war überall aus Dolman- und Hosenfarbe gemischt, also beim 1. Regiment himmelblau und scharlachrot gedrehte Schnüre usw. Auch unter der königlichen Garde bestand jetzt ein Regiment, welches königsblaue Uniform trug mit amarantrotem Kragen, Aufschlägen und Hosen sowie Beutel der Pelzmütze. Schnüre weiß. Pelzvorstoß schwarz, Stutz weiß mit roter Wurzel (Abb. 19, f).

* »Hussards de la Mort«, eine Nachahmung der preuss. Totenkopfhusaren

Der allgemeinen Mode entsprechend stiegen in den zwanziger und dreißiger Jahren die Tschakos zu einer unglaublichen Höhe auf.
Die Abzeichenfarben waren 1834:

Nr.	Dolman und Pelze	Hosen u. Tschako	Nr.	Dolman und Pelz	Hosen u. Tschako
1	himmelblau	krapprot	4	krapprot	himmelblau
2	braun	krapprot	5	dunkelblau	krapprot
3	silbergrau	krapprot	6	grün	krapprot

In der kurz darauf folgenden Periode sind nachstehende Änderungen zu verzeichnen: Das 2. Regiment erhielt blaue Tschakos und Hosen, zur Erinnerung an die alten Chamboran-Husaren, dazu weiße Schnüre. Das 1. und 4. ebenfalls weiße Beschnürung. Die andern Regimenter behielten die aus der Farbe des Dolmans und der Hosen gemischte Schnurfarbe. Als 1840 drei neue Regimenter errichtet wurden, erhielt das 7. eine Uniform ähnlich der der Guiden Napoleons I., das 9. eine schwarze Bekleidung zur Erinnerung an die Hussards de la Mort. Das 8. Regiment weißen Dolman und Pelz mit gelben Schnüren, himmelblauen Tschako und Beinkleider, letztere mit amarantroten Streifen zur Erinnerung an die alten Lauzun-Husaren.
Unter dem zweiten Kaiserreiche wurde als Kopfbedeckung eine schwarze Pelzmütze mit rotem Beutel eingeführt. 1862 fielen die Pelze und die Schärpen weg.
Alle acht Regimenter (das 9. wurde aufgelöst) hatten rote Hosen und Kragen. Das 1. und 8. himmelblaue Dolmans, das 2. braune, das 3. und 4. silbergraue, das 5. dunkelblaue, das 6. und 7. hellgrüne. Die Beschnürung bei den sechs ersten Regimentern weiß, den andern gelb. 1869 erhielten das 1. und 8. Regiment statt des engbeschnürten Dolmans eine Art Attila (tunique) mit nur sechs Schnurreihen. Die Säbeltaschen waren schwarz mit Kupferadler. Die Offiziere trugen gewöhnlich statt der Pelzmütze ein Lederkäppi mit Überzug.
Nach dem Feldzug von 1870/71 wurde allgemein ein hellblauer Attila mit weißer Beschnürung eingeführt. Der hellblaue Kragen zeigte gleichfarbige Regimentsnummer auf weißer Patte. Die Beinbekleidung blieb dieselbe, die Dienstmütze von roter Grundfarbe hatte einen hellblauen Streifen. Paradekäppi hellblau mit weißer Garnitur und weißen ungarischen Knoten (Abb. 19, k). 1907 einreihige hellblaue Waffenröcke mit hellblauem Kragen und roter Regimentsnummer, hellblaue Ärmelpatten, weiße Treffel, weiße Knöpfe. Einige Regimenter erhielten vor dem I. Weltkrieg Dragonerhelme mit einem Stern auf dem Beschlag.
Zu Kriegsbeginn 1914 hellblaue Käppiüberzüge. Zu der Felduniform M 15 und M 35 dunkelblaue Kragenpatten mit hellblauen Winkelschnüren und Nummer, weiße Knöpfe. Gesellschaftsuniform alles Metall silber, Kragen, Kragenpatte, Aufschlagpatte, die Lampassen an der Hose und das Käppiband hellblau.

VIII. Jäger zu Pferde

Der Ursprung der Jäger zu Pferde ist in Frankreich in den Freikorps zu suchen, die bald nach 1740 errichtet wurden, und zwar wird als erstes Jägerkorps das *Fischer*sche genannt. Die Uniform war ganz husarenmäßig und bestand aus grünem Dolman und hellrotem Pelz mit gelben Schnüren, grauem Pelzvorstoß, hellroten Hosen, gelber Schärpe und schwarzer Mütze mit weißer Feder und Kokarde (Abb. 20, a). Auf der Säbeltasche und in den Ecken der Schabrakke waren je drei Fische angebracht, gewissermaßen ein redendes Wappen, welches sich der Befehlshaber Johann Christian Fischer beigelegt hatte, der seine Laufbahn als einfacher Diener begann. Auch in verschiedenen anderen Freikorps finden wir berittene Jäger; aber erst 1779 treten die ersten *sechs Linien-Regimenter der reitenden Jäger* in der Armee auf. Die Uniform bestand aus grünen Röcken und Hosen, chamois Westen, Hut und Husarenstiefeln. Aufschläge und Rabatten waren bei dem 1. Regiment rot, beim 2. amarantrot, beim 3. gelb, beim 4. hellgelb, beim 5. orange und beim 6. weiß. 1786 wurden die Achselklappen durch Epauletten ersetzt. Die Hosen wurden grün mit weißen Besatz. Während der Revolution wurde zunächst ein kurzer abgestochener Rock von grüner Grundfarbe mit weißen Husarenschnüren eingeführt, dazu Weste mit ebensolchen Schnüren, in der Grundfarbe übereinstimmend mit den Kragen und Aufschlägen, die Hose blieb grün. Als Kopfbedeckung ein Raupenhelm, wie ihn die Jäger zu Fuß trugen (Abb. 20, b). Neben dem Helm erscheint bald die Husarenflügelmütze. Die Uniform wird jetzt ganz husarisch (Abb. 20, c); nur bleibt sie stets von grüner Grundfarbe, Pelze werden nicht getragen, wohl aber Säbeltaschen, die erst 1805 wegfallen. Um 1805 Tschakos. Die beschnürte Husarenuniform weicht dem Surtout, einem Frack von grüner Grundfarbe mit gleichfarbigen Rabatten, die durch Vorstöße von der Abzeichenfarbe markiert sind (Abb. 20, d). Letztere Farbe zeigen auch Kragen, spitze Aufschläge und Schoßumschläge. 1812 tritt an Stelle des Surtout ein gleichfarbiger Spenzer. Die Elite-Kompanien trugen Pelzmützen mit farbigem Beutel und rotem Stutz sowie rote Epauletten. Neben der grünen ungarischen Hose wurden auch grüne Überknöpfhosen getragen. Ein Regiment *reitender Jäger* gehörte der *Kaiser-Garde* an (Abb. 20, e). Die Uniform bestand aus grünem Dolman mit ebensolchem

Kragen, roten Aufschlägen, gelben Schnüren, rotem Pelz, gelblichen Hosen und ungarischen Stiefeln, Pelzmütze mit rotem Beutel und grünem, oben rotem Stutz. Grüne gelbverzierte Schabracke und Säbeltasche. Als Interimsuniform Surtout, grün mit roten Abzeichen und Vorstößen. Die Uniform ist bekannt, weil Napoleon I. sie meistens zu tragen pflegte.

1812 waren die Abzeichen für die Linien-Regimenter folgende:

Nr.	Kragen Grundfarbe	Kragen Einfassung	Aufschläge und Vorstöße	Grundfarbe und Rabatten
1	scharlachrot	grün	scharlachrot	grün
2	grün	scharlachrot	scharlachrot	grün
3	scharlachrot	grün	scharlachrot	grün
4	gelb	grün	gelb	grün
5	grün	gelb	gelb	grün
6	gelb	grün	gelb	grün
7	rosa	grün	rosa	grün
8	grün	rosa	rosa	grün
9	rosa	grün	rosa	grün
10	karmin	grün	karmin	grün
11	grün	karmin	karmin	grün
12	karmin	grün	karmin	grün
13	orange	grün	orange	grün
14	grün	orange	orange	grün
15	orange	grün	orange	grün
16	himmelblau	grün	himmelblau	grün
17	grün	himmelblau	himmelblau	grün
18	himmelblau	grün	himmelblau	grün
19	hellorange	grün	hellorange	grün
20	grün	hellorange	hellorange	grün
21	hellorange	grün	hellorange	grün
22	dunkelorange	grün	dunkelorange	grün
23	grün	dunkelorange	dunkelorange	grün
24	dunkelorange	grün	dunkelorange	grün
25	krapprot	grün	krapprot	grün
26	grün	krapprot	krapprot	grün
27	grün	krapprot	krapprot	grün
28	amarantrot	grün	amarantrot	grün
29	grün	amarantrot	amarantrot	grün
30	amarantrot	grün	amarantrot	grün
31	chamois	grün	chamois	grün

Mantel und Mantelsack waren grün. Grüne Schabracke mit einem Streifen von der Abzeichenfarbe besetzt; im Felde Schaffellüberdecken. Während der Restauration bestanden vierundzwanzig Linien-Regimenter. Dieselben trugen hohen schwarzen Tschako, grünen Spenzer mit ebensolchen Rabatten. Kragen, Aufschläge und Vorstöße von der Abzeichenfarbe, Knöpfe durchweg weiß. Zur Parade grüne Hosen, sonst graue. 1815 erhielten die Regimenter 19–21 violette, die Regimenter 22–24 schwarze Abzeichen.

a b c d e f g h i k l

Abb. 20. Frankreich. Jäger zu Pferde.
a, b, c, d, f, g, k, l Jäger zu Pferde – e, h Jäger zu Pferde der Kaiser-Garde – i Garde

Die Unterscheidungsfarben waren im Jahre 1818:

Nr.	Benennung	Kragen	Aufschläge
1	de l'Allier	scharlachrot	scharlachrot
2	des Alpes	grün	scharlachrot
3	des Ardennes	scharlachrot	grün
4	de l'Ariège	gelb	gelb
5	du Cantal	grün	gelb
6	de la Charente	gelb	grün
7	de la Corrèze	hellorange	hellorange
8	de la Côte d'Or	grün	hellorange
9	de la Dordogne	hellorange	grün
10	du Gard	rosa	rosa
11	de l'Isere	grün	rosa
12	de la Marne	rosa	grün
13	de la Meuse	karmin	karmin
14	du Morbihan	grün	karmin
15	de l'Oise	karmin	grün
16	de l'Orne	himmelblau	himmelblau
17	des Pyrénées	grün	himmelblau
18	de la Sarthe	himmelblau	grün
19	de la Somme	rotviolett	rotviolett
20	du Var	grün	rotviolett
21	du Vaucluse	rotviolett	grün
22	de la Vendeé	schwarz	schwarz
23	de la Vienne	grün	schwarz
24	des Vosges	schwarz	grün

Die 5. Eskadron eines jeden Regiments war mit der Lanze ausgerüstet. *Die Jäger der Königlichen Garde* trugen 1824 eine Uniform, die fast genau derjenigen der damaligen Garde-Dragoner glich, nämlich grünes Kollett, Epauletten und Fangschnüre, jedoch Pelzmütze mit amarantrotem Beutel und weißem, unten rotem Stutz. Die Uniform der *Linien-Jäger* (Abb. 20, f) war 1821 bzw. 1822 geändert worden. Sie bestand aus schwarzem hohen Tschako, oben mit Borte in der Regimentsfarbe, Fangschnüre ebenso. Schwarzer Stutz mit Spitze in der Abzeichenfarbe. Grüner Spenzer mit Husarenschnüren, die Schöße mit Vorstoß von der Regimentsfarbe. Bei den Regimentern, welche den Kragen in der Grundfarbe haben, befindet sich rechts und links eine kleine Patte in der Regimentsfarbe. Auch farbiger Vorstoß um den Kragen. Ebenso sind bei den Regimentern, welche grüne Aufschläge haben, diese durch farbigen Vorstoß markiert. Knöpfe überall weiß, Hosen rot, Beschnürung aus Abzeichen- und Rockfarbe (grün) gemischt, bei Offizieren Silberschnüre.
Unterscheidungsfarben 1822:

Nr.	Kragen	Aufschläge
1. und 2.	rot	grün
3. und 4.	grün	rot
5. und 6.	gelb	grün
7. und 8.	grün	gelb
9. und 10.	karmin	grün
11. und 12.	grün	karmin
13. und 14.	blau	grün
15. und 16.	grün	blau
17. und 18.	dunkelrosa	grün
19. und 20.	grün	dunkelrosa
21. und 22.	orange	grün
23. und 24.	grün	orange

1831 wurden Kolletts mit einer Reihe von Knöpfen getragen, dazu rote Franzen-Epauletten mit grünen Feldern. Die Beinkleider bleiben krapprot. Hoher, tuchbezogener Tschako mit schwarzem herabhängenden Busch. Kurze Zeit darauf werden Pelzmützen ohne Beutel eingeführt, die aber 1848 wieder einem roten Tschako weichen. Unter dem Kaiserreiche, 1856, erhält die Uniform schwarze Schnüre, und zwar achtzehn zwischen drei Reihen von weißen Knöpfen; dazu kleine Pelzmützen und Säbeltaschen mit Kupferadler. So war die Uniform im Jahre 1870 beschaffen. Nur die Regimenter 1, 6 und 9 trugen himmelblaue Röcke mit einer Reihe von weißen Knöpfen und sechs schwarzen Brustschnüren; Kragen und Aufschläge himmelblau mit roten Vorstößen. In der Kaiser-Garde Napoleons III. finden wir ein *Guiden-Regiment* (Abb. 20, i), dessen Uniform lebhaft an die reitenden Garde-Jäger Napoleons I. erinnert. Dunkelgrüner Dolman mit krapproten Aufschlägen, fünf Knopfreihen in gelber Beschnürung. Grüner Pelz gelb beschnürt, krapprote Hosen mit goldgelben Streifen, Pelzmütze mit schwarz und weißem Busch und dunkelgrüne Säbeltasche mit goldgelbem Besatz. Das neue *Garde-Jäger-Regiment zu Pferde* (Abb. 20, h) hatte dieselbe Uniform mit weißer Beschnürung. Die Mütze von etwas schmalerer Form. Diese beiden Garde-Regimenter wurden 1871 aufgelöst.
1873 erhielten die reitenden Jäger einen hellblauen Attila mit schwarzer Verschnürung (8 Schnurreihen) und roten Kragen. Zunächst rote Tschakos ganz niedriger Form, später hellblaue mit gelbem Jägerhorn. 1907 hellblaue einreihige Waffenröcke mit rotem Kragen und roter Ärmelpatte, weiße Treffel und Knöpfe. Kurz vor dem I. Weltkrieg wurden an einige Regimenter Dragonerhelme mit Jägerhorn auf dem Beschlag sowie Lanzen ausgegeben.
Zu der Felduniform M 15 und M 35 weiße Knöpfe, dunkelblaue Kragenpatten mit grünen Winkelschnüren und Nummer. Gesellschaftsuniform wie Husaren, aber mit rotem Vorstoß am hinteren, doppelt geschweiften Kragenpattenende.

IX. Lanzenreiter

Im Jahre 1734 errichtete der Marschall von Sachsen ein *Ulanen-Regiment,* das nach Art der polnischen Ulanen organisiert war. Im ersten Gliede standen nämlich die aus Edelleuten sich rekrutierenden Ulanen, während im zweiten die sogenannten Pacholken hielten, denen die Pferdewartung sowie die Instandhaltung der Waffen ihres Herrn oblag. Die Pacholken waren dragonermäßig ausgerüstet. Die Ulanen trugen ganz grüne Uniform mit rotem Gürtel und Besätzen. Gelbmetallner Helm mit Pelzbesatz und rotem Roßhaarbusch. Als Schabracke ein Wolfspelz. Die Eskadrons unterschieden sich durch die Farbe der Lanzenflaggen (abb. 21, f). Um 1750 wurde die Truppe aufgelöst. Erst im Jahre 1807 wird wieder eine Ulanentruppe gebildet, allerdings vorerst unter dem Namen *Chevauleger der Garde.* Erst später wird die Bezeichnung in *Chevaulegers-Lanciers* geändert, denn die Bewaffnung mit der Lanze erfolgte erst 1809. Die Uniform bestand aus königsblauer Kurtka mit karminroten Abzeichen und silbernem Bortenbesatz sowie karminroten Vorstößen und weißen Epauletten, Achselschnüren und Knöpfen. Karminrotes Beinkleid mit blauen Streifen. Tschapka ebenfalls karminrot (Abb. 21, g). Das Regiment war unter dem Namen der *Polnischen Lanciers* bekannt. 1810 entstand aus der ehemaligen holländischen Garde-Reiterei ein *2. Chevaulegers-Lanciers-Regiment der Garde.* Kurtka, Hosen und Tschapka scharlachrot, Abzeichen königsblau, Knöpfe, Epauletten und Achselschnüre gelb. Beide Regimenter trugen rot und weiße Lanzenflaggen.
Sehr phantastisch war die Eskadron der *»Litthauischen Tartaren«* ausgestattet, nämlich mit schwarzer Schirmpelzmütze mit Turban und grünem Beutel, verschiedenfarbigen Jacken, darüber reich beschnürte Türkenwesten, verschiedenfarbige Pluderhosen. Die *Eclaireurs der Garde* waren nach dem Vorbild der reitenden Jäger uniformiert.
An Linien-Regimentern der Lanzen-Reiter-Truppen gab es unter dem ersten Kaiserreich sechs französische und drei

Abb. 21. Frankreich. Reitende Grenadiere, Carabiniers, Lanciers.
a, b Reit. Garde-Grenadiere – c, d, e Carabiniers – f Ulan – g, i Garde-Lanciers – h Chevauleger-Lancier – k, l Lanciers

polnische. Die Uniform war bei beiden verschieden; die französischen Lanciers, meistens *Chevaulegers-Lanciers* (Abb. 21, h) genannt, trugen einen gelben Helm mit schwarzer Raupe, grünen Spenzer und Hosen. Kragen, Klappen, Aufschläge und Schoßumschläge von der Abzeichenfarbe. Grüne Achselklappen, die Eliten rote Grenadier-Epauletten. Die *Polnischen Lanciers* führten als Kopfbedeckung blaue Tschakos mit gelber Sonne; blaue Kurtka und Hosen, Abzeichen in der Regimentsfarbe, weiße Fransen-Epauletten und Knöpfe. Lanzenflagge weiß und karmin.

1815 wurde ein einziges Regiment bestehen gelassen, und zwar das Regiment der *Lanciers der Königlichen Garde* (Abb. 21, i). Uniform: Grüne Kurtka mit ebensolchem Kragen und Aufschlägen, karminrote Rabatten, Vorstöße und Hosen, weiße Epauletten und Achselschnüre, karminrote Tschapka mit gelber Sonne und weißem Federbusch. 1830 wird dieses Regiment aufgelöst und durch die *Lanciers d'Orléans* ersetzt. Uniform: Rote Tschapka mit gelben Behängen und Fangschnüren sowie herabhängendem schwarzen Haarbusch; grüne Kurtka mit gelben Rabatten und Vorstößen, gelbe Epauletten und Knöpfe, rote Hosen.

Die Unterscheidungsfarben waren im Jahre 1812:

Nr.	Rock und Hose	Knöpfe	Kragen	Aufschläge, Schoßumschläge, Vorstöße
1	grün	gelb	scharlachrot	scharlachrot
2	grün	gelb	hellorange	hellorange
3	grün	gelb	rosenrot	rosenrot
4	grün	gelb	karmin	karmin
5	grün	gelb	himmelblau	himmelblau
6	grün	gelb	krapprot	krapprot
7	blau	weiß	gelb	gelb
8	blau	weiß	blau	gelb
9	blau	weiß	chamois	chamois

1831 werden fünf Lanciers-Regimenter gebildet, die Orléans-Lanciers rangieren als Nr. 6. Die Uniform bestand in diesem Jahre aus roter Tschapka, Kurtka und Beinkleidern, weißen Knöpfen und Epauletten und schwarzem hängenden Haarbusch. Die Lanzenflagge war oben rot, dann weiß, und unten blau.

Unterscheidungsfarben 1831:

Nr.	Kragen	Aufschlag und Patte	Vorstöße	Rabatten	Schoßumschläge
1	blau	blau	rot	blau	blau
2	blau	rot	rot	blau	blau
3	blau	blau	blau	blau	blau
4	blau	blau	rot	blau	rot
5	blau	rot	rot	blau	rot
6	rot	blau	blau	blau	rot

Die Schabracken rot mit blauer Einfassung. 1836 kamen noch zwei Lanciers-Regimenter hinzu, 1837 erfolgte eine Neuuniformierung. Kurtka und Tschapka wurden blau, Hose rot. Die Abzeichenfarbe wurde für die Regimenter 1, 2, 3 und 4 gelb, für Nr. 5, 6, 7 und 8 rot. 1839 wurde der Haarbusch rot. Aus folgender Übersicht der Abzeichen aus dem Jahre 1851 ist die Verteilung der Uniformabzeichen genauer zu ersehen. Allen Regimentern gemeinsam ist die blaue Grundfarbe der Kurtka, die weißen Epauletten, Fangschnüre und Knöpfe. Die Epaulettenhalter blau, Hose rot mit blauem Besatze, Aufschläge von spitzer Form, roter Busch.

Unterscheidungsfarben 1851:

Nr.	Rabatten	Kragen	Aufschläge	Schoß-umschläge	Vorstöße	Tschapka
1	gelb	gelb	blau	gelb	gelb	blau
2	gelb	gelb	gelb	gelb	gelb	blau
3	gelb	blau	blau	gelb	gelb	blau
4	gelb	blau	gelb	gelb	gelb	blau
5	rot	rot	blau	rot	rot	gelb
6	rot	rot	rot	rot	rot	gelb
7	rot	blau	blau	rot	rot	gelb
8	rot	blau	rot	rot	rot	gelb

1855 wurde auch ein *Lanciers-Regiment der Kaiser-Garde* gebildet. Die Uniform bestand aus himmelblauer Tschapka mit weißen Besätzen und gelben Beschlägen. Federbusch, Fangschnüre, Behänge, Epauletten und Hosen rot. Weiße Kurtka mit himmelblauem Kragen, Aufschlägen, Rabatten, Vorstößen und Schoßumschlägen. Flagge oben weiß, unten rot, Schabracke und Mantelsack hellblau, weiß besetzt, auswendig rot vorgestoßen. Die Knöpfe waren weiß.
1870 waren die französischen Lanciers in einer Uniformänderung begriffen, die aber nur zum kleinen Teil durchgeführt war. Die neue Uniform (Abb. 21,1) bestand in einem einreihigen Waffenrock mit gelben Abzeichen und weißen Knöpfen und ebensolchen Epauletten. Tschapka schwarz. 1871 hat die Lanciers-Truppe zu bestehen aufgehört.

X. Afrikanische Truppen

Wir glauben, den afrikanischen Truppen einen besonderen Abschnitt widmen zu müssen, da seit der Eroberung Algiers Frankreich verschiedene Truppenteile in seinen afrikanischen Besitzungen unterhielt, die sich zum Teil durch ihre eigenartige Uniform auszeichneten.
Aber auch schon früher, wir erinnern an die Expedition Bonapartes nach Ägypten, dürfen wir von afrikanischen Truppen sprechen. An erster Stelle führen wir auf die *Koptische Legion,* 1799 in Ägypten gebildet. Die Uniform (Abb. 22) bestand aus einem hellgrünen Spenzer mit gleichfarbigen Rabatten und Aufschlägen; letztere spitz geschnitten. Kragen und Vorstöße gelb, Knöpfe weiß, gelbliche

Abb. 22. Frankreich. Afrikanische Truppen.
a Koptische Legion – b Dromedarregiment – c, d Zuaven – e, f Turcos – g Spahi – h, i Chasseurs D'Afrique

enge Beinkleider, kleine Gamaschen von grauer Leinwand, Hut mit einem Pompon als Kompanieabzeichen; Grenadiere mit rotem herabhängendem Busch, dazu rote Epauletten. Nach der Räumung Ägyptens kamen einige *Mamelucken* mit nach Frankreich, die den Stamm zu einer Eskadron abgaben, welche später der Kaiser-Garde einverleibt wurde. Sie trugen reiche orientalische Tracht, die in der Farbe sehr oft wechselt, da die Bekleidung in das Belieben des Kommandanten gestellt war. Der ägyptischen Expedition gehört ferner die eigenartige Truppe der *Dromedarreiter* (Abb. 22, b) an, die eine sehr merkwürdige Uniform trugen, bestehend in einem hellblauen Dolman und ebensolchen Hosen, beides mit weißer Beschnürung; darüber ein roter Pelz mit ebensolcher Beschnürung und mit Halbärmeln versehen, Tschako mit gelber Garnitur und weißen Behängen; weißer arabischer Burnus, schwarze Säbeltasche mit gelbem Beschlag (Bündel mit den Liktorenstäben). Als Waffe Husarensäbel und Büchse. Die Truppen der regulären Armee waren im Laufe des Krieges sehr abgerissen, und da ein Ersatz der Uniformen aus Frankreich nicht stattfinden konnte, mußte man zu einheimischen Geweben Zuflucht nehmen. Man sah die Truppen in Uniformen, welche die unmöglichsten Farbenzusammenstellungen aufwiesen. So gab es z. B. rosenrote und gelbe Dragoner.

Die *Zuaven*. Die Truppe besteht seit 1831, und zwar zuerst als Bataillon formiert aus Eingeborenen und Parisern, die sich Volontairs de la Charte nannten. Nach zehnjährigem Bestand wurde das Bataillon zum Regiment erhoben, und 1852 wurden noch zwei andere Regimenter dazu errichtet. Die Uniform bestand in dunkelblauer Jacke mit rotem Besatz; ebenso die Weste. Die Jacke hat auf beiden Seiten eine falsche Tasche, die beim 1. Regiment von rotem, beim 2. von weißem, beim 3. von gelbem und beim 4. von dunkelblauem Tuch war. Weite rote Hose, hellblaue Leibbinde, roter Fez (Abb. 22, d). Die Kolonialtruppe trug schon seit Kriegsbeginn eine kakifarbige Felduniform. Die Zuaven haben rote Winkelschnüre und Nummer auf der grundfarbigen Kragenpatte sowie gelbe Knöpfe. Das Abzeichen am Stahlhelm ist ein liegender Halbmond. Als Ausgangsanzug wird von allen afrikanischen Eingeborenentruppen die alte farbige Uniform wieder getragen.
Die *Turkos* oder eigentlich *Tirailleurs indigènes* oder *Algériens,* 1841 errichtet, seit 1852 im Bestande von drei Regimentern. Anfänglich grüne Jacke, Weste und Kartusche, gelber Besatz, rote Hosen. Hellblaue Leibbinde und Aufschläge. Später wie die Zuaven, nur Jacke. Weste und Hose himmelblau, Besatz gelb, gleiche Regimentsabzeichen (falsche Taschen), rote Leibbinde. Zur kakifarbenen Felduni-

form tragen die algerischen und tunesischen Schützen hellblaue, die im Krieg neu errichteten marokkanischen Schützen grüne Kragenpattenschnüre und Nummern, letztere dazu das Siegel Salomonis, die Knöpfe sind gelb.
Chasseurs d' Afrique, errichtet 1831. Anfänglich trug die Truppe langschößigen himmelblauen Rock, rote Hose mit Reitbesatz, niedrige krapprote Tschapka, rote Fangschnüre, weiße Stulphandschuhe, Contre-Epauletten von gelbem Metall. Das 1. Regiment Kragen und polnische Aufschläge gelb, hellblau vorgestoßen, 2. Regiment Kragen hellblau mit gelber, dreispitziger Patte, polnische Aufschläge hellblau mit gelben Vorstößen. Beim 3. Regiment (1832) war der Kragen gelb mit hellblauer Patte. Lanzen mit rot-weiß-blauer Flagge. Lanzen wie Tschapkas wurden nur bis 1833 getragen. Seitdem wurde die rote Feldmütze mit hellblauem Rand, zeitweilig tschakoartig gesteift, bis 1915 getragen, häufig mit weißem Überzug und Nackenschutz versehen. 1853 wurde der Kragen für alle Regimenter vollfarbig gelb. 1862 hellblauer Dolman mit gelbem Kragen und schwarzer Verschnürung, weiße Knöpfe und Treffeln. Die Mannschaften erhielten für den Dienst, später für alle Gelegenheiten, eine kurze hellblaue einreihige Jacke mit gelbem Kragen und Aufschlagpatten, weiße Treffeln, rote Leibbinde. Die Offiziere hatten seit etwa 1900 hellblauen Waffenrock mit gelbem Kragen und Aufschlagpatten. Die Hose war stets rot,Offiziere mit hellblauen Lampassen. Zur kakifarbenen Felduniform weiße Knöpfe, dunkelblaue Kragenpatten mit gelben Winkelschnüren und Nummer.
Die *Spahis,* 1834 errichtet. 1845 bestanden vier Regimenter. Jacke und Weste rot mit schwarzer Beschnürung, im Zuavenschnitt, rote Leibbinde, blaue Beinkleider, roter Mantel. Der große, bis über den Kopf reichende arabische Überwurf, Haik genannt, war von Stoff aus Kamelhaaren gefertigt; die Offiziere dagegen trugen europäische Uniform, und zwar hellblauen Dolman mit schwarzen Schnüren, roten Kragen und Aufschlägen, gelben Knöpfen, rote, blau besetzte Hosen, rote, blau geränderte Mütze mit Goldborten; in den Kragenecken Regimentsnummer über einem Halbmonde in Gold.
Um 1898 erhielten die Offiziere ganz rote Röcke mit hellblauen Hosen, hellblaue Käppis. Zur kakifarbenen Uniform gelbe Knöpfe, dunkelblaue Kragenpatten mit gelben Nummern und Winkelschnüren, weite kakifarbene Pumphose.
Die *Tirailleure vom Senegal* waren turkoartig uniformiert. Um 1890 erhielten sie einreihige dunkelblaue Jacken. Am Halsausschnitt und auf den spitzen Aufschlägen gelbe Borten, die sich auch am Kragen- und Aufschlagaußenrand der kakifarbenen Felduniform befinden. Dazu gelber unklarer Anker und Winkelschnüre auf der Kaki-Kragenpatte.

Fremden-Legion: 1831 Infanterieuniform mit blauem rotvorgestoßenem Kragen. 1845 Infanterieuniform mit blauen rotvorgestoßenen Aufschlägen. 1855 grüne Epauletten mit roten Monden. Die 2. Legion trug grüne Röcke mit gelben Kragen. 1860 alte Infanterieuniform (1855) mit grünen Epauletten mit roten Monden und Fransen. Diese Epauletten blieben fortan bei. Der zweireihige Rock von 1867 erhielt roten Kragen.
Die grundfarbenen Kragenpatten der Kakiuniform haben grüne Winkelschnüre, für Mannschaften grüne, für Unteroffiziere goldene Regimentsnummer, Offiziere goldene flammende Granate mit Nummer auf der Bombe. Das Kavallerie-Regiment der Fremdenlegion hat weiße Knöpfe, dunkelblaue Kragenpatten mit grünen Schnüren und flammender Granate. Die Gesellschaftsuniform der Offiziere ist wie die der Infanterie, der Kragen und die Aufschlagpatten dunkelblau. Auf der am hinteren Rande grün vorgestoßenen Kragenpatte und am Käppi flammende Granate.
Die Kolonialinfanterie, eine europäische Truppe für den Dienst in den Kolonien, trug seit den 30er Jahren des vorigen Jahrhunderts dunkelblaue Röcke mit gleichfarbigem Kragen und Aufschlägen und roten Vorstößen; gelbe Epauletts, zunächst Tschako, später dunkelblaues Käppi mit roten Vorstößen, gelbe Knöpfe, graublaue Hose mit roten Vorstößen, in den Kragenecken und auf dem Käppiband ein roter, für Offiziere und Unteroffiziere goldener unklarer Anker. Die roten Kragen- und Rockvorstöße fielen nach dem Kriege 1870 fort. Die Kolonialartillerie unterschied sich von der Heimattruppe nur durch den unklaren Anker an den Kragenenden an Stelle der Regimentsnummer. Zur Kakifelduniform trägt die Kolonialinfanterie grundfarbene Kragenpatten mit roten Nummern, unklarem Anker und Winkelschnüren. Die Kolonial-Artillerie rote Patten mit blauem Anker. Das Stahlhelmabzeichen ist ebenfalls der unklare Anker.

XI. Gendarmerie

Die *Gendarmerie Nationale* trug während der Revolutionszeit langschößigen blauen Frack mit roten Abzeichen und weißen Knöpfen. Das gelbe Lederzeug war weiß vorgestoßen, ebenso der Hut mit weißer Borte versehen, die Unterkleider chamois. Ausrüstung für die berittenen wie bei der Kavallerie, Fußgendarmerie wie bei der Infanterie. So blieb die Uniform auch unter dem Kaiserreich. Auch der Kaiser-Garde wurde eine Abteilung unter dem Namen *Gendarmerie d'Elite* zugewiesen (Abb. 23 b). Langschößiger Frack, von blauer Grundfarbe mit ebensolchem Kragen, rote eckige Rabatten, weiße Knöpfe, kleeblattförmige Epauletten und Achselschnüre; letztere auf der linken Seite. Weste, Hosen und Stulphandschuhe lederfarbig. Gelbes Lederzeug mit weißer Einfassung. Pelzmütze ohne Beschlagschild, aber mit Augenschirm versehen und mit weißem Stutz und Behänge verziert.
Um 1810 finden wir bei der Armee in Spanien eine kleine Abteilung *Lancier-Gendarmen.* Uniform: Schwarzer Tschako mit weißer Garnitur und rotem Stutz, blauer Frack mit ebensolchen Achselklappen, ebensolche Hosen, Mantelsack und Schabracke. Roter Kragen und polnische Aufschläge. Spitze Rabatten blau; rote Schoßumschläge und Weste; letztere mit weißen Husarenschnüren. Weißer Schabrackenbesatz, Lanzenflagge rot und weiß.

Abb. 23. Frankreich. Gendarmerie, Artillerie, Genie.
a Gendarmerie Nationale – b Elite-Gendarm – c Gendarm – d, f Fuß-Artilleristen – e, g Reitende Artilleristen – h, i, k Geniesoldaten

Unter der Restauration blieb die Uniform zunächst dieselbe, nur änderte sich der Frack im Schnitt. Bei den *Elite-Gendarmen* erhielt der blaue Kragen in den Ecken weiße Granaten. Als Kopfbedeckung diente ein gelbmetallener Helm mit schwarzer Raupe und Schweif sowie weißem Stutz. Die übrige Gendarmerie behielt den weißbortierten Hut bei. Unter der Regierung Ludwig Philipps fielen die Rabatten weg, dafür erhielt der Frack rote Vorstöße und eine Reihe von neun Knöpfen. Die Elite-Gendarmen Pelzmütze mit rotem Stutz, die übrigen Hüte. Die Aufschläge sowie Patten waren von der Grundfarbe des Rockes, mit roten Vorstößen versehen. Später wurde der Frack durch den Rock ersetzt, die Beinkleider sind seit 1843 hellblau. Bei der *Kaiser-Garde* Napoleons III. bestanden ebenfalls Abteilungen. Die Uniform war ein blauer Frack mit ebensolchen Kragen, Aufschlägen und Patten, roten Rabatten, weißen Granaten auf dem Kragen, gelbem, weißbortiertem Lederzeug; Pelzmütze mit gelbem Schilde und rotem Stutz. Die berittenen mit Lederhosen und weißen Epauletten, die unberittenen mit hellblauen Beinkleidern und kleeblattförmigen Achselstücken. Die französische Gendarmerie hatte durch den Hut ein etwas altertümliches Aussehen (Abb. 23c).

XII. Artillerie, Genie, Panzertruppe und Train

Die *Uniform der französischen Artillerie* war von alters her blau mit rot. Uniform im Siebenjährigen Krieg vergleiche Infanterie-Schema. 1776 wurden Kragen und Rabatten blau mit roten Vorstößen, Aufschläge und Schöße blieben rot. 1791 rote Aufschlagspatten, bald darauf blaue mit rotem Vorstoß. So blieb die Uniform auch in der Revolution und im Kaiserreich. 1810 wurden Tschakos eingeführt. Die reitende Artillerie trug seit 1792 ganz blaue Husarenuniform mit roter Beschnürung, anfänglich den Raupenhelm der Chasseurs, bald darauf aber Filzmützen und Tschakos; letztere mit roten Behängen und Stutz. Die bei der Kaiser-Garde errichtete *reitende Artillerie* hatte dieselbe Uniform, dazu noch Husarenpelze (blau mit roten Schnüren) und Husarenpelzmütze mit rotem Stutz und Beutel; die der Garde zugeteilte *Fußartillerie* Grenadierpelzmütze ohne Schild, aber mit Augenschirm und mit rotem Behänge und Stutz geschmückt; im übrigen die Uniform der Fußartillerie. Die Bekleidung änderte sich seitdem im Schnitt, nicht aber in den Farben, nur wurden die roten Aufschläge später spitz geschnitten. Die Tschakos hatten rote Garnitur und Busch sowie Fangschnüre. Die *Artillerie*

der Kaiser-Garde Napoleons III. trug blaue Dolmans und Hosen mit roter Beschnürung resp. Besatz. Gelbe Knöpfe. Pelzmütze mit rotem Beutel und Behängen sowie weißen, unten rotem Stutz. Die Berittene Kavallerieausrüstung mit Säbeltasche (blau mit rotem Besatz und gelbem Adler), die Unberittene mit Infanterieausrüstung, Tornister und Karabiner. Nach dem Feldzug von 1870/71 wurde die Artillerieuniform unter Beibehalt der blauen Grundfarbe gleicherweise für reitende wie für Fußartillerie husarenartig beschnürt. Kragen und spitze Aufschläge rot, Knöpfe gelb, Schnüre schwarz, Hose blau mit roten Streifen. Das blaue Käppi zeigte rote Vorstöße. 1907 einreihiger Waffenrock mit roter Ärmelpatte und Kragen. Reitende Artillerie rote Treffel, 1912 schwarzer Lederhelm mit gelben Schuppenketten und niedrigem, bis vorn heruntergehendem Bügel, rotem Federbusch. Die Artillerie trug meist die Exerzierjacke, die im Gegensatz zum Waffenrock blauen Kragen mit roter Patte zeigte. Auf der Patte blaue Nummer, bei den Territorialtruppen weiße. Alpen-Artillerie Exerzierjacke und Baskenmütze.
An der horizontblauen und kakifarbenen Felduniform sind die Knöpfe gelb, Kragenpatten rot mit blauen Winkelschnüren und Nummer, die leichte Artillerie zusätzlich blauen fünfstrahligen Stern unter der Nummer. Das Abzeichen am Stahlhelm ist eine flammende Granate über gekreuzten Kanonenrohren. Die Gesellschaftsuniform der Offiziere ist wie die der Infanterie, nur statt der roten Hose dunkelblaue mit roten Lampassen, ganz dunkelblaues Käppi.

Genie

Ursprünglich bestand die Genie nur aus einem Offizierkorps, 1776 wurde ein Bataillon aufgestellt. Im Dezember 1793 wurde ein *Geniekorps* von *zwölf Sappeurs-Bataillonen* und *sechs Mineurs-Kompanien* errichtet. Die Uniform bestand 1794 aus blauem Frack, Weste und Hosen, schwarzen Kragen, Rabatten, Aufschlägen und Patten (alle diese Stükke rot vorgestoßen), rotem Schoßfutter und Epauletten, sowie gelben Knöpfen. Die Uniform blieb unter dem Kaiserreich dieselbe, nur trat an Stelle des vorher getragenen Hutes der Tschako mit roter Garnitur, Behängen und Flammenpompon. Das *Genie-Korps der Garde* war ebenso gekleidet, nur diente als Kopfbedeckung ein Stahlhelm mit gelbmetallner Garnitur, schwarzer Raupe und rotem Stutz. Beim Schanzenbau im feindlichen Feuer wurde ein geschwärzter Vollküraß und ebensolche eiserne Sturmhauben getragen. Unter der Restauration blieb die Uniform der *Linien-Genie-Truppe* die gleiche, ebenso unter dem zweiten Kaiserreich. Natürlich änderte sich der Schnitt nach dem Geschmack der Zeit, ebenso die Tschakoform. Die Behänge waren weggefallen. Die *Genie-Soldaten der Kaiser-Garde* Napoleons III. waren durch eine Pelzmütze ohne Schild, aber mit roten Behängen und Stutz ausgezeichnet, den Kragen schmückten rote Granaten. 1870 trug die Genietruppe dunkelblauen Waffenrock mit ebensolchem Kragen und Aufschlägen von schwarzem Samt, rote Epauletten, blaue Hosen mit roten Streifen, Lederkäppi; schwarzes Lederzeug. Statt des Faschinenmessers führten die Unteroffiziere Degen. Nach dem Feldzug 1870 wurde ein zweireihiger blauer Waffenrock getragen mit gleichfarbigen Kragen und Aufschlägen, schwarzer Kragen- und Aufschlagpatte, beide rot vorgestoßen; rote Epauletten, gelbe Knöpfe, Hosen blau mit roten Lampassen, Mütze blau mit roten Vorstößen. 1907 einreihiger Waffenrock. Die Offiziere trugen von etwa 1880–1905 ganz schwarzen Dolman mit schwarzer Verschnürung. Die Exerzierjacken der Mannschaft hatten dunkelblauen Kragen mit schwarzen Patten und roter Nummer.
Die Kragenpatten der Felduniform M 15 und M 35 sind schwarz mit roter Nummer und Winkelschnüren. Das Abzeichen am Stahlhelm ist ein antiker Helm und Küraß. Bei der Offiziers-Gesellschaftsuniform hat die schwarze Kragenpatte mit goldener Nummer roten Vorstoß am hinteren Ende. Der Kragen und die Aufschlagpatten sind aus Grundtuch. Dunkelblaue Hose mit roten Lampassen, dunkelblaues Käppi.

Panzertruppe

Die Tanktruppe trug zur horizontblauen Uniform weiße Knöpfe, dunkelblaue Kragenpatte mit grüner Nummer und Winkelschnüren, horizontblau gestrichenen Stahlhelm mit Bügel und verlängertem Nackenschirm, statt des Vorderschirmes ein Lederpolster. Außerdienstlich ein kleines schwarzes Barett mit dem Abzeichen der Tanktruppe: Ritterhelm mit geschlossenem Visier auf gekreuzten Kanonen, über der Stirn, wie auch am Stahlhelm. Bei der kakifarbenen Uniform ist der Besatz der dunkelblauen Kragenpatte aschgrau. Der Stahlhelm hat den Bügel verloren. Die Gesellschaftsuniform der Offiziere hat den Kragen, die Aufschlagpatten sowie die einfachen breiten Streifen an der blaugrauen Hose aschgrau, das Käppiband ist aus schwarzem Samt. Die motorisierte Maschinengewehrabteilung der Kavallerie hatte Schnüre und Nummern violett auf dunkelblauen Kragenpatten.

Train

Der *Train* wurde 1807 militärisch organisiert. Die Uniform war grau mit blauen Abzeichen und weißen Knöpfen, gelbliche Unterkleider, Tschakos mit weißer Garnitur. Beim *Garde-Train* zeigten auch die Beinkleider die Grundfarbe des Rockes; die Abzeichen waren mit roten Vorstößen besetzt, die Schultern schmückten rote Grenadier-Epauletten. Die graue Weste war rot beschnürt, der Tschako mit rotem Stutz und Behänge geschmückt. Wir müssen hierbei ausdrücklich bemerken, daß die Fahrer der Artillerie Trainuniform trugen. Die graue Grundfarbe blieb auch weiterhin das charakteristische Merkmal, so vielen Abstufungen auch die Uniform unterlag, die im einzelnen aufzuführen zu weit ginge (Train d Artillerie, Train des Equipages, Train du Génie, Train des Parcs d'Artillerie). Um 1890 bestand die Uniform aus einem graublauen, schwarzbeschnürten Dolman mit weißen Knöpfen und Aufschlägen von der Grundfarbe, rotem Kragen mit grauer Eskadrons-Num-

Abb. 24. Frankreich 1914–1936.
a, e, k Infanteristen – b Husar – c Alpenjäger – d Dragoner – f Artillerie-Offizier – g Kavallerist – h Senegal-Schütze – i Infanterie-Offizier – l Festungsinfanterist – m Artillerist in Ausgehuniform

mer, roten Hosen, rotem Paradetschako mit ebensolchem Busch und rotem, blau gerandeten Käppi. 1914 bestand die Uniform aus einem einreihigen graublauen Waffenrock mit weißen Knöpfen, roten Kragen, Treffen und Aufschlagspatten, roten Hosen und rotem Käppi mit blaugrauem Band. Auch der Train trug fast ausschließlich die Exerzierjacke mit Achselklappen und Kragen von der Grundfarbe, auf letzterem rote Patte mit Nummer.
Zur Felduniform M 15 und M 35 weiße Knöpfe, grüne Kragenpatten mit roten Winkelschnüren und Nummer. Die Gesellschaftsuniform der Offiziere wie Kürassiere, aber mit grünen Kragenpatten und silberner Nummer.

XIII. National- und Mobil-Garde

Der Schöpfung der National-Garde haben wir bereits bei der Infanterie gedacht, da die Uniform an jene überging. 1848 trug die *Mobil-Garde* blauen Rock und Hosen, rote Kragen, Aufschläge und Vorstöße, weiße Knöpfe und Granaten in den Kragenecken, rote Epauletten mit grünen Fransen und rotes Käppi. Die Kavallerie der National-Garde erhielt 1816 ganz blaue Uniform mit roten Kragen, Aufschlägen und Vorstößen, weißen Knöpfen, Epauletten und Achselschnüren, weißen rotgestreiften Bandelieren, Koppeln und Hosenstreifen; Stahlhelm mit gelber Garnitur, schwarzer Raupe und weißem Busch, 1830 Tschako mit dreifarbigem Busch, 1843 Ulanen-Tschapka mit rotem Busch. Die *reitende Mobil-Garde* 1848 blauen Waffenrock mit ebensolchem Kragen und Aufschlägen, roten Vorstößen, weißen Knöpfen und Epauletten, hellblauen Hosen und Käppis, beides rot besetzt. 1870 rückte die *Mobil-Garden-Infanterie* in blauen, jackettartig geschnittenen zweireihigen Röcken mit roten Abzeichen aus. Hosen und Mütze blau mit rotem Besatz.

XIV. Generalität usw. – Rangabzeichen

Die Generale erhalten eine reglementsmäßig bestimmte Uniform erst 1724, dunkelblaue langschößige Röcke mit reicher goldener Eichenlaubstickerei am liegenden Kragen, den runden Aufschlägen und den quergestellten Seitentaschenklappen, einfach für den Maréchal de Camp (Brigadegeneral), doppelt für den Lieutenant-général, rote Weste und Beinkleider, hohe schwarze Stiefel, Dreispitz mit Goldborte und weißer Straußenfederfüllung. Der Maréchal de France trägt dazu den mit dunkelblauem Samt und goldenen Lilien besetzten Marschallstab. Der Rock erhält um 1770 Stehkragen und goldene Epauletten mit kurzen steifen Fransen, der Brigadegeneral auf dem Feld zwei, der Divisionsgeneral drei silberne fünfstrahlige Sterne, der Marschall von Frankreich zwei gekreuzte Kommandostäbe, umgeben von einer Reihe von Silbersternen. Die Epauletten haben sich in fast unveränderter Ausführung als Abzeichen der Generale erhalten. Seit 1791 sind die Weste und die Beinkleider weiß. Von der Revolution bis zum Ausgang der napoleonischen Zeit werden Kragen und Aufschlag der großen Uniform rot, später wieder dunkelblau, die Taschenverzierung verschwindet, der Rock wird zum einreihigen Frack. Als Dienstabzeichen dient eine um den Leib getragene Schärpe mit goldenen Quasten links, und zwar Marschall weiß mit gold, Divisionsgeneral rot mit gold, Brigadegeneral hellblau mit gold gestreift. Auch diese Schärpen werden noch heute zur großen farbigen Uniform angelegt. 1815 erhält der sehr hoch gewordene Hut schwarze Füllung, die Hose wird dunkelblau, seit 1831 rot, später mit dunkelblauen breiten Streifen. Seit 1836 wird im Felddienst, seit 1844 bei allen Gelegenheiten der Hut nicht mehr quer, sondern längs getragen. Der Divisionsgeneral als Korpskommandant erhält weiße Straußenfederfüllung am Hut. 1844 wird ein ganz dunkelblaues Käppi mit goldbedeckten Nähten und einfacher bis dreifacher goldener Eichenlaubstickerei um das Band eingeführt, der Deckel und die Seitenteile sind seit 1852 rot. Der Divisionsgeneral als Korpskommandant trägt über der Randtresse eine 3 mm breite Silberschnur. 1847 zur kleinen Uniform einreihiger langschößiger dunkelblauer Rock ohne Stickerei. Seit 1867 zweireihiger Rock mit halblangen Schößen und ein- bis dreifacher Rangstickerei auf Kragen und Aufschlägen. Dieser Rock wird nach dem Krieg 1870/71 die große Uniform, zusammen mit Hut, Schärpe und Epauletten. Zum täglichen Anzug wird ein schwarzer Dolman getragen mit fünf Reihen schwarzer Brustverschnürung, auf den Ärmeln schwarzer ungarischer Knoten, auf dem die Rangsterne angebracht sind. Dazu rote Hose und Käppi. An der horizontblauen Felduniform 1915 tragen die Generale keine Kragenpatten, dafür die Rangsterne an den Unterarmen und dunkelblaue Lampassen an den Hosen. Nach dem I. Weltkrieg wird als große Uniform ein langschößiger einreihiger horizontblauer Rock getragen mit goldenen Passanten und Epauletten, an den Ärmeln die Rangsterne, am Kragen schwarze, rückseitig doppelt geschweifte Kragenpatte mit goldener Rangstickerei wie am Friedenswaffenrock. Der Korpskommandant trägt jetzt 4 Sterne in Rautenform, der Marschall 7 an beiden Unterarmen. Die Ärmelrangsterne sind auch an der kakifarbenen Uniform das Kennzeichen der Generale und befinden sich ebenfalls an Stahlhelm und Feldmütze. Die farbige Gesellschaftsuniform der Generale ist der großen Vorkriegsuniform gleich, hat jedoch auf den Ärmeln die Rangsterne sowie Kragen und Aufschlag für alle Ränge gleich mit breiter goldener Eichenlaubstickerei bedeckt.

Die Uniform des Generalstabes folgt im allgemeinen der der Generale, statt der Eichenlaubstickerei goldene Tresse bzw. Litze am Kragen und Aufschlag, die von 1830 bis 1870 am Rand rote Vorstöße tragen. Seit 1870 tragen Generalstab und Truppenstäbe die Uniform der Herkunftswaffe, jedoch statt der Nummer geflügeltes Blitzbündel bzw. flammende Granate auf der Kragenpatte und verschiedenfarbige Armbinden. Dasselbe gilt für die Felduniform M 15 und M 35.

Die höhere Adjutantur trägt ab 1775 dunkelblaue Röcke ohne Verzierung mit Epauletten, Weste und Beinkleider rot. Ab 1791 diese und der Rockkragen hellederfarben. Zur Zeit Napoleons I. dunkelblauer einreihiger Frack mit hellblauem Kragen und runden Aufschlägen. Goldene Knöpfe und Epauletts, dunkelblaue Hose und Hut, der schon derzeit längs getragen wird. 1816 erhält der Rock hellederfarbenen Kragen, gleichfarbige Vorstöße vorn herunter und um die spitzen dunkelblauen Aufschläge. Von 1818 an ist die höhere Adjutantur ebenso wie der Generalstab gekleidet, aber mit doppelten Fangschnüren in Knopffarbe an der rechten Schulter. Dazu von 1880 bis 1914 Federbusch am Käppi: weiß beim Stabe des Präsidenten und des Kriegsministeriums, blau-weiß-rot bei Armeekorpskommandanten, rot und weiß bei Divisionsgeneralen, hellblau bei Brigadegeneralen, sowie gleichfarbiges Seidenband am linken Oberarm. Die persönlichen Adjutanten Napoleons I. trugen hellblauen Rock mit gleichfarbigen spitzen Aufschlägen und Rabatten, alles eingefaßt mit Silbertresse, rote Weste mit Silberverschnürung, hellblaue Hose und Husarenstiefel mit Silberbesatz, Hut mit schwarzer Füllung, silberne Fangschnur und Epauletts. Ähnlich, nur mit einreihigem Frack und roten Hosen, die persönlichen Adjutanten Napoleons III. Die Marschälle Napoleons I. kleideten ihre Adjutanten nach eigener Wahl meist sehr farbenprächtig, so Berthier in Husarenuniform, weißer Dolman mit schwarzem Kragen und Aufschlag, enger goldener Beschnürung, schwarzer Pelz, rote Hose und Tschako mit goldenen Behängen.

Bei den Offiziersuniformen der französischen Armee seit etwa 1860 ist besonders charakteristisch, daß alle nach dem Reglement dunkelblauen Bekleidungsstücke schwarz getragen werden.

Schon im letzten Drittel des 18. Jahrhunderts kamen Fransenepauletts aus Metalltresse in Knopffarbe für die Offiziere in Gebrauch. Schieber und Feld der Subalternoffiziere wiesen verschiedene Musterungen in roter Seidentresse auf, die in napoleonischer Zeit außer Gebrauch kommt. Seitdem war Feld und Schieber der Offiziersepauletten stets aus glatter Metalltresse ohne Rangabzeichen. Diese wurden durch die verschiedene Fransenstärke und Tragweise der Epauletts zum Ausdruck gebracht wie folgt:

Oberst 2 Epauletten mit starken kurzen Fransen, Oberstleutnant ebenso, Feld und Schieber in entgegengesetzter Farbe, Major links ein Epaulett mit kurzen starken Fransen, ein Konterepaulett (ohne Fransen), Hauptmann 2 Epauletten mit dünnen Fransen, Oberleutnant links ein Epaulett mit dünnen Fransen, rechts Konterepaulett, Leutnant links Konterepaulett, rechts eins mit dünnen Fransen. Die Epauletten waren bis 1870 auf den Fräcken und Waffenröcken alleiniges Rangabzeichen für die Offiziere aller Waffen mit Ausnahme der Husaren. Die Husarenoffiziere

Abb. 25. Frankreich. Generale.

trugen zum Überrock Epauletten, auf dem Dolman und Pelz dem Aufschlag folgende Rangtressen, Subalternoffiziere 1–3 schmale, Major 4 schmale, Oberstleutnant und Oberst 5 schmale, beim Oberstleutnant die zweite und vierte in gewechselter Knopffarbe. Seit 1845 bilden die Rangtressen an dem kleinen Dienstanzug der Husarenoffiziere, ab Mitte der 50er Jahre auch bei den Jägern zu Pferde und den Guiden ungarische Knoten. Bei den 1871 nach dem Krieg eingeführten Waffenröcken werden die Epauletts nur zur großen Uniform angelegt und zusätzlich die Rangtressen gleicher Zahl und Farbe wie bei den Husarenoffizieren rund um beide Unterarme, die untersten drei unter der Patte durchlaufend. Von 1880 bis etwa 1900, als alle Offiziere der französischen Armee Dolmans trugen, fielen die Epauletten weg. An ihre Stelle traten kleeblattförmige Schulterschnüre, einfach für Subalternoffiziere, doppelt für Stabsoffiziere. Die Rangschnüre am Unterarm nahmen die Form des ungarischen Knotens an. Seit Wiedereinführung des Waffenrocks, auch bei Husaren und Jägern zu Pferde, sind die Rangtressen wieder rund um den Unterarm angebracht. Zum großen Dienstanzug dazu Epauletten. An der Gesellschaftsuniform bis 1945 sind die Rangtressen angebracht wie auf der Friedensuniform 1914. Die nun auf beiden Schultern gleichmäßig getragenen Epauletten haben für Stabsoffiziere kurze steife, für Subalternoffiziere lange dünne Fransen. Auf den Felduniformen M 15 und M 35 sind die Rangabzeichen ebenfalls auf dem Unterarm befestigt in Form von 5 cm langen waagerechten Tressen derselben Farbe und Anzahl wie 1914 am Waffenrock, jedoch bei den Stabsoffizieren zwischen der 3. und 4. Rangtresse mit doppeltem Zwischenraum. An den Tschakos erfolgte die Rangbezeichnung durch mehr oder weniger breiten Tressenbesatz am oberen Rand. Beim Käppi werden die Rangschnüre gleicher Farbe und Zahl wie an den Ärmeln am oberen Bandrand ringsherum befestigt. Die Seitennähte sind für Leutnant und Oberleutnant mit einer, Hauptleute 2, Stabsoffiziere 3 Schnüren in Knopffarbe belegt. Auf dem Deckel des Käppis befindet sich ein ungarischer Knoten aus einfacher bzw. dreifacher Metallschnur.

Die Rangabzeichen der Mannschafts- und Unteroffiziersgrade sind seit Mitte des 18. Jahrhunderts fast unverändert geblieben. Mannschaften 1–3 Wolltressen, meist in Vorstoßfarbe, Unteroffiziere 1–3 Metalltressen in Knopffarbe an den Unterarmen. Sie wurden bei den Fußtruppen grundsätzlich als Schrägtressen, bei der Kavallerie und den Jägern als Winkeltressen mit der Spitze oben über dem Aufschlag befestigt. Zum Feldanzug der Uniform M 15 und M 35 werden die Rangtressen in Form von 1–3 kurzen Schrägstreifen in Dunkelblau bzw. dunkelkakifarben, für Unteroffiziere in knopffarbiger Metalltresse über dem Aufschlag angebracht. Zum Friedensanzug in gleicher Anzahl in Winkelform mit Spitze oben. Die zwischen Offiziers- und Unteroffiziersrang stehenden »Adjutants« tragen Leutnantsabzeichen mit rotem schmalen Mittelstreifen in der Tresse, die bei dem niederen Adjutantengrad gewechselte Knopffarbe hat.

Das Offiziersportepee ist stets golden, hat geschlossene Form mit dünnen bzw. für Stabsoffiziere und Generale dicken Fransen. Es ist an einer schwarzen oder goldenen Doppelkordel befestigt. Für den Feldanzug jetzt schwarzes Lederportepee. Bis 1880 wurde von den Offizieren der Fußtruppen knopffarbiger Ringkragen getragen.

Abb. 26. Griechenland 1832–1890.
a, e Infanteristen – b Kavallerist – h Kavallerie-Offizier – c, g Artilleristen – d General – f Jäger

Griechenland

(Kokarde weiß-hellblau; zur Zeit der griechischen Erhebung, und zwar Neujahr 1822, wurden Schwarz, Himmelblau und Weiß als Nationalfarben festgesetzt)

Während des griechischen Freiheitskrieges wurden schon vereinzelte Versuche gemacht, verschiedene Freischaren gleichmäßig zu bekleiden. So trugen die sogenannten *Hierolochiten* schwarze Röcke und Filzmützen mit einem Totenkopf und gekreuzten Knochen. Derartige Anläufe blieben aber vereinzelt. Erst als der Prinz Otto von Bayern 1833 den Königsthron bestieg, wurde die bewaffnete Macht einheitlich uniformiert, und zwar z. T. nach bayrischem Muster. Die *Infanterie* (Abb. 26, a) erhielt hellblaue Jacken mit kurzen Schößen, mit einer Knopfreihe geschlossen. Kragen, Aufschläge, Vorstöße und Schoßumschläge rot, Knöpfe weiß. Die Beinkleider hellblau mit roter Biese. Als Kopfbedeckung diente ein Tschako. Die Füsiliere hatten weiße Achselwülste und Tschakobehänge, die Grenadiere rote, die Jäger grüne. Die *Artillerie* (Abb. 26, c) war nur durch die Farbe von der Infanterie unterschieden und zwar war die Grundfarbe für Rock und Beinkleider blauschwarz, Abzeichen und Tschakobehänge dunkelrot, die Knöpfe gelb. Die *Kavallerie* (Abb. 26, b) wurde als *Ulanen* ausgerüstet. Die Uniform bestand in grünen Kolletts mit karminroten Kragen, Rabatten und polnischen Aufschlägen. Der Paßgürtel war weiß, zweimal hellblau durchzogen. Weiße Schuppenepauletten, grüne Hosen mit karminroten Streifen. Die Tschapka karminrot überzogen mit silberner Sonne und hängendem weißen Haarbusch. Die grünen Schabracken hatten karminroten Rand, in den hinteren spitzen Ecken ein weißes O mit einer Krone. Weiße Schaffellüberdecken mit karminrotem, gezahntem Tuchvorstoß. Lanzenflaggen oben weiß, unten hellblau. Das Lederzeug war weiß. Die Uniform der *Generalität* (Abb. 26, d) entsprach völlig der damaligen bayrischen. In der hinteren Ecke der roten, silberbesetzten Schabracke ein gekröntes silbernes O. Rangabzeichen wie in Bayern (Abb. 26, d).
1851 konischer Ledertschako mit Metallstern und aufgelegtem gekrönten O. Doppelreihiger Waffenrock in den bisherigen Farben. Achselklappen und runter Aufschlag aus Grundtuch mit farbigem Vorstoß. Lederzeug bei Infanterie weiß, sonst schwarz. Hose hellgrau mit Vorstoß, Artillerie und Genie dunkelblau mit Lampassen. Weiches Käppi aus Rocktuch mit waffenfarbigem Vorstoß und schwarzem

Abb. 27 – Griechenland 1916–1936.
a, b Infanteristen – c Hauptmann

waagerechten Lederschirm. Jäger wie Infanterie mit hellgrünen Abzeichen. Die Kavallerieuniform bleibt unverändert. Für Stabsoffiziere und Generale Fransenepauletts. Als 1863 Prinz Georg von Dänemark König wurde, erhielt das Heer eine neue, der dänischen ähnelnde Uniform (Abb. 26, e–h). Das Leder wurde durchgängig schwarz. Die Kavallerie hatte Husarenuniform, Grundfarbe grün, Verschnürung weiß, Attila-Kragen und -Aufschlag, sowie die Käppivorstöße karmin. Die Jäger (Evzonen), jetzt königliche Garde, erhielten die alte Nationaltracht. Der kleine Fez mit dunkelblauer Quaste an langer Schnur ist rot, ebenso die Weste mit Stehkragen; Jacke, Rock (Fustanella) und Gamaschen sind weiß, die weichen Lederschuhe gelb, die Jackenstickerei, Kniebänder und Schuhpuschel schwarz. Die anderen Truppen bekamen einen dunkelblauen einreihigen, Artillerieoffiziere einen zweireihigen Waffenrock mit Achselklappen und französischen Aufschlägen aus Grundtuch mit farbigen Vorstößen. Der Kragen war waffenfarbig, bei der Artillerie dunkelblau mit Vorstoß und liegender flammender Granate in Rot. Die Hosen der Generale und Infanterie wurden hellblau. Dunkelblaues Käppi mit waffenfarbigen Vorstößen, vorn Kokarde mit Krone darüber. Zur Parade Infanterie und Genie weißblauer, Artillerie roter Stutz, Offiziere gleichfarbigen Federbusch. Die Waffenfarbe für Generale, Infanterie und Artillerie war rot, Genie karmin. Rangabzeichen: für Unteroffiziere knopffarbige Schrägtressen in Waffenfarbe vorgestoßen an beiden Unterarmen, für Offiziere 1 bis 3 Rosetten, Stabsoffiziere kleine, Generale große Sterne auf geflochtenen Achselstücken in Knopffarbe, sowie 1 bis 3 schmale bzw. 1 mittelbreiter und 1 bis 3 schmale Tressen um das Käppi, Generale breite gemusterte Goldtresse. Kragen und Aufschläge des Generalswaffenrocks mit dichter Goldstikkerei bedeckt. Seit etwa 1912 kakifarbene Felduniform (Abb. 27) mit naturfarbenem Lederzeug. Einreihiger Feldrock mit aufgesetzten Brust- und Seitentaschen, der Umlegekragen und die runden Aufschläge waffenfarbig vorgestoßen, Genie jetzt hellblau. Achselklappen vollfarbig, Infanterie grundfarbig mit Vorstoß, trägt Regimentsnummer in Schwarz, Offiziere in Knopffarbe, dazu die Rangabzeichen, Mittel- bzw. Randtressen mit 1 bis 3 Sternen. Generale Goldtresse mit großen sechseckigen Silbersternen. Mannschaften weiße Tellermütze mit Deckelvorstoß, die Offiziere Käppi mit dunkelkakifarbenen Rangtressen. Evzonen kakifarbenen Fez und langen gleichfarbigen glockenförmigen Rock mit roten Achselklappen und Kragen- und Aufschlagvorstoß. Zum Feldrock werden jetzt waffenfarbige, hinten spitze Kragenpatten mit Waffenabzeichen getragen, Generale gemusterte Goldtressen. Der Stahlhelm hat die englische Form.

Abb. 28. Großbritannien. Infanterie 1700–1813.
a, b, e, g, h Linien-Infanterie – c, f Garde-Grenadiere – d Grenadier-Offizier – i Infanterie-Offizier

Großbritannien

(Kokarde schwarz)

I. Infanterie

Charakteristisch für die englische Armee ist von alters her die scharlachrote Grundfarbe der Infanterieuniform. Unsere Abbildungen geben die Wandlungen im Schnitt sowie in der Bewaffnung wieder. Die Beinkleider waren teils rot, teils von der Abzeichenfarbe. Um 1680 finden wir bereits Litzen und Rabatten. Die Grenadiermütze anfänglich mit kurzem Beutel erhält schon gegen 1700 die festere stehende Form. Zuverlässiges Bildmaterial findet sich erst ab 1742. In bezug auf Schnitt der Rabatten und Aufschläge finden wir viele Eigentümlichkeiten. Bei dem Infanteristen von 1742 (Abb. 28, b) sind Rock, Weste und Beinkleider rot, Rabatten, Aufschläge und Schoßfutter gelb, Knöpfe, Besätze, Hutborte weiß. Alles Lederzeug und die Patronentasche von Fahlleder.
Die schottische Hochländerinfanterie besteht seit 1739, dem Jahr also, in welchem das berühmte Regiment der Black Watch errichtet wurde. 1742 (Abb. 30, a) war die Uniform dieses Regiments (Nr. 42) von roter Grundfarbe, ebenso die Weste. Aufschläge gelb, Knöpfe und Knopflöcher weiß. Der eigentümliche, die Hosen ersetzende Schurz (Kilt, von den Schotten selbst fillibeg genannt) zeigt bis heutigen Tages für die verschiedenen Regimenter verschiedene schottische Muster. So spricht man heute von einem Mackenzie-Tartan; Gordon-, Cameron- und Sutherland-Tartan. Die blaue Mütze des Regiments war mit rotem Pompon verziert, die Strümpfe weiß und rot gemustert. Sehr reich war die Garde-Infanterie in bezug auf ihre Uniform ausgestattet. So trug das 1. Garderegiment 1745 (Abb. 30, c) die Weste von der roten Grundfarbe des Rockes, Rabatten, Aufschläge, Schoßfutter und Hosen blau. Reicher Silberbesatz, weiße Gamaschen. Hut mit weißer Borte. Für die Grenadiere rote Mütze mit blauem Vorderschild, unten im roten Felde seit 1735 das weiße springende Roß, alles in Stickerei. Letzteres Abzeichen ging 1751 auf alle Grenadiere der Armee über. 1765 wird die Grenadiermütze durch die Pelzmütze ersetzt. Die Unterkleider werden um 1768 fast durchgängig weiß (Abb. 30, e). Als Abzeichenfarben kommen blau, grün, gelb, buff (lederfarben), rot, schwarz und karminrot vor. 1771 erhält jedes Infanterie-Rgt. eine Leichte Komp.; diese erhielt eine kurze Jacke, kurze Gamaschen und eine lederne Kappe. Um 1790 Bajonettbandelier über die Schulter statt um den Leib, nunmehr mit einer Metallplatte vorn verziert, darauf Regimentsbezeichnung. 1791 erhalten die Offiziere zwei Epaulettes an Stelle des bisherigen einen. Die Offiziere der

1742:

Regiment	Rabatten und Aufschläge	Borten	Litzen bzw. Knopflöcher	Schöße	Westen	Hosen	
1. Foot Guards	blau	silber	silber	blau	rot	blau	verschiedenartiger Borten- und Litzenbesatz
Coldstream Guards	blau	silber	silber	blau	rot	blau	
3. Foot Guards	blau	silber	silber	blau	rot	blau	
1. Regiment	blau	weiß	weiß	blau	rot	rot	
2. Regiment	blau	weiß g.[1]	weiß K.[2]	blau	rot	rot	
3. Regiment	gelb	weiß g.	weiß g.	gelb	rot	rot	
4. Regiment	blau	weiß g.	weiß g.	blau	rot	blau	
5. Regiment	grün	weiß	weiß	grün	grün	rot	
6. Regiment	orange	weiß g.	weiß K.	orange	rot	rot	
7. Regiment	blau	weiß g.	weiß g.	blau	rot	blau	
8. Regiment	blau	weiß g.	weiß g.	blau	rot	blau	
9. Regiment	lederfarben	weiß g.	weiß K.	lederfarben	rot	rot	
10. Regiment	hellgelb	hellgelb	weiß K.	hellgelb	rot	rot	
11. Regiment	dunkelgrün	weiß g.	weiß K.	dunkelgrün	rot	rot	
12. Regiment	hellgelb	weiß g.	weiß g.	hellgelb	rot	rot	
13. Regiment	hellederfarben	weiß g.	weiß K.	hellederfarben	rot	rot	
14. Regiment	blaßgelb	–	weiß K.	blaßgelb	rot	rot	
15. Regiment	hellgelb	–	–	hellgelb	rot	rot	
16. Regiment	gelb	weiß g.	weiß K.	gelb	rot	rot	
17. Regiment	dunkelgrau	weiß g.	weiß K.	dunkelgrau	rot	rot	
18. Regiment	–	gelb	gelb	blau	rot	blau	blaue Aufschläge
19. Regiment	hellgrün	weiß g.	weiß g.	hellgrün	rot	rot	
20. Regiment	–	weiß	weiß	gelb	gelb	rot	
21. Regiment	blau	weiß g.	weiß g.	blau	rot	blau	Grenadiermütze
22. Regiment	rosa	weiß g.	–	rosa	rot	rot	
23. Regiment	blau	gelb, weiß g.	weiß g.	blau	rot	blau	Grenadiermütze
24. Regiment	schwarz	weiß	weiß	weiß	rot	rot	
25. Regiment	gelb	weiß	weiß g.	gelb	rot	rot	
26. Regiment	gelb	–	weiß K.	gelb	rot	rot	
27. Regiment	blaßgrau	weiß g.	–	blaßgrau	rot	rot	gelbe Knöpfe
28. Regiment	gelb	weiß g.	weiß K.	gelb	rot	rot	gelbe Knöpfe
29. Regiment	hellgelb	–	–	hellgelb	rot	rot	
30. Regiment	gelb	weiß	–	gelb	gelb	rot	
31. Regiment	hellbraun	weiß g.	–	hellbraun	rot	rot	
32. Regiment	–	weiß g.	weiß g.	grün	rot	rot	rosa Aufschläge
33. Regiment	rot	weiß	weiß	weiß	rot	rot	
34. Regiment	gelb	weiß g.	–	gelb	rot	rot	
35. Regiment	orange	weiß	weiß K.	orange	orange	rot	
36. Regiment	grün	weiß g.	weiß K.	grün	rot	rot	
37. Regiment	orange	orange	weiß K.	orange	rot	rot	rote Aufschläge
38. Regiment	–	weiß	weiß K.	violett	rot	rot	gelbe Aufschläge
39. Regiment	grün	weiß	grünweiß	grün	grün	rot	
40. Regiment	blaßlederfarben	weiß g.	weiß K.	blaßlederfarben	rot	rot	gelbe Knöpfe
41. Regiment	giftgrün	weiß	weiß K.	giftgrün	rot	rot	
43. Regiment	hellgrün	–	weiß K.	violett	rot	rot	
44. Regiment	grauviolett	weiß g.	–	grauviolett	rot	rot	
45. Regiment	orange	–	weiß K.	orange	rot	rot	
46. Regiment	dunkelgrün	weiß g.	–	dunkelgrün	rot	rot	
47. Regiment	–	weiß g.	weiß g.	hellbraun	rot	rot	rote Aufschläge
48. Regiment	blaßbraun	weiß g.	weiß g.	blaßbraun	rot	rot	
49. Regiment	hellrotbraun	weiß g.	weiß g.	hellrotbraun	rot	rot	
50. Regiment	schwarz	weiß	weiß	weiß	rot	rot	

[1]*g. = gemustert* [2]*K = schmale Knopflöcher*

Flankkomp. (Leichte und Gren.-Komp.), die bereits zwei hatten, legten darauf ein Horn bzw. eine Granate an. Die Miliz (1799) trug meist einen Raupenhelm; im übrigen war ihre Uniform sehr verschiedenartig in Schnitt und Farbe gestaltet. 1800 an Stelle des Hutes ein zylindrischer Tschako, Offiziere behielten z. T. den Hut bei. 1802 Chevrons für die Unteroffiziere eingeführt. 1808 wurde der Zopf abgeschafft. Während des Halbinselkrieges erscheint die Infanterie in rotem Rock mit weißen Schoßumschlägen; Kragen und Aufschläge waren nach den Regimentern verschieden. Die sogenannten Flank-Kompanien (leichte und Grenadierkompanien) trugen auf den Schultern Achselwülste, sogenannte Wings, und zwar bei der Linie von roter Grundfarbe, bei der Garde von blauer, mit weißem, schwalbennestartigem Besatz und weißen, kurzen Fransen. Die übrigen Kompanien hatten am Ende der Achselklappen weiße Wollfransen (Abb. 28, g, h). Außer der Abzeichenfarbe diente noch der Litzenbesatz auf der Brust als Abzeichen, je nachdem, ob die Litzen einzeln oder paarweise gesetzt waren, sowie die Farbe der Streifen, mit denen die Litzen durchzogen waren. Die Kopfbedeckung war seit 1812 eigentümlich gestaltet und bestand aus einem Kopfteil, höherem Vorderschild mit metallenem Beschlag und Augenschirm. Auf der linken Seite weißer, unten roter Stutz. Dazu weiße Behänge. Die Beinkleider waren im Felde grau, zur Parade weiß. Das Metallschild, mit welchem das Lederzeug vorn auf dem Kreuzungspunkt geschmückt war, hatte bei jedem Regiment ein anderes Muster. Die leichte Infanterie trug eine andere Kopfbedekkung, und zwar einen annähernd zylindrisch gestalteten Tschako mit metallenem Jägerhorn und grünem Stutz. Die Sergeanten führten Kurzgewehre (Spieße). Die Pelzmützen der Grenadiere wurden im Feld nicht getragen. Die Uniform der Scharfschützen (Rifles) war grün, und zwar bei den Scharfschützenabteilungen des 60. Regiments grün mit roten Abzeichen und weißen Knöpfen; außerdem blaue Hosen und Tschako der leichten Infanterie. Das 95. Regiment (Abb. 30, f) (Scharfschützen) ganz grün mit schwarzen, weiß eingefaßten Abzeichen, weiße Knöpfe.

1815 waren Abzeichen- und Knopffarben folgende (F = Füsiliere, H = Hochländer): dunkelblau-gold 1, 4, 7, 8, 18, 21 F, 23 F, 25, 42 H, -silber 2, 86, 97; weiß-gold 32, 59, 65, 74 H, -silber 17, 43, 47, 101, 103; blaßgelb-silber 30, 46, 99; gelb-gold 12, 57, 80, 83, -silber 6, 9, 10, 13, 15, 16, 20, 26, 28, 29, 34, 37, 38, 44, 67, 72 H, 75 H, 77, 82, 85, 88, 91, 92, 93, 102; dunkelgelb-silber 100; orange-silber 35; lederfarben-gold 22, 27, 40, 48, 78 H, 90, -silber 3, 14, 31, 52, 61, 62, 71 H, 81, 96, 98, 104; rot-gold 53, -silber 33, 41, 76; purpur-silber 56, schwarz-gold 58, 64, 70, 89, -silber 50; hellgrün-gold 36, 39, 51, -silber 5, 66; grün-gold 19, 49, 55, 69, 87, 94, -silber 24, 54, 68; dunkelgrün-gold 11, 73 H, 79 H, dunkelgrün-silber 45, 63.

Schützen grüne Röcke, 60 rot-gold, 95 schwarz-silber. Kragen- und Aufschlageinfassung sowie Brustbesatz für Mannschaften aus weißer Tresse. Aufschläge durchgängig französisch mit grundfarbiger Patte. Offiziere zweireihige Fracks mit je 2 Kragen- und 4 Aufschlagpattenlitzen. Mannschaften weiße Wollepauletten, Grenadierkompanie mit Fransen, leichte Kompanie und Schützen Wings, Offiziere Fransenepauletten oder Wings in Knopffarbe.

1830 werden im ganzen Heer die Knöpfe und Metalltressen gelb. Die Abzeichenfarben der einzelnen Regimenter an Kragen und Aufschlägen bleiben bis 1881 fast unverändert. Spielleute haben einen sparrenförmigen Tressenbesatz auf den Ärmeln, Musiker vielfach weiße Fräcke. Nach den Befreiungskriegen erhalten die Infanterieregimenter einen glockenförmigen Tschako mit Nummernschild und Krone sowie weiß-roten, weißen oder grünen Stutz, während die Füsilierregimenter die Pelzmütze beibehalten.

1844 für alle Regimenter zylindrischer Tschako mit Vorder- und Nackenschirm (Abb. 29, d, e) (Albert Shako) und wollenem Ball in den früheren Farben. Füsiliere flammende Granate, leichte Infanterieregimenter Waldhorn statt des Nummernschildes. Etwa gleichzeitig Einführung schwarzblauer Hose mit rotem Vorstoß.

Nach dem Krimkrieg (1855) wird im englischen Heer der zunächst zweireihige, seit 1861 einreihige Waffenrock mit mittellangen Schößen und geschweiften Schoßtaschenleisten eingeführt. Er hat bei der Infanterie rote Grundfarbe mit abzeichenfarbigen weiß vorgestoßenen Kragen und französischen Aufschlägen. Bei den Offizieren sind Kragen und Aufschlag mit einfacher bzw. doppelter Goldtresse eingefaßt, die Epauletten fallen weg. Die Karminseidenschärpe mit gleichfarbigen Quasten wird mit doppelter Goldschnur auf der linken Schulter gehalten. Sergeanten tragen gleichfarbige Wollschärpe von der rechten Schulter zur linken Hüfte.

1871 erhält der Kragen Grundfarbe mit abzeichenfarbiger, hinten spitzer Kragenpatte. Die Aufschläge werden spitz mit weißem, für Offiziere goldenem ungarischen Knoten. Der Tschako verliert 1855 den Nackenschirm. Er wird niedriger und nach vorn geneigt, eine Entwicklung, die sich 1861 und 1869 noch fortsetzt.

1878 erhalten die Infanterieregimenter einen mit blauem oder mit grünem Tuch bezogenen Korkhelm mit gelbem Beschlag (Abb. 29, g), Füsilierregimenter eine mittelhohe Pelzmütze mit gelber Granate (Abb. 29, f).

1881 wird die Infanterie neu organisiert und durch Zusammenlegung vieler Regimenter auf zwei Bataillone je Regiment gebracht. Die alten Regimentsnummern werden abgeschafft. Jedes Regiment erhält einen besonderen, auf den Rekrutierungsbezirk bezüglichen Namen. Die Abzeichenfarbe der »königlichen« Regimenter ist grundsätzlich dunkelblau, der englischen Regimenter weiß, der schottischen gelb, der irischen grün, jedoch werden bis 1914 einigen Regimentern die alten Abzeichenfarben wieder zuerkannt. Der Aufschlag wird vorübergehend rund, später wieder spitz, für Offiziere mit einfacher bzw. doppelter Tresseneinfassung und Schnurverzierung. Jedes Regiment erhält ein besonderes Abzeichen (Badge), das am Kragenende und auf der sternförmigen gelben Helmplatte getragen wird. Die Dienstmütze hatte zunächst (1815–1860) weichen, breiten dunkelblauen Teller und abzeichenfarbiges Band, später Bootsform, dunkelblau. Seit Anfang des 20. Jahrhun-

Abb. 29. Großbritannien. Infanterie 1830–1890.
a Leichte Infanterie des 3. Garde-Regiments – b Infanterie-Offizier – c Garde-Grenadier – d, e, g, h Linien-Infanterie – f Füsilier-Offizier – i Leichte Hochländer-Infanterie

derts wieder Tellermütze mit Schirm, dunkelblau mit rotem Deckelvorstoß und schwarzem, bei königlichen Regimentern rotem Besatzstreifen. Über dem Schirm das Regimentsabzeichen. Das stets weiße, bei den Schützenregimentern schwarze Lederzeug machte verschiedene Änderungen durch (Abb. 29, 30). Die Garderegimenter haben stets die hohe Pelzmütze und die französischen Aufschläge mit Litzenbesatz auf den Patten und Schoßtaschenleisten beibehalten.

Die Hochlandregimenter, die stets ihre eigentümliche Kopfbedeckung (Featherbonnet), das Schottenröckchen (Kilt) und die nackten Knie trugen, erhalten nach Einführung des Waffenrockes ein besonderes Jackett (Doublet) (Abb. 30, e) mit schottischen Aufschlägen und 4 großen Taschenklappen, außerdienstlich die Schottenmütze (Glengarrycap).

Die schottischen Tieflandregimenter haben zum Doublet lange Hose aus Regimentstartan (Trews).

Die Schützenregimenter trugen seit etwa 1816 tief schwarzgrüne Uniform mit schwarzen Knöpfen und farbigen Abzeichen, Offiziere gleichfarbigen Dolman, seit 1855 Attila mit schwarzer Verschnürung (Abb. 30 f–i). Dazu Tschako wie Infanterie, seit 1873 niedrige schwarze Pelzmütze, von 1880 bis 1890 dunkelgrüner Helm. Mütze wie Linie, nur Grundtuch grün.

Abb. 30. Großbritannien. Hochländer und Scharfschützen.
a, b, c, e Hochländer-Infanterie – d Hochländer-Offiziere – f, g, h, i Scharfschützen

Name, Abzeichen und Besonderheiten der Garde und Linieninfanterieregimenter, deren alte Nummern vor 1881 in Klammern beigefügt sind, ergeben sich für die Zeit von 1881 bis 1912 aus folgendem Schema. Die Kragenabzeichen werden auch noch 1937 zur Felduniform getragen.

Garde, einreihiger roter Rock, Achselklappen Kragen und französische Aufschläge blau, Vorstöße weiß. Hohe schwarze Pelzmützen, Hose dunkelblau mit rotem Vorstoß, gelbe Knöpfe	Knopfzahl und Anordnung am Rock	Weiße Litzen am Aufschlag und Schoßtaschenleisten	Badge	Stutz an der Pelzmütze	
Grenadier Guards	9	4	flammende Granate	weiß links	Offiziere, Litzen gold, Kragen, Aufschläge und Achselklappen mit Goldtresse eingefaßt, Litzen gold, Badge in Silber auf Goldgrund, Hosen mit breitem roten Streif, karmin-goldene Schärpe
Coldstream Guards	2 + 2 + 2 + 2 + 2	2 + 2	Stern des Hosenbandordens	rot rechts	
Scots Guards	3 + 3 + 3	3	Diestel	–	
Irish Guards seit 1901	4 + 4 + 2	4	Kleeblatt	blau rechts	
Welsh Guards seit 1914	5 + 5	5	Lauch	weiß-grün-weiß links	

Linie, Rock wie Garde, Aufschläge spitz, Offiziere mit goldener Tresseneinfassung, Knöpfe gelb, Hose dunkelblau mit rotem Vorstoß	Abzeichenfarbe	Badge	Besonderheiten
Royal Scots (Lothian Regiment) (1)	blau	Diestel liegend	Kilmarnock Bonnet, nach rechts fallende blaue Deckelmütze mit rot-weiß gewürfelter Kante, Feder links und rotem Ball oben, Doublet, Trews
Queen's (Royal West Surrey Regiment) (2)	blau	Lamm	
Buffs (East Kent Regiment) (3)	lederfarben	Drachen	
King's Own (Royal Lancaster Regiment) (4)	blau	Löwe	
Northumberland Fusiliers (5)	hellgrün	flammende Granate	Pelzmütze, weißroter Stutz links
Royal Warwickshire Regiment (6)	blau	Antilope	
Royal Fusiliers (City of London Regiment) (7)	blau	flammende Granate	Pelzmütze, weißer Stutz rechts
King's (Liverpool Regiment) (8)	blau	springendes Pferd	
Norfolk Regiment (9)	gelb	Britannia sitzend	
Lincolnshire Regiment (10)	weiß	Sphinx	
Devonshire Regiment (11)	grün	Schloß auf achtstrahligem Stern	
Suffolk Regiment (12)	gelb	Schloß mit Schlüssel darunter	
Prince Albert's (Somerset Light Infantry) (13)	blau	Jagdhorn mit Mauerkrone darüber	Helm dunkelgrün, Offiziere Schärpe rechts geknotet
Prince of Wales's (West Yorkshire Regiment) (14)	lederfarben	springendes Pferd	
East Yorkshire Regiment (15)	weiß	Rose auf achtstrahligem Stern	
Bedfordshire Regiment (16)	weiß	Hirsch auf Malteserkreuz	
Leicestershire Regiment (17)	weiß	Tiger	
Royal Irish Regiment (18) 1922 aufgelöst	blau	Harfe mit Krone darüber	
Alexandra, Princess of Wales's Own (Yorkshire Regiment) (19)	grün	Danebrogkreuz auf A, Krone darüber	
Lancashire Fusiliers (20)	weiß	flammende Granate	Pelzmütze, gelber Stutz links
Royal Scots Fusiliers (21)	blau	flammende Granate	Pelzmütze, weißer Stutz rechts, Doublet Trews
Cheshire Regiment (22)	lederfarben	Eichel auf achtstrahligem Stern	
Royal Welsh Fusiliers (23)	blau	flammende Granate	Pelzmütze, weißer Stutz rechts. Auf dem Rücken am Kragen schwarze Seidenschleife, auch am Feldrock
South Wales Borderers (24)	grün	Sphinx	
King's Own Scottish Borderers (25)	blau	Schloß	Kilmarnock Bonnet, Doublet, Trews
Cameronians (Scottish Rifles) (26/90)	dunkelgrün	Am Feldrock Horn in Distelzweigen mit Stern darüber	dunkelgrüner Tschako mit schwarzem Stutz, dunkelgrünes Doublet, schwarze Knöpfe, Trews
Royal Inniskilling Fusiliers (27/108)	blau	flammende Granate	Pelzmütze grauer Stutz links

Linie, Rock wie Garde, Aufschläge spitz, Offiziere mit goldener Tresseneinfassung, Knöpfe gelb, Hose dunkelblau mit rotem Vorstoß	Abzeichenfarbe	Badge	Besonderheiten
Gloucestershire Regiment (28/61)	weiß	Sphinx in Lorbeerzweigen	Badge in allen Kopfbedeckungen an Vorder- und Rückseite
Worcestershire Regiment (29/36)	weiß	Löwe auf achtstrahligem Stern	
East Lancashire Regiment (30/59)	weiß	Rose	
East Surrey Regiment (31/70)	weiß	gekröntes Wappenschild auf achtstrahligem Stern	
Duke of Cornwall's Light Infantry (32/46)	weiß	Wappen von Cornwall am Feldrock Horn mit Krone	Helm dunkelgrün
Duke of Wellington's (West Riding Regiment) (33/76)	rot	Elefant	
Border Regiment (34/55)	weiß	Malteserkreuz	
Royal Sussex Regiment (35/107)	blau	Malteserkreuz auf einer Straußenfeder	
Hampshire Regiment (37/67)	gelb	Rose	
South Staffordshire Regiment (38/80)	weiß	Tauknoten mit Krone darüber	
Dorsetshire Regiment (39/54)	grün	Sphinx	
Prince of Wales's Volunteers (South Lancashire Regiment) (40/82)	weiß	Wappen des Prince of Wales	
Welsh Regiment (41/69)	weiß	Drachen am Feldrock Wappen des Prince of Wales	
Black Watch (Royal Highlanders) (42/73)	blau	St. Andreas auf liegendem Kreuz	Federmütze mit gewürfeltem Band, roter Stutz links, Doublet, Kilt
Oxfordshire and Buckinghamshire Light Infantry (43/52)	weiß	Horn im Lorbeerkranz auf Uniformknopf, blindes gesticktes Knopfloch	Helm dunkelgrün
Essex Regiment (44/56)	weiß	Wappenschild	
Sherwood Forcesters (Notts and Derby Regiment) (45/95)	weiß	liegender Hirsch auf Malteserkreuz	
Loyal North Lancashire Regiment (47/81)	weiß	Wappen der Stadt Lincoln	
Northamptonshire Regiment (48/58)	weiß	St. Georgskreuz im Lorbeerkranz. Am Feldrock Schloß	
Princess Charlotte of Wales's (Royal Berkshire Regiment) (49/66)	blau	Drachen	
Queen's Own (Royal West Kent Regiment) (50/97)	blau	Krone mit Löwen darüber	
King's Own (Yorkshire Light Infantry) (51/105)	blau	Jagdhorn mit Rose in der Mitte	Helm dunkelgrün
King's (Shropshire Light Infantry) (53/85)	blau	Jagdhorn	Helm dunkelgrün
Duke of Cambridge's Own (Middlesex Regiment) (57/77)	zitronengelb	Wappen des Prince of Wales im Lorbeerkranz	
King's Royal Rifle Corps (60)	rot	am Rock kein Badge, an der Feldmütze Malteserkreuz mit Krone in Bronze	weiche schwarze Fellmütze mit schwarz-rotem Stutz vor, Rock und Hose dunkelgrün, Offiziere Attila mit schwarzer Verschnürung

Linie, Rock wie Garde, Aufschläge spitz, Offiziere mit goldener Tresseneinfassung, Knöpfe gelb, Hose dunkelblau mit rotem Vorstoß	Abzeichenfarbe	Badge	Besonderheiten
Duke of Edinburgh's (Wiltshire Regiment) (62/99)	lederfarben	Monogramm auf gekrönt. Malteserkreuz	
Manchester Regiment (63/96)	weiß	Sphinx, am Feldrock Wappen von Manchester	
Prince of Wales's (North Staffordshire Regiment) (64/98)	weiß	Tauknoten	
York and Lancaster Regiment (65/84)	weiß	Tiger mit Rose darüber	
Durham Light Infantry (68/106)	dunkelgrün	Jagdhorn	Helm dunkelgrün
Highland Light Infantry (71/74)	lederfarben	Jagdhorn mit HLI Krone und Elefant auf achtstrahligem Balkenstern	dunkelblauer Tschako mit gewürfeltem Band, Doublet, Trews
Seaforth Highlanders (Rossshire Buffs, The Duke of Albany's) (72/78)	lederfarben	gekröntes L und Elefant nebeneinander, auf Feldrock Hirschkopf	Federmütze, weißer Stutz links, Doublet, Trews
Gordon Highlanders (72/92)	gelb	Tiger, auf Feldrock Schild mit gekröntem Hirschkopf	Federmütze, weißer Stutz links, Doublet, Kilt
Queen's Own Cameron Highlanders (79)	blau	Distel mit Krone, am Feldrock St. Andreas mit Kreuz im Distelkranz	Federmütze, weißer Stutz links, Doublet, Kilt
Royal Irish Rifles (83/86) s. 1922 Royal Ulster Rifles	dunkelgrün	Am Feldrock Harfe und Krone	schwarze Fellmütze, dunkelgrün-schwarzer Stutz vorn, Rock und Hose dunkelgrün, Knöpfe schwarz, Offiziere Attila
Princess Victoria's (Royal Irish Fusiliers (87/89)	blau	nebeneinander Krone mit 3 Straußenfedern und fl. Granate. Am Feldrock nur letztere	Pelzmütze, grüner Stutz links
Connaught Rangers (88/94)	grün	Elefant, am Feldrock Krone und Harfe	
Princess Louise's (Argyll and Sutherland Highlanders) (91/93)	gelb	Bärenkopf und Katze in Myrten- und Ginsterkränzen	Federmütze, weißer Stutz links, Doublet, Kilt
Prince of Wales's Leinster Regiment (Royal Canadians) (100/109) 1922 aufgelöst	blau	Wappen des Prince of Wales	
Royal Munster Fusiliers (101/104) 1922 aufgelöst	blau	flammende Granate	Pelzmütze, grünweißer Stutz links
Royal Dublin Fusiliers (102/103) 1922 aufgelöst	blau	flammende Granate	Pelzmütze, grünblauer Stutz links
Rifle Brigade (95)	schwarz	am Feldrock gekröntes Malteserkreuz im Lorbeerkranz	schwarze Fellmütze mit schwarzem Stutz, Rock und Hose dunkelgrün, Offiziere Attila mit schwarzer Verschnürung

Für den Felddienst und in den Kolonien wurde schon seit den 70er Jahren eine leichte Litewka mit aufgesetzten Taschen getragen, bei der die Abzeichenfarbe auf die Achselklappen oder den Kragen allein beschränkt war. Dazu ein weißer, später kakifarbener Tropenhelm. Seit Mitte der 70er Jahre setzt sich, besonders gefördert durch die Erfahrungen in den Burenkriegen, eine kakifarbene Felduniform durch, die 1901 als einzige Dienstuniform eingeführt wird, während die farbige Uniform auf Parade- und Ausgangszwecke beschränkt bleibt (Abb. 35 a). Die Felduniform hat sich fast unverändert bis 1937 erhalten und zeichnet sich besonders durch das Fehlen jeglicher farbiger

Abb. 31. Großbritannien. Garde-Reiterei.
a, d, f Life Guards – b, e Offizier der Life Guards – c Offizier der Horse Guards – g Horse Guards

Abzeichen aus. Die Regimentsbezeichnung findet nur durch das Regimentsabzeichen auf den Kragenecken, s. Schema, und über dem Tuchschirm der Tellermütze sowie durch die abgekürzte Buchstabenbezeichnung auf den Mannschaftsachselklappen statt. Die Knöpfe und Abzeichen sind mattbronze, für Schützenregimenter schwarz, Koppel, Patronentaschen und Tragriemen werden aus grüngrauem Webstoff hergestellt (Abb. 35c). Nach dem I. Weltkrieg erhalten die unberittenen Truppen Pumphosen. Die Stiefel sind naturfarben, die Wickelgamaschen kaki. Die berittenen Truppen trugen zunächst die Patronentasche in Bandolierform (Abb. 35 d). Offiziere braunes Lederzeug mit Schulterriemen und seit dem I. Weltkrieg Feldrock in Jackettform mit gleichfarbigen spitzen Aufschlägen, dazu Kakihemd und Langbinder. Die Schottenregimenter, deren Feldrock vorn abgerundet ist, trugen noch bis in den Krieg hinein die dunkelblaue Schottenmütze und den farbigen Kilt, der später durch einen kakifarbenen Umhang verdeckt wurde (Abb. 35 e). Die jetzige Feldmütze der Schottenregimenter ist eine Art Barett (tam o'shanter) (Abb. 35 h). Der auffallend flache, im I. Weltkrieg eingeführte Stahlhelm hat ebenfalls seine Form fast unverändert beibehalten (Abb. 35 f). Die im I. Weltkrieg aufgebotenen Kolonialtruppen waren ähnlich wie die Heimattruppen uniformiert. Die australischen Truppen trugen statt der Feldmütze meist einen breitkrempigen, einseitig aufgeschlagenen Hut (Abb. 35 g).

Seit dem I. Weltkrieg ist für die Linieninfanterie die farbige Uniform völlig abgeschafft und wird nur von Offizieren bei Hof und Hochzeiten getragen. Die Garde trägt weiterhin die alte Uniform im Wachtdienst. Als Ausgangsuniform für Unteroffiziere und Mannschaften ist ein einreihiges dunkelblaues, für Schützenregimenter dunkelgrünes Jackett und gleichfarbige Hose ohne farbige Abzeichen sowie die farbige Schirmmütze eingeführt (Abb. 35 l), welcher Anzug auch von Offizieren im kleinen Dienst getragen wird.

II. Kavallerie

Die Kavallerie zerfällt in folgende Abteilungen: 1) die *Garde-Reiterei* (Household Cavalry), bestehend aus dem 1. und 2. Regiment *Life Guards* und den *Royal Horse Guards;* 2. sieben Regimenter *Dragoon Guards,* welche zur Linien-Kavallerie gerechnet werden, und 3. einundzwanzig Regimenter der übrigen Linien-Kavallerie, teils als Dragoner, teils als Husaren und Ulanen formiert. Bei den zuletzt erwähnten Regimentern besteht ein eigentümliches Numerierungssystem. Anfänglich war nämlich die Kavallerie ziemlich schwer bewaffnet und beritten. Als sich im Laufe

Abb. 32. Großbritannien. Schwere Reiterei.
a, d, e, f, g, h, i Dragoner – b, c Dragoner-Offizier

der Zeit das Bedürfnis nach leichter Reiterei herausstellte, wurden einige Regimenter in leichte Dragoner umgewandelt, ohne daß sie ihre Nummern aufgaben. Ebenso geschah es später, daß verschiedene Truppenteile zu Husaren und Ulanen umgeformt wurden. So sind 1912 das 1., 2. und 6. Regiment Dragoner; das 3., 4., 7., 8., 10., 11., 13., 14., 15., 18., 19., 20. Husaren, das 5., 9., 12., 16., 17. und 21. Ulanen.

Die ursprüngliche Uniformfarbe der Kavallerie war Rot mit verschiedenfarbigen Abzeichen, nur die Horse Guards haben von Anfang an blaue Uniform getragen und führten darum schon 1690 den Namen *»The Oxford Blues«*. Die Life Guards hatte immer blaue Abzeichen mit reicher Goldverzierung. Eine Zeitlang war ihnen eine Abteilung reitender Grenadiere beigegeben, welche rote Grenadiermützen mit blauem, reichverziertem Vorderschild trugen. Die Trompeter hatten eine Art Heroldsrock von rotem Samt und reichem Goldbesatz; auf der Brust den königlichen Namenszug mit Krone. Sonst bildete die allgemeine Kopfbedeckung der Hut, dessen Formen je nach der Mode wechselten.

Lederzeug bei allen Regimentern naturfarben mit Ausnahme der Royal North British Dragoons (Scots Greys), die weißes hatten. Dies Regiment zeichnete sich auch durch die Grenadiermützen (Vorderschild und Beutel rot, Rand und Unterteil des Vorderschildes blau) aus. Seit etwa 1750 war die Farbenzusammenstellung an der Grenadiermütze umgekehrt. Besonders eigenartig war die Kopfbedeckung der leichten Abteilung dieses Regiments.

Die Schabracken zeigten eine sehr reiche Verzierung, sie wechselten häufig in Farbe und Ornamentierung.

1763 wurde eine Anzahl der Reiterregimenter zu leichten Dragonern umgeschaffen. Sie behielten die rote Uniform bei und bekamen als Kopfbedeckung eine Art Kaskett, wie sie in ähnlicher Form schon vorher bei den leichten Abteilungen der Regimenter getragen wurden (Abb. 33 a). 1784 führte man für die leichte Truppe blaue Uniformen ein. Das Kaskett der leichten Truppe wurde mit einer schwarzen Raupe geschmückt (Abb. 33 b, c). 1812 (Abb. 33 d) hatte das Kollett der leichten Truppe statt der früheren Husarenverschnürung Rabatten. Als Kopfbedeckung diente ein Tschako mit weißem, und rotem Stutz. Wir lassen hier eine Übersicht der Uniformen der gesamten Kavallerie im Jahre 1812 folgen:

Die *Garde-Kavallerie. Life Guards:* Rotes Kollett, vorn herunter zugehakt, mit gelben Tressen besetzt. Blaue Abzeichen. Helm mit gelben Beschlägen, Bügel und schwarzem Roßschweif, 1815 Raupe (Abb. 31 d). Weiß und roter Stutz.

Horse Guards: Blaue Kolletts mit roten Abzeichen und gelben Borten. Helm wie Life Guards.

Household Cavalry	Bandelierbesatz und Schabracke	
1. Troop of Horse Guards	rot	
2. Troop of Horse Guards	blaßrosa	
3. Troop of Horse Guards	gelb	
4. Troop of Horse Guards	blau	
1. Troop of Horse Grenadier Guards	blau	gelb u. rotgestr. Borte
2. Troop of Horse Grenadier Guards	blau	gelb und blaugestr. Borte

Regiment	Rock	Aufschläge	Hosen	Schabracken
Royal Reg. of Horse Guards	blau	rot	blau	rot
Kings own Reg. of Horse	rot	blau	blau	rot
Queens Reg. of Horse	rot	lederfarben	lederfarben	rot
4. Reg. of Horse	rot	weiß	rot	weiß
5. Reg. of Horse	rot	blau	blau	blau
6. Reg. of Horse	rot	grün	grün	rot
Kings Reg. of Carabiniers	rot	hellgelb	hellgelb	hellgelb
8. Reg. of Horse	rot	schwarz	lederfarben	lederfarben

Alle Dragoner-Regimenter rote Röcke, keine Rabatten.

Regiment	Hosen	Aufschläge u. Schöße	Schabracke
Royal Reg. of Dragoons	rot	blau	blau
Royal North British Dragoons	blau	blau	rot
Kings Reg. of Dragoons	hellblau	hellblau	rot
4. Reg. of Dragoons	grün	grün	grün
Royal Irish Reg. of Dragoons	blau	blau	blau
6. Reg. of Dragoon	rot	gelb	gelb
Queens Reg. of Dragoons	weiß	weiß	weiß
8. Reg. of Dragoons	pfirsichfarben	pfirsichfarben	pfirsichfarben
9. Reg. of Dragoons	hellgelb	hellgelb	hellgelb
10. Reg. of Dragoons	gelb	gelb	gelb
11. Reg. of Dragoons	rot	weiß	gelb
12. Reg. of Dragoons	rot	weiß	weiß
13. Reg. of Dragoons	grün	grün, Schöße, weiß	gelb
14. Reg. of Dragoons	weiß	hellgelb	hellgelb

Dragoon Guards: Kollett im Schnitt wie bei der Garde-Kavallerie. Helm mit gelben Beschlägen und schwarzem Haarschweif. Der farbige Kragen hat bei diesen Regimentern eine schmale Patte von der Grundfarbe des roten Kolletts.

Dragoons (Abb. 32e): Die Regimenter trugen dieselbe Uniform wie die Dragoon Guards, nur hat der Kragen keine rote Patte; dagegen bedeckt die Borte auch den vorderen Kragenrand. Der Helm ist derselbe wie vorher beschrieben, nur das 2. Regiment, die *Schottischen Grauen (Greys),* nach der Farbe der Pferde so genannt, trägt Pelzmützen.

Ein 5. Regiment gab es damals nicht. Noch zu bemerken ist, daß die Borte mit einem Streifen von der Abzeichenfarbe durchwirkt war. Die Schärpe zeigte zwei solcher Streifen. Die übrigen Regimenter, von 7 bis 25 zählend, werden als leichte Dragoner (Light Dragoons) aufgeführt, obwohl vier davon husarisch uniformiert waren. Wir scheiden dar-

Abb. 33. Großbritannien. Leichte Reiterei
a, b, c, d, e Leichte Dragoner – f, g, h Husaren – i Ulanen-Offizier – k Ulan

Name des Regiments	Kollett und Kragenpatte	Kragen und Aufschläge	Borten und Schärpe	Bortenbesatz der Offiziers-uniform
1. Kings	rot	blau	gelb	Gold
2. Queens	rot	schwarz	weiß	Silber
3. Prince of Wales	rot	weiß	gelb	Gold
4. Royal Irish	rot	blau	weiß	Silber
5. Pr. Charlotte of Wales	rot	grün	gelb	Gold
6. Carabiniers	rot	weiß	weiß	Silber
7. Pr. Royals	rot	schwarz	gelb	Gold

um diese letzteren bei unserer Uniformbeschreibung aus, um sie gesondert zu besprechen.

Die leichten Dragoner (Abb. 33 d) trugen blaues Kollett mit verschiedenfarbigen Kragen, spitzen Aufschlägen, Rabatten und Schoßumschlägen. Die Schärpe war von der Abzeichenfarbe, mit zwei dunkelblauen Streifen durchzogen. Epauletten und Tschakoborte richteten sich nach der Farbe der Knöpfe. Die Schabracke war von blauer Grundfarbe.

Name des Regiments	Kollett	Kragen und Aufschläge	Borten und Schärpe	Bortenbesatz der Offiziers-uniform
1. Royal	rot	blau	gelb	Gold
2. Royal North British (Greys)	rot	blau	gelb	Gold
3. King's own	rot	blau	gelb	Gold
4. Queen's own	rot	grün	weiß	Silber
5. Inniskillings	rot	gelb	gelb	Gold

Name des Regiments	Kollett	Abzeichen	Knöpfe
8. King's Royal	blau	rot	gelb
9. Light Dragoons	blau	karmesinrot	gelb
11. Light Dragoons	blau	hellgelb	weiß
12. Prince of Wales	blau	hochgelb	weiß
13. Light Dragoons	blau	hellgelb	gelb
14. Duchess of York's own	blau	orange	weiß
16. Queen's	blau	rot	weiß
17. Light Dragoons	blau	weiß	weiß
19. Light Dragoons	blau	hochgelb	gelb
20. Light Dragoons	blau	orange	gelb
21. Light Dragoons	blau	rosa	gelb
22. Light Dragoons	blau	rosa	weiß
23. Light Dragoons	blau	karmesinrot	weiß
24. Light Dragoons	blau	hellblau	gelb
25. Light Dragoons	blau	hellblau	weiß

Die *Husaren* (Abb. 33f) hatten sämtlich blaue Uniformen mit weißen Schnüren; Kragen und Aufschläge waren verschiedenfarbig. Als Kopfbedeckung eine Pelzmütze mit weißem, unten rotem Stutz. Der Beutel der Mütze war beim 18. Regiment blau, bei den übrigen rot.

Sämtliche Kavallerie-Regimenter trugen weiße Beinkleider in den Stiefeln, im Feld graue Überhosen mit farbigen Streifen.

In der Folgezeit blieb die Uniform im wesentlichen dieselbe. Bei den Dragonern wurde der mit Haarschweif verse-

Name des Regiments	Pelz und Dolman	Kragen und Aufschläge	Schärpe	Schabracke		
				Grund	Zackenrand	Vorstoß
7. Queen's own	blau	weiß	weiß u. blau	blau	weiß	–
10. Prince of Wales's own Royal	blau	rot	rot mit gelb	rot	rot	weiß
15. Kings's Hussars	blau	rot	rot mit gelb	blau	rot	–
18. Hussars	blau	weiß	weiß mit blau	blau	weiß	–

hene Helm durch einen solchen mit Raupe ersetzt, und zwar von ungeheurer Höhe (Abb. 32f). 1816 treten die ersten Ulanen auf. Diese Waffe wurde nach und nach vermehrt. Nach 1830 trug die gesamte Kavallerie eine Zeitlang rote Uniformen. Bei den Husaren bezieht sich das nur auf den Pelz; die Dolmans blieben blau. Die Husaren-Regimenter erhielten 1815 Tschakos an Stelle der Pelzmützen, die gegen 1850 wieder auftauchten und auch 1914 noch die charakteristische Kopfbedeckung bildeten. Die Uniform der leichten Dragoner blieb blau, der Tschako wurde mehrfach verändert. 1861 hörte die Waffe der leichten Dragoner gänzlich zu existieren auf. Die Dragoner und Dragoon Guards blieben rot uniformiert und nahmen nach dem Krimkrieg den Waffenrock an. Die Husaren erhielten statt des Dolmans einen Attila. Als Kopfbedeckung erhielten sie einen gelben Metallhelm. Die Garde-Kavallerie behielt die roten und blauen Uniformen bei. 1821 erhielt sie Kürasse, die seit den Zeiten Jakobs II. aus der englischen Armee verschwunden waren. Als Kopfbedeckung diente ein Metallhelm mit Raupe, später für die Life Guards eine Pelzmütze (Abb. 31e), darauf ein weißer Metallhelm. Die in dem folgenden Schema wiedergegebenen Abzeichen der englischen Kavallerie nach dem Stande von 1912 gelten mit geringen Abweichungen schon seit der Zeit von etwa 1860. Im allgemeinen ist vorauszuschicken, daß zur farbigen Uniform weißes Lederzeug und Stulphandschuhe, von den Offizieren Tressenbandelier und reichverzierte Kartusche getragen wurden. Als Dienstanzug der Mannschaft diente bis 1914 ein einreihiges Jackett ohne Schöße mit abzeichenfarbigem Kragen. Dazu wurde eine kleine runde, durch Kinnriemen gehaltene Mütze (Pillbox) getragen.

Garde-(Houshold-) Kavallerie einreihige Waffenröcke, weiße Kürassierhelme und Kürasse mit gelbem Beschlag, weiße Reithosen mit Kürassierstiefeln, lange dunkelblaue Hose mit rotem Besatz.

	Rock	Kragen Aufschl. Vorstöße	Helmbusch	Hosenbesatz	
1st Life Guards 2nd Life Guards, später nur 1 Rgt.	rot	dunkelblau	weiß	Lampassen	Kragen, Aufschläge und Achselklappen in Abzeichenfarbe mit gelber Litzeneinfassung. Offiziere reiche Goldstickerei. Am Feldrock später Kgl. Monogramm mit goldenen Kreis mit Krone darüber. Umhänge in Rockfarbe mit liegenden Kragen in Abzeichenfarbe.
Royal Horse Guards	dunkelblau	rot	rot	breiter Streif	

Schwere Reiter einreihige Waffenröcke mit Kragen, spitzen Aufschlägen und Vorstößen in Abzeichenfarbe, ungarischer Knoten aus gelber Schnur, gelber Kürassierhelm mit weißem Beschlag und Busch, dunkelblaue Hose mit breitem gelben Streifen.

	Rock	Abzeichen	Helmbusch	Regimentsabzeichen und besonderes
1st (King's) Dragoon Guards	rot	dunkelblau	rot	Doppeladler, später 8strahliger Stern m. Krone u. Monogramm
2nd Dragoon Guards (Queen's Bays)	rot	lederfarben	schwarz	„Bays“ in Lorbeerkranz mit Krone. Hosenstreifen weiß.
3rd (Prince of Wales's) Dragoon Guards (3rd Carabiniers)	rot	gelb	schwarz/rot	3 Straußfedern durch Krone gehalten (Wappen des Pr. of W.), später dasselbe auf gekreuzten Karabinern
4th (Royal Irish) Dragoon Guards (4/7th Dragoon Guards)	rot	dunkelblau	weiß	Stern d. Patrick Ordens
5th (Princess Charlotte of Wales's) Dragoon Guards (5th Inniskilling Dragoon Guards)	rot	dunkelgrün	rot/weiß	Springendes Pferd auf rundem, gekrönten Schild (später Schloß Inniskilling)
6th Dragoon Guards (Carabiniers) (jetzt vereinigt mit Nr. 3)	dunkelblau	weiß	weiß	Ovales gekröntes Schild auf 2 gekreuzten Karabinern, je zwei schmale weiße Hosenstreifen
7th (Princess Royal's Dragoon Guards (jetzt vereinigt mit Nr. 4)	rot	schwarz	schwarz/weiß	Aus einer Krone aufsteigender Löwe

Dragoner, Uniform wie oben, 2. Dragoner hohe Pelzmütze, Stutz links, die anderen weißen Helm mit gelbem Beschlag.

	Rock	Abzeichen	Helmbusch	Regimentsabzeichen (Badge) u. besonderes
1st (Royal) Dragoons	rot	dunkelblau	schwarz	fliegender Adler, am Feldrock Krone m. Löwen darüber.
2nd Dragoons (Royal Scots Greys)	rot	dunkelblau	weiß	liegende Granate, am Feldrock fliegender Adler
6th (Inniskilling) Dragoons (jetzt vereinigt mit 5th Dragoon Guards)	rot	hellgelb	grün	Schloß Inniskilling

Husaren dunkelblauer Attila mit gelber bzw. goldener Verschnürung, Hosen dunkelblau mit zwei schmalen gelben Streifen, schwarze Pelzmütze mit Stutz vorn und Beutel rechts, gelbe Fangschnüre.

	Stutz	Pelzmützenbeutel	besonderes	Abzeichen (Badge)
3rd (King's Own) Hussars	weiß	mittelblau	roter Kragen	Springendes Pferd
4th (Queen's Own) Hussars	rot	gelb	–	Ziffer IV in gekröntem Kreis
7th (Queen's Own) Hussars	weiß	rot	–	rundes gekrönt. Schild mit Monogr. Q. O.
8th (King's Royal Irish) Hussars	rot/weiß	rot	–	Harfe mit Krone darüber
10th (Prince of Wales's Own Royal) Hussars	schwarz/weiß	rot	–	Wappen des Pr. of Wales
11th (Prince Albert's Own) Hussars	karmin/weiß	karmin	karmin Hosen	Wappen des Prince Albert
13th Hussars (13/18th)	weiß	lederfarben	Kragen u. Hosenstreifen lederfarben	XIII in gekröntem Lorbeerkranz
14th (King's Hussars (14/20th)	weiß	gelb	–	der preußische Adler, später Krone mit Löwe darüber
15th (King's) Hussars (15/19)	rot	rot	–	Krone mit Löwen darüber u. XV K H darunter
18th (Victoria Mary, Princess of Wales's Own) Hussars	rot/weiß	blau	–	gekreuztes oval. Schild im Lorbeerkranz
19th (Queen Alexandra's Own Royal) Hussars	weiß	weiß	–	Kreuz des Danebrog, am Feldrock Elefant
20th Hussars	gelb	karmin	–	gekröntes H und Ziffer XX

Ulanen Ulanka mit Kragen, Rabatten, spitzen Aufschlägen und Nahtvorstößen in Abzeichenfarbe, dunkelblaue Hose mit je zwei schmalen gelben Streifen, Tschapka mit abzeichenfarbigen Rabatten und Busch (Abb. 33i, k); Paßgürtel gelb mit zwei karmin Längsstreifen, Offiziere goldene Tresseneinfassung an Kragen und Aufschlag.

	Ulanka	Abzeichen	Busch	Regimentsabzeichen und besonderes
5th (Royal Irish) Lancers	dunkelblau	rot	grün	Ziffer 5 im Kreis auf gekreutzen Lanzen
9th (Queen's Own) Lancers	dunkelblau	rot	schwarz/weiß	gekrönte 9 auf gekreuzten Lanzen. Tschapkarabatten blau
12th (Prince of Wales's Royal) Lancers	dunkelblau	rot	rot	3 Straußenfedern mit Krone darüber und XII darunter auf gekreuzten Lanzen
16th (The Queen's) Lancers (16/5th)	rot	dunkelblau	schwarz	gekrönte 16 auf gekreuzten Lanzen
17th (Duke of Cambridge's Own) Lancers (17/21th)	dunkelblau	weiß	weiß	Totenkopf über gekreuzten Knochen; Hosenstreifen weiß
21st (Empress of India's) Lancers (war bis 1881 Husarenregiment)	dunkelblau	hellblau	weiß	gekröntes Monogramm V. R. I. mit XXI darunter auf gekreuzten Lanzen

Abb. 34. Großbritannien. Artillerie, Genie, Generalität.
a, d, g Artillerie-Offiziere – b, f, h Artilleristen – c, e, i Reitende Artillerie – k Geniesoldat (Royal Engineers) – l, m Generale

Die Felduniform unterscheidet sich von der Infanterieuniform nur durch das abweichende Regimentsabzeichen (siehe Schema). Die farbige Uniform ist auch hier für die Linienregimenter offiziell abgeschafft. Nach dem I. Weltkrieg hat eine Zusammenlegung der Kavallerieregimenter in erheblichem Ausmaß stattgefunden, die zusammengelegten Regimenter tragen jedoch die Doppelbezeichnung der alten Regimenter weiter.

III. Artillerie, Genie, Generalität

Die traditionelle Farbzusammenstellung der englischen Artillerie ist blau mit rot und gelb. Der Schnitt folgte den Wandelungen der Infanterie-Uniformen. Die *reitende Artillerie,* 1793 errichtet, wurde im Stil der leichten Dragoner uniformiert, d. h. sie erhielt eine mit Schnüren besetzte Jacke, weiße Beinkleider, in den Stiefeln getragen, und einen Raupenhelm. Die Jacke war blau, Kragen und Aufschläge rot, Verschnürung gelb. Satteluntерlegedecke und Mantelsack waren blau. Der Säbel wurde an einem Bandelier mit Schleppriemen getragen (Abb. 34 c). In dieser Uniform focht die reitende Artillerie bei Waterloo. Die *Fußartillerie* trug Rock und Kopfbedeckung wie die Linie. Der blaue Rock hatte rote Kragen, Aufschläge, Achselklappen und Schoßumschläge, gelbe Litzen und Vorstöße. Weiße Beinkleider in schwarzen Gamaschen (Abb. 34 b).

Nach den Befreiungskriegen wurden hellblaue, 1846 dunkelblaue Hosen mit breiten roten Streifen eingeführt. Nach dem Krimkrieg dunkelblauer Waffenrock, mit gelber Schnur eingefaßter roter Kragen und rote Vorstöße, über den spitzen dunkelblauen Aufschlägen ungarischer Knoten aus gelber Schnur, grundfarbene Achselklappen mit rotem Vorstoß. Die Entwicklung der Kopfbedeckung folgt der der Infanterie mit der Abweichung, daß von 1856 bis 1881 eine niedrige schwarze Pelzmütze mit rotem Beutel und weißem Stutz getragen wurde. Seit 1881 am Kragen das Waffenabzeichen, gelbe flammende Granate, blauer Tuchhelm mit Kugelspitze. Die Schirmmütze, seit 1901, erhielt dunkelblauen Deckel mit rotem Besatzstreifen. Die reitende Artillerie (Royal Horse Artillerys) trug seit 1815 (Abb. 34 e, i) bis zum I. Weltkrieg dunkelblaue Dolman und zunächst hellblaue, später dunkelblaue Hose, Aufschläge von der Grundfarbe, Kragen und Hosenstreifen rot, enge gelbe bzw. goldene Verschnürung und ungarischen Knoten auf dem Arm. Am Kragen seit 1881 die liegende flammende Granate. Seit 1837 Pelzmütze mit rotem Beutel, weißen Stutz und gelbe Fangschnüre. Die kakifarbene Felduniform ist bis auf das Waffenabzeichen der der Infanterie gleich.

Die farbigen Uniformen der Genietruppen (Royal Engineers) waren stets der Infanterie gleich, jedoch mit Kragen und Aufschlag aus königsblauem Samt; gelbe Vorstöße und

Abb. 35. Großbritannien 1900–1936.
a Infanterist, Tropenuniform – b Inf.-Sergeant – c Inf., Felduniform – d Kavallerie, Felduniform – e Hochländer-Offizier, Felduniform – f Infanterist (Kanada) Felduniform – g Infanterist (Australien), Felduniform – h Hochländer, Felduniform – i Welsh-Garde. Offizier, Parade – k Offizier, Gesellschaftsanzug – l Infanterist, Ausgehanzug

gleichfarbiger ungarischer Knoten. Tuchhelm wie Infanterie. Kragenwaffenabzeichen liegende flammende Granate, ebenso zur Felduniform. Der seit 1888 neu organisierte Train (Royal Army Service Corps) erhielt Artilleriehelm, dunkelblauen Waffenrock mit weißem Kragen und Vorstößen, weißen ungarischen Knoten auf den Armen, blaue Hose mit zwei schmalen weißen Seitenstreifen. Kragenabzeichen achtstrahliger gekrönter Stern mit Monogramm RASC. Die nach dem I. Weltkrieg geschaffenen neuen technischen Waffen haben folgende Abzeichen: Nachrichtentruppe (Royal Corps of Signals) Merkur mit Krone darüber an Kragen und Mütze. Panzertruppe (Royal Tank Corps) Tank in gekröntem Lorbeerkranz am Kragen, ein gestickter Tank auf dem rechten Oberarm, schwarzes Barett mit Badge links, zur Parade mit grün-rot-braunem Stutz.

Die Uniform der Generale war stets von roter Grundfarbe mit blauem, mit reicher goldener Eichenlaubstickerei bedeckten Kragen und Aufschlägen, im Schnitt dem Zeitgeschmack entsprechend. Der Waffenrock hat hierzu weiße Vorstöße und französische Aufschläge. Als Interimsuniform doppelreihiger dunkelblauer Überrock mit Kragen und rundem Aufschlag aus blauem Samt. Die Schärpe der Generale ist von karminroter Seide, mit Gold durchzogen. Dazu Hut mit weiß und rotem Federbusch und goldener Agraffe. Schirmmütze dunkelblau mit rotem Deckelvorstoß, gleichfarbigem Besatzstreifen und doppelter goldener Eichenlaubstickerei auf dem Schirmrand, zur Felduniform mit kakifarbenem Überzug. Diese unterscheidet sich von der Offiziersuniform nur durch rote, hinten spitze Kragenpatten mit kleinem Knopf in der Ecke und schmaler goldener Eichenlaubstickerei längs der Mitte der Patte. Die Uniform der Generalstabsoffiziere und der höheren Adjutantur war stets der Generalsuniform angeglichen unter Ersatz der Eichenlaubstickerei durch Goldtresse. Der schwarze Hut trägt einen weiß-roten Federstutz. Nach Einführung des Waffenrockes erhielten die Generalstabsoffiziere einen roten Attila mit dunkelblauem Kragen und spitzen Aufschlägen sowie goldene Brust- und Armverschnürung. Dazu dunkelblaue Hose mit breitem roten Streif. Zur kleinen Uniform dunkelblauer Überrock mit reicher schwarzer Bandverschnürung. Zur Felduniform rote Kragenpatte mit kleinem Knopf und karminroter Seidenschnur längs der Pattenmitte.

Die Rangabzeichen der Unteroffiziere sind seit 130 Jahren fast unverändert geblieben, sie bestehen aus 1 bis 4 nach oben offenen weißen bzw. goldenen Winkeltressen, zunächst nur auf dem rechten Oberarm, später auf beiden Armen. Höhere Unteroffiziersgrade Krone darüber. Für die zwischen dem Offizier und Unteroffizier stehenden bestallten Offiziere seit Ende des vorigen Jahrhunderts Krone bzw. Staatswappen in Gold auf beiden Unterarmen. Zur

Felduniform sind die Winkeltressen aus kakifarbener Litze. Die Rangabzeichen für die Stabsoffiziere wurden bereits Ende des 18. Jahrhunderts eingeführt und bestanden aus einem Stern, Krone, sowie Krone und Stern in gewechselter Metallfarbe auf den bis 1855 getragenen Epauletten. Nach Einführung des Waffenrocks werden die gleichen Rangabzeichen auf den Kragenenden befestigt, auch bei Subalternoffizieren. Seit 1881 werden die Rangabzeichen geändert und in Silber auf goldgeflochtenen, bei Schützen schwarzen Schulterstücken getragen, zur Felduniform mattgold zunächst auf den mit Kakitresse eingefaßten Aufschlagpatten, seit etwa 1915 auf den grundfarbenen spitzen Achselklappen. Subalternoffiziere 1 bis 3 Sterne, Major Krone, Oberstleutnant Krone und Stern, Oberst Krone und zwei Sterne, Brigadier Krone und drei Sterne. Die goldgeflochtenen Achselstücke der Generale werden nach der Schulter zu breiter, ihre Abzeichen sind ein gekreuzter Kommandostab und Degen. Hierzu Generalmajor 1 Stern, Generalleutnant Krone, General Krone und Stern. Die Feldmarschälle zwei gekreuzte Kommandostäbe im Eichenlaubkranz mit Krone darüber. Das Mützenabzeichen der Generale ist ein gekreuzter Degen und ein Kommandostab im Eichenlaubkranz mit Krone darüber. Die Offiziere des englischen Heeres tragen zum Essen im Kasino (Mess) und bei gesellschaftlichen Veranstaltungen einen besonderen Gesellschaftsanzug, von dem ein Beispiel in Abb. 35k gegeben wird. Jackett meist aus Grundfarbe der Friedensuniform mit Kragen und Aufschlägen in Abzeichenfarbe.

Abb. 36. Irland.
a Freikorps – b Artillerie-Hauptmann

Irland

Die Uniformen des irischen Heeres sind erwachsen aus der Bekleidung der irischen Freiheitskämpfer (Irish Volunteer Force) von 1916–1921. Die Felduniform des aktiven Heeres und der Reserve ist im Schnitt für alle Waffen gleich. Sie besteht aus kakifarbenem Stoff mit stark grünlichem Einschlag. Feldrock mit je 2 Brust- und Seitentaschen und geschweiften Patten mit Knopf, für Offiziere aufgesetzt, eine Reihe von 5 gelben Knöpfen (Prägung Harfe und I. V.), spitze Achselklappen sowie Stehkragen. Tellermütze mit Stoffschirm, braunledernem Kinnriemen und im Rand versteiftem Deckel, Kavallerie weiches, nach rechts fallendes Barett, Stahlhelm deutschen Musters. Mantel mit Rollumschlägen, Achselklappen, breitem Kragen und 2 nach unten enger werdenden Knopfreihen. Das Lederzeug der Offiziere und der berittenen Truppen (Bandelier mit Patronentaschen auf der Brust von der linken Schulter), die Gamaschen und das Schuhzeug sind braun, die Gürtelrüstung der unberittenen Truppen aus grüngrauem Webstoff. Gemeinsames Heeresabzeichen ist ein auf flammender Sonne aufgelegter achtstrahliger Stern mit dem Monogramm FF in einem Kreis. (Fianna Fail: Schicksalsheer). Es wird von Generalen in Goldstickerei, sonst in Bronze auf dem Besatzstreifen der Mütze, bei der Kavallerie an der linken Barettseite getragen. Die Waffenbezeichnung erfolgt durch mattgoldene Abzeichen in den Kragenecken von Rock und Mantel, s. Schema. Rangbezeichnung der Unteroffiziere und Manschaften durch 1–3 rote Winkeltressen an beiden Oberarmen, bei den höheren Graden mit kleinem Heeresabzeichen in Bronze darüber. Offiziersabzeichen auf den Achselklappen, Subalternoffiziere 1–3 Querbalken, Major und Generalmajor 1 Balken und 1 Rhombus darüber, Oberstleutnant 1 Balken und 2 Rhomben, Generalleutnant 2 Rhomben; Oberst und General 3 Rhomben, für Generale in Goldstickerei, sonst in Bronze auf farbiger, Vorstoß bildender Unterlage, Generale und Generalstab rot, Truppenstäbe blau, Infanterie purpur, alle übrigen zitronengelb. Generale und Oberste haben schwarzledernen Mützenschirm mit goldener Randeinfassung aus Eichenlaub bzw. glatter Tresse (Abb. 36b).
1935 ist, vorerst nur für Offiziere und Musikzüge, eine farbige Gala- und Paradeuniform zur Einführung gelangt. Einreihiger Waffenrock, für berittene Truppen zweireihig

im Ulankaschnitt, mit abzeichenfarbigem Stehkragen und dreiknöpfigen Aufschlagpatten. Der Kragen hat Außenrandeinfassung mit breiter Tresse und das gestickte Waffenabzeichen in der Ecke, die geflochtenen Achselstücke tragen die Rangabzeichen, alle Metallteile sind in Knopffarbe. Lange Hose mit einem, berittene Truppen zwei breiten Streifen. Konischer Tschako, Rumpf mit Waffenrocktuch, Deckel und obere Randeinfassung mit abzeichenfarbigem Tuch bedeckt, über dem schwarzen Lackschirm das knopffarbige Heeresabzeichen. Hierzu wird ein schwarzer, abzeichenfarbig gefütterter Umhang mit schwarzem Samtkragen getragen. Alles nähere s. Schema.

Truppenteil	Rock und Hose	Abzeichen- u. Knopffarbe	Waffenabzeichen am Kragen
unberitten			
Infanterie	dunkelblau	rot, silber	gekreuzte Gewehre, Batl.-Nr. darunter
Genie	schwarz	rot, silber	Meßgerät über Halbmond
Nachrichten	schwarz	grün, gold	Merkur auf 12strahligem Stern
Musik	dunkelblau	rot, gold	auf Lyra aufgelegte Harfe
beritten			
Kavallerie	schwarz	rot, silber	Küraß auf Säbel und Karabiner
Artillerie	dunkelblau	rot, gold	Hibernia auf einer Kanone sitzend
Fahrtruppe	dunkelblau	rot, silber	antiker Kriegswagen auf rund. Schild
Generale	schwarz	rot, gold	am Feldrock und Mantel rote Kragenpatte mit Goldschnur längs der Mitte

Die Artillerie hat für Staatseskorten usw. noch eine blaue Husarenuniform mit safrangelber Verschnürung, schwarzem Lederzeug und Pelzmütze.
Bei den Freiwilligenverbänden ist das Grundtuch grüngrau, der Stehumlegekragen, die Aufschläge und der Umschlag der statt der Schirmmütze getragenen bootsmäßigen Feldmütze dunkelgrün. Knöpfe, Heeres-, Waffen- und Offiziersrangabzeichen sind silbern, das Lederzeug, auch bei unberittenen Truppen sowie das Schuhzeug sind schwarz (Abb. 36 a).

Italien

Königreich Sardinien

(Kokarde kornblumenblau)

I. Haustruppen

Die ältesten Gardetruppen sind die *Gardes du Corps,* deren Spuren sich unter dem Namen Compagnia Archieri Guardia bis in das 16. Jahrhundert verfolgen lassen. 1707 wird die Truppe als Gentiluomini Archieri Savojardi (Adelige Hartschiere von Savoyen) erwähnt. Als Guardie del Corpo trug die (Kürassier-)Kompanie 1685 einen silberbortierten Hut mit roten und blauen Federn, schwarzes Halstuch, blanken Brustharnisch mit roten, weiß vorgestoßenen Manschetten. Lederkoller mit rotem Futter, roten, silberbesetzten Aufschlägen und gelben Knöpfen. Fahlledernes Bandelier. Rote, silberbesetzte Weste, rote Hosen und Stulpstiefel. 1745 wurde ein goldbortierter Hut, weiße Halsbinde, roter, goldbesetzter Rock mit hellblauen Aufschlägen und Schoßumschlägen getragen. Weste und Beinkleider hellblau, rote Hosen. Das Karabinerbandelier war hellblau mit Goldbesatz. Dieselbe Farbzusammenstellung zeigte die Schabracke. 1774 hat die Uniform den zeitgemäßen knappen Schnitt, dunkelblau mit Goldlitzen, rote Kragen, Aufschläge und Schoßfutter. Hut mit Goldborte, mattgelbe Unterkleider. Die Weste mit Goldbesatz. Rotes, goldbesetztes Bandelier, Stulpstiefel mit Anschnallsporen, Degen, Hellebarde mit blauem Quast und dicht mit gelben Nägelköpfen besetztem Schaft. 1816 dieselbe Farbzusammenstellung, nur veränderter Schnitt. Dazu goldene Epauletten, Hut mit himmelblauem Stutz. 1832 Hut mit Hahnenfederbusch, dunkelblauer Frack und Hosen, zwei silberne Litzen auf Kragen und Aufschlägen; Schoßumschläge und Hosenstreifen rot, weiße Knöpfe, himmelblaue Schärpe, silbernes Bandelier. 1844 Waffenrock in derselben Farbe wie vorher der Frack.

a b c d e f g h i

Abb. 37. Sardinien. Infanterie.
a, b, c, d, e, f, g Linien-Infanterie – i Infanterie-Offizier – h Bersagliere

Archibusieri Guardie. 1713 Hut mit Goldborte und weißer Plümage, weißes Halstuch, roter Rock mit weißem Futter, gelben Knöpfen und Goldbesatz; Aufschläge, Weste, Hosen, Strümpfe und Schärpe himmelblau, letztere mit goldenen Quasten. Bandelier himmelblau mit Gold. In der Partisanenspitze den verschlungenen Namenszug V. A. (Vittorio Amadeo II.), Quaste gelb. 1775 bestand die Uniform aus einem goldbortierten Hut ohne Plümage, dunkelblauem Rock mit Goldlitzen, rotem Kragen und litzenbesetzten Aufschlägen. Rote Weste, blaue Hosen, weiße Strümpfe. Rotes Bandelier mit Goldbesatz. 1816 goldbortierter Hut, dunkelblauer Frack mit rotem Kragen und Aufschlägen sowie Schoßumschlägen. Goldener Litzenbesatz auf der Brust, dunkelblaue Hosen in niedrigen Stiefeln. Kleine Kartusche am Koppel vor dem Leib. Bandelier wie vorher, Degen und Gewehr. 1832 als *Guardie del Reale Palazzo:* quergesetzter Hut mit breiter Goldagraffe, zweireihiger Frack mit roten Kragen, Aufschlägen und Schoßfutter. Eine gelbe Litze am Kragen und auf dem Aufschlag. Gelbe Knöpfe und Epauletten ohne Fransen. Dunkelblaue Hosen mit roten Streifen, goldenes Kartuschbandelier mit silbernen Beschlägen, Degen und Bajonettgewehr. 1844 Waffenrock.

Hellebardiere (Allabardieri Guardie) 1719–1744, in der Farbe ganz ähnlich wie Archibusieri Guardie, nur keine Plümage um Hut und keine Schärpe, Litzenbesatz aus Silber, Hellebarde mit roter Quaste.

Die *Schweizergarde* (Guardia Swizzera) 1816 wie die Archibusieri Guardie, ohne Hutborte, mit weißen Beinkleidern und silbernen Epauletten.

Das 1814 errichtete Korps der *Carabinieri Reali* hatte Hüte mit schwarzer Borte und Silberagraffe, dunkelblaue einreihige Fracks mit roten Schoßumschlägen, himmelblaue Kragenpatten und polnische Aufschläge, beides mit je einer weißen Litze. Himmelblaue Fransenepauletten mit weißen Halbmonden. Weiße Knöpfe und ebensolches gekreuztes Lederzeug, schwarze Gamaschen bis unter das Knie. Die berittenen Karabiniers zeichneten sich durch einen himmelblauen Stutz und weiße Epauletten aus: Karabiner und Kartuschbandelier untereinander getragen, gelbe Granate auf der Kartusche, Kniestiefel. 1832 herabhängender Federbusch, oben rot, unten himmelblau. Zwei weiße Litzen am Kragen und zwei ebensolche auf dem jetzt dunkelblauen Aufschlag. Die himmelblauen Kragenpatten sind weggefallen. Weiße Epauletten und Achselschnüre. Lange blaue Beinkleider mit zwei roten Streifen. Diese Uniform gilt sowohl für die berittenen wie für die unberittenen Karabiniers.

II. Infanterie

Im allgemeinen herrscht bis etwa 1770 der weite Schnitt der Uniform, wie er in Frankreich üblich war, vor. Die Grundfarbe war bis in die fünfziger Jahre des vorigen Jahrhunderts vorherrschend Weiß; in dieser Periode tritt die blaue Grundfarbe auf, die noch heute in der italienischen Armee die herrschende ist. Im besonderen folgendes:
Auf einer Abbildung von 1659 (?) trägt die Grenadiergarde einen blauen, rot umschlagenen Rock, rote Unterkleider mit gelben Knöpfen. Um die Wende des 17. zum 18. Jahrhundert trägt die Linieninfanterie einen weißen, weiten Rock, rote Halstücher, Aufschläge, Kamisol und Hosen in der Regimentsfarbe, weiße Strümpfe und gold- oder silberbesetzten Hut (Abb. 37 a). Das Regiment *della Marina* rote Röcke mit grünen Aufschlägen, grüne Unterkleider, weißes Futter und gelbe Knöpfe. Die Patronentaschenbandeliere von Fahlleder waren vorn mit einer großen Schnalle verziert. Abbildungen von 1744 zeigen noch die gleichen Farbzusammenstellungen, nur hat sich der Schnitt der Zeit entsprechend geändert. Um 1758 ist die ganze Infanterie dunkelblau gekleidet (Abb. 37 b).

Die Unterscheidungszeichen sind folgende:

Name des Regiments	Hutborte	Kragen, Aufschläge, Rabatten Schoßfutter	Weste und Hosen	Knöpfe	Bemerkungen
Grenadier-Garde	weiß	rot	rot	weiß	Weiße Litzen auf Rabatten, Aufschlägen und Weste
Savoia	weiß	weiß	dunkelblau	gelb	–
Piemonte	weiß	rot	rot	weiß	–
Aosta	gelb	rot	rot	gelb	–
Della Marina	weiß	gelblichweiß	dunkelblau	gelb	–
La Regina	weiß	rot	dunkelblau	gelb	Weiß ausgenähte Knopflöcher auf Rabatten und Aufschlägen
Sardegna	weiß	hellgelb	hellgelb	gelb	–

Säbel wurden nur von der Grenadier-Garde geführt, im übrigen Bajonett in Scheide. Die Patronentaschen waren rot eingefaßt. Durchgängig weiße Gamaschen. 1775 erhält die Grenadier-Garde Bärenmützen. Die Unterkleider erscheinen 1787 durchgängig weiß oder gelblich weiß (Abb. 37 c). Seitdem machte die Uniform die durch die Mode bedingten Änderungen im Schnitt mit, ohne sich wesentlich zu ändern. 1803 wird ein einreihiger, vorn rund ausgeschnittener, frackartiger Rock eingeführt. Dazu blaue Beinkleider und schwarze Gamaschen sowie ein Helm mit gelbem Beschlagschild und himmelblauer Raupe, für welchen wohl das damalige österreichische Kaskett das Vorbild abgegeben hat, wie überhaupt der Schnitt dem der österreichischen Uniformierung sehr ähnlich ist. 1814 erscheint die gesamte Infanterie derartig gekleidet (Abb. 37 d). Die Achselklappen waren dunkelblau, das weiße Lederzeug gekreuzt, bei den Grenadieren mit messingnem Luntenberger versehen. Die Grenadiere trugen Pelzmützen.

1814:

Name des Regiments	Kragen und Aufschläge	Schoß-umschläge	Knöpfe	Bemerkungen
Grenadier-Garde	rot	rot	weiß	Neun weiße Litzen auf der Brust und drei über jedem Aufschlage
Savoia	schwarz	rot	gelb	–
Piemonte	rot	rot	gelb	–
Aosta	dunkelrot	gelb	weiß	–
Cuneo	karmesinrot	weiß	weiß	–
La Regina	weiß	dunkelrot	weiß	–
Sardegna	rot	rot	weiß	Litzen ohne Quasten, wie bei der Grenadiergarde verteilt

1821 wird der Raupenhelm durch einen Tschako ersetzt (Abb. 37e). Letzterer hatte gelbe Schuppenketten und vorn ein herzförmiges gelbes Schild mit einem Adler, der auf der Brust das Hauswappen von Savoyen trug. Kurzer Stutz, oben blau, unten rot. Weiße Beinkleider, graubraune Mäntel. Um 1833 wird die Form des Tschakos verändert. Auch die Grenadiere erhalten solche, dazu rote Achselwülste, während die Voltigeure mit grünen ausgestattet sind. Um diese Zeit hat die Infanterie graue Hosen mit farbiger Biese, 1839 dunkelblaue, ebenfalls mit Biese (Abb. 37f). Eine durchgreifende Änderung vollzog sich 1843–44. Der Frack wurde durch den zweireihigen Waffenrock ersetzt, die Knöpfe durchgängig weiß. Die Füsilier-Kompanien erhielten ebenfalls Achselwülste, und zwar von der dunkelblauen Grundfarbe des Rockes. Die Elite-Kompanien behalten die roten oder grünen. Der Tschako neueren Modells hatte vorn ein Schild mit der Regimentsnummer (Abb. 37g), bei den Eliten Granate oder Jägerhorn. Das gekreuzte Lederzeug wurde abgeschafft. Faschinenmesser und Bajonettscheide am Koppel um den Leib getragen; das Lederzeug schwarz, nur für die Grenadier-Garde und die Gardejäger weiß.

1844:

Bezeichnung der Truppe	Kragen und Aufschläge	Vorstöße	Bemerkungen
Grenadier-Garde (Granatieri Guardie)	rot	rot	Pelzmütze mit gelber Granate und roten Behängen, weiße Litzen am Kragen und auf dem Aufschlag; rote Schulterwülste
Brigata Savoia 1. und 2. Inf.-Regiment	schwarz mit rotem Vorstoß	rot	
Brigata Piemonte 3. und 4. Inf.-Regiment	rot	rot	
Brigata Aosta 5. und 6. Inf.-Regiment	rot	dunkelrot	
Brigata Cuneo 7. und 8. Inf.-Regiment	karmesin	karmesin	–
Brigata la Regina 9. und 10. Inf.-Regiment	weiß	weiß	–
Garde-Jäger (Cacciatori Guardie, früher Regt. Sardegna)	rot	rot	Tschako mit herabhängendem Busch, oben rot, unten weiß. Weiße Litzen am Kragen u. Aufschlag, grüne Schulterwülste
Brigata Casale 11. und 12. Inf.-Regiment	hellgelb	hellgelb	
Brigata Pinerolo 13. und 14. Inf.-Regiment	schwarz, Kragen vorn und unten und Aufschlag oben mit Vorstoß	rot	
Brigata Savona 15. und 16. Inf.-Regiment	weiß	rot	–
Brigata Acqui 17. und 18. Inf.-Regiment	dunkelgelb	dunkelgelb	–

Die *Bersaglieri,* die 1836 errichtet wurden, erhielten eine Uniform im Schnitt der Linieninfanterie, dunkelblau, Kragen und Aufschläge karmin, gelbe Knöpfe; dazu den bekannten Hut mit Hahnenfederbusch. Anfang der fünfziger Jahre erhielt der Waffenrock eine Knopfreihe, die Schulterwülste wurden abgeschafft und ein neues Tschakomodell ausgegeben. So war die Uniform, als Sardinien 1860 die Führung über Italien übernahm.

III. Reiterei

Gegen Ende des 17. Jahrhunderts erscheinen drei *Dragonerregimenter,* welche nach der Farbe der Röcke als gelbe, blaue und grüne Dragoner bezeichnet werden. Alle drei trugen rote Aufschläge und Unterkleider sowie weiße Knöpfe (Abb. 38 a). Die schwere Reiterei war blau uniformiert mit roten Umschlägen und Unterkleidern. 1744 bestand die Uniform des Regiments *Piemonte-Dragoner* (Abb. 38 b) aus rotem Rock, Hosen und Halsbinde, weißer Hutborte, Kragen, Rabatten, Aufschlägen und Schoßumschlägen, Weste und Knöpfen. Gelbe gekreuzte Bandeliere und Koppel. Die Uniform wurde später in einen dunkelblauen Rock mit roten Abzeichen, gelben Knöpfen und Unterkleidern verändert. Dazu himmelblaue Schärpe über der Weste. Die Dragoner trugen den Hut, die Dragonergrenadiere eine Pelzmütze mit gelbem Beschlagschild. So erscheint das Regiment 1774. Die *schwere Kavallerie* behielt den blauen Rock bei. Die Unterkleider 1744 mattgelb, 1789 metallene Achselschuppen; in letztgenanntem Jahr trug das *Kavallerie-Regiment Piemonte* rote Kragen, Aufschläge und Futter, gelbe Knöpfe, himmelblaue Schärpe und weiße, gekreuzte Bandeliere. Gelbe Hutborte. *Savoia-Kavallerie* (Abb. 38 c) ebensolche Hutborte, schwarze Kragen und Aufschläge, keine Rabatten, rotes Futter, weiße Knöpfe. Weiße Schaffellschabracke, die Stützel mit dem farbigen Staatswappen auf blauem Grund mit weißer Borte eingefaßt, letztere von einer blauen Zickzacklinie durchzogen. 1816 erhielt die Reiterei Helme mit gelbem Beschlag, Bügel mit himmelblauer Raupe, teils einreihige, teils zweireihige Kolletts mit roten Abzeichen für das Regiment Piemonte, schwarzen, rot vorgestoßenen für Savoia. Blaue Hosen, Kniestiefel, gelbe Epauletten. 1822 ist der Helm ganz aus gelbem Metall gefertigt, dazu herabhängender schwarzer Roßschweif (Abb. 38 f). Die *leichte Kavallerie* trug dieselbe Uniform mit roten Tschakos. 1843 gelangte der Waffenrock zur Einführung (Abb. 38 g). Er hatte farbigen Kragen und Aufschläge, zwei Reihen weißer Knöpfe und weiße Epauletten. Graublaue Hosen mit farbigem Doppelstreif. Säbel mit weißem Korbe, Lanze mit himmelblauer Flagge, Helm mit weißem Metall mit schwarzem Bräm, vorn mit dem savoyischen weißen Kreuz geschmückt. Gelber Bügel und Schuppenketten.
Das Regiment der *Cavallegieri* (leichte Kavallerie) trug ganz dunkelblaue Uniform, hellblaue Abzeichen, Hosenstreif und Tschako. Die Hosen wurden 1843 bei Einführung des Waffenrockes blaugrau; der Tschako erhielt einen herabhängenden schwarzen Roßhaarbusch (Abb. 38 h). Die Offiziere trugen eine blaue Pelzjacke über die Schulter gehängt. Unter Victor Emanuel gab es auch ein *Husaren-Regiment Piacenza,* welches grüne Uniformen mit roten Schnüren trug. Das *Guiden-Regiment* hatte ebenfalls Husaren-Uniform, hellblau mit schwarzen Schnüren. Dazu Pelzmütze mit Beutel.

Regimentsabzeichen der schweren Kavallerie 1844:

Name des Regiments	Kragen und Aufschläge	Hosenstreif	Bemerkungen
Nizza	karmin	karmin	
Savoia	schwarz	rot	rote Vorstöße um Kragen und Aufschläge
Piemonte Reale	rot	rot	Vorstoß vorn herunter
Genova	hellgelb	hellgelb	
Novara	weiß	weiß	
Aosta	rot	rot	

IV. Artillerie und Genie

Gegen Ende des 17. Jahrhunderts trug die *Artillerie* einen Hut mit gelber Borte, rotes Halstuch, ganz blaue Montur und rote Strümpfe. In diesen Farben, nur mit weißen Strümpfen, erscheint sie noch 1733. Im Jahre 1758 sind Rock, Weste und Hosen ebenfalls blau; Kragen, Rabatten und Aufschläge schwarz, die Schöße von der Grundfarbe des Rockes. Schwarze Gamaschen mit weißen Manschetten. Gelbe Knöpfe, Hut mit Kokarde, gelbes Bandelier, am Säbelkoppel eine Kartusche mit gelbmetallenem Beschlag und roter Einfassung (Abb. 38 i). Die Offiziere hatten eine breite, gebogene Huttresse. Rabatten, Aufschläge und Weste mit Litzen besetzt, und zwar abwechselnd mit goldenen und silbernen. Silberne Achselstücke mit Fransen, mit Gold untermischt. 1816 ist die Uniform ähnlich wie bei der

Abb. 38. Sardinien. Reiterei, Artillerie, Genie.
a, b Dragoner – c, d, f, g Schwere Reiter – e, h Leichte Reiter – i, k Artillerie – l, m Geniesoldaten

Infanterie, ganz blau mit schwarzen Abzeichen und gelben Knöpfen. Tschako mit gelbem Adler über gekreuzten Kanonenrohren, Schuppenkette und gelbem Flammenpompon. 1832 zwei Reihen gelber Knöpfe, gelbe Vorstöße und Epauletten mit kurzen Fransen; hängender schwarzer Roßhaarbusch. 1845 Waffenrock (Abb. 38 k) mit zwei Knopfreihen. Am Tschako statt des Adlers ein weißes Kreuz, gelbes Lederzeug. Die reitende Artillerie ähnlich uniformiert. Die Abbildung eines *Genieoffiziers* vom Jahre 1752 zeigt silberbortierten Hut, weiße Halsbinde, dunkelblauen Rock, Weste und Hosen, ganz mattgelbe Kragen, Rabatten, Aufschläge und Futter. Es wechselt immer ein silberner mit einem goldenen Knopf. Weiße Strümpfe. 1775 karminrote Abzeichen, gelbes Futter, weiße Unterkleider. An den Knöpfen goldene bzw. silberne Litzen. Hutborte und Epauletten in Silber, mit Gold untermischt. 1816 ist die Uniform einreihig mit Silber. Die Mannschaften seit 1816 Tschakos, 1838 mit hängendem schwarzen Busch. Karminrote Schulterwülste, darauf zwei weiße gekreuzte Äxte. Schwarzes Lederzeug. Im übrigen wie die Infanterie. So bleibt die Uniform auch nach der Einführung des Waffenrocks. Kurz vor 1848 wird der Tschako durch einen Hut mit herabhängendem Busch ersetzt (Abb. 38 m). Offiziere Dreimaster mit schwarzen Federn.

Kirchenstaat – Päpstlicher Stuhl

(Kokarde weißgelb)

Die Armee wurde im Jahre 1870 nach der Besetzung Roms aufgelöst, und nur die zur Bewachung des Vatikans bestimmten Palasttruppen wurden beibehalten.
Als älteste Truppe ist die *Schweizer-Garde* zu nennen, deren Ursprung sich aus dem Mittelalter herschreibt. Der kleine Anzug hat sich vielfach geändert. Die große Uniform ist vom Modegeschmack wenig berührt worden. Sie besteht aus sogenanntem »Altschweizer« Pluderkostüm und zeigt die Farbzusammenstellung von Blau, Rot und Gelb. Die Hüte sind mit roten Federn geschmückt (Abb. 39 b). Zur Galauniform gehört Harnisch und Helm, letzterer mit rotem Busch (Abb. 39 a). Trommler, Pfeifer und die Chargen sind abweichend gekleidet. Die *Nobel-Garde* trägt rote Fracks, reich mit Gold besetzt, Helme mit Roßhaarschweif und weiße Beinkleider in hohen Stiefeln (Abb. 39 k). Die *Palast-Garde* hat Uniform französischen Schnitts, und zwar der Waffenrock blau mit schwarzem Kragen und Aufschlägen, amarantroten Vorstößen und Epauletten. Knöpfe gelb, Hosen amarantrot, Tschako blau mit amarantroten Borten (Abb. 39 i). Offiziere goldene Epauletten und Borten. Die

Abb. 39. Kirchenstaat – Päpstlicher Stuhl.
a, b Schweizer – c Linien-Infanterie – d Kavallerist – e Grenadier-Offizier – f Karabinier (Gendarm) – g Linien-Infanterie – h Zuave – i Palast-Garde – k Nobel-Garde

Gendarmen sind blau uniformiert, zur Parade mit hohen Pelzmützen, weißen Beinkleidern und hohen Stiefeln. Epauletten und Knöpfe weiß. Stutz rot.
Das frühere Heer war anfänglich mehr nach österreichischer Art uniformiert, namentlich war die weiße Grundfarbe charakteristisch. 1816 erhielt die Infanterie Tschakos. 1830 wurde der Frack einreihig, der Tschako niedriger und der Teller sehr groß. Von 1848 bis 1870 folgte die Bekleidung dem französischen Vorbilde. Auf unserer Darstellung (Abb. 39 c) trägt der *Infanterist* weißes Kollett und Hosen, das 1. Regiment dunkelblaue, das 2. Regiment orange Abzeichen, Tschako mit Behängen und Stutz. Letztere beiden Stücke, dazu Epauletten, für Grenadiere rot, für Voltigeure grün und gelb. Der Kavallerist (Abb. 39 d) hat grünes Kollett mit roten Abzeichen, graue Hosen und Helme mit gelbem Beschlage. Abb. 39 e zeigt einen *Grenadieroffizier* in ganz weißer Tracht mit roten Vorstößen und Kragenpatten, gelben Knöpfen, gelb und weißer Schärpe. Busch an der Pelzmütze rot. Der *Karabinier* (Abb. 39 f) hat einen grünen, karminrot vorgestoßenen Frack mit weißen Litzen, Knöpfen, Epauletten und Achselschnüren. Unterkleider weiß. Pelzmütze mit weißen Behängen und rotem Busch. In den sechziger Jahren war die *Linieninfanterie* ganz und gar in französischem Stil uniformiert (blau mit roten Hosen) (Abb. 39 g). Die *Fußjäger* (Carabinieri) wie die französischen Chasseurs à pied. Die Carabinieri indigeni, aus Landeskindern bestehend, hatten rote, die fremden Jäger, Carabinieri esteri, gelbe Vorstöße. Die *Zuaven* graue Jacken, Westen, Hosen und Schirmmützen mit rotem Besatz. Dazu rote Leibbinden. Dragoner grüne Fracks, rote Abzeichen und italienische Bügelhelme. 1908 erhielten die Schweizer einen mittelalterlichen Morion anstatt der Pickelhaube.

Neapel

(Kokarde unter König Murat weiß-karmin, unter den Bourbonen ganz rot*)

Im 18. Jahrhundert schloß sich die Uniformierung sehr dem österreichischen und spanischen Vorbild an. Die Schweizer trugen dagegen rote Röcke.
Bereits Joseph Napoleon führte französischen Schnitt und Geschmack ein. Schon unter seiner kurzen Regierung findet sich eine besondere Vorliebe für Litzen, die wir auch unter seinem prunkliebenden Nachfolger Joachim Napoleon (Murat) wieder antreffen. Die Bekleidung der *Linienin-*

* Vom Juni 1820, bei der Annahme der Konstitution, bis zur Wiederherstellung der absoluten Monarchie im März 1821 wurden die Karbonarifarben schwarz-rosa-himmelblau getragen. Zur gleichen Zeit trug man auf Sizilien die gelbe sizilianische Kokarde

Abb. 40. Neapel.
Neapel unter Joachim Murat: a Jäger zu Pferd – b Garde-Grenadier – c Linien-Infanterie
Königreich beider Sizilien: e Infanterie-Offizier – f, i Garde-Grenadiere – g, k Jäger – h Grenadier – d, l Dragoner

fanterie (Abb. 40c) entsprach im Schnitt der Uniformierung der gleichen französischen Waffengattung, nur war die Grundfarbe der Uniform weiß. Die Abzeichen waren 1812 für die einzelnen Regimenter folgende: 1. Regt. himmelblau, 2. hellrot, 3. schwarz, 4. amarant, 5. grün, 6. orange, 7. gelb, 8. rosa, 1815: 9. hellblau, 10. blau, 11. amarant, 12. grün.

Das 7. Regiment bestand aus Negern. Die leichte Infanterie war sehr dem französischen Muster angeglichen, doch war das Blau etwas heller, Kragen und Aufschläge verschiedenfarbig. Gardegrenadiere blaue Uniformen mit karminroten Abzeichen und goldenen Litzen. Die Offiziere der Garde neben den Litzen gemusterte goldene Einfassung der Kragen, Rabatten und Aufschläge. Die Veliten trugen weiße Uniformen, beim 1. Regiment Abzeichen karmin mit goldenen Litzen, beim 2. Regiment rosa Abzeichen.

Füsiliere, Voltigeure und Grenadiere unterschieden sich durch dieselben Abzeichen wie in Frankreich. Linienkavallerie 1813: 1. Chevaulegers Regt. hellblau mit roten Vorstößen an Kragen, Achselklappen, Rabatten und polnischen Aufschlägen, amarantrote Schöße und Hosenstreifen. 2. Chevaulegers Regt. grün mit roten Abzeichen und Hosen. 3. Regt. grün mit gelben Abzeichen. Auf die Gardekavallerie einzugehen würde zu weit führen, da diese Formationen fortwährend änderten, ferner häufig in einunddemselben Truppenteil verschiedene Uniformen getragen wurden.

Garde-Artillerie fast ganz so wie die französische, aber amarantrote Abzeichen. Fuß- und reitende Artillerie der Linie sowie Train glichen ebenfalls sehr den entsprechenden französischen Formationen. Die Hauptabweichung bestand neben der Kokarde in dem besonderen Tschakobeschlag. Als Eigentümlichkeit sei noch die Verzierung des oberen Randes des Trainoffizier-Tschakos in Form eines Mäanderstabes erwähnt.

Nach der bourbonischen Restauration (Königreich beider Sizilien) war bei der Uniform der *Garde* das englische Vorbild deutlich zu erkennen. Die Grundfarbe war rot, Abzeichen blau, Litzen und Knöpfe weiß; Schulterwülste (Abb. 40f). Die *Linieninfanterie* hatte blaue Uniformen mit einer Knopfreihe und verschiedenfarbigen Abzeichen (Abb. 40e). Unterkleider weiß. Offiziersschärpe rot und silbern. Die *Legionäre* grüne Kolletts mit schwarzen Abzeichen und einer Reihe von weißen Knöpfen. Tschako mit weißem Beschlag; grüner Stutz. Graue Hosen mit roter Biese und schwarzen Streifen. Die Mannschaften grüne Fransenepauletten, Offiziere silberne. Lederzeug weiß. Die *Nationalgarde von Neapel* grüne Kolletts mit einer Reihe gelber Knöpfe, rote Abzeichen, Fransenepauletten und Behänge sowie Hosenstreifen. Weißes Lederzeug. Die *Provinzialmiliz* ebenfalls grüne Fracks; dazu gelbe Kragen und Aufschläge, grüne Achselstücke und weiße Achselwülste, eine Reihe weißer Knöpfe. Weiße Hosen, Tschako mit gelben Beschlägen, weißen Behängen und Stutz. Die *Dra-*

goner (Abb. 40 d) grüne Kolletts mit ebensolchen Kragen und Achselklappen, gelben Kragenpatten, Vorstößen und Achselwülsten. Knöpfe und Helmbeschlag gelb, Helmraupen schwarz, Lederzeug und Hosen weiß. Die *Ulanen der Nationalgarde* ganz ähnlich wie die polnischen Lanciers der Kaisergarde Napoleons I., nur grüne Grundfarbe und grüner Kragen mit weißer Stickerei. Die *Dragoner der Nationalgarde* grüne Kolletts mit ebensolchen Kragen, amarantroten Rabatten und Vorstößen. Gelbe Knöpfe und Achselbänder. Helme wie die französischen Dragoner, aber mit schwarzer Raupe statt des Roßhaarbusches und weißem Stutz. Die *Artillerie* hatte blaue Montur mit rotem Kragen und Aufschlägen, auf ersterem gelbe Granate. Gelbe Knöpfe und weiße Beinkleider. Im weiteren Verlauf lehnte sich die Uniformierung mehr an französische Muster an.

Die *Jäger* (Abb. 40 g) hatten in den vierziger Jahren Tschakos in Form eines abgestumpften Kegels, grüne schwarz beschnürte Jacken mit drei Reihen weißer Knöpfe; gelbe Kragen und Aufschläge, weiße Beinkleider und Lederzeug.

Ausgangs der fünfziger Jahre war die Uniformierung der Armee folgende:

Garde du Corps zu Fuß: Blaue Fracks mit roten Kragen, Aufschlägen und Schoßumschlägen. Weiße Ärmelpatten und Litzenbesatz auf der Brust. Gelbe Knöpfe; Epauletten rot mit weißen Fransen, Lederzeug weiß, Hosen paille, schwarze hohe Gamaschen. Pelzmützen mit gelbem Schild, roten Behängen und weißem Stutz. Der Kragen war vorn mit weißen Granaten geschmückt.

Garde-Grenadiere (Abb. 40 i): Fracks wie die Garde du Corps zu Fuß, aber Kragen ohne Granaten, Ärmelpatten und Schoßumschläge blau, rote Fransenepauletten, lange rote Hosen. Weißes gekreuztes Lederzeug.

Die *Schweizer-Infanterie* trug rote Fracks mit ebensolchen Ärmelpatten, beim 1. Regt. hellblaue, 2. Regt. gelbe, 3. Regt. dunkelblaue, 4. Regt. schwarze Kragen und Aufschläge, gelbe Knöpfe vorn in einer Reihe, eine gelbe Litze auf jeder Kragenseite, himmelblaue Hosen, weiße Epauletten und gekreuztes Lederzeug, schwarzes Käppi mit gelbem Beschlag, roten Borten und Doppelpompon.

Die *Jäger* (Abb. 40 k) grüne Jacken mit ebensolchen spitzen Aufschlägen und Kragenpatten. Vorstöße und Kragen gelb, bei den Epauletten Schieber und Feld gelb, Halbmonde und Fransen grün. Letztere Farbe hatten auch die Schützenschnüre. Lederzeug (Gürtelrüstung) und Beinkleider weiß; grünes Käppi mit gelben Borten, Pompon und Jägerhorn.

Die *reitende Garde du Corps:* blaue Fracks mit weißen Kragen, roten Rabatten, Vorstößen und Schoßumschlägen, Fransenepauletten, weiße Brustlitzen und Knöpfe. Weiße Bandeliere, ja nach den Eskadronen mit verschiedenfarbigen Vierecken, weiße Hosen und Stulphandschuhe, hohe Stiefel, weißmetallner Helm mit Pantherfellbräm, gelbem Bügel, schwarzer Raupe und weißem Stutz.

Die *Carabiniers:* blaue Kolletts mit einer Reihe von weißen Knöpfen, weiße Kragen, blaue Aufschläge und Ärmelpatten, alles rot vorgestoßen. Rote Fransenepauletten mit blauen Feldern. Lederzeug, Achselschnüre und Beinkleider weiß. Weißmetallner Helm mit schwarzem Bräm, gelben Beschlägen, Bügel, schwarzem Roßhaarschweif; vorn auf dem Bügel kleiner pinselartiger Stutz, links roter Stutz.

Die *Dragoner* (Abb. 40 l): ganz ähnliche Kolletts mit roten Kragen und Ärmelpatten. Helme ebenso, nur hatte der Bügel statt des Roßhaarschweifs und kleinen Stutzes eine schwarze Raupe.

Die *Gardehusaren:* hellblaue Dolmans mit ebensolchen Kragen, roten Aufschlägen und weißen Schnüren. Rote Hosen und Käppis. Letztere mit schwarzem Roßhaarbusch und weißen Borten.

Die *Lanciers:* blaue Kolletts mit ebensolchen Kragenpatten, rote Kragen, spitze Aufschläge, Rabatten, Hosen, Knöpfe, Fransenepauletten und Lederzeug weiß. Tschapka mit gelbem Beschlag, rotem Oberteil und schwarzem Haarbusch.

Die *Schweizer-Artillerie:* blaue Kolletts, Ärmelpatten und Beinkleider. Kragen, Aufschläge, Vorstöße, Schoßumschläge und Fransenepauletten rot, Knöpfe gelb, vorn in einer Reihe, Käppis schwarz mit roten Borten, Doppelpompon und gelben Beschlägen. Weißes Lederzeug.

Der *Train* trug fast genau dieselbe Uniform wie damals die französische reitende Artillerie, nur waren die spitzen Aufschläge nicht rot, sondern von der blauen Grundfarbe.

Mit der Übergabe des letzten Zufluchtsortes des Königs, der Festung Gaëta 1861, hörte die Armee zu bestehen auf.

Modena

(Kokarde himmelblau-weiß)

1814 glich die Infanterieuniform fast völlig der österreichischen. 1850 dunkelblaue zweireihige Waffenröcke und hechtgraue, weiß vorgestoßene Beinkleider. Für die Mannschaften Tschakos österreichischer Art mit Kokarde und blauer Rose; weißes Lederzeug. Die Offiziere schwarze Röcke, goldbortierte Tschakos. Jäger hechtgraue Waffenröcke und Beinkleider, grasgrüne Aufschläge, korsische Hüte mit schwarzem Federbusch; schwarzes Lederzeug und weiße Knöpfe. Die Dragoner hatten mittelblaue Waffenröcke und Hosen mit gelben Abzeichen und Vorstößen. Schwarze Bügelhelme mit Messingbeschlag, zur Parade auf dem Helmbügel blau und weiße Raupe, weiße Knöpfe und weißes Lederzeug. Artillerie ganz dunkelblau mit schwarzen rot vorgestoßenen Abzeichen, Hüte wie die Jäger. Lederzeug weiß. Pioniere dunkelblaue Röcke mit kirschroten Abzeichen, hechtgraue Hosen mit kirschrotem Vorstoß, Tschakos mit schwarzen Federbüschen, schwarzes Lederzeug. Offiziere goldbortierte Hüte. Generale dunkelblaue Röcke mit roten Abzeichen, Hüte mit grünen Federbüschen, Rangabzeichen österreichisch.

a b c

Abb. 41. Modena.
a, b Infanteristen – c Dragoner

a b c

Abb. 42. Parma.
a, c Infanteristen – b Guide

Die Vereinigung des Herzogtums mit Italien erfolgte 1860. Bis zum Jahre 1863 blieb als einzige Truppe der Kleinstaaten eine Brigade »Brigate Estense« im Dienst des Herzogs bestehen. Die Uniform blieb die gleiche. Zum Felddienst wurde ein Leinenrock getragen.

Parma

(Kokarde rot-weiß, 1840 blau-gold, seit 1851 rot-blau und gold)

1814 trug die Infanterie hellblaue, einreihige Kolletts mit roten Abzeichen. Die Tschakos erhielten 1830 eine niedrige, oben weit ausladende Form. 1840 zweireihige dunkelblaue Fracks, dunkelblaue Hosen, zylindrische Tschakos. Grenadiere Pelzmützen österreichischen Modells, gelbe Knöpfe. Artillerie und Genie karminrote Abzeichen.
1852 trug die Infanterie blaue Waffenröcke preußischen Musters mit gelben Knöpfen; Achselklappen, Ärmelpatten und Schoßtaschen beim 1. Batl. hellblau, beim 2. weiß, beim 3. gelb. Pickelhauben mit gelben Beschlägen, weißes Kreuzbandelier. Hellblaue Hosen. Die Garde-Grenadiere hatten 1859 alle Abzeichen rot, gelbe Litzen auf Kragen und Aufschlagspatten, rote Haarbüsche, Stab und Unterstab weiß. Die Garde-Musketiere trugen die gleiche Uniform mit folgenden Abweichungen: schwarze Haarbüsche, schwarzes Lederzeug und weiße Litzen. 1859 fielen die Aufschlagspatten fort. Die Offiziere bekamen österreichische Rangabzeichen unter Beibehalt der Epauletten.
Jäger grüne Waffenröcke mit schwarzen, rot vorgestoßenen Abzeichen, schwarze Haarbüsche, schwarzes Lederzeug. 1859 Fortfall der roten Vorstöße, grüne anstatt der hellblauen Hosen.
Die Reiterei (Guiden) trug 1850 zweireihige dunkelblaue Waffenröcke mit roten Abzeichen, Pickelhauben mit weißen Haarbüschen, weißes Bandelier, Paßgürtel. Lanzen mit rot-gelb-blauen Fähnchen. 1859 statt der Pickelhauben sardinische Kavalleriekäppis, gelbe Fransenepauletten und Fangschnüre.
Artillerie 1853 schwarze Kragen mit gelben Litzen, rote Vorstöße. 1859 fielen die Litzen fort. Reitende Artillerie 1859 fahlledernes Bandelier und Leibkoppel, zweireihige Waffenröcke mit roten Nähten. Genie wie Artillerie, jedoch mit weißen Knöpfen und schwarzem Lederzeug.
Die Generale dunkelblaue Waffenröcke, rote, goldbestickte Kragen und Aufschläge, eine Reihe gelber Knöpfe und goldene Achselbänder sowie goldene Schärpen. Pickelhauben mit gelbem Beschlag und weißem Federbusch. Hellblaue Beinkleider. Mäntel weiß nach Art der österreichischen Artillerie. Bis 1859 bestanden die Rangabzeichen der Offiziere in 1–3 Streifen längs den Aufschlagkanten, auf den Epauletten Lilien an Stelle der Rangsterne; Stabsoffiziere Epauletten mit Fransen und Streifen in Wellenform. Am 18. März 1860 wurde Parma mit Italien vereinigt.

Abb. 43. Toskana.
a, b, c Infanteristen

Toscana
(Kokarde weiß-rot)

In der Restaurationsperiode trug die *Infanterie* weiße Kolletts mit gerade herabgehenden Rabatten sowie weiße Beinkleider. Tschakos. Die Grenadiere zur Parade Pelzmützen, Behänge und Epauletten wie in Frankreich. Die Abzeichen waren regimenterweise verschieden. Die *Reiterei* hatte grüne Kolletts mit hellblauen Abzeichen; vorn zwei Reihen gelber Knöpfe, gelbe Schuppenepauletten mit roten Fransen, graue Beinkleider mit hellblauen Streifen, weißes Lederzeug. Tschako mit gelben Beschlägen und rot-gelb-grünem Stutz (das Grün unten). 1848 hatte die Infanterie einreihige weiße Kolletts, sehr ausladenden Tschako, hellblaue Hose, 1849 zweireihigen dunkelblauen Waffenrock mit sächsischen Aufschlägen, Rangabzeichen österreichischer Art. Generale, Kavallerie und Infanterie Kragen, Aufschläge und Vorstöße rot, Infanterie weiße Knöpfe. Lederzeug weiß. Hose hellblau mit rotem Vorstoß, Generale und Kavallerie Lampassen, Veliten (Garde-)Bataillon rote Hosen. Generale goldbortierte Hüte mit grünem Federbusch, Kavallerie schwarze Lederhelme mit Messingbügel und Beschlag, Infanterie und Artillerie Tschakos, Veliten mit rotem Busch. Die Feld- und Festungs-Artillerie hatte Kragen und Aufschläge mit gelbem bzw. rotem Vorstoß, Hosen lichtgrau mit entsprechendem Vorstoß, Lederzeug fahlgelb.

1859 werden bei allen Waffengattungen die Knöpfe gelb. Der Rock erhält Vorstoß auch um die Schöße und über dem Aufschlag zwei Knöpfe. Die Uniform des Jägerbataillons wie Österreich, bis auf die Kokarde. Am 22. März 1860 wurde Toscana dem Königreich Italien einverleibt.

Die cisalpinische Republik und das Königreich Italien unter dem Vizekönig Eugen
(Kokarde grün-weiß-rot)

1796 wurde eine *lombardische* und *cisalpinische Legion* errichtet. Die Uniform bestand aus dunkelgrünen Röcken, im Schnitt wie die damalige polnische Armee; nur war der Kragen stehend, und vorn befand sich statt der Rabatten nur eine Reihe weißer Knöpfe, an welcher ein weißer Vorstoß entlanglief. Achselklappen, vordere Umschläge der Schöße und spitze Aufschläge rot. Beinkleider grün mit roten Streifen, kurze schwarze Gamaschen, schwarze, links aufgeschlagene Hüte, vorn ein gelbes Schild mit der Inschrift: Viva la liberta. Auf der aufgeschlagenen Krempe Kokarde mit gelber Agraffe, darüber Stutz, unten grün, dann rot, oben weiß. Das weiße Lederzeug wurde gekreuzt getragen.
Die *cisalpinischen Husaren* ganz grüne, weiß beschnürte Uniform. Als Kopfbedeckung eine Art spitzen Tschakos (Abart der Flügelmütze) mit weißen Borten, vorn Stutz wie auf den Hüten der Infanterie.
Die *cispadanischen Jäger zu Pferde* die gleiche Uniform, als Kopfbedeckung schwarze Filzmützen mit gelbem Flügel und kleinem schwarzem Augenschirm. Später trug die *Linien-Infanterie* grüne Röcke, Westen und Hosen französischen Schnitts, rote Kragen, Aufschläge und Schoßumschläge mit weißen Vorstößen, weiße Rabatten mit roten Vorstößen, weiße Knöpfe, hohe schwarze Gamaschen, weißes gekreuztes Lederzeug. Hüte wie die französische Infanterie mit Kokarde geschmückt. 1801 bestanden *zwei Husarenregimenter.* Das erste hatte rote Dolmans und Hosen, hellgrüne Kragen, Aufschläge und Pelze. Beschnürung, Lederzeug und Tschakobehänge sowie rhombischer Tschakobeschlag weiß, vorn unten grüner, oben roter Stutz. Das zweite Regiment ganz grün mit roten Kragen, Aufschlägen und Pelzen, Tschakos wie beim ersten Regiment, nur statt des rhombischen Beschlages Kokarde mit Agraffe. Die *Fuß-Artillerie* wie damals die Infanterie, nur waren Kragen, Aufschläge, Ärmelpatten und Rabatten schwarz mit roten Vorstößen.
Unter dem Vicekönig Eugen Napoleon (Beauharnais) waren die Abzeichen folgendermaßen gestaltet:
Die *Garde-Grenadiere* dieselbe Uniform wie die Grenadiere der alten Garde Napoleons I., nur war alles, was dort blaue Farbe hatte, hier grün. Knöpfe und Beschlag an der

Pelzmütze weiß. Die Uniform der *Karabiniers der Garde* entsprach ganz und gar derjenigen der Jäger zu Fuß der alten Garde Napoleons, ebenfalls mit dem Unterschied, daß die blaue Farbe an Stelle der grünen und die weißen Knöpfe an Stelle der gelben traten. Die *Veliten-Grenadiere* hatten die gleiche Uniform, nur weiße Grundfarbe, grüne Abzeichen und gelbe Knöpfe. Die Veliten-Karabiniers spitze Rabatten und Aufschläge, Pelzmützen und Epauletten wie die Karabiniers, sonst wie die Veliten-Grenadiere. Die Jäger der Garde trugen grüne Uniformen mit grünen Rabatten; Kragen und Ärmelpatten rot, alle Vorstöße weiß, gelbe Knöpfe, Tschakos mit weißer Randborte, weiße Behänge, Adlerbeschlag, grüne Epauletten mit roten Monden und Fransen. Die *Linien-Infanterie* denselben Schnitt wie die französische. 1807 wird der Tschako eingeführt, 1810 fällt der Behang fort. Grundfarbe seit 1806 weiß.

Abzeichen:

Regiment	Kragen	Rabatten	Aufschläge	Ärmelpatten	Schoßumschläge
Nr. 1	grün	rot	rot	grün	rot
Nr. 2	weiß	rot	weiß	rot	weiß
Nr. 3	rot	rot	rot	rot	rot
Nr. 4	rot	weiß	weiß	grün	weiß
Nr. 5	rot	grün	grün	rot	weiß
Nr. 6	weiß	grün	weiß	grün	weiß
Nr. 7	grün	weiß	rot	keine	weiß

Alle roten oder grünen Abzeichen hatten weiße Vorstöße, alle weißen grüne oder rote. Die Knöpfe waren gelb, nur beim 4., 5. und 7. Regiment weiß. Letzteres Regiment hatte keine Ärmelpatten, sondern spitze Aufschläge. Achselklappen in den Farben der Rabatten. Die Voltigeure trugen die Uniform der französischen Linien-Infanterie, aber grüne Grundfarbe. Im Feld legten sie meist den einreihigen Rock (mit französischen Aufschlägen) an.

Die *leichte Infanterie* trug grüne Röcke mit ebensolchen, spitz geschnittenen Rabatten, grüne Beinkleider und gelbe Knöpfe. Die Karabiniers, welche die Stelle der Grenadiere vertraten, waren wie in Frankreich durch Pelzmützen und Grenadier-Epauletten ausgezeichnet.

Bei der Kavallerie sind an erster Stelle die *Ehren-Garden* zu nennen. Grüne Röcke, im Schnitt wie bei den französischen Dragonern. Kragen, Rabatten und Aufschläge mit weißen Litzen besetzt. Knöpfe weiß, Schuppenepauletten gelb; Westen. Hosen und Lederzeug weiß, hohe Stiefel. Gelbmetallner Helm mit weißen Beschlägen, gelber Bügel in Gestalt eines Adlers, schwarze Raupe, links weißer Stutz. Kragen, Aufschläge, Rabatten, Schoßumschläge und Vorstöße um die langbesetzten Taschenpatten, je nach den Kompanien verschieden. Die 1. Kompanie Mailand rosa, 2. Bologna gelb, 3. Brescia chamois, 4. Romagna scharlachrot, 5. Venedig orange.

Regiment	Kragen, Aufschläge, Vorstöße	Weste	Schoßumschläge
Nr. 1	rot	grün	weiß
Nr. 2	gelb	gelb	gelb
Nr. 3	weiß	weiß	weiß
Nr. 4	hellblau	hellblau	hellblau

Die *Garde-Dragoner* hatten ganz und gar die Uniform der entsprechenden französischen Truppe, nur waren Knöpfe und Achselschnüre weiß.

Die beiden *Linien-Dragonerregimenter* waren ebenfalls den französischen zum Verwechseln ähnlich. Röcke und Achselklappen grün; Unterkleider, Lederzeug und Knöpfe weiß. Das 1. Regiment (Dragoni regina) rosa Kragen, Aufschläge, Rabatten, Schoßfutter und Vorstöße. Helm wie bei den französischen Dragonern, links grüner Stutz. Das 2. Regiment (Dragoni Napoleone) Abzeichen karminrot (1812 rot, Kragen grün), Helm ebenfalls wie die französischen Dragoner, nur statt mit Pantherfell mit schwarzem Pelz verbrämt. Links schwarzer Stutz mit karminroter Spitze.

Die *Jäger zu Pferd* trugen grüne Kolletts und ungarische Hosen; vorn war das Kollett mit einer Reihe weißer Knöpfe geschlossen und mit weißen Bandlitzen verziert. Die Beinkleider mit weißen ungarischen Knoten und Seitenvorstö-

ßen. Ungarische Stiefel mit weißer Einfassung um die Schäfte. Das 1., 2. und 4. Regiment Tschakos, vorn ohne Dekoration, nur oben mit Kokarde und Agraffe geschmückt. An den Seiten weißer Bortenbesatz, in der Form eines Sparrens mit der Spitze nach oben gerichtet. Weiße Schuppenketten. Über der Kokarde grüner Stutz mit Spitze in der Regimentsfarbe. Das 3. Regiment trug Pelzmützen, vorn oben gleichfalls mit der Kokarde geschmückt, darüber roter Stutz. Kragen, Aufschläge und Schoßumschläge beim 1. Regiment gelb, beim 2. und 3. rot, beim 4. violettkarmin.
Die *Fuß-Artillerie* hatte die alten Uniformfarben und trug schirmlose Tschakos mit roten Behängen. Die *reitende Artillerie* grüne Kolletts und Hosen, ebenso Kragen und spitze Aufschläge, rote Vorstöße, Brustlitzen, Schoßumschläge und Fransenepauletten. Als Kopfbedeckung schwarze Tschapka, unten mit schwarzem Pelz verbrämt, roter Stutz. Die *Fuß-Artillerie der Garde* wie die Linien-Artillerie, nur rote Fransenepauletten und Pelzmützen mit rotem Stutz und Behängen. Die *reitende Garde-Artillerie* dunkelblaue, rotbeschnürte Husarenuniform mit gelben Knöpfen, wie die entsprechende französische Truppe, auch die gleiche Kopfbedeckung. Genie, wie Artillerie, nur Tschako mit Augenschirm, rote Epauletten, schwarze polnische Aufschläge. *Garde-Train* graue Uniformen mit grünen Abzeichen und Brustlitzen, der der reitenden Artillerie Tschapkas. *Linien-Artillerie-Train* Uniform wie Artillerie, nur grüne, rotvorgestoßene Kragen und Rabatten, rote polnische Aufschläge, Tschako mit Schirm und ohne rote Borte. *Train der reitenden Artillerie* wie reitende Artillerie, aber Tschakos, *Fuhr-Train* einreihige grüne Röcke, rote Kragen, Achselklappen und polnische Aufschläge. *Genie-Train* wie der der reitenden Artillerie, jedoch grüne Aufschläge und Kragen, rote Epauletten, Metall weiß. Alle Train-Formationen lederne Hosen.
Generalität wie in Frankreich, doch statt blauer grüne Fracks, statt goldener Knöpfe und Stickerei silberne. Zur großen Uniform Kragen und Aufschlag amarant, auf der Brust litzenartige Stickerei.
Infolge der Ereignisse des Jahres 1814 löste sich die Armee auf.

Königreich Italien

(Kokarde grün-weiß-rot)

Das Heer des geeinigten Königreiches trug zunächst die ehemalige sardinische Uniform weiter. 1871 wurde eine neue Bekleidung für das Heer eingeführt. Das allgemeine Wehrmachtsabzeichen Italiens ist seitdem der auf den Kragenenden befestigte fünfstrahlige Aktivitätsstern, der stets weiß bzw. silbern und nur für die Generale golden ist. Sämtliche Offiziere tragen zu allen dienstlichen Verrichtungen, bis 1915 auch zum Felddienst, eine hellblaue seidene Schärpe mit gleichfarbigen Quasten von der rechten Schulter ziemlich kurz gebunden zur linken Hüfte.

I. Infanterie

1871 bis 1903. Da die eingeführte Uniform im Grundschnitt für alle Waffengattungen dieselbe ist, wird sie bei der Infanterie eingehend beschrieben und bei den anderen Waffen- und Truppengattungen nur die Abweichungen erwähnt. Der ziemlich kurzschößige dunkelblaue Waffenrock hat bei den Mannschaften eine, bei den Offizieren zwei Reihen weißer Knöpfe, liegenden Kragen und spitze Aufschläge (Abb. 44 c, d). Er ist waffenfarbig, bei der Infanterie rot, vorgestoßen um Kragen und Aufschlagaußenrand, Rockvorderteil, Rockschöße, die geraden, mit zwei Knöpfen besetzten Schoßtaschenleisten, die abgerundeten Achselklappen und bei den Fußtruppen auch um die Schulterwülste. Kragen und Aufschlag sind bei der Infanterie dunkelblau, die geschweiften Kragenpatten schwarz, ebenso die Achselklappen und Schulterwülste, auf denen die Regimentsnummer in weiß angebracht ist. Die Offiziere haben zum zweireihigen Rock Kragen und Aufschläge schwarz mit rotem Vorstoß. Dazu verschieden geprägte Epauletts in Knopffarbe mit dünnen bzw. dicken Fransen, zum Felddienst und außerdienstlich einfache bzw. doppelte knopffarbige Schulterschnüre. Die Grenadierbrigade, Grenadierregimenter 1 und 2, haben rote Kragenpatten, ihre Offiziere Kragen und Aufschläge rot mit einer silbernen Gardelitze preußischen Modells am Kragen. Die Hosen sind blaugrau mit Vorstoß, Offiziere mit Besatzstreifen in roter Farbe. Der konische Tschako hat dunkelblauen Tuchbezug, schwarzen Lackschirm, darüber weißen, fünfstrahligen gekrönten Stern mit Regimentsnummer, roten Pompon mit Kompanienummer in Weiß sowie roten Behang, bei Offizieren alles in Silber. Der dunkel-grau-blaue Mantel hat eine, für Offiziere zwei Reihen Knöpfe, liegenden Kragen mit Aktivitätsstern, bei Mannschaften Achselklappen und Schulterwülste wie am Rock. Zum Felddienst werden die Schöße zurückgeschlagen. Das Lederzeug ist weiß, Patronentasche schwarz. Außerdienstlich wird ein dunkelblaues Käppi getragen mit waffenfarbigen Vorstößen und Waffenabzeichen, hier gekreuzten Gewehren mit Krone darüber; Grenadiere flammende stehende Granate, Offiziere um das Band Rangtressen.

Die Infanterieregimenter 1–94 sind zu je 2 zu Brigaden zusammengefaßt, die einen Landschaftsnamen tragen.

Bei den Bersaglieri-Regimentern 1–12 sind die Vorstöße und die an der Rückseite doppelt geflammten Kragenpatten karmin, bei den Offizieren auch die Ärmelaufschläge. Die Knöpfe sind gelb, die Hosen dunkelblau. Die Kopfbedekkung ist ein runder schwarzer Lederhut mit breiter gerader Krempe, der vorn ein gelbes Jagdhorn mit flammender Granate auf großer Seidenkokarde, rechts einen großen, lang herunterfallenden grünen Hahnenfederbusch trägt (Abb. 44 a). Statt der Mütze trägt die Mannschaft einen roten weichen Fez mit blauer Quaste. Lederzeug und Handschuhe sind schwarz. Statt des Mantels wird ein kurzer dunkelblauer Umhang getragen.
Die Alpenjägerbataillone (Alpini) haben zu den roten Vor-

stößen grüne Kragendoppelflammen, die Offiziere auch grüne Aufschläge, sonst wie Infanterie. Statt des Tschakos schwarzer Lederhut mit gekröntem Adler vorn. Große Kokarde. Aufrecht stehende braune Adlerfeder links (Abb. 44 b). Lederzeug und dunkelblauer Umhang, wie Bersaglieri. Zum Felddienst erhalten die Kopfbedeckungen aller Truppen weiße Tuchüberzüge mit Regiments- bzw. Bataillonsnummer vorn, auch werden vielfach Drillichhosen angelegt.

1903 bis 1915. Der Waffenrock erhält etwas längere Schöße und verliert die farbigen Rockvorstöße. Der Kragen erhält Stehumlegeform. Auf den Kragenenden werden brigadeweise verschiedenfarbige Patten, hinten spitz mit kleinem Knopf, befestigt. Farbe und Aussehen der Kragenpatten ergeben sich aus folgendem Schema:

I. Farbe der Kragenpatte	II. Patte wie I, dazu schmaler Mittelstreifen	III. Patte wie I, dazu schmale Randvorstöße
weiß	rot Bologna 39, 40	rot Ravenna 37, 38
Brigade Regina	grün Puglia 71, 72	karmin Modena 41, 42
Regimenter 9,10	schwarz Savona 15, 16	blau Forli 43, 44
	blau Lombardia 73, 74	grün Reggio 45, 46,
	karmin Napoli 75, 76	schwarz Valtelina 65, 66
gelb	schwarz Aqui 17, 18	schwarz Ancona 69, 70
Casale 11, 12		rot Messina 93, 94
rot	schwarz Aosta 5, 6	schwarz Pinerolo 13, 14
Piemonte 3, 4	grün Calabria 59, 60	grün Sicilia 61, 62
	weiß Toscana 77, 78	weiß Cagliari 63, 64
		gelb Roma 79, 80
karmin	schwarz Brescia 19, 20	weiß Salerno 89, 90
Cuneo 7, 8	blau Venetia 83, 84	
	weiß Basilicata 91, 92	
blau	rot Bergamo 25, 26	rot Ferrara 47, 48
Como 23, 24	weiß Marche 55, 56	weiß Parma 49, 50
	gelb Torino 81, 82	schwarz Palermo 67, 68
	schwarz Friuli 87, 88	gelb Verona 85, 86
orange	schwarz Pistola 35, 36	
Livorno 33, 34		
schwarz		rot Re 1, 2
		gelb Siena 31, 32
grün	rot Pavia 27, 28	rot Cremona 21, 22
Alpi 51, 52	weiß Umbria 53, 54	schwarz Pisa 29, 30
	schwarz Abruzzi 57, 58	

Die Grenadiere erhalten Kragen und Aufschläge vollfarbig rot. Am Kragen weiße bzw. silberne Gardelitze. Das Lederzeug wird durchgängig schwarz. Die Offiziere aller Waffengattungen tragen zum Felddienst eine dunkelblaue Bluse mit gleichfarbigen spitzen Aufschlägen und Achselklappen, Kragen wie am Waffenrock. Die Rangabzeichen werden auf den Achselklappen angebracht. Bei den Bersaglieri und Alpini fallen die farbigen Vorstöße am Rock und Kragen fort. Die Alpini erhalten grüne Vorstöße an den Aufschlägen, Achselklappen, Schulterwülsten und Hose.

1915 bis 1934. Bei Eintritt Italiens in den I. Weltkrieg wurde die seit 1908 in Erprobung befindliche graugrüne Felduniform eingeführt. Die Feldbluse hat spitze Aufschläge, Achselklappen und Stehkragen, Bersaglieri Stehumlegekragen mit farbigen Kragenpatten. Die Offiziere aufgesetzte Brust- und Seitentaschen. Schwarzgraues, später feldgraues Lederzeug. Die farbigen Hosenvorstöße und Besatzstreifen fallen zunächst weg und werden erst später in anderer Form wieder eingeführt. Die während des Krieges neu aufgestellten Brigaden erhalten die Kragenpatten senkrecht oder waagrecht verschiedenfarbig gestreift. Von den Neuformationen sind nur folgende bestehen geblieben: Sassari 151, 152 rot-weiß waagerecht, Liguria 157, orange-blau waagerecht, Arezzo 285 gelb-blau senkrecht, Avellino 231, 232 rot-gelb senkrecht gestreift.

Zur Felduniform gehört ein Käppi mit Waffenabzeichen vorn über dem grauen, später schwarzen Lederschirm mit sehr breiten Kinnriemen. Offiziere Rangabzeichen silber, während des I. Weltkriegs aus grün-grauer Seide. Die Bersaglieri behalten die karminfarbige Doppelflamme, Rangabzeichen gold, Lederhut mit grauem Überzug. Alpini grüne Doppelflamme, graue Wickelgamaschen, grauer Filzhut mit hinten und an der Seite hochgeschlagenem Rand, vorn Waffenabzeichen (Jagdhorn auf gekreuzten Gewehren, fliegender Adler darüber), links Adlerfeder. Der Stahlhelm hat französischen Schnitt ohne Abzeichen über der Stirn. Nach dem Krieg erhalten die Offiziere schwarze Kragen zu den farbigen Patten und Flammen, bei der Infanterie dazu

a b c d e f g h i k l

Abb. 44. Das Königreich Italien 1890.
a Bersagliere – b Alpenjäger – c Infanterist – d Infanterie-Offizier – e Linien-Kavallerie-Offizier – f Lanzenreiter – g Leichter Reiter – h Artillerie-Offizier – i Karabinier – k Kürassier-Offizier – l General

einen roten Vorstoß am Außenrand. Das Käppi wird sehr hoch mit waffenfarbigem Vorstoß am oberen Bandrand und an den Seitennähten. Die Hosen erhalten schwarze Doppelstreifen mit abzeichenfarbigen Vorstößen für die Offiziere und Vorstöße für die Unteroffiziere.

1934 findet eine völlige Neugestaltung im Schnitt der Uniformen statt. An Stelle des Käppis tritt eine graugrüne Tellermütze (Reichswehrmodell) ohne farbige Verzierungen für alle Waffengattungen. Sie trägt über dem schwarzledernen Schirm und gleichfarbigen Kinnriemen das Waffenabzeichen, für die Infanterie gekreuzte Gewehre mit Regimentsnummer auf dem Schnittpunkt und Krone darüber, sowie für Offiziere die Rangtressen auf dem Band. Der Feldrock wird, ebenfalls für alle Waffengattungen gleich, ein Jackett englischen Musters mit aufgesetzten Brust- und Seitentaschen. Das Jackett ist mit einer Reihe von vier Knöpfen geschlossen. Der Jackettkragen, für Offiziere schwarz mit rotem Vorstoß, behält die farbigen Kragenpatten (siehe Schema). Diese werden jedoch rechteckig und verlieren den Knopf am hinteren Ende. Die grüngrauen spitzen Achselklappen mit waffenfarbigem Vorstoß tragen das Waffenabzeichen in Gelbmetall, bei Stabsoffizieren ist die Achselklappe mit Goldschnur eingefaßt. Die Rangabzeichen der Offiziere werden in Litzenform auf den Ärmeln angebracht. Gleichzeitig erhalten alle Truppen bis zum Oberst einschließlich goldene Knöpfe, Waffenabzeichen und Rangtressen. Der Aufschlag ist rund und bei den Offizieren der kämpfenden Truppenteile mit waffenfarbigem, hier rotem Vorstoß versehen. Bei den Bersaglieri und Alpini treten unter Berücksichtigung der abweichenden Waffenfarbe die gleichen Änderungen ein. Die Waffenabzeichen sind hier Waldhorn mit flammender Granate auf gekreuzten Gewehren und gekröntes Waldhorn auf gekreuzten Gewehren. Die Grenadiere, seit Bildung der Divisionsverbände Grenadierregimenter 1–3, behalten die weiß-silberne Kragenlitze auf dem roten Kragen. Ihr Waffenabzeichen ist eine flammende Granate.

Gleichzeitig wird für die Offiziere aller Waffengattungen eine weiße Uniform gleichen Schnitts wie die Felduniform, aber ohne farbigen Kragen und ohne Besatzstreifen an den langen Hosen sowie eine schwarze Gesellschaftsuniform eingeführt. Diese besteht aus einer schwarzen Tellermütze mit Waffenabzeichen und Rangtressen ohne farbige Verzierungen und einem mittellangen zweireihigen Waffenrock, dessen Stehumlegekragen und Aufschläge im allgemeinen dieselben Farben, Vorstöße und Kragenpatten haben wie der Waffenrock 1903–1915. Bei der Infanterie werden jedoch zu den schwarzen, rot vorgestoßenen Samtkragen die Brigadepatten nicht getragen. Zum Rock werden entweder schwarze spitze Achselstücke mit goldenem Waffenabzeichen und Rangsternen, bei Stabsoffizieren goldener Randeinfassung, oder aber die jetzt stets goldenen Epauletts getragen. Die Hose hat bei der Infanterie und den Grenadieren je zwei rote Besatzstreifen. Die Epaulet-

a b c d e f g h i k l

Abb. 45. Italien 1908–1936.
a, c, d, g, h Infanteristen – b Kavallerist – e Bersagliere – f Alpini-Offizier – i Infanterie-Offizier – k Generalmajor – l Askari-Unteroffizier

ten werden auch zur Parade bei der graugrünen Uniform, bei Bersaglieri und Alpini zusammen mit dem Leder- oder Filzhut der Vorkriegszeit, angelegt.
1935 werden ein neuer enganliegender Stahlhelm ohne Rand mit gelbem Waffenabzeichen über der Stirn und eine bootsförmige Feldmütze mit aufgeschlagenem Tuchschirm, Ohrenschutz und Nackenteilen, alles vorgestoßen in Abzeichenfarbe mit Waffenabzeichen auf dem aufgeschlagenen Tuchschirm und Rangabzeichen an der linken Seite, eingeführt.
Die nach dem I. Weltkrieg zur selbständigen Waffengattung gewordene Panzertruppe trägt seit ihrer Errichtung Infanterieuniform, jedoch statt der Brigadepatte eine rote Doppelflamme am Kragen.

II. Kavallerie

Nach der Einigung Italiens wurde die leichte Kavallerie stark vermehrt. Der Waffenrock der Kavallerie ist dem der Infanterie gleich. Die Knöpfe sind durchgängig weiß, ebenso das Lederzeug. Offiziere silberbetreßtes Bandelier mit reichverzierter Kartusche. Die Offiziere tragen an den graublauen Hosen je zwei mittelbreite Besatzstreifen in Vorstoßfarbe, die Mannschaften ebensolche in schwarzer Farbe. Die Kragenpatten der Kavallerieregimenter bilden an der Rückseite eine dreispitzige Flamme.
Zahl und Abzeichen der Kavallerieregimenter für die Zeit von 1871–1903 ergeben sich aus folgendem Schema:

Nummer und Name	Kragen	Aufschläge	Vorstoß	Besonderes
1. Nizza	karmin	karmin	karmin, am Kragen weiß	weißer Helm mit gelbem Bügel und Schuppenketten, schw. Bräm m. weißem Kreuz. Waffenabzeichen an Käppi und Achselkl. flammende Granate weiß. Cavallerie di Linea.
2. Piemonte	rot	rot	rot	
3. Savoya	schwarz	schwarz	rot	
4. Genua	gelb	gelb	gelb	

Nummer und Name	Kragen	Aufschläge	Vorstoß	Besonderes
5. Novara	weiß	schwarz	weiß	dunkle Pelzmütze m. brauner Feder und Behang in Vorstoßfarbe. Waffenabzeichen gekreuzte weiße Lanzen mit Krone darüber. Lancieri.
6. Aosta	rot	schwarz	rot	
7. Milano	karmin	schwarz	karmin	
8. Montebello	grün	grün	rot	
9. Firenze	orange	schwarz	orange	
10. Vittorio Emanuele II.	gelb	schwarz	gelb	
11. Foggia	rot, Flamme schwarz	rot	rot	
12. Saluzzo	schwarz, Flamme gelb	schwarz	gelb	
13. Monferrato	schw., Flamme karmin	schwarz	karmin	
14. Alessandria	schw., Flamme orange	schwarz	orange	
15. Lodi	rot, Flamme schwarz	schwarz	rot, am Kragen weiß	
16. Lucca	weiß, Flamme schw.	schwarz	weiß	Pelzmütze wie Lancieri. Waffenabzeichen Jagdhorn mit Krone darüber. Cavalleggeri.
17. Caserta	schwarz, Flamme rot	schwarz	rot	
18. Piacenza	schwarz, Flamme grün	schwarz	grün	
19. Guide	hellbl., Flamme weiß	hellblau	weiß	
20. Roma	schw., Flamme weiß	schwarz	weiß	
21. Padua	karmin, Flamme schw.	schwarz	karmin	
22. Catania	rot, Flamme schw.	schwarz	rot	
23. Umberto I	weiß, Flamme hellbl.	weiß	hellblau	
24. Vicenza	weiß, Flamme rot	weiß	rot	

Nr. 1–4 (Cavalleria di Linea, Abb. 44, e) und 5–10 (Lancieri, Abb. 44, f) führen Lanzen mit königsblauer zweispitziger Flagge, die Regimenter 11–24 (Cavalleggeri, Abb. 44, g) haben nur Säbel und Karabiner.

1903 traten für die Kavallerieregimenter dieselben Veränderungen ein wie bei der Infanterie, jedoch verlieren die Kavallerieregimenter bis auf Nr. 3 auch den Kragenvorstoß. Die Hosenbesatzstreifen der Offiziere erhalten dementsprechend die Farbe des Kragens bzw., wenn der Kragen schwarz ist, die Farbe der Kragenflamme. Das Regiment 22 Catania erhält orange als Abzeichenfarbe. Die Regimenter 19 Guide, 23 Umberto I und 24 Vicenca verlieren die farbigen Aufschlagvorstöße. Die vorstoßfarbigen Behänge der Pelzmütze der Lanzenreiter und leichten Kavallerieregimenter fallen fort. Die graugrüne Felduniform ist für die Kavallerie im Schnitt und Aussehen die gleiche wie die der Infanterie. Der Stehkragen bleibt wie am Waffenrock, Nr. 2 Piemonte erhält schwarzen Vorstoß. Bis zur Einführung des Stahlhelms wird von der Kavallerie vielfach ein graugrün überzogener Tropenhelm getragen, der an der Vorderseite das Waffenabzeichen trägt (Abb. 45, b). Kurze Zeit vor Ausbruch des I. Weltkrieges wurde die italienische Kavallerie um 5 Regimenter verstärkt, deren Abzeichen an der feldgrauen Bluse folgende sind:

Lancieri di Mantura schwarzer Kragen mit weißem Vorstoß,

Lancieri di Vercelli hellblauer Kragen mit rotem Vorstoß,

Cavalleggieri di Acquila Kragen karmin mit weißer Flamme,

Cavalleggieri di Treviso Kragen hellblau mit roter Flamme,

Cavalleggieri di Udine Kragen weiß mit grüner Flamme.

Die Bekleidungsentwicklung folgt im Schnitt und der Mode entsprechend der der Infanterie. Nach dem Krieg verbleiben nur die Regimenter 1–6, 9, 10, 12, 13, 14, 19 mit den bisherigen Nummern, Namen und Abzeichen. 1934 werden auch bei der Kavallerie alle Metallteile gelb. Das Regiment 2 Savoya verliert den roten Kragenvorstoß. Der Bügelhelm und die Pelzmütze werden für Paradezwecke beibehalten. Die schwarze Gesellschaftsuniform ist im Schnitt der der Infanterie gleich. Kragen und Aufschläge tragen die Farbe aus der Zeit von 1903–1915. Die Hose erhält abzeichenfarbige Lampassen. Neben den Feldregimentern besteht noch eine Kürassiergarde (Abb. 44, k), die besonders zum Dienst bei der Person des Königs bestimmt ist. Der Waffenrock ist dunkelblau mit roten Abzeichen und weißen Knöpfen; bei Offizieren silberne Kragen- und Aufschlagstickerei, Mannschaften weiße Litzen. In der Regel dunkelblaue Beinkleider mit roten Streifen, zur Parade weiße Hosen in hohen Stiefeln, weißer Küraß und silberne Epauletten. Der weiße Helm mit gelbem Bügel, Beschlag und Schuppenketten trägt schwarzen Roßhaarbusch, hinten Bügel und weißen Stutz links.

III. Artillerie, Genie, Carabinieri

Die Entwicklung der Artillerieuniform im Schnitt und Aussehen folgt eng der der Infanterie. Nur sind die Knöpfe gelb und die Vorstöße orange-gelb. Die Hosen sind dunkelblau. Auf dem Tuchtschako der Zeit von 1871–1903 befindet sich über dem Pompon ein schwarzer aufrechtstehender Stutz, bei der reitenden Artillerie ein langer, an der rechten

Tschakoseite abgebundener schwarzer Roßhaarbusch (Abb. 44, h). Das Waffenabzeichen der Artillerie sind gekreuzte Kanonenrohre an dem Käppi mit flammender Granate darüber. Lederzeug war bis 1903 fahlgelb, dann schwarz; reitende Artillerie mit Bandelier und Kartusche. Die Genietruppe hat die gleiche Uniform wie die Artillerie, nur statt der gelben Vorstoßfarbe karmin.
Am Stehkragen der grün-grauen Felduniform hatte Artillerie und Genie zunächst schwarze, waffenfarbig vorgestoßene, hinten in eine Flamme endigende Kragenpatten, seit den 20er Jahren jedoch vollfarbig schwarze Kragen mit waffenfarbigem Vorstoß.
Die Gendarmerie (Carabinieri Reali) zählt zur Wehrmacht und trägt daher auch den Aktivitätsstern. Der Hut wird von den Mannschaften quer, von den Offizieren längs getragen. Der Stutz, bei den Offizieren ein hängender Federbusch, ist unten himmelblau, oben rot. Der Frack ist dunkelblau mit schwarzen Aufschlägen und Kragen, die für Offiziere mit Silberstickerei, für Mannschaften mit weißen Litzen besetzt sind. Knöpfe, Epauletten und Fangschnüre, die quer über die Brust getragen werden, sind weiß. Die Ärmelvorstöße und die Besatzstreifen der dunkelblauen Hose sind rot (Abb. 45, i).

IV. Generalität, Generalstab – Rangabzeichen

Das charakteristische Abzeichen der Generalität ist eine Silberstickerei, Greca genannt, die in viereckigen Zacken verläuft und in den oberen und unteren Zackenöffnungen stilisierte Blumen aufweist sowie der goldene Aktivitätsstern.
1871–1903. Der dunkelblaue zweireihige, mit geprägten Silberknöpfen besetzte Rock hat schwarzen Samtkragen und -aufschlag sowie rote Vorstöße. Kragen und Aufschlagaußenrand sind auf der Innenseite von der Greca begleitet, die sich bei den höheren Generalsrängen auf den Aufschlägen zwei- oder dreimal wiederholt. Zur großen Uniform wird ein kleeblattförmig silbernes Schultergeflecht sowie eine doppelte, von der linken Schulter zur rechten Brustseite gehende Fangschnur getragen, zur kleinen Uniform nur schwarze, silberbestickte, ziemlich breite Passanten. Die hellgraublauen Beinkleider haben doppelte silberne Hosenstreifen. Die Paradekopfbedeckung bildet ein schwarzer Lederhelm mit goldenem, fünfstrahligem gekröntem Stern auf großer Silbersonne und statt der Spitze goldenem Adler, der einen weißen Stutz und einen nach hinten abfallenden Federbusch trägt. Das Käppi trägt auf dem Band die Greca, darüber 1 bis 3 schmale Silberschnüre (Abb. 44, l).
1903–1915. Die Rockaußenvorstöße fallen fort, ebenfalls der Helm. An dem höher und steifer gewordenen Käppi wird zur Parade ein hoher weißer Straußenfederstutz befestigt. Die Feldbluse der Generale ist der der Infanterie gleich, hat jedoch schwarzen Samtkragen mit rotem Vorstoß ohne weitere Verzierung. Die spitzen Aufschläge sind dunkelblau mit rotem Vorstoß; Rangbezeichnung durch silberne Tressenachselstücke, auf denen 1–3 goldene Rangsterne befestigt sind. Zum Felddienst trägt die Hose rote doppelte Besatzstreifen.
1915–1934. Die graugrüne Uniform ist im Schnitt der der übrigen Waffen gleich. Während zunächst der Kragen feldgrau und nur mit dem Aktivitätsstern besetzt ist, wird später ein türkisblauer Samtkragen eingeführt. Die Hose erhält doppelte schwarze Besatzstreifen mit Silbervorstoß dazwischen. Das Käppi trägt die Greca und die Rangschnüre darüber sowie die Seitenteilvorstöße in Silber, während des Krieges vorübergehend aus dunkelgraugrüner Seide. Die Marschälle erhalten als Abzeichen 4 Sterne auf den Achselstücken und 4 Rangschnüre über der Greca. 1934 erhält die Generalität zu dem Jackett einen schwarzen, rot vorgestoßenen Kragen, die Farbe der Knöpfe und Rangtressen bleibt Silber. Tellermütze mit Rangstickerei auf dem Band. Sowohl bisher auf dem Käppi wie jetzt auf der Tellermütze ist über dem Schirm ein fliegender silberner Adler befestigt. Als Paradekopfbedeckung dient von nun an ein schwarzer aufgeklappter Seidenfilzhut mit schwarzer Straußenfederfüllung, an den Rändern mit der silbernen Greca eingefaßt. Auf dem linken Aufschlag befinden sich die silbernen Rangsterne. Generale und Oberste in Kommandostellung tragen zur Parade an allen Kopfbedeckungen, auch am Stahlhelm, hier links, als Kommandozeichen einen hohen weißen Straußenfederstutz. Die silbernen Achselstücke zum Jackett tragen nur den fliegenden Adler, Rangabzeichen werden in gleicher Form, Farbe und Anzahl wie an der Mütze auf den Ärmeln angebracht (Abb. 45, k). An der schwarzen Gesellschaftsuniform sind Aufschlag und Kragen schwarzsamt mit rotem Vorstoß, am Kragen dazu die Greca. Die seit 1903 eingeführten Schuppenepauletten sind silbern, haben grobe, steife Fransen und tragen die goldenen Rangsterne auf dem Epaulettenhals. Der Hosenbesatz zur schwarzen Uniform ist eine sehr breite Silbertresse, in deren Mitte ein roter Seidenvorstoß sich befindet.
Die Uniformen des Generalstabes entwickeln sich parallel zu denjenigen der Infanterie, jedoch sind die Knöpfe und Rangabzeichen stets golden, Kragen und Aufschläge, zur Felduniform nur der Kragen türkisblau, seit 1934 mit goldener Gardelitze. Die Hosenstreifen zur Felduniform sind schwarz mit goldenem Mittelvorstoß, zur schwarzen Uniform gold mit türkisblauem Mittelstreif. Generalstab und Adjutantur tragen die blaue Seidenschärpe von der linken Schulter zur rechten Hüfe.

V. Kolonialtruppen, faschistische Miliz – Rangabzeichen

Das besondere Kennzeichen der eingeborenen Kolonialtruppen ist der hohe rote Fez mit dem Aktivitätsstern am oberen Rand und dunkelblauer Quaste, die rote Leibbinde und die winkelförmigen Unteroffiziersrangabzeichen am Oberarm (Abb. 45 l). Die europäischen Offiziere und Unteroffiziere der Kolonialtruppen tragen die Uniform der Heimattruppen aus leichtem graugrünem Stoff, am Kragen

nur den Aktivitätsstern; das Waffenabzeichen wird auf den Achselklappen befestigt.
Die aktiven Truppendienst ausübende faschistische Miliz trug die graugrüne Uniform der Infanterie, auf dem grundfarbenen Kragen eine schwarze Doppelflamme, an Stelle des Aktivitätssterns das gelbe Beil mit Rutenbündel, das sich auch am Stahlhelm befindet, Rangabzeichen am Unterarm. Dazu schwarzes Hemd mit schwarzem Langbinder. Die Hosenstreifen der Offiziere und Vorstöße der Unteroffiziere sind schwarz. Außerdienstlich wird ein niedriger, steifer schwarzer Fez getragen mit schwarzem fallendem Busch, gelbem Rutenbündel vorn und den Rangabzeichen links.
Die Rangabzeichen der Offiziere und Unteroffiziere sind in ihren Grundzügen ziemlich unverändert geblieben und waren stets in der gleichen Zeitspanne für alle Waffengattungen dieselben:
1871–1903. Die Rangbezeichnung der Offiziere erfolgt durch Metalltressen, die über dem spitzen Aufschlagaußenrand bei Rock und Mantel angebracht sind. Subalternoffiziere 1–3 schmale, Stabsoffiziere 1 mittelbreite und 1–3 schmale darüber. Die oberste Rangtresse bildet über der Aufschlaglitze einen großen ungarischen Knoten, der somit als Offiziersstandesabzeichen dient. Die gleichen Tressen befinden sich am Käppirand. Eine weitere Rangbezeichnung erfolgt durch die verschiedene Ausprägung der in Knopffarbe gehaltenen, mit dünnen bzw. dicken Fransen versehenen Schuppenepauletts. Die letzte, das Feld bildende Schuppe ist bei den Subalternoffizieren längs des Randes 1–3mal gerieft, bei den Stabsoffizieren 1–3fach zackig ausgeprägt. Bei den Unteroffiziers- und Mannschaftsgraden ist der ungarische Knoten stets in Vorstoßfarbe. Die Mannschaftsgrade werden durch eine mittelbreite und 1–3 schmale vorstoßfarbige Wolltressen über dem Aufschlagrand, die Unteroffiziere durch dieselbe Zahl knopffarbiger Tressen bezeichnet. Die Trompeter tragen auf den Ärmeln des Waffenrocks ein rotes Jagdhorn, die Einjährig-Freiwilligen auf dem Kragen eine schmale Schnur in Knopffarbe.
1903–1915. Die Ärmelrangbezeichnung der Offiziere fällt weg. Zum Waffenrock erfolgt sie nur durch die hierzu stets angelegten Epauletten. Auf der blauen Dienstbluse und dem Mantel werden die Dienstgrade durch 1–3 Sterne, bei den Stabsoffizieren durch Schnureinfassung und 1–3 Sterne in Knopffarbe auf den dunkelblauen spitzen Achselklappen bezeichnet. Bei den Unteroffiziers- und Mannschaftsgraden verbleibt es bei den Ärmeltressen, jedoch unter Fortfall des ungarischen Knotens.
1915–1934. Während des I. Weltkrieges wurden von den Offizieren die Rangsterne, bei Stabsoffizieren auch die Schnureinfassung auf den spitzen Aufschlägen der Feldbluse getragen. Nach dem Krieg werden sie wieder auf den graugrünen, waffenfarbig vorgestoßenen Achselklappen angebracht. Die Unteroffiziere und Mannschaften behalten ihre Ärmelwinkeltressen, aber in schwarzer Farbe.
1934 werden die Rangabzeichen der Offiziere wieder in 8 cm langen Tressen gleicher Zahl und Anordnung wie am Käppi und jetzt an der Tellermütze auf den Unterarmen getragen. Die oberste Rangschnur bildet stets ein ovales Auge. Die Rangbezeichnung der Unteroffiziere bleibt. Die während des Krieges geschaffenen, zwischen den Offizieren und Unteroffizieren stehenden Grade der Marescialli tragen als Rangabzeichen auf den Achselklappen 1–3 Längsschnüre, dazu an dem Käppi bzw. an der Tellermütze um die Mitte des Bandes eine mittelbreite schwarz-durchwirkte Tresse, bis 1934 in Knopffarbe, dann golden.
Das Offiziersportepee geschlossener Form an goldener Kordel war ohne Rücksicht auf die Knopffarbe stets golden, zum Feldanzug aus schwarzem Leder.

Jugoslavien

Serbien

(Kokarde rot-blau-weiß)

Um 1850 trug die Armee zweireihige dunkelblaue Waffenröcke mit roten Abzeichen und gelben Knöpfen, dazu Tellermützen. Gegen 1880 erhielt die Infanterie dunkelblaue einreihige Waffenröcke mit grünen Abzeichen sowie graublaue Hosen (Abb. 46a), als Kopfbedeckung ein dunkelblaues Käppi mit grünen Vorstößen, zur Parade grünen Stutz. Zum Felddienst wurden graublaue schirmlose Feldmützen getragen. Wie diese ähnelte auch der Mantel dem österreichischen.
Ende des 19. Jahrhunderts wurde der einreihige Waffenrock abgeschafft und gegen Haftelrock und Bluse eingetauscht. Der Rock behielt die alte Farbzusammenstellung, die dunkelblaue Bluse dagegen wies ursprünglich keine farbigen Abzeichen auf, nur auf den Achselklappen befand sich eine weiße Regimentsnummer. Das Lederzeug wurde braun. Offiziere und die höheren Unteroffiziersgrade trugen dunkelblaue Tellermützen russischen Modells mit grünem Besatzstreifen. Die silberne, zweimal rot, in der Mitte zweimal blau unterbrochen durchzogene Offiziersleibbinde hatte vorn eine viereckige Metallschließe. Der Rock der Offiziere war zweireihig. Die Bluse entsprach der der Mannschaften; sie wurde stets im Dienst und im Feld getragen.
1901 erhielten die blaue Bluse und der Rock (sowohl der knopflose der Mannschaften als auch der zweireihige der Offiziere) krapprote Abzeichen. Statt des Käppis wurden Pelzmützen getragen. Diese wurden im Winter und zur Parade aufgesetzt. Die Hosen wurden schwarz, doch wurden die graublauen zur Bluse noch weitergetragen. Die Tellermütze erhielt krapproten Besatz. Die Lammfellmützen der Offiziere wurden zur Parade mit goldenen Behängen und weißem Stutz versehen. Zur großen Uniform erhielten die Offiziere Epauletten.

Abb. 46. Serbien 1890.
a Infanterist – b Kavallerist – c Artillerie-Offizier (kleine Uniform) – d Genie-Offizier

Abb. 47. Serbien.
a, c Infanteristen – c Stabsoffizier der Linien-Kavallerie

Gradabzeichen:

Generale: aus dicken Goldschnüren geflochtene Achselstücke ohne Sterne.

Stabsoffiziere: Auf den Hosen Lampassen in Abzeichenfarbe. Schulterstücke ganz mit Gold- bzw. Silberborte bedeckt. Sterne: Oberst 3; Oberstleutnant 2; Major 1.

Hauptleute und Subalternoffiziere: Achselklappen von Waffenfarbe, außen goldene bzw. silberne Borten. Sterne: Hptm. 1. Kl. 4; Hptm. 2. Kl. 3; Oberltn. 2; Ltn. 1.

Unteroffiziere auf den Achselklappen Sterne: Feldw. 3; Zugführer 2; Korporal 1.

Das 2. und 3. Aufgebot trug braune Bauerntracht und Feldmützen der betreffenden Waffe, also hier bei Infanterie graublaue. Rangabzeichen auf den Kragenspiegeln (von Waffenfarbe) in Bortenform für Unteroffiziere gelb bzw. weiß, für Offiziere golden bzw. silbern.

Die Regimentsmusik trug hellblaue gelbverschnürte Attilas, dazu Kalpaks mit rotem Beutel und weißem Stutz, schwarze Hosen und hohe Stiefel.

Die Garde hatte hechtgraue Attilas mit schwarzen Schnüren und rote Stiefelhosen.

Die Felduniform behielt den bisherigen Blusenschnitt, die Grundfarbe wurde kaki (Abb. 47a, c). Die Abzeichen blieben krapprot. Mannschaften Kragenpatten, Offiziere vollfarbigen Kragen und farbigen Vorstoß um den Rollaufschlag des Ärmels. Nunmehr erhielten auch die Offiziere die Feldmütze, jedoch mit Augenschirm, farbigem Vorstoß und Kokarde, Stabsoffiziere eine, Generale zwei schmale Tressen am oberen Rand (Abb. 48a, d).

Ursprünglich hatte die Kavallerie blaue Attilas mit roten Abzeichen und gelber Verschnürung, dazu Pelzmützen. Um 1880 trug sie einreihige hellblaue Waffenröcke und Käppis (mit rotem Stutz), dunkelblaue Abzeichen, weiße Knöpfe und krapprote Hosen. (Abb. 46, b). Die Bluse und die Feldmütze waren ebenfalls hellblau ohne andersfarbige Abzeichen, Regimentsnummer auf den Achselklappen weiß. Ende des 19. Jahrhunderts wurden zur Parade schwarze Lammfellmützen eingeführt. Die Offiziere trugen neben der Bluse einen zweireihigen hellblauen Waffenrock, hellblaue Tellermützen mit dunkelblauem Besatz (Abb. 47, b). 1901 erhielt auch die Bluse dunkelblauen Kragen und Achselklappen, letztere mit gelber Regimentsnummer.

Die Gardekavallerie trug grünen Attila mit gelben Schnüren, hellblauen schwarzverbrämten Pelz ohne Beschnürung, krapprote Hosen mit gelbem Besatz, gelbbortierte Husarenstiefel und schwarze Lammfellmützen mit gelbem Dekkel, Offiziere mit krapprotem Beutel (Abb. 48, b). Die grüne Bluse der Offiziere war gelb vorgestoßen, ebenso die Brusttaschen, die Ärmelaufschläge waren mit einem gelben ungarischen Knoten versehen. Auf der Brust statt der Knöpfe gelbe Knebel. Grüne Tellermützen mit gelbem Be-

Abb. 48. Jugoslawien.
a Infanterist – b Garde-Kavallerist im Paradeanzug – c Stabsoffizier der Garde-Kavallerie (Kleine Uniform) – d Infanterie-Offizier (Paradeanzug)

Abb. 49. Montenegro.
a Infanterist – b Offizier in Parade

satz (Abb. 48, c). Die Kakiuniform beließ der Kavallerie die dunkelblaue Abzeichenfarbe. Die Offiziersfeldmütze hatte einen braunen Kinnriemen.

Die Artillerieuniform entsprach stets der Infanteriebekleidung, jedoch waren die Abzeichen schwarz, ebenso die Feldmütze. Der Waffenrock der Offiziere hatte schwarzen Samtkragen und rote Vorstöße (Abb. 46, c). Kakiuniform mit schwarzen Abzeichen.

Genie: Kirschrote Abzeichen, weiße Knöpfe. Kirschrote Feldmütze (Abb. 46, d).

Generale blaue Blusen, blaue zweireihige Waffenröcke mit roten Abzeichen und goldener Stickerei sowie einreihige rote Waffenröcke mit blauen Abzeichen und goldener Stikkerei als Galauniform. Mützen rot mit blauem Besatzstreifen. Weiße Lammfellmützen, Hosen schwarz mit roten Lampassen.

Generalstab: Granatrote Abzeichen und Hosen.

Das 2. und 3. Aufgebot der Reiterei entsprechend der Infanterie, doch rote Hosen und rote Feldmützen. Als nach dem I. Weltkrieg das Königreich Serbien in das Königreich Jugoslavien aufging, dessen Länderbestand durch die Hinzufügung Montenegros, Bosniens und der Herzegowina, Dalmatiens, Kroatien-Slavoniens usw. sich um ein Mehrfaches erweiterte, blieb die Uniform des Heeres im allgemeinen unverändert.

Montenegro

Da das Fürstentum nur über ein Milizheer verfügte, bestand ursprünglich keine eigentliche Uniform. Der Soldat übte und kämpfte in seiner eigenen Bekleidung, die durch den ausgeprägten Charakter der Landestracht allerdings eine bestimmte Note hatte. Sie bestand in einer verschnürten Jacke mit lose herabhängenden Ärmeln, weiten Kniehosen, weißen Strümpfen und Halbstiefeln. Als Kopfbedeckung diente eine niedrige runde Kappe, auf deren Vorderseite sich ein Abzeichen befand, das als Grad- und Waffen-Abzeichen galt.

Mit der Erhebung Montenegros zum Königreich 1910 wurde eine einheitliche Uniform eingeführt. Diese glich für die Offiziere fast völlig der russischen Felduniform. Zur Parade wurden Epauletten getragen. Die alten Kappen-Abzeichen wurden auch an der neuen Feldmütze getragen (Abb. 49, b). Die Mannschaften erhielten eine feldgraue Bluse, bei Offizieren und Unteroffizieren mit farbig vorgestoßenen Achselklappen. Generale: dunkelrot, Infanterie: scharlachrot, MG-Truppen: lichtblau, Artillerie: gelb, Genie: grün. Bein- und Fußbekleidung sowie die Kappe blieb im bisherigen Schnitt, wurden aber feldgrau (Abb. 49, a). Die kgl. Eskorte trug graublaue Uniform mit schwarzer Verschnürung in landesüblichem Schnitt.

Lettland

Abb. 50. Lettland.
a, b Infanteristen – c Leutnant

1918/1919 fochten zwei lettische Divisionen aus Kurland und Livland gegen die Bolschewisten. Die Armee wurde dann nach der Befreiung Lettlands weiter ausgebaut. Die Uniformen bestanden im Anfang aus feldgrauen Anzügen, ohne Achselklappen, und Schirmmütze. Auf den kirschroten, von einem weißen Schrägstreifen durchquerten Kragenspiegel befanden sich die Rangabzeichen, 4- und 5strahlige Sterne für die Offiziere, senkrechte Bandstreifen für die Unteroffiziere. Das erste Mützenmodell ähnelte der russischen Tellermütze, nur höher und zylindrischer. Später wird die Armee in ein ziemlich dunkles, leicht ins Grünliche spielendes Kaki gekleidet. Seit 1923 trug die Armee ein Käppi besonderer Art. Der Deckelteil hatte Waffenfarbe, der vorn eine hochgezogene Spitze bildende Besatz Kakifarbe. Über dem Schirm die Strahlenkokarde. Die Offiziere trugen statt des Kinnriemens eine Doppelkordel, deren eine oberhalb der Kokarde befestigt war. Der Rock erhielt waffenfarbige Vorstöße am Kragen und den Achselklappen (Abb. 50, c). Der bis dahin gebräuchliche deutsche Stahlhelm mit Kakianstrich wurde von dem französischen mit gleichem Anstrich abgelöst, über der Stirn ein L mit drei Sternen (Abb. 50, b). Waffenfarben: Kriegsministerium bläulich-weiß, Infanterie dunkel-kirschrot, Kavallerie orange, Artillerie blau, technische Truppen schwarz, Etappentruppe grün. Das Lederzeug ist braun, Offiziere mit Schulterriemen. 1929 erhält der Rock einen anderen Schnitt. Die Ärmelaufschläge werden französisch in Grundfarbe mit waffenfarbigem Vorstoß, gleichen Vorstoß erhalten die Brusttaschenklappen. Die Panzertruppen haben schwarze Grundfarbe. Das Käppi erhält neue Form; der Besatzstreifen, die Rand-, Seiten- und Deckelvorstöße in Abzeichenfarbe (Abb. 50, c). Die Mäntel für Mannschaften sind einreihig, für Offiziere zweireihig, haben farbigen Kragenspiegel und Vorstöße am unteren Kragenrand. Knöpfe, Rangsterne sind für kämpfende Truppen gelb, für Beamte weiß. Das Portepee ist silbern, an silbernem, karmindurchzogenem Band.

Die Rangabzeichen befinden sich auf den Kragenpatten. Die Schrägstreifen der Kragenpatte sind für Offiziere stets golden, für Mannschaften weiß, bei höheren Stäben gelb. Auf dem Schrägstreifen trägt der General drei viereckige Sterne, der Oberst zwei, der Oberstleutnant 1, die Subalternoffiziere 3–1 kleine fünfstrahlige Goldsterne. Unteroffiziere haben schmale goldene, höhere Mannschaftsgrade gelbe senkrechte Streifen auf der Kragenpatte, der Obersergeant einen breiten goldenen, der zwischen Leutnant und Obersergeant stehende Offizierstellvertreter außer der breiten goldenen Litze auch noch einen fünfstrahligen goldenen Stern. Die Unteroffiziere tragen um Aufschlag und Aufschlagpatte sowie um den Mantelaufschlag eine schmale goldene Litze. Der Schirm des Offizierskäppis ist mit einer goldenen Tresse eingefaßt. Zum Felddienst wird eine bootsförmige Feldmütze mit aufgeklapptem Nacken- und Ohrenschutz und Kokarde über der Stirn getragen.

Die Waffenfarben sind seit 1931 folgende:

Truppenteil	Vorstoß an Rock, Hose und Mütze	Kragenpatte und Mützenband
Generale, Generalstab und Kriegsministerium	bläulich-weiß	bläulich-weiß
Divisionsstäbe und Infanterie-Regimenter	dunkel-kirschrot	dunkel-kirschrot
Artillerie-Regimenter	blau	blau
Reiter-Regimenter und Divisions-Kavallerie	orange	orange
Technische Division (Pioniere und Nachrichtentruppen)	orange	dunkel-kirschrot
Panzertruppe (Uniform schwarz)	dunkel-kirschrot	dunkel-kirschrot

Abb. 51. Litauen.
a Artillerie-Offizier, Dienstuniform – b General, Parade

Abb. 52. Luxemburg.
a, b, c Infanteristen

Litauen

Seit der Schaffung Litauens als selbständiger Staat ist die Armee in Kakifarbe gekleidet, zunächst unter weitgehender Verwendung der noch vorhandenen russischen, teilweise auch englischen Einfuhrbestände. Der stets einreihige Rock mit Stehumfallkragen und nach kurzer Zeit aufgesetzten Brust- und Seitentaschen hatte zunächst Lederknöpfe, später metallene. Das charakteristische Zeichen der litauischen Armee ist das in den Kragenecken angebrachte stilisierte Landeswappen, einem Dreizack ähnlich, für Offiziere in dreieckiger Schnureinfassung. Die Mütze hat zunächst die russische Tellermützenform mit einem Wappenschild im Eichenlaubkranz.

In den 20er Jahren wird eine kakifarbene Felduniform eingeführt, die im Schnitt für alle Waffen gleich ist. An den Kragenecken befindet sich auf waffenfarbigem Tuch das für Offiziere mit Metallschnur eingefaßte Landeswappen, auf den Unterarmen gerade, senkrechte, mit zwei Knöpfen besetzte waffenfarbige Patten. Die Dienstmütze hat gerade, ziemlich niedrige Käppiform mit waagerechtem Schirm und trägt ein waffenfarbiges Band und Seitenvorstöße, über dem Schirm das Landeswappen im Eichenlaubkranz (Abb. 51 a). Im Dienst wird auch eine bootsförmige Feldmütze mit dem Landeswappen über der Stirn getragen. Das Lederzeug ist braun, Knöpfe gelb. Offiziere tragen rechts Schulterriemen. Die Offiziere tragen am Käppi schmale, ringsum laufende Goldstickerei, Subalternoffiziere einfach, Stabsoffiziere zweifach, Generale dreifach, und zwar auf dem Besatzstreifen. Die Offiziersrangabzeichen befinden sich auf den Achselklappen. Generale zwei große goldene Sterne, Brigadiergeneral 1, Stabsoffiziere 1–3 kleine Goldsterne auf runden goldenen Scheiben, Subalternoffiziere 1–3 kleine goldene Sterne. Die Unteroffiziers- und Mannschaftsgrade tragen kleine Winkeltressen, Spitze unten, am Oberarm.

Die Waffenfarben sind rot für Generale und Genie, orange für Infanterie, weiß für Kavallerie, schwarz Artillerie und Generalstab. Der Mantel ist kakifarben mit breitem liegenden Kragen und zwei Reihen Knöpfe. Generale haben rote Lampassen (Abb. 51, b).

Luxemburg

(Kokarde: orange-blau-weiß-rot, seit 1898 orange mit blauem Ring)

1841 trug die Infanterie langschößige, doppelreihige grüne Waffenröcke niederländischen Schnitts mit karminroten Abzeichen, weißen Knöpfen, spitzen Aufschlägen und weißen Epauletten, grünbezogene hohe Tschakos mit weißmetallenem Jägerhorn und Schuppenketten, hellblaue Hosen mit breiten karminroten Streifen (Abb. 52, e). Die Jäger z. Pf. hatten eine ganz ähnliche Uniform, nur trugen sie

statt der Waffenröcke Kolletts und weiße Bandeliere. Auch die Artillerie war wie die Infanterie uniformiert. Auf den Tschakos trugen sie gekreuzte Kanonenrohre.
Die Infanterie wurde 1847 zu Jägern umgeformt; damit wurde der Waffenrock einreihig und erhielt hellblaue Abzeichen, die weißen Epauletten blieben. Die Hose wurde ebenfalls grün mit hellblauer Biese. 1858 wurde der Tschako kleiner, statt der Epauletten wurden hellblaue Achselklappen und hellblaue Achselwülste eingeführt. 1876 wurde der grüne Rock wieder zweireihig, die Hose grau und die Abzeichen rot. Die Schultern wurden mit einem weißen Schnurgeflecht besonderer Art verziert. Der Tschako wurde nunmehr grün bezogen und erhielt rote Vorstöße.
Seit 1888 ist die Uniform der Freiwilligen-Kompanie blau mit roten Abzeichen, das Käppi ebenfalls (Abb. 52, b). In neuerer Zeit wird ein einreihiger blauer Waffenrock getragen. Die Aufschläge, die bisher bei allen Uniformen spitz waren, sind nunmehr rund. Als Kopfbedeckung wird ein weiches Käppi getragen von der Form, wie es 1914 in Frankreich als modisch galt. Rangabzeichen nach französischem Muster (Abb. 52, c).

Niederlande

(Kokarde orange)

I. Infanterie

Als Einführungsjahr der Uniform im eigentlichen Sinne ist das Jahr 1680 zu nennen. Eisengrau war die Farbe der Infanterieröcke, blau die der Garde. Allerdings hatten auch einige Regimenter rote Röcke. 1730 kommt die blaue Farbe auch bei der Linie vor. Grau (jetzt beinahe weiß) wird seltener, 1750 nur noch bei wenigen Regimentern, bis schließlich alle Infanterie-Regimenter im Jahre 1753 blaue Röcke tragen. Ausgenommen hiervon sind nur die rotgekleideten Schotten. Als Abzeichenfarbe kommen vor: grau, rot, krapprot, weiß und gelb. Die Schweizer trugen blaue Röcke wie die Linie. Um die Mitte des 18. Jahrhunderts zeigte der Schnitt viele Anklänge an englische Vorbilder. 1752 waren die Aufschläge noch von sehr großer Form. Die Garde trug bortierten Hut sowie reichen Besatz am Bandelier und an Rabatten und Aufschlägen. Die Grenadiermütze hatte ein reich mit Silber verziertes rotes Schild (Abb. 53 a). Die Offiziere trugen die Schöße nicht umgeschlagen; als Dienstzeichen führten sie vergoldete Ringkragen, orange Schärpe über die rechte Schulter und Spontons; die Unteroffiziere Schärpe um den Leib und Kurzgewehr. Westen und Beinkleider waren farbig; später wurden sie wie allenthalben weiß oder gelblich-weiß. Die Abzeichen am Rock waren sehr verschiedenartig. Die Schweizergarde hatte die Grenadiermützen von Pelz; später ging diese Kopfbedeckung auch auf die übrigen Grenadiere der Armee über. Die Pelzmütze hatte 1760 vorn ein Blech, später, im Jahr 1790, war sie ohne Beschlag (Abb. 53 c). Die Offiziere wurden durch Achselbänder ausgezeichnet. In den Kämpfen gegen die franz. Revolutionsheere trug die Infanterie vielfach Kasketts. Ein Original im Berliner Zeughaus zeigt eine schwarze Glocke, messingene Beschläge und roten Roßhaarkamm. Hinten hängt zum Schutz des Nackens ein kleines Kettchen herab. Links ist eine Bandkokarde angebracht, deren Farbe allerdings kaum noch zu erkennen ist. Sie erscheint jetzt fast graugrün, war aber jedenfalls ursprünglich orange. Als die Niederlande 1795 zur Batavischen Republik umgewandelt wurden, erhielt die Uniform unter Beibehalt der blauen Grundfarbe französischen Schnitt. Die Rockschöße wurden sehr lang, die Kragen höher, die Hüte größer (Abb. 53 d). Die Infanterie erhielt die französische Einteilung in Halbbrigaden zu drei Bataillonen. Für die Offiziere führte man Epauletten ein. Die Kokarde, bis 1795 orange, wurde nun schwarz. Ende 1796 waren die Abzeichen folgende:

Truppenteil	Kragen, Rabatten, Aufschläge	Schöße	Vorstöße
1. Halb-Brigade	rot	rot	weiß
2. Halb-Brigade	karmin	weiß	weiß
3. Halb-Brigade	weiß	weiß	weiß
4. Halb-Brigade	weiß*	rot	rot
5. Halb-Brigade	hellblau	hellblau	weiß
6. Halb-Brigade	hellblau	weiß	weiß
7. Halb-Brigade	gelb	gelb	weiß
Rgt. Waldeck	gelb	gelb	weiß
Rgt. Sachsen-Gotha	rot	rot	rot

**Kragen rot mit weißem Vorstoß*

Die Jäger hatten grüne Röcke mit verschiedenfarbigen Abzeichen, schwarzes Lederzeug.
1803 änderten sich die Abzeichen der Infanterie. Nunmehr waren alle Bataillone voneinander unterschieden. Als Napoleon die Batavische Republik zum Königreich erhob, wurde die Uniform in Schnitt und Farbe geändert. In dieser

Abb. 53. Niederlande. Infanterie.
a, e Grenadiere der Garde – c Linien-Grenadier – b, d, f, g, h, i, k Linien-Infanterie (h Schweizer Infanterist)

Periode, 1806–1810, trug die Infanterie (Abb. 53f) weiße Röcke, Hosen und Westen. Kragen, Rabatten, Aufschläge und Schoßumschläge waren regimenterweise verschieden.

1. Regiment (Garde)	karmin
2. Regiment	hellblau
3. Regiment	rot
4. Regiment	rosa
5. Regiment	dunkelgrün
6. Regiment	grasgrün
7. Regiment	gelb
8. Regiment	hellviolett
9. Regiment	schwarz

Die Mäntel waren hellblau. Als Kopfbedeckung wurden schwarze Tschakos getragen, die links eine messingene Agraffe hatten, darüber ein Pompon von der Regimentsfarbe. Vorn am Tschako metallene Regimentsnummern. Bei den Füsilierkompanien weiße Behänge. Die Grenadiere und Voltigeure rote bzw. grüne Epauletten wie in der französischen Armee. Die Füsiliere trugen das Bajonett in Scheide; Grenadiere, Voltigeure und Unteroffiziere Säbel. Die Garde (Abb. 53e) hatte auf jeder Rabatte sieben gelbe Litzen mit Puscheln. Die oberste Litze war schräg gesetzt; zwei derartige Litzen auf dem Kragen, dazu rote Fransenepauletten, Pelzmütze mit rotem Deckel, darauf eine weiße Granate. Roter Federstutz und weiße Behänge. Das Lederzeug durchgängig weiß. Die Offiziere führten als Dienstzeichen Ringkragen, aber keine Schärpe. Das Portepee von Gold. Stiefel mit umgeschlagenen gelben Stulpen. Die Epauletten glichen denen der französischen Offiziere, ebenso die Chevrons der Unteroffiziere. Die leichte Infanterie trug Uniform in demselben Schnitt. Rock, Brustklappen, Weste, Hosen, Pompon, Behänge und Achselklappen dunkelgrün. Kragen, spitze Aufschläge, Schöße und Vorstöße waren beim zweiten Regiment hellblau, beim dritten gelb, Knöpfe durchgängig gelb. Schwarzes Lederzeug und Gamaschen. (Als Nr. 1 rangierte das Jägerbataillon der Garde – uniformiert wie die Grenadiere mit Jägerabzeichen.)

Als Napoleon 1810 das Königreich Holland dem Kaiserreich einverleibte, wurden die Regimenter der französischen Armee zugeteilt und erhielten somit französische Uniformen. Nur das Garde-Regiment behielt seine weiße Uniform, auf welcher jetzt die gelben Litzen wegfielen. Es wurde der Kaisergarde als drittes Regiment der Grenadiere zu Fuß zugeteilt. Als 1814/15 das Land als Königreich der Vereinigten Niederlande seine Selbständigkeit wiedererhielt, bekam die Infanterie (Abb. 53g) blaue, einreihige Röcke englischen Schnitts mit ebensolchen Aufschlagspatten und Achselklappen; farbige Kragen, Aufschläge und Vorstöße, rote Schoßumschläge, gelbe Knöpfe und hellgraue

Hosen. Tschako mit Vorder- und Hinterschirm, gelbem Schildchen, oranger Kokarde und weißem Stutz. Die Flankkompanien: blaue Achselwülste mit weißen Vorstößen. Die Abzeichen hatten folgende Farben:

1. u. 9. Batl.	orange	5. u. 13. Batl.	karmin
2. u. 10. Batl.	gelb	6. u. 14. Batl.	hellgrün
3. u. 11. Batl.	weiß	7. u. 15. Batl.	hellblau
4. u. 12. Batl.	rot	8. u. 16. Batl.	rosa

1815 (Abb. 53 h) wurde ein neues Tschakomodell ausgegeben, mit diademartigem Messingbeschlag und oranger Kokarde. Der Stutz fehlte. Die Jägeruniform im selben Schnitt von grüner Grundfarbe mit ebensolchen Aufschlagspatten und Achselklappen. Gelbe Kragen, Vorstöße, Aufschläge und Knöpfe. Rote Schoßumschläge. Tschako wie die Linie; mit grünem Stutz und gelber Bataillonsnummer über einem gelben Jägerhorn. Das Lederzeug dieser Truppe war schwarz. Die Offiziere erhielten die orange Schärpe wieder.

Sie trugen Uniformen mit langen Schößen. Die Nationalmiliz hatte blaue Röcke mit ebensolchen Achselklappen und schwedischen Aufschlägen, orange Kragen und Vorstöße. Weißes Schoßfutter und Knöpfe, Tschako englischen Modells mit weißer Sonne und Stutz sowie oranger Kokarde. Der beschriebene Typus blieb durch die zwanziger Jahre der vorherrschende. 1819 erhielt die gesamte Infanterie kurzen, einreihigen Rock mit weißem Kragen, weißen Vorstößen und gelben Knöpfen mit Abteilungsnummer darauf.
Die vier Schweizerregimenter (29. 30., 31. und 32. Regiment. Sie waren mit Ausnahme des Regiments Nassau-Oranien die einzigen Infanterie-Truppenteile, die Regimenter bildeten, während die übrige Infanterie nur in selbständige durchnumerierte Bataillone bzw. Abteilungen gegliedert war. Sie wurden 1829 aufgelöst) waren in bezug auf die Uniform reich ausgestattet. Sie trugen verschiedenfarbige Kragen, Aufschläge und Schoßumschläge. Auf der Brust neun Litzen (Abb. 53 h).

Nummer des Regiments	Abzeichen	Knöpfe u. Litzen u. Achselwülste der Flankkompanien	Schoßumschläge
29.	rot	weiß	rot
30.	orange	weiß	orange
31.	hellblau	weiß	hellblau
32.	gelb	gelb	rot

1831 bekam die Infanterie einen Tschako von ziemlich niedriger Form mit verhältnismäßig großem Deckel. Später spitzen hohen Tschako, der allmählich wieder niedriger wurde. 1854 erfolgte eine Neuuniformierung. Linieninfanterie niedrige Tschakos in Käppiform mit rotem hängenden Busch. Dunkelblauer einreihiger Waffenrock preußischen Schnitts mit weißem Kragen, Achselklappen, Vorstößen und Aufschlagspatten. Hellblaue Hose mit roter Biese. Gelbe Knöpfe und schwarzes Lederzeug (Abb. 53 i).
Regiment »Grenadiere und Jäger« ebenso, nur trugen die Grenadiere weißen Tschakobehang, alle Abzeichen rot, rote Achselwülste, auf Kragen und schwedischen Aufschlägen gelbe Litzen, weiße Achselklappen mit gelber Granate. Jäger ganz grün mit grünen Abzeichen; gelbe Litzen und Vorstöße. Um 1890 trägt die Linieninfanterie (Abb. 53 k) einen zweireihigen dunkelblauen Rock mit ebensolchem Kragen und Aufschlägen. Vorstöße um Kragen, spitze Aufschläge und Taschenleisten gelb; gelbe Achselstücke und Quastenschnüre, hellblaue Hosen mit gelben Vorstößen. Tschako in Käppiform mit oranger Kokarde, gelben Schuppenketten und Sonne. Weißer, niedriger Stutz. Die Grenadiere hatten rote Kragen und Aufschläge sowie Vorstöße. Das Lederzeug blieb schwarz. Die Jäger ganz dunkelgrüne Uniform in demselben Schnitt wie die Infanterie. Vorstöße gelb. 1897 wurden die gelben Abzeichen der Linie durch rote ersetzt, der Kragen wurde ganz rot. An Stelle des Tschakos trat ein blaues Tuchkäppi.

Nach 1900 wurde zum Felddienst von allen Fußtruppen zum kleinen Dienst und Feldanzug ein einreihiger blauer (Jäger grüner) Waffenrock mit Brusttaschen getragen. Hierbei fielen alle farbigen Abzeichen und Biesen fort. Der Kragen zeigte die rote Regimentsnummer. Die alte Uniform wurde zur Parade beibehalten (Abb. 55 a).
Nach Einführung der grauen Felduniform erhielten die Offiziere und Unteroffiziere eine farbige Ausgangs- und Gesellschaftsuniform, die im Schnitt für alle Waffen außer Kavallerie gleich ist. Einreihiger schwarzblauer Waffenrock mit gelben Knöpfen. Der dunkelblaue Stehkragen ringsum, die spitzen Aufschläge und dreiknöpfigen Schoßtaschenleisten an der Außenkante rot vorgestoßen. Schwarzblaue Achselklappen, Offiziere goldgeflochtene Achselstücke. Dunkelblaue Hose mit rotem Vorstoß. Dunkelblaues Käppi mit schwarzem Lacklederschirm und Kinnriemen. Orange Kokarde mit gelber Schnureinfassung, Deckelvorstoß und zwei Biesen um den Rand in Waffenfarbe, hier rot, Offiziere in Metallschnur. Hierzu kann der dunkelblaue frühere Mantel oder der graue Feldmantel getragen werden. Die Grenadiere (Hose hellblau) und Jäger (Rock und Hose grün, Vorstöße gelb) tragen hierzu Granate oder Jagdhorn in gelber Stickerei am Kragen, behalten auch zur Parade den bisherigen Tschako. Die Offiziere beider Regimenter tragen die alten Waffenröcke zur Parade weiter. Die Litzen sind golden, der Aufschlag brandenburgisch mit drei Litzen.

Die Schutterei bildete an Stelle der ehemaligen Nationalmiliz eine Art Landwehr. Waffenröcke und Hosen dunkelblau. Kragen und Aufschläge rot, Knöpfe und Achselstücke weiß. Als Offiziersabzeichen dient bei sämtlichen Fußtruppen die orange-gelbe Schärpe.

II. Kavallerie

Auch die Kavallerie war seit 1680 durchgehend grau, die Garde blau uniformiert. Die schweren Reiter behielten diese Farbe (später weiß) bei, wogegen die Dragoner seit 1752 blaue Röcke trugen. Die Futterfarben wechselten oft. Fast jeder neue Chef gab seinem Regiment eine andere Abzeichenfarbe und den Offizieren häufig eine besondere Stickerei. Die Garde zu Pferde (Abb. 54 a) trug 1752 einen blauen Rock englischen Schnitts mit roten Umschlägen und reichem Silberbesatz. Die Grenadierabteilungen hatten als Kopfbedeckung Pelzmützen (Abb. 54 c). Der Hut erhielt nach preußischem Vorbild in den sechziger Jahren einen weißen Stutz. Beinkleider und Bandeliere waren lederfarben. Beim 2. schweren Regiment, welches den Namen Karabiniers führte, war der Rock gelblich-weiß. Im ganzen bestanden 1752 sechs schwere Regimenter; die farbigen Abzeichen waren grün, hellblau, rot, rosa und schwarz; und zwar war die rote Abzeichenfarbe zweimal vorhanden. Beide Regimenter unterschieden sich durch die Knopffarbe. Die Dragonerwaffe zählte zwei Regimenter. Die Uniform war blau mit rosa. Westen und Beinkleider weiß. Die Garde zu Pferde und die Garde-Dragoner dunkelblau mit Rot und Silber. In der ersten Periode der Batavischen Republik bestanden nur zwei schwere Reiter-, ein Dragoner- und ein Husarenregiment. Die Reiter trugen weiße Röcke, beim 1. Rgt. mit schwarzen, beim 2. Rgt. mit blauen Abzeichen und Epauletten. Die Husaren erhielten blaue Dolmans mit roten Abzeichen und gelben Schnüren. Dragoner dunkelblaue Röcke mit rosa Abzeichen.
1802 trugen die leichten Dragoner Kaskett mit schwarzer Raupe, weiß-rotem Bund und weißem Stutz, kurze weiße Röcke; Abzeichen beim 1. Rgt. schwarz, beim 2. Rgt. hellblau; auf Kragen, Rabatten und Aufschlägen beide Regimenter weiße Litzen. 1804 wurden die Kasketts durch Bügelhelme französischen Dragonermodells verdrängt. 1805 wurde der Rock dunkelblau mit lichtroten Kragen und Abzeichen. Die gesamte Kavallerie trug im Feld blaue Überknöpfhosen. Bei der Neubildung der Armee 1806 wurde ein schweres Gardereiter-Regiment errichtet, welches die Uniform der Garde zu Fuß erhielt, also weiß mit karminrot und gelben Litzen. Statt der Epauletten gelbe Achselstücke. Pelzmütze mit weißen Behängen und rotem Stutz. Hohe Stiefel. Die Kürassiere (Abb. 54 d) trugen einen gelben Helm mit schwarzem Roßschweif und rotem Stutz. Weißes Kollett mit hellblauen Kragen, Rabatten, Aufschlägen und Schößen; rote Epauletten, gelbes Lederzeug. Die Husaren waren ganz dunkelblau oder hellblau mit roten Kragen und Aufschlägen; gelbe Schnüre (Abb. 54 e). Garde-Husaren rot mit gelben Schnüren und weißem Pelz. In der letzten Periode des Königreichs Ludwigs Napoleons kamen fortwährend Änderungen der Kavallerieuniformen vor, so daß diese kaum zur Durchführung gelangen konnten. 1814 wurden zwei schwere Dragoner-Regimenter (Abb. 54 f) errichtet. Dieselben erhielten einen langschößigen blauen Rock mit Kragen und Brustklappen, welche für das 1. Regiment rosa und für das 2. gelb waren. 1815 wurden die Uniformen geändert. Die gesamte Reiterei besteht im Jahre 1815 aus acht Regimentern, von denen die schweren Dragoner den Namen Karabiniers erhalten:

Bezeichnung des Regiments	Rock	Kragen u. Aufschl.	Schoß-futter	Hose	Knöpfe	Bemerkungen
1. Karabiniers	blau	rot, blaue Kragen	rot	weiß	weiß	Stahlhelm m. schw. Raupe
2. Karabiniers	blau	rot, blaue Kragen	rot	weiß	weiß	Stahlhelm m. schw. Raupe, rote Brustklappen u. Epauletten
3. Karabiniers	blau	gelb	rot	weiß	weiß	Stahlhelm m. schw. Raupe
4. Leichte Dragoner	blau	rot	rot	weiß	weiß	schwarzer Tschako
5. Leichte Dragoner	grün	gelb	gelb	grau	weiß	grüner Tschako
6. Husaren	hellblau	rot	keines	hellblau	weiß	schwarzer Tschako
8. Husaren	hellblau	hellblau	keines	hellblau	gelb	schwarzerTschako

Bei der gesamten Reiterei wurden im Feld graue Überhosen getragen, nur bei den Husaren waren dieselben dunkelblau. Die Trompeter mit Ausnahme der der 5. leichten Dragoner, die gelbe Röcke trugen, waren rot uniformiert (Abb. 54 g). Das Rgt. 7, welches in der Aufstellung fehlt, stand in Indien. Die Karabiniers wurden 1816 in Kürassiere (Abb. 54 k) umgewandelt. Sie behielten die blauen Kollets und farbigen Abzeichen und legten blanke Harnische an.

Abb. 54. Niederlande. Reiterei.
a Garde zu Pferde – b Reiter – c Garde-Dragoner (Grenadier) – d, k Kürassiere – e, o Husaren – g, i Leichte Dragoner – f, h Schwere Dragoner – l Lancier – m Jäger zu Pferde – n Dragoner

Der Stahlhelm mit schwarzer Raupe zeigte, wie schon früher, gelben Bügel, Schuppenketten und vorn einen Löwenkopf. Auf den Schultern wurden Achselwülste in der Kragenfarbe angebracht. 1819 trugen alle 4 Kürassier-Abteilungen blaue einreihige Röcke mit roten Abzeichen und weißen Knöpfen. 1821 erhielten sie neues Helmmodell. In den zwanziger Jahren trugen die leichten Dragoner (Abb. 54 i) blaue Kolletts mit ebensolchen Rabatten, blaue Hosen und Schabracken, orangefarbene Kragen und Vorstöße, weiße Knöpfe, weißen Hosen- und Schabrackenbesatz. Schwarzer Tschako mit weißem oberen Rand und Behängen, weißer Regimentsnummer, schwarzem Stutz und oranger Kokarde. Die Husaren hellblaue Dolmans und Pelze mit gelben Schnüren. Schwarze Säbeltaschen mit metallener Regimentsnummer. Die 1822 errichteten Lanciers (Abb. 54 l): dunkelgrüne Kurtkas mit ebensolchen Kragen und Rabatten, Beinkleidern, Schabracken und Mantelsäcken. Vorstöße und Besätze orange, weiße Knöpfe und Schuppenepauletten, grüne Tschapka mit weißem Stutz; Lanzenflagge oben orange, unten weiß. Die Trompeter trugen weiße Kolletts mit grünen Abzeichen. Im weiteren Verlauf richtete sich der Uniformschnitt bei der Kavallerie meist nach dem in Frankreich gebräuchlichen. 1841 Errichtung eines zweiten Lancier-Regiments in blauen Uniformen. 1849 erhielten die 4 Kavallerie-Regimenter die Bezeichnung Dragoner. Alle bekamen Rabatten. Nr. 1 und 4 waren als leichte Kavallerie bekleidet, Nr. 2 und 3 als schwere. 1. und 3. Rgt. rote Abzeichen, 2. weiße und 4. hellblaue. Tschakos der Rgtr. 1. und 4. in Abzeichenfarbe (Abb. 54 n). Rgtr. 2 und 3. Kürassierhelme mit Löwenkopf. Alle weiße Epauletten. Eine durchgreifende Umwandlung erhielt die Kavallerie-Uniform im Jahre 1867. Die nunmehr noch bestehen bleibenden vier Kavallerie-Regimenter erhielten Husaren-Uniform (Abb. 54 o). Die Uniform besteht seitdem aus schwarzblauen Attilas und Hosen; beim 1., 2. und 4. Regiment mit hellblauer, später dunkelblauer Beschnürung, beim 3. mit roter. Die mit weißen Schuppenketten versehene Pelzmütze hatte vorn ein Pompon in der Schnurfarbe. Die Knöpfe waren weiß, ebenso die über die Schulter getragenen Quastenschnüre. Die schwarze Säbeltasche zeigte die weiße Regimentsnummer. Bei der jetzt auf vier Halbregimenter verringerten Kavallerie tragen Offiziere und Unteroffiziere zu Gesellschafts- und Ausgangszwecken die alte Uniform unverändert weiter; hellblauer zweireihiger Mantel oder hellblaues mit schwarzem Pelz eingefaßtes Jackett sind gestattet.

III. Artillerie und Genie

Die Artillerie- und Genieuniform war im 18. Jahrhundert ähnlich wie die Infanterie-Montierung, nur zeigten Westen

und Hosen die blaue Grundfarbe des Rockes. Die Artillerie hatte rote, die Pioniere hatten schwarze Aufschläge. 1752 rote Unterkleider. 1793 wurde die reitende Artillerie errichtet. Sie trug Kavallerieuniform, nämlich dunkelblauen Rock mit blauen Klappen, rote Kragen und Aufschläge, gelbe Hosen, hohe Stiefel und Dragonerhüte. Bei der Neubildung der Armee des nunmehrigen Königreichs Holland im Jahr 1806 erhielt die Fuß-Artillerie Uniformen im Schnitt wie die holländische Infanterie. Die Farben waren für Rock, Weste, Hosen, Brustklappen und Achselklappen dunkelblau; Kragen, Aufschläge, Vorstöße und Tschakobehänge rot, das Tschakopompon, auf der linken Seite befindlich, nach den Bataillonen verschieden, rot, weiß, blau, gelb. Als Tschakobeschlag eine gelbe Krone über gekreuzten Kanonenrohren. Knöpfe gelb, Lederzeug weiß, Gamaschen schwarz. Die reitende Artillerie trug eine ganz blaue Husarenuniform mit roter Beschnürung, gelben Knöpfen und schwarzem Lederzeug. Tschakorand, Behänge und Stutz rot. Die niederländische Artillerie erhielt 1815 einreihige dunkelblaue Kolletts mit ebensolchen Aufschlagspatten, schwarzen Kragen und Aufschlägen, roten Vorstößen und gelben Knöpfen; graue Beinkleider mit roten Streifen, rote Tschakobehänge, schwarzen Stutz. Der Train hatte eine Uniform ähnlichen Schnitts, aber von grauer Grundfarbe, mit schwarzen Kragen, Aufschlägen, roten Vorstößen und weißen Knöpfen. Im weiteren geht die Entwicklung der Artillerieuniform parallel mit derjenigen der Infanterie. 1900 bestand die Uniform für die Feld- und Festungsartillerie aus einem blauen Rock mit zwei Knopfreihen, schwarzem Kragen mit roten Vorstößen; Aufschläge von der Grundfarbe ebenfalls rot vorgestoßen; dunkelblaue Beinkleider mit roter Biese. Quastenschnüre und Achselstücke rot. Tschako mit gelbem Beschlag, rotem Pompon und schwarzem Stutz.
Die farbige Ausgangsuniform ist 1938 wie die der Infanterie, jedoch zwei gelbe gekreuzte Kanonenrohre am Kragen. Die reitende Artillerie trägt bereits seit Anfang der 20er Jahre des vorigen Jahrhunderts nach englischem Muster eine ganz dunkelblaue Husarenuniform (Dolman) mit enger gelber Verschnürung. Hohe Pelzmütze mit rotem Beutel und Pompon, gelbe Fangschnüre. Die Dolmanverschnürung der Offiziere ist golden mit reichem Ärmelbesatz, zur kleinen Uniform schwarzblau.
Die Genietruppe folgte in ihrer Entwicklung der Infanterieuniform, jedoch mit grundfarbigem Kragen und roten Vorstößen. Mannschaften am Kragen je zwei gelbe Litzen, Offiziere antiken Helm in Goldstickerei. Zur Ausgangsuniform wird von den Unteroffizieren nur eine Kragenlitze und ein roter gestickter Helm auf der Achselklappe getragen.

IV. Generalität, Generalstab – Rangabzeichen

Die Uniformfarben der Generalität waren stets dunkelblau mit roten Abzeichen und reicher Goldstickerei. 1815 einreihiger dunkelblauer Frack, Kragen und runder Aufschlag rot mit breiter Goldtresse am Außenrand, goldene Epauletts, weiße, zum kleinen Dienst graue, später dunkelblaue Hose mit breiten Goldstreifen. Hut mit weißer Füllung und Busch, orange Kokarde mit goldener Agraffe rechts. Mitte der 40er Jahre fällt die Goldtresse weg, Kragen und Aufschlag werden mit reicher Goldstickerei bedeckt. In den 50er Jahren tragen die Generale den einreihigen Waffenrock mit gleicher Ausstattung. Zur kleinen Uniform roter Kragen ohne Stickerei, dunkelblaue Aufschläge, goldene Epauletts, Tschako mit breiter Goldtresse am oberen Rande. 1869 bis zum Ausgang des Jahrhunderts erhält die Generalität Husarenuniform; schwarzblauer Attila, Kragen rot mit breiter Goldtresse belegt, Verschnürung golden, am Aufschlag Goldtresse in Keilform mit rotem Vorstoß; zur kleinen Uniform ist die Brustverschnürung dunkelblau; orange Husarenschärpe, Hose dunkelblau zunächst mit goldenen Streifen, später mit rotem Vorstoß. Pelzmütze mit ovaler orange Kokarde, goldenem Kinnriemen und Fangschnur. Zur großen Uniform weißer Stutz und roter goldbesetzter Beutel. Säbeltasche rot mit Rangsternen und Goldeinfassung.
Ab 1900: Schwarzblauer zweireihiger Rock mit rotem Kragen und runden Aufschlägen mit reicher Eichenlaubstickerei, goldene Epauletts, orange Schärpe mit Quasten links. Dunkelblaue Hose mit je zwei schmalen roten Streifen, schwarzer Hut mit orange Kokarde, goldener Agraffe und weißem Federbusch. Zur kleinen Uniform hat der Rock dunkelblaue Rollumschläge mit rotem Vorstoß. Der rote Kragen ist mit schmaler Goldstickerei am Rand besetzt, goldenes Achselgeflecht, dunkelblaues Käppi mit rotem goldbesticktem Band, Seiten- und Deckelvorstöße in Goldschnur, schwarzer Schirm mit gleichfarbigem Kinnriemen, auf dem Band orange Kokarde im Lorbeerkranz. Nach 1912 fällt der große Uniformrock fort, der kleine jetzt allein getragene Rock wird einreihig. Der Kragen erhält Rangsterne. Epauletten und Hut verbleiben zum großen Anzug. Die Uniform des Generalstabs folgt im allgemeinen der der Generale unter Ersetzung der Eichenlaubstickerei durch schmale Goldtressen und der Abzeichenfarbe durch Karmin. Seit 1868 erhält auch der Generalstab Husarenuniform; schwarzblauer Attila mit karmin Kragen und dunkelblauer Verschnürung. Hose und Pelzmütze wie Generale, Vorstöße karmin, Säbeltasche schwarz. Die Ordonnanzoffiziere des königlichen Hauses tragen seit 1868 dunkelgrünen schwarzbeschnürten Attila, dunkelgrüne Beinkleider, Pelzmütze mit rotem Stutz und Beutel, weiße Knöpfe.
Die Rangabzeichen der Offiziere waren bis etwa 1830 mit Ausnahme der französischen Fremdherrschaft folgende: Generale und Stabsoffiziere zwei Epauletts mit starken Fransen in Knopffarbe, Generale auf dem Feld 2–4 sechsstrahlige Silbersterne, der Oberst glattes Feld, Oberstleutnant und Major 1 oder 2 Längsstreifen in gewechselter Metallfarbe. Hauptmann 1 Epaulett mit starken Fransen, Subalternoffiziere ein gleiches mit dünnen Fransen auf der rechten Schulter. Seit etwa 1830 tragen die Subalternoffiziere Epauletten auf beiden Schultern, wie die Stabsoffiziere, aber mit dünnen Fransen. In der Mitte der 60er Jahre

Abb. 55. Niederlande.
a, c Infanteristen – b Offizier der reitenden Artillerie – d Kolonialinfanterist

des vorigen Jahrhunderts wurden die Epauletten abgeschafft. Die Rangbezeichnung ist nunmehr folgende: Subalternoffiziere 1–3 sechsstrahlige Sterne auf den Kragenenden in gewechselter Knopffarbe, Stabsoffiziere die gleichen Sterne auf breiter Kragentresse in Knopffarbe, Adjutant-Unteroffiziere (etwa Feldwebelleutnant) einen runden Knopf in gewechselter Knopffarbe am Kragenende. Zusätzliche Rangbezeichnung durch eine einfache von der linken Schulter an der rechten Hüfte vorbeigeführte Fangschnur, deren Quasten an der linken Brust befestigt werden. Leutnants 2 und 3 Quasten mit dünnen Fransen, Hauptleute 2 Quasten mit starken Fransen, Major 3, Oberst 4 mit starken Fransen, der Oberstleutnant hat ebenfalls 4 Quasten, die beiden oberen in gewechselter Knopffarbe. Die Fangschnur der Generale trug auf den oberen Quasten einen bzw. zwei Silbersterne. Portepee silbern mit orange Füllung. Seit 1900 trägt die Generalität die Epauletten von 1815, zusätzlich am Kragen der Generalleutnant 4 Silbersterne, der Generalmajor je 2 silberne und 2 goldene. Die Unteroffiziers- und Mannschaftsgrade wurden durch 1–2 Metall- oder Wolltressen in Knopffarbe in Winkelform über den Aufschlägen gekennzeichnet.

V. Die graue Felduniform, ihre Waffen- und Rangabzeichen

Seit etwa 1912 ist auch im niederländischen Heer eine schutzfarbige Felduniform eingeführt, die zum Felddienst und von der wehrpflichtigen Mannschaft auch im täglichen Dienst getragen wird. Die graue Grundfarbe und der Schnitt sind für alle Truppengattungen gleich. Feldrock mit einer Reihe von 7 Knöpfen, Brust- und Seitentaschen, für Offiziere und Unteroffiziere aufgesetzt, mit geschweiften Klappen und kleinen Knöpfen, grundfarbige Achselklappen. Der Stehkragen ist rundherum, der runde Aufschlag oben waffenfarbig vorgestoßen. Kurze Hose mit Vorstoß, Wickelgamaschen für unberittene Truppen, sonst Reitstiefel, Schuhzeug schwarz, Lederzeug braun, Offiziere mit Schulterriemen (Abb. 55c). Der Stahlhelm eigenen Modells trägt über der Stirn das Wappen. Das oben etwas engere, steife Käppi hat Stoffschirm und braunen Kinnriemen sowie 2 und 4 cm von der Unterkante je eine waffenfarbige Biese, zwischen denen über dem Schirm das bronzene Regimentsabzeichen befestigt ist. Am oberen Käppirand ovale orange Kokarde mit weißer oder gelber (Offiziere silberner oder goldener) Schnureinfassung, die nach unten eine kleine Agraffe bildet. Bei den höheren Unteroffizieren ist die untere, bei Subalternoffizieren beide Biesen, bei Stabsoffizieren auch der sonst graue Deckelvorstoß aus Metallschnur. Zum Felddienst bootsförmige Mütze, für Offiziere mit Metallschnur, für Mannschaften bis 1934 mit waffenfarbiger Schnur um den Aufschlag, auf dem für alle Heeresangehörigen links das Regimentsabzeichen in orange befestigt ist. Der Mantel hat liegenden Kragen, Rollumschlag, zwei Reihen Knöpfe, hinten Riegel mit 2 Knöpfen. Alle Knöpfe der Felduniform sind Bronze mit gekröntem Löwen. Die Waffenfarben und Abzeichen im einzelnen ergeben sich aus folgendem Schema nach dem Stand von 1934:

Waffengattung	Einfassung der Käppi-Kokarde	Käppi-Abzeichen Bronze	Käppi- u. Hosen-vorstoß	Kragen u. Aufschlag-vorstoß	Besonderes
Grenadiere	gelb	flammende Granate	rot	rot	am Kragen gelbe Granate
Jäger	gelb	Jagdhorn	grün	grün	am Kragen gelbes Jagdhorn
Infanterie	gelb	arab. Nr.	blau	blau	
Radfahrer	gelb	Löwe	blau	blau	am Kragen gelbes Rad
Husaren 1., 2., 4. Halbrgt.	weiß	arab. Nr.	blau	–	Stab 1. Hus.-Rgt. wie 1. Halbrgt.
3. Halbrgt.	weiß	arab. Nr.	rot	–	Stab 2. Hus.-Rgt. wie 3. Halbrgt.
Artillerie	gelb	arab. Nr.	rot	rot	am Kragen gelbe gekreuzte Kanonenrohre
Luftabw. Art.	gelb	Löwe	rot	rot	am Kragen Propeller auf gekr. Kanonenrohren
reitende Art.	gelb	Löwe	gelb		am Kragen gekreuzte Kanonenrohre
Genie	gelb	Löwe	blau	blau	am Kragen gelber antiker Helm
Brückenbau	gelb	Löwe	rot	rot	am Kragen gelber unklarer Anker
Luftwaffe	gelb	Löwe	rot	rot	Offiziere keine Vorstöße am Rock
Generalstab	gold	Löwe	an der Hose karmin	am Kragen karmin	auf der linken Brust goldener 6strahliger Stern mit Löwen
Generale	orange Kokarde im goldenen Lorbeerkranz		am Käppi gold, auch Seitennähte. An der Hose 2 schmale rot. Streif.	–	Kragen mit gezackter Goldtresse eingefaßt

Die Rangabzeichen gleichen denen der farbigen Uniform. Die Kragentresse der Stabsoffiziere wird durch einen senkrechten, hinter den Sternen befindlichen Balken in Knopffarbe ersetzt. Die gleichen Rangabzeichen befinden sich auch am Mantelkragen; die Generale außerdem 2–3 Silbersterne am Mantelärmel. Die Mannschaften tragen am Mantel kleine gerade Litzen gleicher Zahl und Farbe wie an den Ärmeln in den Kragenecken.

VI. Die Kolonialarmee in Niederländisch-Indien

Die Kolonialtruppe trug bis Ende der 60er Jahre Uniformen, die denen des Heimatheeres stark angeglichen waren. Seitdem erhält die Truppe einen durchgängig dunkelblauen Attila, der um die Brust rabattenartige Vorstöße in Waffenfarbe zeigt (Abb. 55 d). Diese Vorstöße befanden sich ebenfalls um den Kragen und um die spitzen Aufschläge. Dunkelblauer Tropenhelm mit Stern und Wappen, zur Parade mit Spitze. Dunkelblaue Hose mit waffenfarbigem Vorstoß. Auf dem Rock wurden zur Parade sechs waffenfarbige gerade Brustverschnürungen befestigt, die von Offizieren stets, und zwar in schwarzer Seide, getragen wurden. Diese dunkle Uniform hat sich als Ausgangsuniform mit kleinen Abänderungen erhalten. Der Rock ist für alle Waffengattungen ein Attila mit schwarzer Brustverschnürung, Offiziere schwarzer ungarischer Knoten auf den Ärmeln, geworden. Der Helm ist abgeschafft. An seine Stelle ist ein niedriger dunkelblauer Tuchtschako mit knopffarbiger Schnur am unteren und waffenfarbigem Vorstoß am oberen Rand getreten. Die Rangabzeichen sind dieselben wie in der niederländischen Heimatarmee. Die Generalsuniform ist dieselbe geblieben wie in der Zeit von 1868/1900 in den Niederlanden. Waffen- und Knopffarben der Hauptwaffe sind unverändert geblieben: Infanterie orange-gold, Kavallerie rot-silber, Artillerie rot-gold, Genie rot-gold mit antikem Helm am Kragen.

Zum Felddienst wird seit Anfang dieses Jahrhunderts eine grüngraue Uniform getragen mit einer Reihe schwarzer Bronzeknöpfe. Auf den grundfarbigen Achselklappen befindet sich in schwarzer Bronze das Waffenabzeichen (gekreuzte Gewehre, Säbel oder Kanone, antiker Helm). Die Rangabzeichen befinden sich am Stehumlegkragen auf den schwarzen zweimal geschweiften Kragenpatten. Die Zahl der Rangknöpfe und Sterne ist dieselbe wie in der Heimatarmee, ihre Farbe stets silber. Die Subalternoffiziere haben die Kragenpatte mit einer Goldschnur eingefaßt, Stabsoffiziere und Generale mit breiter Goldtresse besetzt. Dazu Stahlhelm nach Heimatmodell oder bootsförmige grüngraue Feldmütze bzw. grüngraue Tellermütze englischen Modells mit dunklerfarbigem Besatzband und runder Kokarde über dem Lederschirm.

Abb. 56. Norwegen 1830–1890.
a Infanterie-Offizier – b, e Infanteristen – c Jäger – d Spielmann der Garde – f Kavallerie-Offizier – g, h Kavalleristen – i Artillerie-Offizier – k Artillerist – l Genie-Offizier

Norwegen

(Kokarde blau-weiß-rot)

I. Infanterie

Bis 1814 gehörte Norwegen bekanntlich zu Dänemark. Seit der Personalunion mit der schwedischen Krone (1814–1905) schließt sich die Uniformierung in Schnitt und Farbe im allgemeinen der schwedischen an. So trug um 1830 die Infanterie (Abb. 56 a) einen kurzschößigen dunkelblauen Frack, rote Kragen, Vorstöße, Ärmelpatten und Schoßumschläge. Gelbe Schärpe zweimal blau durchzogen, gelbe Knöpfe. Tschako mit gelber Garnitur. Beinkleider blau, im Sommer weiß. Um 1860 (Abb. 56 b) dunkelblauer Waffenrock mit ebensolchen Abzeichen, roten Vorstößen, gelben Knöpfen, grauen Hosen mit rotem Vorstoß und blauem Käppi mit rotem Besatz und Pompon. Vorn die rote Kokarde von weißem Rand umgeben; der weiße Rand mit einem blauen Ring belegt. Die Jäger (Abb. 56 c) trugen einen ganz grünen kurzschößigen Rock ohne weitere Abzeichen; weiße Knöpfe, graue Hosen. Bersaglierihut mit Kokarde und schwarzem Busch. Die Scharfschützen der Garde (Abb. 56 d) hatten 1890 noch denselben Hut, dazu einen dunkelblauen kurzen Waffenrock mit ebensolchen Kragen und Aufschlägen, weißen Knöpfen und geraden Litzen, roten Vorstößen ringsum, grünen Fransenepauletten mit weißen Monden; graue Hosen mit weißen Doppelstreifen. Später dunkelblaue Epauletten ohne Fransen, dunkelblaue Hosen. Bei Offizieren ist der Besatz aus Silbertresse. Um 1890 war die Infanterie in folgender Weise bekleidet: hellblauer Waffenrock mit gleichfarbigem liegenden Kragen und Aufschlägen. Alle Abzeichen sowie der Rock vorn herunter und rings um die Schöße mit roten Vorstößen besetzt. Ebensolche Vorstöße an den hellblauen Beinkleidern. Weiße Knöpfe und schwarzer Lederhelm mit weißem Beschlag (Abb. 56 e). Um 1900 wird die Infanterieuniform dunkelblau, der Rock erhält einen am Außenrand rot vorgestoßenen Stehkragen, die Ärmelaufschläge der Mannschaften werden spitz. An Stelle des Helms tritt ein dunkelblaues Käppi mit roten Vorstößen in den Seitennähten (Abb. 57 a). Die dunkle Uniform wird auch weiterhin von allen Waffen als gestattetes Stück neben der Felduniform getragen. Die Garde trägt hierzu außerdienstlich eine bootsförmige Feldmütze mit breiter Silbereinfassung am Aufschlagrand und kleinem Quast über der Stirn.

Abb. 57. Norwegen.
a, b, c Infanteristen

II. Kavallerie

Die Grundfarbe ist bis heute grün. 1830 (Abb. 56f) hatte das Kollett grüne Kragen, Aufschläge und Rabatten mit roten Vorstößen, weiße Knöpfe, roter Besatz auf den grünen Hosen, Tschako mit schwarzem Stutz, weißem Beschlag und Behängen. 1860 (Abb. 56g) rotes Käppi mit ebensolchem Pompon und weißer Garnitur. Grüner Rock mit ebensolchen Aufschlägen und Rabatten, rote Kragen und rote Vorstöße um Achselklappen, Rabatten, Aufschläge, Schöße, Ärmel- und Rückennähte; weiße Gardelitzen und Knöpfe. Grüne Hosen mit roter Biese und schwarzem Lederbesatz. Grüne Schabracke mit rotem Zackenrand und weißer Krone in den hinteren Ecken. 1890 war die Uniform in Schnitt und Farbe ähnlich; Käppi jetzt von grüner Grundfarbe mit karminroten Vorstößen, weißem Beschlag und schwarzem Busch. Die dunkelgrauen Hosen werden in den Stiefeln getragen. Offiziere haben karmin Lampassen, schwarzes Bandolier und Kartusche, Epauletten. Alles Rot jetzt karmin (Abb. 56h). Schabrackenrand glatt, ebenfalls karminrot, auch die Krone in den hinteren Ecken der Schabracke.

III. Artillerie, Genie, Train

Die Artillerie-Uniform war 1830 (Abb. 56i) ganz blau (auch die Abzeichen) mit karminroten Vorstößen. Gelbe Knöpfe, Tschako mit gelber Granate und Schuppenketten, schwarzer Busch. 1860 blauer Waffenrock mit ebensolchen Aufschlägen, karmin Aufschlagpatten, Kragen und Vorstöße karmin, gelbe Knöpfe und Lederzeug. Graue Hosen mit roter Biese, blauer Tschako mit karminroten Besätzen, Pompon und Fangschnur. Vorn die Kokarde, darunter gelbe Granate (Abb. 56k). Später dunkelblaues Käppi mit karmin Vorstößen, dunkelblaue Hosen mit karmin Vorstoß, Offiziere Lampassen und goldenes Bandelier. Der Train hat die gleiche Uniform, nur Kragen und Aufschläge dunkelblau mit karmin Vorstoß. Die Genietruppe trug 1890 dieselbe Uniform wie die Infanterie, nur mit schwarzen Vorstößen. Um 1900 wird das Grundtuch dunkelblau, Stehkragen, Ärmelpatten und Vorstöße werden hellblau (Abb. 56l).

IV. Generalität, Generalstab – Rangabzeichen

Die Uniformen der Generale waren stets den schwedischen sehr ähnlich, jedoch mit roten Vorstößen und Lampassen. Der Federbusch auf dem Hut ist blau-rot. Der Generalstab trägt die Generalsuniform ohne Eichenlaubstickerei an Kragen und Aufschlag, dafür goldene doppelte Fangschnüre am rechten Arm. Die Dienstgrade der Offiziere werden durch 1–3 fünfstrahlige Rangsterne gekennzeichnet. Bis etwa 1860 sind die Rangsterne auf den Epauletten angebracht, die bei Stabsoffizieren mit dünnen, bei Generalen mit starken Fransen besetzt sind. An der täglichen Uniform werden die Rangsterne seit etwa 1860 in Knopffarbe nebeneinander in den Kragenecken angebracht. Die Stabsoffiziere haben zusätzlich den Kragenaußenrand mit einer schmalen knopffarbigen Tresse eingefaßt. Der Kragen der Generale ist mit breiter Goldtresse besetzt, die Rangsterne sind silbern. Am Käppi sind die Seitenvorstöße und die 1–3 schmalen, bei Stabsoffizieren 1 mittelbreite und 1–3 schmale Rangtressen, darunter in Knopffarbe um das Band befestigt. Alle Generalsgrade tragen das Käppiband mit einer breiten Goldtresse besetzt, dazu goldene Mützenkordel. Alle Offiziere haben eine karminrote Seidenschärpe, Quaste links, das geschlossene Portepee ist aus Gold, mit dunkelblauer Seide gemischt. Die Abzeichen der Unteroffiziere bestehen aus 1–3 waffenfarbigen Schnüren am Ärmelaufschlag und Käppiband.

V. Die feldgraue Uniform

Schon seit 1903 fanden Versuche mit einer schutzfarbigen Uniform statt, die 1912 endgültig zur Einführung gelangte und jetzt die einzige Bekleidung der wehrpflichtigen Mannschaft und die tägliche Kleidung auch des festangestellten Offizier- und Unteroffizierkorps bildet. Die Felduniform aus grüngrauem Grundtuch ist im Schnitt für alle Waffengattungen und Ränge gleich. Sie besteht aus einer Bluse mit aufgesetzten Brust- und Seitentaschen mit Quetschfalte und geschweiften Patten, Stehumlegekragen und Rollumschlägen, beide rot vorgestoßen kurzer bzw. langer Hose mit rotem Vorstoß. Lederzeug braun, Offiziere Schulterriemen, Schuhzeug schwarz (Abb. 57b, c). Der graue doppelreihige Mantel hat den liegenden Kragen, die Schulterklappen und die gerollten Umschläge rot vorgestoßen. Das

Abb. 58. Das Königreich Polen.
a Adliger Husar – b Flügel-Adjutant – c, g, k Ulanen – d Offizier der Krongarde zu Warschau – e Leibgarde-Dragoner – f, h Linien-Infanteristen – i Garde-Grenadier – l Sensenträger – n Jäger zu Pferde – m Sandomirscher Freischütz – o Masowischer Freischütz

Käppi aus Grundtuch hat schwarzen Lacklederschirm und gleichfarbigen Kinnriemen, bei den Mannschaften rote, bei Offizieren knopffarbige Seitenvorstöße, an der Vorderseite am oberen Käppirand die Kokarde, darunter, durch eine Agraffe miteinander verbunden, einen Wappenknopf, für Offiziere aus roter Emaille mit aufgelegtem goldenem Löwen. Die Waffenunterscheidung erfolgt nur durch die verschiedene Farbe und Prägung der Knöpfe. Generale, Artillerie und Train gelbe, sonst weiße Knöpfe. Die Rangabzeichen der Felduniform sind die gleichen wie an der täglichen dunklen Uniform. Die Kragentressen der Stabsoffiziere und Generale geht nur bis zur Schulterhöhe.

Polen

(Kokarde seit dem ;—. Jahrhundert weiß)

Das polnische Heer unter Johann Sobieski bestand zur Zeit des Entsatzes von Wien 1683 aus *Infanterie* (ausländische genannt, aber nur aus Polen bestehend) und 3 Arten von *Kavallerie:* schwere Husaren, leichte Panzerny und Dragoner (eher berittene Infanterie), außerdem *Artillerie* nach europäischem Muster und damals übliche Hilfstruppen. Außer bei Haustruppen und Hofjanitscharen war aber von strenger Uniformierung damals nicht die Rede.

Infanterie sollte die Wappenfarbe des Kreises tragen, von dem sie aufgestellt wurde. Eine bestimmte Anzahl von Häusern hatte die Uniformierung, Bewaffnung, Verpflegung für 6 Monate und für 5 Leute einen Wagen zu stellen. Infanterie trug keinen Harnisch, als Kopfbedeckung Hüte, Pelzmützen oder leichte Eisenhauben. Die Bewaffnung bestand, nach Abschaffung der Picken, aus schwerem Radschloßgewehr und sog. Berdysz, einem kleinen Beil mit langem Heft, das durch Sobieski für Infanterie und Dragoner eingeführt wurde. Es konnte auch als Schanzzeug und Gewehrgabe benutzt werden und wurde mittels eines Riemens quer über den Rücken getragen.

Kavallerie war durch den vom König schriftlich bestimmten Rittmeister in sogenannte Fahnen (20 bis 100 Reiter) gesammelt. Der Rittmeister besorgte lange Reiterspieße mit verschiedenen Flaggen, die übrige Bewaffnung und Ausrüstung war Eigentum des Reiters. Husaren und Panzerreiter bestanden nur aus dem Adel. Jeder Reiter hatte eigene Bedienung, Verpflegung, Wagen und Pferde. Dragoner wie Infanterie. *Husaren:* Bewaffnung: 4,8 bis 5,5 m langer Reiterspieß als Grundwaffe, mit verschiedenfarbigen, bis 3 m langen Flaggen. Dazu Säbel, kurzes Feuergewehr im

Sattelhalfter und langer Panzerstecher unter dem Knie am Sattel. Der Spieß war mit Namen gezeichnet; wenn er unzerbrochen auf dem Schlachtfeld gefunden wurde, mußte der Besitzer die Truppe verlassen. – Koller von Sämischleder oder Tuch, darüber eiserner Harnisch und Haube mit beweglichem Nasenschutz. Auf dem Rücken 2, manchmal 1 Flügel aus Holzstäben, mit Adlerfedern besteckt (Abb. 58 a). Helm mit Metallflügeln wurde noch zu Anfang des 18. Jahrhunderts getragen, später Husarenpelzmütze. Vom Panzer wurde zeitweise nur das Vorderteil getragen, mit 2 Querriemen am Rücken. Über die linke Schulter, auf der Brust durch eine metallene Schließe gehalten, hing ein Tiger-, Leoparden- oder einfaches Wolfsfell. Ringkragen oder rechte Harnischseite waren oftmals mit einem vergoldeten Kreuz geschmückt, links ebensolches Bild der Mutter Gottes. – Reiche Besattlung und Pferderüstung, gestickte Pferdedecken. *Panzerny* – Leichte Kavallerie – leviores armaturae: Sie trugen die ganze Last des Aufklärungs- und Sicherheitsdienstes. Bewaffnung: Säbel, Pistolen im Halfer; fast jeder Reiter trug die alte Bewaffnung, Bogen und Pfeile im Köcher und Schild, Kalkan genannt, aus geflochtenem Rohr oder Feigenzweigen an beiden Sattelseiten aufgehängt. Kalkan und Köcher waren mehr traditionelle Dekoration. Oft ein kurzer Spieß ohne Flagge. Sturmhaube rund und klein, mit einem auf die Schulter herabhängenden Drahtnetz versehen. Kettenpanzer über dem Koller, wie Husaren, mit kurzen Ärmeln, bis zu den Lenden reichend. An beiden Armen eiserne geschmückte Stulpen, Karawasche genannt. Diese Tracht, auch bei Husaren, war keine eigentliche Uniform, es kommen daher sehr viele Willkürlichkeiten vor. *dragoner,* wie Infanterie gebildet, trugen keine Schutzrüstung, als Kopfbedeckung Pelzmütze, Hut oder leichte Eisenhaube, Koller von Leder oder Tuch, Säbel oder Degen, kurze Muskete am Bandolier, Berdysz über dem Rücken, oft Pistolen im Halfter. Pferde mittelmäßiger.

Im Verlauf des 18. Jahrhunderts sind bei der Uniformierung der polnischen Armee zwei verschiedene Elemente zu erkennen, nämlich das sächsische und das nationalpolnische, das letztere besonders bei der Kavallerie. Die Infanterie behielt die alte sächsische rote Uniform bei, auch nachdem in Sachsen längst die weiße eingeführt war. Eine Waffengattung bestand in Polen fort, welche im westlichen Europa fast gänzlich verschwunden war, nämlich die der Lanzenreiter. Diese hatten eine eigentümliche Organisation: Im ersten Glied standen die *Towarzysz*, die sich aus Edelleuten rekrutierten; die Diener der Towarzysz. Den Pacholken oblag vor allem die Pferdewartung und die Instandhaltung der Waffen. Im nachfolgenden Shema sind die Uniformen des ersten Gliedes beschrieben. Das zweite Glied trug in der Regel die gleiche Uniform, nur war die Kopfbedeckung von abweichender Form; die Stiefel waren hier nicht gelb, sondern schwarz, ferner fehlten Fangschnüre und Epauletten.

Kavallerie 1775

Regiment	Kopf-bedeckung	Kurtka	Kragen u. Rabatten	Weste	Hose	Knöpfe
Narodowi 1. Brgd.	amarant	hellblau	amarant	weiß	amarant	weiß
Narodowi 2. Brgd.	dunkelblau	dunkelblau	rot	weiß	dunkelblau	weiß
Narodowi 3. Brgd.	hellblau	hellblau	karmesin	weiß	hellblau	weiß
Narodowi 4. Brgd.	rot	dunkelblau	rot	weiß	rot	weiß
Przdny Straz 1. Rgt.	rot	dunkelblau	rot	weiß	dunkelblau	weiß
Przdny Straz 2. Rgt.	grün	grün	schwarz	rot	rot	gelb
Königs-Hus. Br.	rot	dunkelblau	rot	weiß	dunkelblau	gelb
National-Kav.	orange	dklblaue Kasacke	orange	weiß	weiß	weiß
1. Ulanen-Rgt.	gelb	weiß	gelb	gelb	gelb	weiß
2. Ulanen-Rgt.	dunkelblau	weiß	dunkelblau	dunkelblau	dunkelblau	gelb
3. Ulanen-Rgt.	rot	weiß	rot	rot	rot	gelb
4. Ulanen-Rgt.	grün	weiß	grün	grün	grün	gelb
5. Ulanen-Rgt.	orange	weiß	orange	orange	orange	weiß

Die Regimenter der Przedni Straz (Avantgarde, Vortrab) trugen Kurtkas mit kurzen Ärmeln, der sichtbare Westenärmel hatte polnische Aufschläge, beim 1. Rgt. dunkelblaue Kurtka mit roten Aufschlägen, beim 2. dunkelgrüne mit schwarzen. Die letzten 7 Rgter. hatten keine Westen, sondern lange poln. Kleidung, Ulanen außerdem an der Kurtka kurze Ärmel (Abb. 58 c).

Das Leib-Regiment Dragoner war wie alle Dragoner-Regimenter sächsisch uniformiert. Es trug Dreispitz mit weißer Feder, roten Rock mit hellblauen Abzeichen, keine Rabatten, weiße Brustlitzen, weiße Westen und lederfarbene Hosen. Die Linien-Dragoner trugen grüne Röcke, gelbe Fangschnüre und gelbe Knöpfe. Kron-Feldherrn-Dragoner-Rgt. schwarze Kragen, Rabatten und Aufschläge, lederfarbene Schöße, Weste und Hose. Rgt. Unter-Feldherr Aufschläge pompadour, aber weiße Schöße und Weste. Koszlowski-Dragoner-Rgt.: rote Kragen, Rabatten, Aufschläge und Schöße, weiße Weste. Auf dem gelbbortierten Hut roter Stutz. Die Leib-Dragoner (nicht zu verwechseln mit dem Leib-Regiment Dragoner) hatten rote Röcke mit blauen Abzeichen und gelben Knöpfen. Auch die Infanterie war sächsisch bekleidet.

1775 unterschieden sich die Infanterie-Regimenter folgenderweise:

Regiment	Rock	Kragen, Rabatten, Aufschläge	Schöße	Knöpfe
Kron-Garde-Gr.-Rgt.	rot	dunkelblau	dunkelblau	gelb
Witten Gr.-Rgt.	rot	dunkelblau	weiß	gelb
Kron-Feldherrn-Inf.-Rgt.	rot	grün	grün	gelb
Kron-Unter-Feldh.-Inf.-Rgt.	rot	hellblau	hellblau	weiß
Königin Hedwig Inf.-Rgt.	rot	schwarz	weiß	weiß
Kronprinz Inf.-Rgt.	rot	weiß	weiß	weiß
Lanowi Inf.-Rgt.	rot	hellgrün	weiß	weiß
Czapski Inf.-Rgt.	rot	dunkelgrün	weiß	gelb
Raczinski Inf.-Rgt.	rot	hellblau	weiß	weiß
Potoczki Inf.-Rgt.	rot	dunkelblau	weiß	weiß
Ordination von Ostrog Inf.-Rgt.	rot	schwarz	weiß	gelb
Ordination von Reissen Inf.-Rgt.	rot	gelb	weiß	weiß
Kalixt Poninski Inf.-Rgt.	rot	hellgrün	weiß	gelb
Litauisches Leib-Gr.-Rgt.	rot	dunkelblau	weiß	gelb
Des Feldherrn 1. Inf.-Rgt.	hellblau	weiß	weiß	gelb
Des Feldherrn 2. Inf.-Rgt.	hellblau	gelb	gelb	weiß
Des Unt.-Feldherrn 1. Inf.-Rgt.	hellblau	schwarz	weiß	gelb
Des Unt.-Feldherrn 2. Inf.-Rgt.	hellblau	rot	rot	weiß
Grabowski Inf.-Rgt.	hellblau	gelb	gelb	weiß
Massalski Inf.-Regimentchen	hellblau	rot	weiß	weiß

Das Kron-Garde-Grenadier-Regiment trug braune Pelzmützen mit Messingbeschlag, das Witten Grenadier-Regiment eine Kopfbedeckung, die der preußischen Füsiliermütze ähnelte, dazu auf dem Vorderblech ein Pompon, das Litauische Leib-Grenadier-Regiment Grenadiermützen russischer Probe. Die ungarischen Regimenter waren abweichend bekleidet. Die Warschauer Ungarn-Fahne trug hellblaue Röcke mit orangefarbenen Abzeichen, weiße Unterkleider, ungarische Stiefel und Füsiliermützen. Des Kron-Feldherrn Ungarn-Fahne: Pelzmützen mit rotem Beutel, grüner vierreihiger Rock mit rotem Kragen, polnischen Aufschlägen und Schößen, weiße, rotverschnürte Weste, rote Säbeltasche mit grünem Rand und polnischem Adler. Unter-Feldherrn-Ungarn-Fahne ebenso, nur die Farben gewechselt, also grüner Beutel, roter Rock mit grünen Abzeichen, weiße Weste mit grüner Verschnürung und grüne Säbeltasche mit rotem Rand, weiße Knöpfe, beim vorigen gelbe. Die Offiziere dieser beiden Regimenter trugen Flügelmützen.

Zur Linieninfanterie-Uniform ein stets weiß-bortierter Dreispitz. Die Pompons waren weiß mit Abzeichenfarbe. Das Regiment Lanowi hatte weiße Zackenrandborte. Die Offiziere hatten kleine Epauletten in der Knopffarbe, sächsische Schärpen und Portepees.

Die Artillerie trug 1775 einen grünen Rock mit schwarzen Kragen, Rabatten und Aufschlägen und weißen Schößen, weiße Unterkleider.

Für alle Waffen gültig waren die roten Halsbinden der Mannschaften und die schwarzen der Offiziere und der ersten Glieder der Kavallerie. Die Krongarde in Warschau trug um 1790 folgende Uniform: Hut mit weißer Kokarde, bei den Offizieren mit breiter gebogener Silbertresse besetzt. Roter Rock mit dunkelblauem Kragen, Rabatten, Aufschlägen und Schoßfutter; Knöpfe weiß; Offiziere silberne Epauletten und Vorstöße. Vergoldeter Ringkragen mit dem silbernen Adler, Unterkleider mattgelblich. Das *Leibgarde-Dragoner-Regiment* (Abb. 58e) trug Hüte mit gebogener Silbertresse, weißer Kokarde und weißem, unten rotem Stutz. Mattgelbliche Kolletts und Beinkleider, rote Kragen, Schoßumschläge und Schabracken, alles mit Silber besetzt. Silberne epauletteartig gestaltete Achselstücke mit rotem Grund; ferner ein karminrotes, mit Silberborten besetztes Bandelier. Die Generalsuniform entsprach der sächsischen, nur war hier das Rot durch Amarant und das Gold durch Silber ersetzt; die Unterkleider waren weiß. Diese Farbzusammenstellung hielt sich bei den Generalen bis 1831. Zur Zeit der polnischen Erhebung, welche der dritten Teilung Polens vorausging, um 1793, trug fast die ganze Armee eine Bekleidung, zu welcher ersichtlich die von der Kaiserin Katharina II. 1789 eingeführte russische Uniform das Vorbild lieferte. Namentlich hatte die Kurtka fast genau den russischen Schnitt. Die *Infanterie* (Abb. 58f) trug Kurtka und Beinkleider von dunkelblauer Farbe. Kragen, Aufschläge, Rabatten sowie die vorn umgeklappten Schöße zeigten regimenterweise verschiedene Farben, so beim Rgt. Stanislaus Potocki hellblaue Abzeichen mit gelben Knöpfen, Rgt. Ozarowski orangesilber, Rgt. Wodzicki orange-gold, Großfeldherr grün-gold, Unterfeldherr hell-ledergelb-silber, Füsilierrgt. schwarz-gold, Lanowy papageigrün-silber, Czapski grün-silber, Racryski rosa-silber, Dziasynski rosa-gold, Jlinski hellledergelb-gold, Malczewski papageigrün-gold, Ordination Ostro Rgt. schwarz-gold, Königin Hedwig hochgelb-weiß. Sie eigenartige Kopfbedeckung bestand aus einem schwarzen, zylinderartig gestalteten Kopfteil mit Augenschirm, über letzterem weißes Metallschild mit dem poln. Adler. Darunter schwarzledernes zugespitztes Schild mit Kranz von Borsten. Von hinten nach vorn übergebogen ein federartig gestalteter Stutz aus schwarzen oder weißen Roßhaaren. Das Lederzeug war teils schwarz, teils weiß. Offiziere und Mannschaften aller Truppengattungen hatten nunmehr weiße Halsbinden. Die Offiziersschärpe war nicht mehr auf der rechten, sondern auf der linken Hüfte geknotet. Die Konföderatka (polnische Mütze) wurde von allen Offizieren getragen.

Die *Kavallerie* trug Uniform desselben Schnitts wie die Infanterie, dazu Konföderatka. Um einige Beispiele anzuführen: Das Ulanenregiment König (Abb. 58 g) ganz blau, unten gelb. Blaue Schabracken mit gelbem Besatz. Schwarzes Säbelkoppel, weißes Bandelier. Die reitende Nationalgarde ebenso, nur alle karminroten Stücke hier hochrot und die Knöpfe gelb. Sehr viele in der Eile zusammengeraffte Truppenteile hatten nationale Bekleidung, namentlich die beliebten und auch bei den späteren Revolutionen immer wieder auftauchenden *Sensenmänner (Kosziniere)*. Die *Artillerie* trug grüne Kurtkas mit schwarzen Abzeichen und Beinkleidern sowie gelben Knöpfen. Als Kopfbedeckung ein runder breitkrempiger Hut mit weißer Feder, bei den Offizieren schwarze Konföderatka. Die *Pontoniere* grüne Kurtka und Beinkleider, weiße Abzeichen, gelbe Knöpfe, braunes Lederzeug. Als nach der Beendigung des Feldzuges von 1807 die nunmehr herzoglich warschauische Armee neu organisiert wurde, war im allgemeinen das französische Vorbild maßgebend, wennschon eine Menge nationaler Eigentümlichkeiten zu beobachten sind. Die *Infanterie* erhielt blaue Röcke im Schnitt des Spenzers mit kurzen Rabatten. Die Abzeichen waren sehr verschiedenfarbig, z. B. Kragen dunkelblau mit rotem Vorstoß; Kragen, Rabatten und Aufschläge amarant (8. Rgt.), ferner kamen hellblaue, dunkelrote Kragen und Aufschläge vor. Die Voltigeure hatten häufig gelbe Kragen. Als Kopfbedeckung diente für die Füsilier- und Voltigeurkompanien ein tschapkaartig gestalteter Tschako (Abb. 58 h), der eigentlich nur für Füsiliere vorschriftsmäßig war. Die Grenadiere trugen Pelzmützen und Schirm. Grenadier- und Voltigeurepauletten wie in der französischen Armee. Das Lederzeug war weiß, ebenso die Unterkleider. Die *Nationalgarde* hatte Tschakos mit rundem Deckel, mit hellblauem Pompon und rotem Stutz sowie roten Behängen. Schuppenketten und Beschläge gelb. Blauer Spenzer mit hellblauem Kragen, der vorn eine schmale weiße Patte zeigte. Weiße kurze Rabatten und Schoßumschläge und hellblauer Vorstoß, hellblaue Aufschläge und weiße, rot vorgestoßene Ärmelpatten. Rote Epauletten, gelbe Knöpfe, weiße Unterkleider und Bandeliere. Die *Kürassiere* (Regiment 14) waren ganz nach französischem Vorbild uniformiert. Sie unterschieden sich unter anderem durch die gelben Schuppenepauletten mit roten Fransen und durch die roten gelbbortierten Schabracken. Die *Ulanen* trugen dunkelblaue Kurtkas und Hosen mit verschiedenfarbigen Abzeichen und Lanzenflaggen. Die nach französischem Vorbild auch bei den Ulanen errichteten Elitekompanien Pelzmützen mit roten Behängen und Stutz, die übrigen Ulanen Tschapkas.

Die *Jäger* zu Pferde hatten Tschakos, grüne einreihige Spenzer, gelbe Knöpfe und grüne Hosen mit Streifen in der Abzeichenfarbe. Diese waren beim 1. Rgt. rot, 4. Rgt. karmin und beim 5. hellorange. Die *Husaren* trugen hellblau bezogene Tschakos mit schwarzen hängenden Büschen, dunkelblaue Dolmans und Pelze (mit schwarzer Verbrämung), karminrote Kragen und Aufschläge. Das

Ulanen 1810–1814

Regiment	Knöpfe	Kragen	Kragen-vorstoß	Rabatte	Rabatten-vorstoß	Hosen-streifen
2.	gelb	rot	weiß	dunkelblau	gelb	gelb
3.	gelb	karmin	weiß	dunkelblau	weiß	gelb
6.	gelb	weiß	karmin	dunkelblau	karmin	karmin
7.	gelb	gelb	rot	dunkelblau	rot	gelb
8.	gelb	rot	rot	dunkelblau	rot	rot
9.	gelb	rot	dunkelblau	dunkelblau	weiß	rot
11.	gelb	karmin	weiß	karmin	weiß	karmin
12.	gelb	karmin	weiß	dunkelblau	weiß	karmin
15.	gelb	karmin	weiß	karmin	weiß	karmin
16., 17., 18.	gelb	karmin	weiß	dunkelblau	karmin	karmin
19., 20.	gelb	gelb	gelb	dunkelblau	gelb	gelb
21.	gelb	orange	orange	dunkelblau	orange	orange

1. Rgt. (Nr. 10) gelbe, das 2. Rgt. (Nr. 13) weiße Beschnürung. Auch die Eliten der Husaren hatten Pelzmützen. Die *Artillerie* war ganz in Grün gekleidet; Kragen, Rabatten und Aufschläge schwarz mit roten Vorstößen, Knöpfe gelb. Die Fußartillerie hatte Tschakos, die reitende Pelzmützen. Als nach dem zweiten Pariser Frieden Polen aus Königreich, wenn auch unter russischer Oberhoheit, immerhin eine gewisse Selbständigkeit wiedererlangte, wurde für die Uniformierung der damalige russische Schnitt maßgebend. Die Grundfarbe war bei der *Infanterie* blau, die Abzeichen gelb, Knöpfe weiß. Die Regimenter unterschieden sich durch die Schulterklappen. Jede der beiden Divisionen hatte sie in der Reihenfolge: gelb (1 und 3), weiß (2 und 4), hellblau (5 und 7), dunkelblau, gelb eingefaßt (6 und 8); darauf 1. Regiment Namenszug samt Divisionsnummer, und zwar 1 bei den Rgtrn. 1, 2, 5, 6; 2 bei Rgtrn. 3, 4, 7, 8. Außerdem war auf den Knöpfen die Regimentsnummer geprägt. Schützen-Rgtr. hatten gleiche Uniformen, jedoch Lederzeug schwarz, Abzeichen (Kragen, Rabatten, Aufschläge) dunkelblau mit gelben Vorstößen. Die Garde (Abb. 58 i) war durch weiße Gardelitzen ausgezeichnet. Tschako von der Form des russischen, vorn weißer poln. Adler. Uniform der *Ulanen* (Abb. 58 k), ebenfalls ganz russ. Schnitts, hatte für Kurtka und Hosen dunkelblaue Grundfarbe. Tschako u. Abzeichen nach Rgtrn. verschieden. Lanzenflaggen oben beim 1. Rgt. karmin, 2. dunkelblau, 3. gelb, 4. blau, bei allen 4 Rgtern. unten weiß und in der Mitte schmale Längsstreifen von gewechselter Farbe. Die von schwarzem Schaffell gefertigten Schabracken hatten einen Besatz in Abzeichenfarbe, 2. Ul.Rgt. dunkelblau, 2. J. z. Pf. dunkelgrün Garde-J. z. Pf. gelb mit 2 weißen Streifen am Rand. Bei Offizieren in den hinteren Ecken Kaiserchiffre. *Reitende Jäger* (Abb. 58 n) grüne Kollets und Beinkleider. Der grüne Kragen hatte vorn eine farbige Patte. Letztere sowie die poln. Aufschläge, Vorstöße und Hosenbesatz beim 1. Rgt. karmin, 2. weiß, 3. gelb, 4. himmelblau. Diese Abzeichenfarben galten auch für die 4 Ulanen-Rgter. Tschako mit weißem Adlerbeschlag, Pompon und Schuppenketten; Knöpfe, Lederzeug und Epauletten weiß. Schabracke wie Ulanen. *Garde-Jäger* z. Pf. führten bei gelben Abzeichen auf der Kragenplatte eine weiße Litze. Schabracken von dunkelgrünem Tuch. Die *Artillerie*-Uniform, deren Schnitt ebenfalls der russischen entsprach, hatte die früheren Farben behalten.

Beim Aufstand 1831 wurde eine große Anzahl von Freikorps ins Leben gerufen, die z. T. recht phantastische Uniform trugen, so z. B. die Sandomirschen Freischützen v. Grotthus (Abb. 58 m): Pelzmütze mit weißem Adlerbeschlag und gelben Schuppenketten, grüner, bis auf die Knie reichender Rock mit schwarzem Kragen und Aufschlägen und roten Vorstößen, gelbe Knöpfe, grüne Epauletten, grüne Hose mit rotem Vorstoß, naturfarbener Gürtel, vorn mit kleiner Kartusche und ringsum mit Futteralen für Patronen besetzt. Vorn steckten im Gürtel 2 Pistolen und 1 Dolch. Auf der Brust nach tscherkessischer Art Patronenbehälter. Schwarze Tornisterriemen, Säbel am Schleppkoppel. Die Freischützen von Podiasie des Oberst Kuszell (Abb. 58 o): grüne Konföderatkas, vorn mit ovalem weißen Schild, darauf ein Kreuz, darunter Totenkopf und gekreuzte Knochen. Grüner, unten roter Federbusch. Langer, grauer Rock mit grünem Kragen, Aufschlägen und Epauletten. Graue Hosen mit grünem Vorstoß. Schwarze Handschuhe. Gürtel, Pistolen, Dolch und Patronenbehälter auf der Brust wie oben beschrieben. Krakauer Sensenmänner: rote Konföderatkas, lange blaue Röcke mit karmin Kragen, Aufschlägen und Vorstößen. Auf jeder Brustseite schrägstehende, karminrote Taschenpatten. Knöpfe weiß, blaue Beinkleider, schwarzes Lederzeug. *Kalischer Freiulanen:* lange, einreihige schwarze Röcke mit hellblauen Kragen, Vorstößen und polnischen Aufschlägen, karminroter Gürtel, weiße Knöpfe und Lederzeug. Beinkleider schwarz mit hellblau. Tschapka mit hellblauem Oberteil, Lanzenflagge oben karmin, unten hellblau. Die *Nationalgarde* trug einen langen einreihigen Rock mit roten Kragen und Aufschlägen, dunkelblaue Hosen und Konföderatka, weiße Knöpfe, schwarzes Lederzeug. Beim Aufstand 1863 wurden ebenfalls vielfache Versuche gemacht, einzelne Korps zu uniformieren, ohne daß indessen von einer Uniformierung im allgemeinen die Rede sein konnte.

Freistaat Polen

Als mit Ausbruch des I. Weltkrieges die Möglichkeit eines selbständigen Polen auftauchte, bildeten sich besonders im österreichischen Polen eine Anzahl Legionstruppen, die auf seiten der Zentralmächte unter österreichischem Oberbefehl zusammengefaßt wurden. Bei ihrer Aufstellung und Organisation hatte Marschall Pilsudski großen Anteil. Die Uniform, hergestellt zunächst aus österreichischen, später auch aus deutschen Tuchbeständen, zeigte von vornherein einen lebhaften Anklang national-polnischen Schnitts. Charakteristisch war schon für diese Truppen die tschapkaartige Kopfbedeckung mit dem viereckigen quergestellten Mützen- oder Tschapkaoberteil (Abb. 59, a, b). Kragenpatten und Vorstöße waren durchgängig rot, Knöpfe weiß; Rangabzeichen in Gestalt von weißen und silbernen Sternen auf der Kragenpatte. Schon früh findet sich auf dem Mützenoberteil der weiße polnische Adler aus Tuch oder Metall. Sehr bald wurde auch die für alle polnischen Truppen der Gegenwart charakteristische Kragenpattenverschnürung, eine Erinnerung an die Napoleonische Zeit, eingeführt. Sie bestand aus einer im Zickzack längs des Kragenaußenrandes geführten Woll- bzw. Metalltresse, die vielfach rote, meist aber weiße Farbe zeigte.

Im Verlauf des I. Weltkrieges bildete sich in Frankreich unter der Führung des Generals Haller eine polnische Legion, die aus französischen Tuchbeständen in horizontblau eingekleidet wurde. Charakteristisch war auch hier die tschapkaartige, für Mannschaften und Unteroffiziere schirmlose Mütze (Abb. 59 c). Vorstöße dunkelblau, bei Jägern hellgrün. Rangabzeichen nach französischem Muster.

Abb. 59. Der Freistaat Polen.
a, b Kavallerist und Infanterist der „Poln. Legion" beim österr. Heere – c Infanterist der Haller-Truppe – d Ulanen-Offizier – e, h Infanteristen – f Infanterie-Offizier – g Kavallerist

Offiziere trugen auch das französische Käppi. Nach Abschluß des I. Weltkrieges und nach dem Friedensschluß von Versailles wurde die neu aufgestellte polnische Armee zunächst in vorhandene Bestände eingekleidet, so daß österreichische, deutsche und russische Uniformstücke in buntem Durcheinander getragen wurden. Gemeinschaftliches Wehrmachtsabzeichen wurde schon damals der weiße polnische Adler über einem halbrunden Schild an der Mütze sowie die Kragenrandverschnürung in weißer bzw. silberner Litze.

Kavallerie hat keine Kragenpatten, sondern seidengestickte Lanzenfähnchen auf den Kragenenden oder vollabzeichenfarbigen Kragen. Die Offiziere der Kavallerieregimenter trugen in jener Zeit sehr viel feldgraue Ulankas mit karmin, blauen, roten oder weißen Vorstößen, vollfarbigen Kragen und Mützenband oder grundfarbene, abzeichenfarbig vorgestoßene Kragen mit gestickten Seidenfähnchen an den Enden. Dazu dunkelblaue Hose mit abzeichenfarbigen Lampassen. Die Rangbezeichnung erfolgte durch kleeblattförmige silberne, waffenfarbig vorgestoßene Achselstücke mit goldenen Sternen darauf.

Im November 1919 erfolgt eine erstmalige Regelung der Heeresuniformen. Die Uniformen glichen im allgemeinen den bis 1945 getragenen, nur die Abzeichen waren bei gewissen Truppenteilen andere als in dem unten folgenden Schema angegeben. So trugen Generale und Generalstab granatrote, am Ende karmin vorgestoßene doppelt geschweifte Kragenpatten, Infanterie granatrot mit gelbem Vorstoß, Cheveauxlegers karmin mit weißem Vorstoß, reitende Jäger karmin mit dunkelgrünem Vorstoß, tartarische Reiter karmin mit hellblauem Vorstoß, Kraftfahrtruppe schwarz mit gelbem Vorstoß, Train schokoladenbraun mit himmelblauem Vorstoß. Ulanenregimenter hatten einen ganz karminfarbigen Kragen.

Im Laufe der 20er Jahre wird dann die Uniform mit den bis 1945 gültigen Waffenabzeichen eingeführt. Grundfarbe der in Schnitt und Ausführung für alle Truppengattungen gleichen Bekleidungsstücke ist graugrün. Der Feldrock mit Stehumlegekragen hat für Mannschaften eine Reihe von 5 Knöpfen und schräge, mit Patten und Knöpfen verschlossene eingesetzte Taschen in den Vorderschößen. Der Offiziersrock hat eine Reihe von 6 Knöpfen und aufgesetzte Brust- und Seitentaschen, erstere mit Quetschfalte. Die Aufschläge sind gleichmäßig rund und in der Naht mit einem kleinen Knopf verschlossen. Die vorstoßlose Hose ist aus Grundtuch, ebenso die Wickelgamaschen der Mannschaften. Schuhzeug der berittenen Truppen und Offiziere ist schwarz, Lederzeug im übrigen naturbraun. Der Mantel mit flachem, liegendem Kragen und hohen Rollumschlägen mit Schlaufe zum Engerschnallen hat eine Reihe von 6 Knöpfen, spitze Achselklappen, auf der Rückseite Riegel mit zwei Knöpfen. Offiziere tragen den Mantel auch zweireihig. Bis 1936 war ein Stahlhelm französischen Modells in Gebrauch (Abb. 59e), der durch ein neues Modell (Abb. 59h) ersetzt wird. Die bootsförmige Feldmütze aus Grundtuch hat keine farbigen Vorstöße und trägt auf dem Aufschlag über der Stirn den für Mannschaften weißen, sonst silbergestickten polnischen Adler (Abb. 59g). Besonders charakteristisch für das polnische Heer ist die Mütze (Abb. 59f), deren über Eck gestelltes viereckiges Oberteil meist scharf nach hinten heruntergezogen wird und die einen außerordentlich langen, für Offiziere mit silberner Metallschiene eingefaßten schwarzen Lederschirm besitzt. Deckel und Seitenteile sind aus Grundtuch, Besatzstreifen waffenfarbig, wie im untenstehenden Schema angegeben. Abweichend wird lediglich von den Cheveauxlegers-Regimentern eine Deckelmütze englischen Modells getragen.

Zum Gesellschaftsanzug gehört für die Offiziere mattsilbernes Koppel mit silbernem Schloß sowie farbige Gesellschaftshose mit Lampassen bzw. für Unteroffiziere einem breiten farbigen Streifen. Gemeinschaftliches Wehrmachtsabzeichen ist ferner die im Zickzack am Vorder- und Unterrand des Kragens verlaufende silberne bzw. weiße Bandtresse. Waffenbezeichnung erfolgt durch verschiedene Kragenausschmückung. Fußtruppen haben große, an der Rückseite zweimal geschweifte, hier auch häufig mit andersfarbigem Vorstoß versehene farbige Kragenpatten, berittene Truppen kleine seidengestickte Lanzenfähnchen. Die Regiments- oder Abteilungsnummer wird auf den Rock- und Mantelachselklappen in Silber gestickt bzw. bei Mannschaften in gelber Farbe gemalt getragen. Die farbigen Unterscheidungszeichen nach dem Stand von 1935, die sich seit der Festlegung der Uniform kaum geändert haben, ergeben sich aus folgendem Schema:

Truppenteil	Kragenpatte		Mützenband	Ausgangshose	
	Grund	Vorstoß		Grund	Besatz
Generale	dunkelblau Samt	karmin	graugrün	graugrün	dunkelblau
Infanterie	dunkelblau	dunkelgelb	dunkelblau	dunkelblau	dunkelgelb
Jägerbataillone	dunkelblau	grün	dunkelblau	dunkelblau	dunkelgelb
Feldartillerie	dunkelgrün Samt	schwarz	dunkelgrün Samt	dunkelgrün	rot
schwere Artillerie	dunkelgrün Samt	rot	dunkelgrün Samt	dunkelgrün	rot
Flakartillerie	dunkelgrün Samt	dunkelgelb	dunkelgrün Samt	dunkelgrün	rot
Genie	schwarz Samt	karmin	schwarz Samt	grün	karmin
Nachrichtentruppe	schwarz Samt	lichtblau	schwarz Samt	grün	lichtblau

Berittene Truppen	zweizackiges Lanzenfähnchen		Mützenband	Ausgangshose	
	Ober- und Unterteil	schmaler Mittelstreif		Grund	Besatz
Cheveauxlegers 1	silber	karmin	karmin	dunkelblau	karmin weißer Mittelvorstoß
Cheveauxlegers 2	silber	karmin	weiß	dunkelblau	weiß
Cheveauxlegers 3	silber	gelb	gelb	dunkelblau	gelb
Ulanen 1	karmin weiß	–	karmin	dunkelblau	karmin
Ulanen 2	weiß dunkelblau	–	weiß	dunkelblau	weiß
Ulanen 3	gelb weiß	–	gelb	dunkelblau	gelb
Ulanen 4	lichtblau	–	lichtblau	dunkelblau	lichtblau

Berittene Truppen	zweizackiges Lanzenfähnchen Ober- und Unterteil	zweizackiges Lanzenfähnchen schmaler Mittelstreif	Mützenband	Ausgangshose Grund	Ausgangshose Besatz
Ulanen 5	braunrot weiß lichtblau	–	braunrot	dunkelblau	braunrot
Ulanen 6	hellblau	weiß	hellblau	dunkelblau	hellblau
Ulanen 7	karmin weiß karmin	–	karmin	dunkelblau	karmin mit weißem Mittelvorstoß
Ulanen 8	dunkelgelb	–	dunkelgelb	dunkelblau	dunkelgelb
Ulanen 9	karmin weiß	weiß karmin	karmin karmin	dunkelblau	karmin mit weißem Mittelvorstoß
Ulanen 10	karmin weiß	weiß dunkelblau	karmin	dunkelblau	karmin
Ulanen 11	karmin	weiß	weiß	dunkelblau	weiß
Ulanen 12	karmin	dunkelblau	weiß	dunkelblau	karmin
Ulanen 13	rosa	lichtblau	rosa	dunkelblau	rosa
Ulanen 14	gelb	weiß	gelb	dunkelblau	gelb
Ulanen 15	weiß rot	–	rot	dunkelblau	rot
Ulanen 16	dunkelblau weiß	rot	weiß	dunkelblau	weiß
Ulanen 17	weiß gelb	rot	gelb	dunkelblau	gelb
Ulanen 18	weiß lichtblau	rot	lichtblau	dunkelblau	lichtblau
Ulanen 19	dunkelblau weiß dunkelblau	–	dunkelblau	dunkelblau	weiß
Ulanen 20	karmin	weiß dunkelblau	karmin	dunkelblau	karmin
Ulanen 21	hellblau	gelb-weiß	hellblau	dunkelblau	hellblau
Ulanen 22	weiß karmin weiß	–	weiß	dunkelblau	weiß
Ulanen 23	orange weiß	weiß orange	orange	dunkelblau	orange
Ulanen 24	weiß	gelb	weiß	dunkelblau	weiß
Ulanen 25	weiß rot	lichtblau	rot	dunkelblau	rot
Ulanen 26	rosa weiß	lichtblau	rosa	dunkelblau	rosa
Ulanen 27	gelb weiß	weiß	gelb	dunkelblau	gelb
Jäger z. Pf. 1	grün karmin	–	karmin	dunkelblau	karmin
Jäger z. Pf. 2	grün karmin	hellblau	karmin	dunkelblau	karmin
Jäger z. Pf. 3	grün karmin	gelb	karmin	dunkelblau	karmin
Jäger z. Pf. 4	grün karmin	weiß	karmin	dunkelblau	karmin
Jäger z. Pf. 5	grün weiß	karmin	weiß	dunkelblau	weiß

Berittene Truppen	zweizackiges Lanzenfähnchen Ober- und Unterteil	schmaler Mittelstreif	Mützenband	Ausgangshose Grund	Besatz
Jäger z. Pf. 6	grün weiß	–	weiß	dunkelblau	weiß
Jäger z. Pf. 7	grün weiß	gelb	weiß	dunkelblau	weiß
Jäger z. Pf. 8	grün weiß	hellblau	weiß	dunkelblau	weiß
Jäger z. Pf. 9	grün gelb	karmin	gelb	dunkelblau	gelb
Jäger z. Pf. 10	grün gelb	weiß	gelb	dunkelblau	gelb
Reitende Artillerie	schwarz rot Samt	–	schwarz Samt	dunkelblau	rot
Berittene Pioniere	rot schwarz	–	rot	dunkelblau	rot
Train	hellblau	karmin	hellblau	dunkelblau	hellblau mit karmin Mittelvorstoß
	in Wimpelform				
Panzertruppen	schwarz orange Samt	–	orange Samt	dunkelblau	orange

Berittene Truppen tragen auch in den Mantelkragenecken die gleichen Fähnchen, die anderen Truppen quer über die Kragenenden ein Band in Farbe der Kragenpatte, das, falls die Kragenpatte einen andersfarbigen Vorstoß aufweist, am oberen Rand denselben Vorstoß trägt. Schnurverzierung befindet sich nicht auf dem Mantelkragen.

Die Gebirgstruppen (21. und 22. Division) tragen auf den Kragenpatten ein Hakenkreuz auf Tannenzweigen in Weißmetall. Sie haben auch einen runden Filzhut mit Adlerfeder links und demselben Abzeichen. Die Regimenter, die mit der Wahrung der Tradition der alten Legionen betraut sind, haben auf den Achselklappen oder auf den Kragenpatten gewisse Abzeichen, wie fliegenden polnischen Adler, Nummern und ähnliches. Generalstabsoffiziere tragen die Uniform der Herkunftswaffe, jedoch mit einem fliegenden silbernen Adler schräg in der Kragenecke wie die Generale und doppelten silbernen Fangschnüren an der rechten Schulter.

Rang- und Gradzeichnungen befinden sich auf den spitzen Mantel- und Rockachselklappen, dem Mützenband und den Kragenspiegeln. Generale tragen rund um das Mützenband, am unteren Ende der Achselklappe, am vorderen und unteren Kragenpattenrand sowie auf dem Rock- und Mantelaufschlag eine breite gemusterte Silbertresse in Zickzackform, auf der Kragenpatte schräg in der vorderen Ecke den fliegenden silbernen polnischen Adler. Stabsoffiziere haben am oberen Bandrand der Mütze zwei Silberschnüre, ebenso an dem unteren Ende der Achselklappe. Subalternoffiziere nur eine Silberschnur am oberen Bandrand der Mütze. Die Kragenenden sind bei den Offizieren mit einer im Zickzack laufenden silbernen Doppelschnur am vorderen und unteren Rand besetzt. Sämtliche Offiziere tragen den Mützenschirm mit einer Silberschiene eingefaßt, auch auf der tschapkaartigen Mütze quer über dem Mützendeckel von Eck zu Eck laufende Silberschnüre. Die Dienstgradbezeichnung erfolgt in allen Offiziersgraden durch 1–3 fünfzackige Silbersterne auf dem Band der Mütze über dem Schirm und auf den Achselklappen (Abb. 59f). Unteroffiziersgrade haben die Achselklappen mit schmaler silberner, rot vorgestoßener Tresse an den Außenkanten besetzt und dazu auf dem Mützenband 1–2 kleine, nach oben offene Winkel aus Silbertresse mit rotem Vorstoß. Bei höheren Mannschaftsgraden erfolgt die Rangbezeichnung durch 1–3 quer über das untere Ende des Achselstückes laufende rot vorgestoßene Silbertressen, die in verkleinerter Form auch auf dem Mützenband befestigt sind. Bei Unteroffizieren und Mannschaften ist die Kragenendenverschnürung aus einfacher schmaler Silbertresse.

Portugal

(Kokarde: Zunächst blau mit rotem Rand, seit 1821 blau mit weißem Rand, seit 1910 grün mit rotem Rand)

Infanterie und Jäger

Die Nachrichten über die Uniformierung des portugiesischen Heeres im 18. Jahrhundert fließen nur spärlich. Sie war im Schnitt etwas veraltet. So trug um 1740 die Infanterie lange Röcke mit sehr großen Aufschlägen und einer

Reihe Knöpfe bis unten hin, sehr breitkrempige dreieckig aufgeschlagene Hüte. Die Grenadiere hatten hohe spitze Pelzmütze ohne Beschlag. Die Rockfarbe wird schon frühzeitig, und zwar für das ganze Heer, dunkelblau, Unterzeug meist weiß oder gelb. Die Offiziere waren durch eine karminrote Seidenschärpe ausgezeichnet, ein Dienstabzeichen, welches sich zur Parade noch lange gehalten hat. Um 1800 hat sich der Schnitt der Infanterieuniform dem allgemein gültigen stark angenähert, ein Beispiel gibt Abb. 60 a. Die genauen Abzeichen ergeben sich aus folgendem Schema:

Infanterie um 1800:

Regiment	Kragen u. Aufschläge	Rabatten	Knöpfe u. Epauletten	Schöße	Westen	Stutz
Lippe	rot	blau[1]	weiß	weiß	weiß	weiß
Albuquerque	blau, Aufschl. weiß	weiß	gelb	weiß	weiß	rot
Minas	rot[2]	rot[1]	weiß	weiß	weiß	weiß
1. Armada	rot[2]	rot	gelb	rot	rot	rot
2. Armada	rot[2]	rot	weiß	rot	rot	weiß
Cascaes	blau	blau	gelb	blau	weiß	karminrot
de Setubal	gelb	blau[1]	weiß	gelb	weiß	rot
Peniche	weiß[2]	blau[1], weiße Tressen	gelb	weiß	weiß	rot
1. Elvas	rot	rot	gelb	blau	blau	weiß
2. Elvas	rot[2]	rot[1], weiße Litzen	weiß	rot	weiß	weiß
Colonial, Rio Janeiro	rot	keine, weiße Litzen	weiß	weiß	weiß	Tschakos
Serpa	rot	gelb	weiß	rot	gelb	rot
1. Olivenca	orange	orange, weiße Tressen	weiß	rot	weiß	hellblau
2. Olivenca	orange, weiße Aufschl.	orange, weiße Tressen	weiß	rot	weiß	rot
Campo Major	blau[2]	blau[1], weiße Litzen	weiß	rot	rot	schwarz
Castello de Vide	blau, weiße Aufschl.	blau	gelb	rot	weiß	–
Colonial Moira, Rio de Janeiro	gelb	keine	weiß	gelb	gelb	weiße Kaskets
Lagos	weiß	weiß	weiß	weiß	blau	rot
Faro	rot	blau	gelb	blau	weiß	–
1. Porto	rot	rot	weiß	gelb	gelb	rot
2. Porto	blau	gelb	weiß	rot	rot	–
Vianna	gelb, weiße Aufschl.	gelb	gelb	rot	weiß	
Valenca	gelb	gelb	weiß	rot	blau	–
Almeida	rot	rot	weiß	rot	gelb	–
Gena Major	gelb	gelb	weiß	gelb	gelb	–
Chares	weiß	rot	gelb	weiß	rot	–
Braganca Colonial	rot	weiß	gelb	rot	weiß	–
Braganca	hellgelb	hellgelb	weiß	weiß	weiß	–

[1] Die Rabatten waren in Knopffarbe vorgestoßen, darunter 2 bis 3 Litzen
[2] Aufschläge mit Einfassung und Litzen in Knopffarbe

Die Röcke waren mit Ausnahme der beiden Regimenter Armada, die grüne Röcke und Hosen trugen, blau. Die Hosen der übrigen Regimenter waren blau mit folgenden Ausnahmen: gelb: Colonial Moira, 2. Porto und Almeida; rot: 1. Porto; weiß: Valenca. Der Hut, quergesetzter Zwispitz, hatte auffallend kleines Format, Bandeinfassung in Knopffarbe und herabhängende Kordonquasten.
1809 erhielt die Infanterie kurze blaue einreihige Kolletts mit 9 gelben Knöpfen, blaue und weiße Hosen und schwarze Halbgamaschen, dazu Tschako englischer Form mit Kokarde und weißen Stutzen links, ovalem Emblem und Metallbeschlag um den unteren Rand, vorn nach oben spitz auslaufend, darauf die Regimentsnummer. Das Lederzeug, gekreuzt getragen, war weiß. Die Vorstöße liefen um den Kragen oben und vorn, auf der Brust vorn und unten herum und bildeten den Schoßbesatz, ferner um die stets blauen Achselklappen und die runden Aufschläge. Schützen Horn am Tschako, grüne Fransen an den Achseln. Jäger hatten am Tschako kleines Horn über dem Schild, grüne Stutze, braune Uniform. Die 3 ersten Bataillone braune

Die Abzeichen der Infanterie waren 1809–1814:

Regt.	Kragen	Aufschläge	Vorstöße	Regt.	Kragen	Aufschläge	Vorstöße
1	blau	weiß	weiß	13	weiß	weiß	weiß
2	blau	weiß	rot	14	weiß	weiß	rot
3	blau	weiß	gelb	15	weiß	weiß	gelb
4	blau	rot	weiß	16	rot	rot	weiß
5	blau	rot	rot	17	rot	rot	rot
6	blau	rot	gelb	18	rot	rot	gelb
7	blau	gelb	weiß	19	gelb	gelb	weiß
8	blau	gelb	rot	20	gelb	gelb	rot
9	blau	gelb	gelb	21	gelb	gelb	gelb
10	blau	hellblau	weiß	22	hellblau	hellblau	weiß
11	blau	hellblau	rot	23	hellblau	hellblau	rot
12	blau	hellblau	gelb	24	hellblau	hellblau	gelb

Kragen, die Bataillone 4–6 Kragen von Abzeichentuch. Die Abzeichenfarben waren: Bataillon 1 und 4 blau, 2 und 5 rot, 3 und 6 gelb. Lederzeug schwarz. Die National-Regimenter waren nicht einheitlich uniformiert. Auch hier wurden viele Stücke englischer Lieferung getragen.
1814 wurde die Uniform zweireihig, dazu wurden Epauletten angelegt, Füsiliere weiße, Grenadiere rote, Schützen grüne. Der englische Einfluß wird mit der Zeit immer fühlbarer. Die Tschakos erhalten einen größeren Deckel und stärkere Schweifung. Aufschläge werden nunmehr blau mit farbigen Patten französischer Form. Graue lange Hosen.
Jäger trugen 1835 braune Kolletts mit schwarzen Rabatten, schwarze Aufschläge mit roten Patten, rote Kragen, schwarze Epauletten mit gelben Halbmonden, rote Kragen, braune Hosen, schwarzes Lederzeug. Englische Jäger-Tschakos.
1848 wurde der Rock der Fußtruppe wieder einreihig. Der Tschako erhielt eine mehr konische Form. Die Abzeichen blieben die gleichen, d. h. verschiedenfarbige Kragen und Aufschlagspatten bei der Infanterie, amarantrote mit weißen Vorstößen bei Grenadieren. Hosen dunkelgrau. Die Unteroffizierabzeichen bestanden in rotwollenen Borten auf dem Unterarm. Offiziere erhielten goldene Litzen auf den Aufschlägen, Stabsoffiziere Kronen auf den Epauletten.
In den 60er Jahren werden die Tschakos dem französischen Vorbild folgend stets niedriger. Auch wird ein einreihiger Waffenrock eingeführt, der für Infanterie zunächst dunkelblau, später wie für die Jäger braun ist; Abzeichen Infanterie rot mit weißem Lederzeug, Jäger schwarz mit schwarzem Lederzeug. Schwarzblaue vorgestoßene Hosen, zum Felddienst weiße Drillichhosen. Der Tschakobusch ist für die Infanterie schwarz, für die Jäger dunkelgrün (Abb. 60 h). Um 1885 wird in der ganzen Armee eine Pickelhaube preußischen Modells eingeführt mit gelbem Beschlag, hierzu zur Parade kurzer schwarzer Haarbusch. 1895 wird bei der Infanterie die Grundfarbe des Rockes dunkelblau, die spitzen Aufschläge und Achselklappen ebenso mit rotem Vorstoß. Knöpfe sind und waren stets gelb (Abb. 60 i). Von Offizieren wird im kleinen Dienst der Waffenrock am Kragen und allen Aufschlagnähten mit breiter schwarzer Tresse besetzt getragen, auf der Brust 6 Reihen schwarzer Querverschnürung aus gleicher Tresse. Nach 1900 wird die Pickelhaube abgeschafft, an ihre Stelle tritt ein niedriges kleines Käppi, im Sommer und beim Dienst in den Kolonien mit weißem Überzug versehen. Der Mantel war zweireihig dunkelblau, für Jäger braun, mit abzeichenfarbigen Kragenpatten und Regimentsnummer darauf.
Die während des I. Weltkrieges eingeführte Felduniform hat graublaues Grundtuch, aber englischen Schnitt, der auch im Stahlhelm und der Tellermütze zum Ausdruck kommt (Abb. 61 a). Das Waffenabzeichen aus Bronze am Mützenband und den Kragenenden bestand aus zwei gekreuzten Gewehren. Die Mannschaften trugen schwarze Regimentsnummer auf den Oberarmen, Koppel, Patronentasche und Tragriemen aus graugrünem Webstoff. Seit 1920 ist das Lederzeug braun, der Rock hat für Mannschaften Stehumlegekragen (Abb. 61 b), auch wird eine grundfarbene bootsförmige Feldmütze mit Kokarde über der Stirn eingeführt. Offiziere tragen häufig statt des Feldrocks vierknöpfiges Jackett mit aufgesetzten Taschen. Gleichzeitig wird eine Parade- und Gesellschaftsuniform für Offiziere eingeführt, deren Schnitt für das ganze Heer gleich ist. Dunkelblauer Waffenrock mit einer Reihe von 8 Knöpfen, goldene Passanten und Schuppenepauletts mit Fransen, Kragen und Aufschlag schwarz, die geschweiften Kragen- und Aufschlagspatten rot. Auf der Kragenpatte goldenes Waffenabzeichen, ebenso auf dem roten Besatzband der dunkelblauen Tellermütze, deren Deckelvorstoß ebenfalls rot ist. Schwarzer, für Stabsoffiziere mit Goldtresse eingefaßter Schirm, goldener Kinnriemen, auf dem Rand die Nationalkokarde (Abb. 61 c). Hose hellblau mit roten Doppelstreifen. Unteroffiziere tragen dieselbe Uniform etwas vereinfacht: Hose mit einem breiten Streifen. 1935 Stahlhelm neuer Form mit Waffenabzeichen, Feldrock mit waffenfarbigen Kragenpatten und Aufschlagvorstoß (Abb. 61 d).

Kavallerie

Die Uniform der Kavallerie um 1800 bestand aus blauen Kolletts, gelben Lederhosen, hohen Stiefeln, weißen Kürassen. Lederzeug bei einigen Regimentern schwarz, bei anderen rot. Die Regimenter Caés und Moira Säbeltaschen.

Die Abzeichen im Einzelnen ergeben sich aus folgendem Schema:

Regiment	Kragen, Aufschläge, Schöße	Schärpe	Kopfbedeckung	Litzen über dem Aufschlag
Caés	karminrot, weiße Litzen	karmesinrot mit weißen Randborten	Zweispitz, weiße Tresse, roter Stutz	–
Alcantara	rosa, Kragen weiße Litze	rosa mit weißen Randborten u. Zickzackborte	Raupenhelm mit weißen Beschlägen	3 weiße Sparren
Mecklenburg	hellblau	rot mit zwei schmalen Streifen	schwarzer Helm mit roter hinten verläng. Raupe	3 weiße Sparren in V-Form
Elvas	rot	rot mit einem blauen Innen- und zwei Außenstreifen	Zweispitz, gelbe Tresse weißer Stutz	4 gelbe Sparren
Evora	weiß	gelb-blau-gelb	schwarzer schirmloser Helm mit gelbem Bügel und roter Raupe	–
Moira	gelb	wie Mecklenburg	Zweispitz	–
Olivença	blau	weiß-karmesinrot-weiß	Tschako mit weißem Behang und karmesinroter Feder	–
Almeida	hellblau	schwarz, außen weiß mit hellbl. Außenvorstößen	weißer Metallhelm mit roter Raupe	–
Castello Branco	orange	wie Mecklenburg	schwarzer Helm mit weißem Bügel und karmesinroter Raupe	3 weiße Sparren
Miranda	ziegelrot	ziegelrot mit weißen Randborten	schwarzes Kasket mit roter Feder von hinten	–
Chaves	karmin	karmin	Zweispitz mit roter Feder	–
Bragança	blau	wie Mecklenburg	schwarzer Helm mit roter Feder von hinten	–

Die Legion der leichten Truppe war abweichend gekleidet. Sie trug einen kurzen blauen Frack mit schwarzem Kragen und spitzen schwarzen Aufschlägen, gelbe Litzen auf der Brust und auf dem Kragen. Kragen und Aufschläge gelb eingefaßt, gelbe Sparren, zylindrische Tschakos mit gelben Behängen, weiße Hosen und Husarenstiefel.

1809 wurde mit den englischen Lieferungen die Bekleidung vereinfacht. Die 12 Regimenter trugen blaue Uniformen mit folgenden Abzeichen: 1–3 weiß, 4–6 rot, 7–9 gelb, 10–12 blau. Bügelhelm mit Raupe, gelbe Schuppenepauletten. Nach den Befreiungskriegen nahmen Uniform und Ausrüstung völlig englisches Gepräge an. Bis 1837 trugen die Lanzenreiter dunkelblaue Kurtkas mit zwei dicht nebeneinander stehenden Knopfreihen, rote Kragen mit gelben Litzen, rote polnische Aufschläge mit gelber Borteneinfassung, gelbe Schuppenepauletten, graue Hosen mit roten Lampassen, weißes Lederzeug, gelbe Paßgürtel mit zwei dunkelblauen Streifen. Als Kopfbedeckung ein Tschako englischen Modells mit roter Rabatte und hängendem schwarzen Busch. Auf den Offizierspaßgürteln waren die Streifen karmin. Die Jäger zu Pferde hatten die gleiche Uniform, nur Abzeichen hellblau und Tschako mit gelbem Randbesatz, gelbe Kette und roten Stutz (Offiziere Busch).

Nr.	Kragen und Aufschlag	Schöße und Futter	Bezeichnung
1	rot	rot	Lanzenreiter
2	karmin	karmin	
3	weiß	weiß	
4	hellblau	hellblau	Jäger zu Pferde
5	orange	orange	
6	gelb	gelb	
7	rot	weiß	Lanzenreiter
8	karmin	weiß	

Abb. 60. Portugal 1802–1890.
a, c Infanterie-Offiziere – b Reiter vom Regt. Alcantara – d Reiter der Legion von Alorgna – e, i Infanteristen – f, m Lanzenreiter – g Jäger zu Pferd – h Fußjäger – k Artillerist – l Genie-Offizier

1837 wurde Zahl und Abzeichen der Kavallerieregimenter geändert, die Röcke blieben dunkelblau, Knöpfe und Metallteile gelb. 1848 wurden die Regimenter 7 und 8 ebenfalls Jäger zu Pferde. Gleichzeitig erfolgte eine Uniformänderung. Die Lanzenreiter behalten die Kurtkas unter Fortfall der Aufschlageinfassung, die Hosen erhalten zwei breite Streifen in Kragenfarbe. Die Lanzenreiter tragen einreihiges Kollett ohne Litzen an Kragen und Aufschlag, Hose mit Vorstoß in Kragenfarbe. Die Kopfbedeckungen der Kavallerie werden kleiner, Jäger zu Pferde schwarze Büsche. An Stelle der Metallschuppen treten Wollepauletts. Sämtliche Offiziere verlieren den Paßgürtel und erhalten statt dessen die karmin Seidenschärpe. Die Abzeichenfarben wurden:

Nr.	Kragen	Aufschläge	Vorstöße u. Schoßumschlag	Bemerkungen
1 Lanzenreiter	karmin	blau	karmin	gelber Paß mit 2
2 Lanzenreiter	karmin	karmin	karmin	karmin Längsstreifen
3 Jäger zu Pferde	weiß	weiß		
4 Jäger zu Pferde	weiß	rot		gelber Paß mit 2
5 Jäger zu Pferde	rot	hellblau		dunkelblauen Längsstreifen
6 Jäger zu Pferde	rot	rot	gelb	
7 Jäger zu Pferde	hellblau	hellblau		
8 Jäger zu Pferde	hellblau	rot		

Etwa 1855 erhielt die Brust der Kavalleriekurtka Ulanenschnitt und Rabatten. Die Lanzenreiter bekamen karmin Abzeichen mit gelbem Vorstoß, die Jäger zu Pferde rote mit weißem Vorstoß (Abb. 60f und g). Der Paßgürtel fiel weg, die Lanzenfähnchen waren gelb. Der Tschako der Jäger zu Pferde erhielt dunkelblauen Tuchüberzug mit weißer Borte oben. 1890 trägt die Kavallerie einen Waffenrock mit einer Reihe von 9 gelben Knöpfen, der Kragen und die spitzen Aufschläge sind rot, ebenso die auch um die Schöße laufenden Vorstöße; gelbe Schuppenepauletts, weißes Lederzeug, schwarzblaue Hose mit roten Streifen, Pickelhaube mit gelbem Beschlag, dazu die Lanzenreiterregimenter 1 und 2

Abb. 61. Portugal 1917–1935.
a, b, d Infanteristen – c Offizier in blauer Uniform

weißen, Jäger zu Pferde 3–12 schwarzen Helmbusch. An den Kragenenden befindet sich ein Rechteck aus gelber Wolltresse bei den Lanzenreitern, aus schwarzer bei den Jägern zu Pferde mit aufgelegter Regimentsnummer; Lanzenfähnchen sind hellblau-weiß (Abb. 60 m). Die Offiziere tragen die Kragenlitzen aus goldener oder schwarzer Seide, belegt mit dem Waffenabzeichen, 2 gekreuzten Lanzen bzw. Säbel im Lorbeerkranz; den sechsknöpfigen Rock in allen Außennähten mit breiter schwarzer Seidentresse besetzt, die auf der Brust sechs Querlitzen und über den Aufschlägen ein Kleeblatt bildet. Nach 1900 wird die Pikelhaube abgeschafft, statt dessen dunkelblaues Käppi mit rotem Band, der dunkelblaue zweireihige Mantel hat rote Kragenpatten.

Zur graublauen Felduniform sind die Waffenabzeichen zwei gekreuzte Lanzen bzw. Säbel mit Nummer darunter. Bei der Offiziersgesellschaftsuniform werden Kragen, Aufschlagpatte, Mützenbesatzstreifen und Vorstöße rot, in den Kragenenden goldene bzw. schwarzseidene Rechtecktresse mit ebensolcher Schnureinfassung, die am Hinterende eine Schleife bildet.

Artillerie, Genie

Im 18. Jahrhundert waren die Abzeichen meist schwarz bei blauer Uniform. Um 1800 Röcke und Westen blau, Schöße rot. 1808 wird die Uniform ganz blau, Knöpfe gelb. Nach

Regiment	Kragen Aufschläge Rabatten	Knöpfe und Epauletten	Hosen	Bemerkungen
Lissabon	schwarz mit weißer Einfassung	weiß	blau	roter Hutstutz
Estremoz	schwarz, blaue Aufschläge	weiß	blau mit weißem Besatz	–
Algarve	blau	weiß	blau	weiße Brustlitzen
Porto	schwarz	weiß	schwarz	2 weiße Litzen unter der Rabatte

den Befreiungskriegen erhält die nunmehr zweireihige Uniform rote Kragen (mit gelber Borte u. gelben Granaten), Aufschlagvorstöße, Schöße, Schoßbesatz und breiten Hosenstreifen von roter Farbe. Der Tschako erfährt in der Folgezeit dieselben Wandlungen wie bei der Infanterie. Der Stutz ist rot, Lederzeug weiß.
1848 Einführung eines langen Rockes für die Fußartillerie unter Beibehaltung der bisherigen Abzeichen. Bei Einführung des Waffenrocks wird dieser für die Artillerie dunkelblau mit einer, für Offiziere zwei Reihen gelber Knöpfe. Der Kragen, Achselklappen und der Vorstoß des spitzen Aufschlags sind rot; am Kragen gelbe Granate. Hose schwarzblau mit einem, für Offiziere zwei breiten roten Streifen. Lederzeug weiß, Helmbusch rot (Abb. 60k). Waffenabzeichen zur Felduniform der Feldartillerie zwei gekreuzte Kanonenrohre, der Fußartillerie platzende Granate. Farbige Uniform wie Infanterie mit vollfarbig roten Kragen.
Genie: 1835 trugen die Offiziere Infanterieuniform mit weißen Aufschlägen und Schoßumschlägen. 1855 dunkelblauen, weiß vorgestoßenen und umgeschlagenen Rock mit schwarzem Samtkragen und Aufschlag mit schmaler Goldtresseneinfassung, dunkelblaue Beinkleider mit weißen Vorstößen. Der Mannschaftstschako hatte weißwollenen Busch, statt der Regimentsnummer als Waffenabzeichen einen Turm, gelbe Knöpfe. Nach Einführung des Waffenrocks werden die Vorstöße rot, der Kragen trägt vorn und unten eine mittelbreite gelbe, bei Offizieren goldene Tresse. Der Helmbusch ist schwarz mit rotem Fleck oben, Hosen wie Artillerie (Abb. 60l). Das Waffenabzeichen bleibt auch zur Felduniform der Turm. Zur Gesellschaftsuniform ist der Kragen aus schwarzem Samt mit rotem Vorstoß, goldener Tresse vorn und unten, goldenem Waffenabzeichen in der Kragenecke; die Aufschlagpatte ist schwarz Samt mit rotem Vorstoß, ebenso das Mützenband.

Generale, Generalstab-Rangabzeichen

1855 trugen die Generale langen dunkelblauen Rock mit gleichfarbigem Kragen und Aufschlag mit reicher Goldstickerei und weißen Schoßumschlägen, Hut mit goldener Agraffe und schwarzer Füllung, dunkelblaue Hose mit Goldborten, goldene Epauletten. Rangabzeichen Silbersterne auf Epauletten und verschiedene Kragen- und Aufschlagstickerei, im Feld dunkelblauen Rock ohne Stickerei, Hut ohne Federbusch. Mit Einführung des Waffenrocks werden Kragen und Aufschlag rot. Ab 1890 trugen die Generale dunkelblauen zweireihigen Waffenrock, Kragen und Aufschlag rot mit gewellter Goldtresse eingefaßt, dunkelblaue Hose mit zwei breiten roten Streifen, goldene Epauletten mit steifen Fransen, 2 und 3 Silbersterne auf dem Feld, Silberkrone auf dem Schieber; Helm mit silbernem Emblem vorn, sonst goldenen Beschlag und weißen Federbusch mit hellblauem Fleck oben, karmingoldene Schärpe. Zur täglichen Uniform dunkelblaues grades Käppi mit zwei breiten goldenen Tressen am oberen Rand. Dunkelblauer Dolman mit schwarzer Tressenverschnürung und Besatz, roter Kragen mit Rangsternen in den Ecken, auf den spitzen dunkelblauen Aufschlägen Lorbeerstickerei. Nach Fortfall des Helms schwarzer Hut mit weißer Füllung, seit 1911 rechts grün-rotes Seidenrechteck mit goldener Agraffe. Zur Felduniform werden an der Mütze als Waffenabzeichen ein großer, silberner fünfstrahliger Stern, am Kragen und Ärmelende je 3 gleiche getragen. Es gibt nur einen Generalsrang. Die farbige Gesellschaftsuniform ist wie die Vorkriegsuniform.
Generalstab: 1855 dunkelblauer Rock, grünsamtene Kragen u. Aufschläge, goldene Tresseneinfassung am Außenrand. Hut mit weiß-rotem Federbusch. 1890 werden ein dunkelblauer zweireihiger Waffenrock mit rotem Kragen und spitzem Aufschlag sowie schwarz-blaue Hose mit breitem roten Streifen getragen. Der Helmbusch ist weiß mit rotem Fleck oben. Am Rockkragen befindet sich eine goldene Doppellitze mit drei aufgelegten silbernen Eichenblättern als Waffenabzeichen, das auch zur Felduniform und der farbigen Gesellschaftsuniform unverändert geblieben ist. Bei letzterer ist jedoch Kragen, Aufschlagpatte und Mützenbandstreifen aus königsblauem Samt, die Hose hellblau mit zwei dunkelblauen breiten Streifen.
Die Kennzeichnung der Offiziersgrade erfolgt seit 1847 durch goldene Tressen auf dem Aufschlag längs des Randes, Leutnant 1 schmale, Oberleutnant 2 schmale, Hauptmann 1 mittelbreite, Major 1 mittelbreite mit 1 schmalen darunter, Oberstleutnant 2, Oberst 3 mittelbreite Tressen. Unteroffiziers- und Mannschaftsgrade wurden seit der gleichen Zeit durch 1–4 vorstoßfarbige Winkeltressen, Spitze oben, am Oberarm gekennzeichnet, bei den Jägern waren die Winkeltressen dunkelgrün.
Mit Einführung der Felduniform wird die Zahl und Anordnung der Offiziersrangtressen geändert. Sie sind auf der Felduniform 5 cm lang und waagerecht, Subalternoffiziere 1–3 schmale, Stabsoffiziere 1 mittelbreite darüber, zur farbigen Gesellschaftsuniform laufen sie unter der Patte rings um den Aufschlag. Die Unteroffizierstressen werden zur Felduniform schwarz und zur Sommeruniform als Querstreifen über die Achselklappen getragen. Die höchste Unteroffiziersstufe (Adjutantsergeant) trägt zur Feld- und farbigen Uniform im Offizierschnitt statt der Rangtressen das goldene Landeswappen im gleichfarbigen Kranz auf den Unterarmen.
Allgemeines Offiziersabzeichen waren seit dem 18. Jahrhundert die karminfarbige Seidenschärpe, die um den Leib mit den Quasten links getragen wird, und das goldene Portepee.

Abb. 62. Rumänien. Infanteristen 1830, 1850.
a Moldau – b Wallachei

Rumänien

(Kokarde blau-gold-rot)

I. Infanterie, Jäger, Dorobanzen und Grenzwache, Garde

Die seit 1830 souveränen Fürstentümer Moldau und Walachei vereinigten sich 1860 zum Fürstentum, 1891 Königreich Rumänien.

Moldau

Die Infanterie trug 1830 lange dunkelblaue Röcke mit einer Reihe gelber Knöpfe (Abb. 62 a). Der Kragen war ringsum, die runden Aufschläge und Rockvorderteile an den Außenkanten rot vorgestoßen und mit roter, für Offiziere goldener Tresse besetzt; schwarzes Lederzeug, dunkelblaue Hose mit rotem Vorstoß. Tschako, rechts mit rotem Beutel, dunkelgrauer Mantel. 1835 fällt der Tressenbesatz fort, die dunkelblauen Aufschläge werden brandenburgisch mit rotem Vorstoß. Die Offiziere erhalten an Kragen und Aufschlagpatte goldene Gardelitzen sowie goldene Schärpe mit Quasten links. 1847 einreihiger dunkelblauer Frack, Kragen und Aufschlagpatte rot. Gekreuztes Lederzeug, Hose graublau mit rotem Vorstoß, Pickelhaube mit russischer Spitze, gelbem Beschlag (Ochsenkopf) und schwarzem Roßhaarbusch. 1854 Waffenrock dunkelblau, Kragen, brandenburgische Aufschläge, Achselklappen mit schwarzer Bataillonsnummer und Vorstöße rot; weiße Gürtelrüstung, dunkelblaue Hose mit rotem Vorstoß, die Offiziere verlieren die Gardelitzen.

Walachei

1830–1859. Dunkelblauer einreihiger Waffenrock und Hose, gelbe Vorstöße um Kragen, brandenburgischen Aufschlag, Rockvorderteil und Schoßtaschen (Abb. 62 b). Achselklappen 1. Regiment rot, 2. gelb, 3. hellblau, Offiziere Gardelitzen auf der Aufschlagpatte, goldene Epauletts und Schärpe mit Quasten links. Tschakos zunächst oben ausladend, 1847 oben enger mit gelbem Beschlag. Die Grenzwache hat braune Röcke mit grünen Vorstößen und weißen Knöpfen, niedrige Pelzmütze mit grünem Beutel, schwarzes Lederzeug, Opanken.

Vereinigte Fürstentümer

1861 erhält die Infanterie dunkelblauen einreihigen Waffenrock mit gelben Knöpfen und roten Vorstößen. Der Kragen und die spitzen Aufschläge aus Grundtuch mit rotem Vorstoß, rote Achselwülste. Dunkelblauer Tuchtschako mit rotem Rand- und Seitenvorstoß, vorn über dem Schirm rote Nummer, Kokarde und rote Agraffe mit Doppelpompon, bei Offizieren in Gold; diese goldene Epauletten und Ringkragen sowie Schärpe, blau und rot durchzogen. Lederzeug schwarz, Hose dunkelblau mit rotem Vorstoß. 1868 erhält der Rock dunkelblaue Achselklappen mit rotem Vorstoß und Nummer, die Hose wird dunkelgrau, statt des Tschakos dunkelblaues Käppi mit roten Vorstößen und geradem Schirm. Grauer zweireihiger Mantel mit roten speerspitzenförmigen Kragenpatten und Vorstößen am Kragen und den gerollten Aufschlägen.
1878 erhält der Rock rote viereckige Kragenpatten, gleichfarbige Achselklappen und spitze Aufschläge, das Käppiband wird rot. 1891 erhält die Mannschaft zum Rock, dessen Achselklappen und spitzen Aufschläge grundfarbig mit roten Vorstößen werden, liegenden dunkelblauen Kragen mit roter speerspitzenförmiger Patte und Vorstoß. Als Paradekopfbedeckung weiche, oben nach rechts abgeklappte Pelzmütze mit dem königlichen Namenszug und Krone vorn, Kokarde und Adlerfeder links. 1916 wird endgültig die seit 1912 in Erprobung befindliche Felduniform eingeführt. Grundtuch zunächst hechtgrau, ab 1917 bläulichgrau, Mannschaften Bluse mit versenkten Taschen, runden Achselklappen und spitzen Aufschlägen, Stehumlegekragen, Offiziere einreihiger Feldrock mit aufgesetzten Brust- und Seitentaschen und durchgängig gelben Knöpfen. Waffenbezeichnung erfolgt durch die speerspitzenförmige Kragenpatte, den Kragenvorstoß sowie die Achselklappennummer in Waffen- bzw. Regimentsfarbe, bei der Infanterie rot. Das Lederzeug wird braun, die Hose ist grau mit waffenfarbigem Vorstoß; graue Wickelgamaschen. Der feldgraue Mantel behält die bisherige Form. Die Mann-

schaften tragen ein weiches, in der Mitte eingeknicktes Käppi mit rotem Vorstoß und Nummer vorn über dem Tuchschirm, seit 1916 auch Stahlhelm französischen Modells, der über der Stirn den gekrönten königlichen Namenszug trägt. Die Offiziere haben ein steifes graues Käppi mit gleichfarbigem Rand- und Seitenvorstoß, über dem Schirm die Kokarde mit dem Namenszug darunter. 1921 wird die Grundfarbe der in Schnitt und Abzeichen unveränderten Felduniform kaki. 1931 Einführung einer Schirmmütze englischer Form mit rotem Band und kaki Schirm, der bei Stabsoffizieren und Generalen ein- und zweifache goldene Eichenlaubstickerei trägt. Über dem Schirm die Regimentsnummer, bei Offizieren im Eichenlaubkranz mit Krone darüber. Offiziere erhalten neben dem Feldrock ein kakifarbenes Jackett mit kakifarbener oder weißer Wäsche.

Die Uniform der Jäger ist seit 1861 ein brauner, zweireihiger, ringsum grün vorgestoßener Rock mit gelben Knöpfen, spitzen grünen Aufschlägen, auf dem braunen, grün vorgestoßenen Stehumlegekragen grünes, für Offiziere goldenes Jagdhorn. Dunkelgraue, grün vorgestoßene Hose mit weißen Gamaschen, die später fortfallen. Schwarzes Lederzeug. Schwarzer, runder, an den Seiten aufgeklappter Lederhut mit Kokarde und grünem Hahnenfederbusch rechts, Namenszug vorn. Die Felduniform der Jäger folgt der der Infanterie, die Abzeichenfarbe ist grün. Mannschaft trägt am Kragen statt der Patte ein grünes Jagdhorn (Abb. 63 b).

Die Uniform der Grenzwache ist im Königreich Rumänien wie die Infanterieuniform mit hellgrüner Abzeichenfarbe. 1912 Pickelhaube mit gelbem Beschlag.

Bei der Territorialinfanterie (Dorobanzen) tragen 1870 die Offiziere Infanterieuniform mit hellblauen Abzeichen. Die Mannschaft zunächst weiße Bluse mit hellblauem Kragen, Aufschlag und Streifen vorn herunter, weiße Hosen, Opanken, Pelzmütze. Seit 1879 Infanterieuniform mit hellblauen Abzeichen (Abb. 63 c). Muselmanische Dorobanzen haben roten Fez mit blauem Quast, den goldenen gekrönten Namenszug über der Stirn.

1931 erhält die Gardedivision besondere farbige und Felduniformen. Der farbige Rock ist dunkelblau, der Kragen und die Aufschlagpatte des brandenburgischen Aufschlages in Waffenfarbe, ebenso die Achselklappe und Epaulettfelder der Offiziere sowie die Vorstöße. Kragen und Aufschlag sind mit einer gelben, für Offiziere goldenen Schnur eingefaßt. Auf Kragen und Aufschlagpatte für Mannschaften gelbe Gardelitzen, Offiziere Goldstickerei (Blumenmuster).

Regiment	Abzeichen-farbe	Hose	Paradekopf-bedeckung	Fangschnüre rechts
Gardeinfanterie-Rgt. Michaeel Viteacu	hellgelb	hellgrau mit Vorstoß, Offiziere Lampassen in Abzeichenfarbe	Pelzmütze	gelb, blau untermischt
Palastgarde	weiß		weißer Kürassierhelm mit gelben Beschlägen, weißer Busch	weiß, blau untermischt
Königliche Eskorte	schwarz			gelb, schwarz untermischt

Zur kakifarbenen Felduniform tragen die Mannschaften auf den Kragenpatten gelbe Knöpfe am hinteren Ende sowie auf den Armen senkrechte, mit zwei Knöpfen besetzte waffenfarbige Patten. Offiziere haben auf der Kragenpatte und auf der Patte des grundfarbenen brandenburgischen Aufschlags die Stickerei des Waffenrocks. An der Schirmmütze gelbe Krone, für Offiziere im Eichenlaubkranz.

II. Kavallerie

Moldau

1830 wie Infanterie mit spitzen, rot vorgestoßenen Aufschlägen, Lanzenflaggen rot-blau gezackt. 1847 Ulanenuniform: Kolletts dunkelblau, Kragen, spitze Aufschläge, Rabatten und Vorstöße rot, Knöpfe und Gardelitzen am Kragen weiß. Dunkelblaue Hose mit roten Lampassen, weißes Lederzeug, schwarzen Ledertschapka mit roten Rabatten, auf diesen vorn silbernes Wappen, weißer Haarbusch. Die Schuppenepauletts sind weiß mit gleichfarbigen Fransen.

Walachei

Zunächst wie Infanterie. 1852 Ulanenuniform dunkelblau mit weißen Abzeichen, gelben Knöpfen; hellblaue Hose mit weißem Vorstoß. Tschapkarabatten sind rot, die Lanzenflaggen rot-gelb-blau. 1860 trägt die Kavallerie Ulankas mit rot-gelb-blauem Paßgürtel, dunkelblaue Hose mit breitem Streifen, Tschapka mit weißem Haarbusch. 1. Regiment rote Abzeichen, weiße Knöpfe und Epauletts, 2. Regiment weiße Abzeichen, gelbe Knöpfe, rote Epauletts. 1861 werden beim zweiten Regiment die Abzeichen rot.

1868 erhält die gesamte Kavallerie Husarenuniform, die aktiven Regimenter »Rosiori«; zunächst 3, bis 1912 auf 10 erweitert, haben rote Dolmans und weiße Hosen mit schwarzer Verschnürung. Schwarze Pelzmütze mit dem königlichen Namenszug, Kokarde und weißen Federstutz vorn, gelben Behang, Beutel in Regimentsfarbe links. Weißes Lederzeug, später naturfarben (Abb. 63 d). Offiziere schwarzes Käppi mit Band in Abzeichenfarbe. Seit 1884 Lanzen, deren Flagge unten rot, oben regimentsfarbig ist, grauer zweireihiger Mantel, roter Kragen mit speerspitzenförmiger Patte in Regimentsfarbe.

Die Felduniform ist wie die der Infanterie mit regimentsfar-

Abb. 63. Rumänien 1890.
a Infanterist – b Jäger – c Dorobanze – d Rosiori – e Calarasi – f Artillerist – g Genie-Soldat – h Reit. Gendarm – i General

bigen Kragenpatten und Vorstößen. Die Abzeichenfarbe der Rosiori-Regimenter sind: 1. gelb, 2. weiß, 3. grün, 4. hellblau, 5. hellgrün, 6. dunkelblau, 7. hellbraun, 8. lila, 9. rosa, 10. hellgrau. Die Territorialkavallerie (Calarasi) trägt seit 1868 dunkelblauen Dolman mit roter Verschnürung, der Pelzmützenbeutel ist rot; keine Lanzen. Zur Felduniform Vorstöße rot, Kragenpatten rot mit schwarzem Vorstoß, sonst wie Infanterie.

III. Artillerie, Train, Genie und Panzertruppe

Die Artillerie des Fürstentums Moldau trägt 1848 die Uniform der Infanterie, jedoch Kragen und Aufschlag dunkelblau, Aufschlagpatte, Achselklappe und alle Vorstöße karmin, Pickelhaube mit Kugelspitze, gekreuzte Kanonenrohre unter dem Wappen. 1854 Waffenrock, schwarzer Haarbusch. Die walachische Artillerie ist seit 1851 wie die moldauische gekleidet.

Die Artillerie der vereinigten Herzogtümer trägt 1860 dunkelblauen zweireihigen Waffenrock. Der Kragen, die spitzen Aufschläge sind schwarz mit rotem Vorstoß. Am Kragen rote, für Offiziere goldene Granate, rote Epauletten, schwarzes Lederzeug, Tschako mit rotem Haarbusch und zwei gekreuzten Kanonenrohren. 1868 wird der Rock braun, Hose grau, statt des Tschakos ein dunkelblaues Käppi mit schwarzem Band und roten Vorstößen, Offiziere rote Lampassen (Abb. 63f). Zur Felduniform schwarze Vorstöße und Kragenpatte, 1931 schwere Artillerie mit gelbem Vorstoß, reitende Artillerie karmin mit schwarzem Vorstoß. Die Gebirgsartillerie hat die Vorstöße grün, Luftabwehrartillerie hellblau.

Der Train ist 1868–1915 wie die Artillerie gekleidet, aber mit weißen Knöpfen und Rangabzeichen, auch ist der Rock einreihig. Zur Felduniform rote Vorstöße, schwarze Kragenpatten, gelbe Knöpfe.

Die Genietruppe hat seit 1861 dunkelblauen einreihigen Rock mit schwarzem Kragen und spitzen Aufschlägen, rote Vorstöße und Granate am Kragen, schwarzes Lederzeug. Käppi rot mit schwarzem Band und Seitennähten, seit 1889 dunkelblau, dunkelblaue Hose mit rotem Vorstoß, Offiziere Lampassen (Abb. 63g). Zur Felduniform 1912 schwarze Vorstöße und gleichfarbige Kragenpatte mit rotem Vorstoß. 1923 Kragenpatte und Vorstöße hellbraun, ab 1931 wie 1912.

Die Panzertruppe trägt zur Felduniform ab 1931 Vorstöße und Kragenpatte aschgrau, letztere mit rotem Vorstoß.

IV. Generale, Generalstab-Rangabzeichen

Moldau

1859. Der General trägt einen schwarzen Hut mit weißem Busch, einreihigen Frack, dunkelblau, Kragen, brandenburgischen Aufschlag rot mit goldener Eichenlaubstickerei, rote Vorstöße, goldene Epauletts und Schärpe, graue Hose mit roten Lampassen.

Walachei

Hut mit blau-gold-rotem Busch, einreihiger Waffenrock dunkelblau, Schoß weiß gefüttert, gelbe Vorstöße, Kragen, brandenburgische Aufschläge schwarz mit reicher Goldstikkerei, dunkelblaue Hose mit gelben Lampassen, goldene Epauletten und Schärpe.

1860 erhält die Generalität der Vereinigten Fürstentümer schwarzen Hut mit Goldborte und schwarzer, für Divisionsgenerale weißer Straußenfederfüllung. Einreihiger Rock, dunkelblau, Kragen und brandenburgischer Aufschlag dunkelblau mit rotem Vorstoß und reicher Eichenlaubstikkerei, goldene Epauletts und Schärpe, rote Hose mit goldenen oder dunkelblauen Doppelstreifen. Generalstab Kragen und Aufschlag schwarz mit goldener Einfassung. Federbusch auf dem Hut rot-gelb, sonst wie bei Generalen.

1868. Der Kragen und die jetzt spitzen Aufschläge werden rot, mit Eichenlaubstickerei bedeckt. Hose ist dunkelblau, im Dienst dunkelgrau mit roten Lampassen. Außerdienstlich ein dunkelblaues Käppi mit rotem Band. Dunkelgrauer zweireihiger Mantel mit roten Vorstößen. Generalstab wie Infanterie, am Kragen geflügeltes Blitzbündel, Käppi rot mit dunkelblauem Band, Federbusch rot-gelb-blau.

1871 fällt der Hut für die Generalität fort, dafür am Käppi ein weißer Federstutz und über dem Schirm eine silberne Sonne auf dem Band. Mitte der 80er Jahre wird bei den Generalen wie bei den Offizieren der ganzen Armee alles nach dem Reglement dunkelblaue Tuch schwarz, wie auch in Frankreich üblich (Abb. 63 i).

Der Generalstab erhält unter Fortfall der roten Vorstöße schwarzsamtene Kragen, Aufschlag und Käppiband, weißen Käppideckel, karmin Lampassen.

Zur Felduniform 1912 tragen die Generale rote Kragenpatten, Vorstöße und Lampassen, am Käppi nur die Silbersonne. Seit Einführung der kakifarbenen Felduniform behalten die Generale die Waffenfarbe ihrer Herkunftswaffe, die silberne Sonne ist in kleiner Form auch auf dem Band der Schirmmütze befestigt, dazu doppelte Eichenlaubstickerei am Mützenschirm. Die Uniform des Generalstabs folgt der allgemeinen Entwicklung. Zunächst schwarzsamtene Patten und Vorstöße, dann dieselben in Farbe der Herkunftswaffe, darauf stets das geflügelte goldene Blitzbündel und zur großen Uniform Fangschnüre.

Die Rangabzeichen sind bis zur Vereinigung der Herzogtümer nach russischem Muster gestaltet. Offiziere Epauletten, Stabsoffiziere mit Fransen, auf dem Feld Oberst und Hauptmann keine Sterne, Major und Oberleutnant zwei, Leutnant einen Stern, Unteroffiziere 1 bis 3 schmale rote

Abb. 64. Rumänien. Infanteristen 1915, 1931.
b Garde. Regt. Michael der Kühne

Querstreifen am oberen Achselklappenende. 1860–1916 Offiziere zur großen Uniform Epauletten in Knopffarbe, Subalternoffiziere mit langen dünnen, Stabsoffiziere und Generale mit kurzen dicken Fransen, auf dem Schieber 1–3 Silbersterne, Generale dazu auf dem Feld eine silberne Sonne; zum Dienstanzug Schulterschnüre aus 1–3 Metallschnüren, am Schulterende ein Kleeblatt bildend. Dazu Rangtressen am Unterarm, seit 1889 zu jedem Anzug. Subalternoffiziere 1–3 Rangtressen über dem Aufschlag in Speerspitzenform, Stabsoffiziere außerdem eine mittelbreite Tresse über dem Aufschlagrand, Generale eine weitere sehr breite mit Eichenlaubmuster auf den spitzen Aufschlägen. Die Stabsoffiziere der Kavallerie haben auch den Kragen vorn und unten mit mittelbreiter Tresse besetzt. Am Käppi 1–3 schmale Rangschnüre über dem Band, die mittelbreite Stabsoffizierstresse am oberen Bandrand ringsum, während bei Generalen das ganze Band mit der breiten gemusterten Tresse bedeckt ist. Seitennähte mit 1–3 Schnüren belegt.

Zur Felduniform werden Rangabzeichen nur auf der runden Achselklappe und von 1921–1931 auch am Käppi, hier wie früher, getragen, Subalternoffiziere haben 1–3 goldene Schnüre quer über die Achselklappe, die bei Stabsoffizieren eine mittelbreite Goldtresse längs der Mitte trägt. Das Achselstück der Generale ist ganz mit gemusterter Tresse bedeckt, der Feldmarschall hat hierzu vier Querschnüre. Unteroffiziere und Mannschaften trugen von 1860 bis 1916 1 oder 2 knopffarbige Woll- bzw. Metalltressen oberhalb des

Aufschlagrandes, der höchste Unteroffiziersgrad dazu eine schmale Winkeltresse in entgegengesetzter Knopffarbe darüber. Bei der Felduniform sind die Rangabzeichen ebenfalls an der Achselklappe befestigt in Form von 1–3 breiten silbernen oder waffenfarbigen Quertressen.
Ab 1931 haben die Offiziere eine farbige Parade- und Gesellschaftsuniform erhalten, die im allgemeinen der farbigen Vorkriegsuniform entspricht. Fußtruppen brandenburgische Aufschläge mit waffenfarbiger Patte, eingefaßt mit Goldschnur. Die Rangtressen laufen hier rund um den Arm unter der Patte durch. Calarasi-Offiziere haben die frühere Uniform, Rosiori-Offiziere dunkelblauen Dolman mit schwarzer Verschnürung und doppelt geschweifter Kragenpatte in Regimentsfarbe, schwarze Hose.

Rußland

(Kokarde schwarz-orange-weiß)

I. Infanterie

Die ersten uniformierten Truppen waren die *Strelitzen.* Die Bezeichnung taucht um die Mitte des 16. Jahrhunderts auf. Waffen und Kleidung wurden vom Staat geliefert. Als Hauptbekleidungsstück diente ein Kaftan mit farbigem Litzenbesatz, den Kopf bedeckte eine pelzverbrämte Samtmütze, auch wohl eine Eisenhaube. Als Waffen Luntengewehre, Säbel und langgeschäftete Streitäxte (Abb. 65 b). Offiziere hatten goldene oder silberne Litzen auf dem Kaftan und eine kronenartige Verzierung um die Mütze (Abb. 65 a). Sie trugen einen Stock als Zeichen ihres Ranges; hoch heraufgehende Handschuhe wurden sowohl von den Offizieren wie von den Fahnenträgern angelegt.
Ein Bericht aus dem Jahre 1674 gibt die Farbenabzeichen der einzelnen Pulks wieder:

Name des Pulks	Mütze	Kaftan	Litzenbesatz	Stiefel
1. Jegor Lutochin	eisengrau	rot	rot	gelb
2. Iwan Poltew	rot	hellgrau	rot	gelb
3. Wassili Buchwostoff	rot	hellgrün	rot	gelb
4. Fedor Golowlinski	dunkelgrau	kirschrot	schwarz	gelb
5. Fedor Alexandroff	dunkelgrau	aloefarben	kirschrot	gelb
6. Nikifor Koloboff	dunkelgrau	gelb	kirschrot	rot
7. Stephan Janoff	rot	himmelblau	schwarz	gelb
8. Timophei Poltew	kirschrot	orange	schwarz	grün
9. Peter Lupochin	kirschrot	kirschrot	schwarz	gelb
10. Fedor Lupochin	rot	dunkelgelb	rot	gelb
11. David Woronzoff	zimtfarben	rot	schwarz	gelb
12. Iwan Naramanski	rot	kirschrot	schwarz	gelb
13. Lagoßkin	grün	dunkelrot	schwarz	gelb
14. Afanaß Lewschin	rot	hellgrün	schwarz	gelb

Das Übergewicht der Strelitzen über die schlechter bewaffneten und ausgerüsteten anderen Truppen, das Gefühl ihrer Unentbehrlichkeit, ließ einen Geist aufkommen, der an die Prätorianer und Janitscharen erinnert. Die Strelitzen-Empörung von 1698/99 unterdrückte der vom Ausland schnell herbeigeeilte Zar Peter mit blutiger Strenge. Die Gruppe wurde nicht wieder errichtet. Unmittelbar nach der Vernichtung der Strelitzen begann Peter der Große mit der Neubildung des Heeres. Schon nach Ablauf eines Vierteljahres waren 29 Regimenter errichtet, darunter zwei Dragonerregimenter. Die Bekleidung der Infanterie bestand aus Röcken, Kamisol, Kniehosen, Strümpfen und Schuhen. Eigenartig war nur die Mütze mit herunterklappbaren Umschlägen (Abb. 65c, d). Die Wahl der Farben war den Regimentskommandeuren überlassen, das Äußere des Heeres infolgedessen sehr bunt. Das *Preobraschenskische* Regiment trug dunkelgrüne, das *Ssemenowsche* hellblaue Röcke (Abb. 65g); beide hatten dunkelgrüne, zuweilen auch rote Beinkleider und Kamisöler, rotes Rockfutter und Aufschläge, rot ausgenähte Knopflöcher; bortierte Hüte. Die Grenadiere dieser Regimenter (Abb. 65h) hatten eine Granattasche am Bandelier und eine Kartusche am Koppel. Als Kopfbedeckung diente eine schwarzlederne, mit Nackenschirm und Vorderschild versehene Mütze, vorn mit Doppeladler. Die Mütze zierte eine weiße, am Rand rotgefärbte Feder. Offiziere 6Abb. 65 f) der genannten Regimenter trugen die gleiche Uniform wie Mannscaften, mit folgenden Auszeichnungen: Rock auf allen Nähten Goldtressen; ebenso der Hut, dessen Krempen mit weiß und roter Plümage versehen waren. Als Dienstzeichen rot-grün-

a b c d e f g h

Abb. 65. Rußland. Infanterie 1670–1700.
a Strelitzen-Offizer – b Strelitze – c, d Linien-Inf. – e Linien-Gren. – f, g, h Offizier, Musketier und Grenadier der Garde

weiße Schärpe über die rechte Schulter, Ringkragen und Sponton. Die Grenadiermützen der übrigen Regimenter aus Tuch in der bekannten Zuckerhutform (Abb. 65e). 1720 wurde eine Uniformänderung durchgeführt. Die farbigen Tuchmützen der Infanterie wurden durch Hüte ersetzt. Die Linien-Infanterie erhielt dunkelgrüne Röcke. Kragen, Aufschläge, Einfassung der Knopflöcher, Kamisöler und Beinkleider rot. Schwarze Halstücher, weiße Strümpfe. Eckig geschnittene Schuhe, im Krieg Stiefel. Die Garde-Regimenter wurden mit dunkelgrünen Röcken, Kamisölern und Beinkleidern versehen. Aufschläge, Futter und Einfassung der Knopflöcher rot; die beiden Regimenter unterschieden sich durch die Farbe der Kragen; beim Preobraschenskischen Regiment rote, beim Ssemenowschen blaue Kragen. Die Kragenfarbe bildete noch 1914 das charakteristische Abzeichen. Strümpfe und Halstücher weiß. Nach 1730 führte man verschiedene Neuerungen ein, und zwar nach preußischem Vorbild, nämlich Puder, Haarlocken, Zöpfe, Handmanschetten sowie weiße Gamaschen. Die Halstücher wurden durchgängig weiß; die Grenadiere trugen die früheren spitzen Mützen, nur erhielten diese vorn ein Metallschild mit dem Regimentswappen (Wappen der Stadt, nach welcher das Regiment den Namen führte). Offiziere trugen die gleiche Uniform wie Mannschaften, jedoch grüne statt der roten Beinkleider. Hut mit goldener Einfassung. Ringkragen, Schärpe von gelb und schwarzer Seide. Spontons und Degen. 1743 erhielten Rock und Kamisol einen engeren Schnitt, die Schöße waren stets umgeschlagen. Seit 1756 legten die Offiziere die Schärpe nicht mehr über die Schulter, sondern um den Leib an. In der Front waren sie mit einem Gewehr bewaffnet; dazu eine vor dem Leib getragene Patronentasche von rotem Leder, mit dem Regimentswappen geschmückt (Abb. 66c). Die Grenadiere erhielten eine eigenartig gestaltete Mütze mit Vorderschild und Nakkenschirm mit Messingbeschlägen und Streifen (Abb. 66e). Die Grenadiere der Garde hatten dazu noch einen großen Busch von Straußenfedern. Unter Peter III. blieb der Rock grün, Futter rot. 1760 wurden Rabatten eingeführt, welche zugleich mit den Kragen und Aufschlägen regimenterweise von verschiedener Farbe waren (Abb. 66f). Nach F. v. Stein, »Geschichte des Russischen Heeres«, waren diese Abzeichenfarben sehr mannigfaltig, da die Wahl den Chefs überlassen war. »Neben Weiß und Schwarz waren Rot, Grün, Blau und Grau in allen Schattierungen anzutreffen und zur Bezeichnung des dem Auge kaum merklichen Unterschiedes tauchten Namen wie feuer-, eisen-, sand-, ziegel-, kirsch-, aprikosen-, seladon-, floh-, kamelfarben usw. auf. Bei den Kamisölern und Beinkleidern war innerhalb der gelben, weißen, Pomeranzen- und Strohfarbe gleichfalls die Wahl frei; ebenso konnten die Knöpfe nach Belieben der Chefs gelb oder weiß sein. Die Knöpfe wurden in der Art zu sechs auf jede Rabatte und zwei unter diese gesetzt, daß je zwei immer dichter nebeneinander standen. Den Knöpfen entsprachen Knopflöcher mit wei-

Abb. 66. Rußland. Infanterie 1732–1796.
a Garde-Grenadier – b Garde-Gren.-Offizier – c, d, e Offizier, Musketier u. Grenadier der Linie – f Linien-Grenadier – g, h Musketiere – i Grenadier.

ßem oder blauem Bande, mit oder ohne Quästchen eingefaßt, die »Schleifen« genannt wurden. Auf der rechten Schulter wurde ein herabhängendes Achselband aus Schnur von der Farbe der Schleifen getragen. Die Hüte wurden etwas länger, die Säbel erhielten Troddeln. Das Lederzeug, das bisher seine Naturfarbe behalten hatte, wurde jetzt weiß angestrichen und die Patronentasche, früher auf der rechten Seite getragen, auf dem Rücken angebracht. Offiziere erhielten goldene oder silberne Achselschnüre und Schleifen, letztere oft sehr zierlich gestickt; statt der Gewehre führten sie Spontons, denen der preußischen Offiziere sehr ähnlich. Die Garde bekam hellgrüne Röcke ohne Rabatten, mit vielen Schleifen geschmückt. Aufschläge blieben rot, Kragen regimenterweise veschieden. Kamisöler und Beinkleider waren rot, die Halstücher weiß. Bei den Offizieren waren die Röcke ganz grün, aber reich mit Gold verziert.«

Am 24. 4. 1763 erließ Katharina II. eine neue Bekleidungsordnung. Die Röcke der Infanterie bekamen ein helleres Grün, die Aufschläge waren rund. Durchgängig wurden rote Kragen, Rabatten und Aufschläge eingeführt. Als Regimentsabzeichen diente unter Fortfall der Achselschnüre ein auf der linken Schulter angebrachtes Achselstück mit Fransen. Form und Farbe bestimmten die Regimentschefs. Das Kamisol erhielt einen kleinen liegenden Kragen sowie Aufschläge von grünem Tuch. Zur Parade war das Halstuch rot, sonst schwarz. Beinkleider rot, im Sommer von weißer Leinwand. Schwarze Gamaschen. Hut war mit zackiger, weißer Borte eingefaßt. Die Grenadiermütze glich der damals in Preußen üblichen. Damals wurden Rangabzeichen für die Offiziere eingeführt, und zwar in Form von Sternchen auf den Achselstücken, von Gold oder Silber mit einer Beimischung der Regimentsfarben. Sehr merkwürdig erscheint die Neuuniformierung vom Jahre 1786 besonders durch den Umstand, daß fast das ganze Heer eine Einheitsuniform erhielt, wenigstens dem Schnitt nach sowie hinsichtlich der Kopfbedeckung. Diese Uniformierung scheint aus dem Charakter der damaligen Zeit herauszufallen (Abb. 66 g, h). Die Infanterie erhielt einen kurzschößigen, grünen Rock; Schöße nur vorn umgeschlagen und mit rotem Vorstoß. Kragen, Rabatten und Aufschläge ebenfalls rot. Auf der linken Schulter das frühere Achselstück. Beinkleider von roter Farbe, mit wellenförmigen gelben Streifen, unten mit Leder besetzt. Die Kopfbedeckung bestand aus einem runden Kopfteil von Filz und einem kleinen Schirm, dessen Rand mit Leder eingefaßt war. Vorn ein Messingreifen. Von einer Schläfe zur andern ging eine breite Raupe von gelber Wolle. Der hintere Rand des Kopfteils war mit einem roten Tuchstreifen versehen, der mit gelber Schnur eingefaßt war. Gegen den Rücken herab hingen zwei schwarze Tuchstreifen, an welche unten gelbe Quasten genäht waren. Diese Tuchstreifen sollten den Nacken schützen und konnten bei kaltem Wetter um die Ohren gebunden werden. An der linken Seite eine weiße Bandschleife und kleiner schwarzer Stutz. Die schwarzen Halsbinden erhielten einen weißen Vorstoß. Die ungepuderten Haare wurden unten gerade abgeschnitten. Statt des Säbels Bajonettscheide. Unteroffiziere erhielten Tressen um Kragen und Aufschläge. Bei den Grenadieren, welche dieselbe Kopfbedeckung trugen, war das reifartige Schild größer, auch trugen sie einen Säbel, und zwar an Schleppriemen. Offiziere behielten vorläufig noch die frühere Uniform. Die erwähnten Uniformänderungen erstreckten sich jedoch nicht auf die Garde. 1788 legten auch die Offiziere die neue Uniform an, jedoch fehlten an der Kopfbedeckung die herabfallenden Tuchstreifen. Als Kaiser Paul Petrowitsch 1796 zur Regierung kam, wurde das alte Kostüm mit Puder, Zopf, Gamaschen usw. wieder eingeführt. Die Röcke erhielten der Mode gemäß vorn einen Ausschnitt (Abb. 66 i). Die Regimentsabzeichen wurden, wie früher, sehr verschiedenfarbig. Statt des Achselstückes wurde auf der linken Schulter eine Achselklappe getragen. Die Füsiliere bekamen eine Kopfbedeckung, derjenigen der preußischen Füsiliere unter Friedrich dem Großen sehr ähnlich. Alexander I. führte 1802 bei den Garderegimentern eine Kopfbedeckung ein, welche der bis 1796 getragenen sehr ähnelte und nur von weit höherer Form war (Abb. 67 a, b). Der hintere Tuchrand und der herabfallende Streifen waren beim Preobraschenskischen Regiment rot, beim Ssemenowschen hellblau und beim Ismailowschen weiß. Offiziere trugen Federhüte und auf der rechten Schulter goldene Achselschnüre (Abb. 67 c).

In das Jahr 1803 fällt die Einführung des Tschakos. Er war vorn mit Kokarde und Puschel verziert. Zunächst war diese Kopfbedeckung nur den Musketieren verliehen worden, 1805 wurde sie auch für Grenadiere und Füsiliere vorschriftsmäßig. Offiziere behielten vorläufig noch die Hüte, zu denen jetzt sehr hohe Federbüsche angelegt wurden. 1806 fiel der Zopf weg. 1807 wurden die Offiziersepauletten eingeführt (vorläufig nur an Stelle der Achselstücke auf der linken Schulter). Spontons abgeschafft. Alle Grenadier- und Musketierregimenter erhielten gleichmäßig rote Kragen, Aufschläge und Schoßbesätze. Achselklappen waren in der Art verschieden, daß in jeder Division das erste Regiment Rot, das zweite Weiß, das dritte Gelb, das vierte Dunkelgrün mit rotem Vorstoß, das fünfte Hellblau trug. Am 15. 12. 1807 wurden die Achselklappen bzw. Epauletten der Offiziere noch mit der Divisionsnummer versehen. Das Lederzeug wurde jetzt gekreuzt getragen. Im Winter trug man weiße Tuchbeinkleider mit Lederbesatz unten (Abb. 67 e), im Sommer leinene im Gamaschenschnitt (Abb. 67 f), 1809 legten die Offiziere ein zweites Epaulette auch auf der rechten Schulter an. Dafür fielen die Achselbänder fort. Der gerollte Mantel wurde unter dem Tornisterriemen getragen (Abb. 67 g). Im selben Jahr erhielten die Tschakos Behänge von weißer Farbe, 1812 wurde die Form des Tschakos (Kiwer) gänzlich verändert. Der vergrößerte Deckel war nach vorn und hinten in die Höhe gebogen (Abb. 67 h). Das *Pawlowsche Regiment* trug seit 1796 blanke Grenadiermützen; 1802 wurde das Muster des Mützenblechs verändert. Das Mützenfutter war rot, der hintere Rand weiß. Nach den Befreiungskriegen wurden Schuppenketten angebracht. Die Grenadiermütze bildete für das erwähnte Regiment 1914 noch die Paradekopfbedeckung. Wenn auch die Mützen selbst erneuert wurden, wurden die Bleche im Regiment vererbt und zeigten daher vielfach Kugelspuren.

Der Kiwer hatte bei der Garde als Beschlag einen Doppeladler, bei den Grenadier-Regimentern und den Grenadier-Kompanien der Linie eine dreiflammige Granate. Bei der Garde war alles Metall rotkupfern, bei der Linie Messing. Die Patronentaschen führten den gleichen Beschlag wie der Kiwer, nur die Garde hatte hier den Andreasstern. Die Garde hatte ferner dunkelgelbe Litzen und verschiedenfarbige Kragen. Diese waren 1813 bei den Regimentern Preobraschenski und Litauen rot, Semjonow und Garde-Grenadiere hellblau mit rotem Vorstoß, Ismailow und Pawlow grün mit rotem Vorstoß. Die Garde-Grenadiere und Pawlow gehörten 1812 noch zum Grenadierkorps, trugen daher bis 1813 die Grenadieruniform, das erstgenannte Regiment dazu weiße Gardelitzen, die auch das Grenadier-Regiment Kexholm führte.

Seit 1812 wurde der Kragen geschlossen getragen, doch kam diese Bestimmung so spät heraus, daß im Feldzug 1812 viele Regimenter noch mit dem alten offenen Kragenschnitt sowie mit den alten höheren Tschakos versehen waren. 1813 bekamen die Regimenter Litauen, Garde-Grenadiere, Pawlow und Kexholm rote Rabatten. Die Winterhose war aus weißem Tuch und unterhalb des Knies mit weichem Leder besetzt. Im Sommer wurden weiße Leinenhosen mit Gamaschenschnitt angelegt (Abb. 67 h). Offiziere trugen außer den Epauletten (Stabsoffiziere mit Fransen) noch den Ringkragen: Fähnrich silbern, Leutnant einen silbernen mit goldenem Rand, der Oberleutnant einen silbern mit goldenem Doppeladler, Stabshauptmann silbern mit goldenem Doppeladler und goldenem Rand, Hauptmann vergoldet mit silbernem Doppeladler. Die in diesem Jahr zur Landarmee überführten See-Regimenter erhielten Jäger-Uniform mit weißen Vorstößen.

1816 tritt wieder ein neues Tschakomodell auf. Das Pompon zeigt die Bataillons- und Kompaniefarben. Die Tornister, bisher von schwarzem Leder, jetzt aus rohem Kalbfell. Die Beinkleider der Infanterie sind für die Folgezeit im Sommer weiß, im Winter dunkelgrün, die Linie erhält einreihige Kolletts. 1846 wird die Pickelhaube (Abb. 68 a, b, c) eingeführt, bei der Garde mit schwarzen Büschen. Der Waffenrock tritt erst nach dem Krimkrieg auf (Abb. 68 d). 1855 erhielt die Linie Tschakos (nur mit Augenschirm), die Garde behielt die Pickelhaube bei. An Stelle dieses Tschakos trat 1862 eine käppiartige Tuchmütze ähnlich der französischen Feldmütze bei der Garde (Abb. 68 f, g). Zur Parade gehörte ein schwarzer Stutz. Die Grundfarbe war dunkelgrün, der Besatz nach der Abzeichenfarbe. 1882 wurde eine nationale Uniformierung eingeführt (Abb. 68 h, i). Der dunkelgrüne Rock zeigte mit Ausnahme der Achselklappen keine Knöpfe, er war auf der Brust zum Übereinanderhaken. Die dunkelgrünen Beinkleider wurden in hohen Stiefeln getragen. Niedrige schwarze Lammfellmütze, jedoch nur zur Parade getragen; für gewöhnlich dunkelgrüne Tellermützen. Bei der Linien-Infanterie nur folgende Stücke von abstechender Farbe: Kragenpatte und Vorstöße, Achselklappen, Mützenrand und Mützenvorstoß. Die beiden Brigaden in jeder Division unterschieden sich durch die Achselklappenfarbe, und zwar die erste Brigade durch rote, die zweite Brigade durch blaue Achselklappen. Die vier Regimenter der Divisionen waren durch die Farben der Kragenpatten und des Mützenrandes kenntlich – erstes Regiment rot, zweites blau, drittes weiß, viertes dunkelgrün. Vorstöße durchgängig rot. Einzelne Regimenter durch Gardelitzen ausgezeichnet. Die Grenadierregimenter hatten dieselbe Uniform, nur durchgängig gelbe Achselklappen mit farbigem Vorstoß, und zwar die erste Grenadierdivision rot, zweite blau, dritte weiß, vierte gelb. Leibgurt durchgängig schwarz. Mit der großen Neuuniformierung erhielt die Garde ein völlig anderes Aussehen. Die Pelzmütze wurde durch einen Tschako ersetzt, ferner wurden zur Parade farbige Rabatten getragen. Statt Leibgurt weiße bzw. schwarze Koppel.

Die Garderegimenter waren 1914 in folgender Weise unterschieden:

Name des Regiments	Kragen	Aufschläge	Aufschlagspatten	
Leib-Garde-Regiment Preobraschensky	rot	rot m. weißem Vorstoß	rot m. weißem Vorstoß	
Leib-Garde-Regiment Ssemenow	hellblau mit rotem Vorstoß	rot m. weißem Vorstoß	rot m. weißem Vorstoß	
Leib-Garde-Regiment Ismailow	dunkelgrün m. rotem Vorstoß	rot m. weißem Vorstoß	rot m. weißem Vorstoß	
Leib-Garde-Jäger-Regiment	dunkelgrün m. rotem Vorstoß	dunkelgrün m. rotem Vorstoß	rot m. weißem Vorstoß	
Leib-Garde-Regiment Moskau	rot	rot	rot	Rabatten genau wie Aufschläge, jedoch Leib-Garde-Jäger-Rgt. hellgrüne Rabatten mit weißem Vorstoß
Leib-Garde-Grenadier-Regiment	hellblau mit rotem Vorstoß	rot	rot	
Leib-Garde-Regiment Paul	dunkelgrün m. rotem Vorstoß	rot	rot	
Leib-Garde-Regiment Finnland	dunkelgrün m. rotem Vorstoß	dunkelgrün m. rotem Vorstoß	rot	
Leib-Garde-Regiment Litthauen	gelb m. dunkelgrün. Vorstoß	gelb	gelb	
Kexholm Grenadier-Regiment	hellblau mit gelb. Vorstoß	gelb	gelb	
St. Petersburger Grenadier-Regiment	dunkelgrün m. gelb. Vorstoß	gelb	gelb	
Leib-Garde-Regiment Wolhynien	dunkelgrün m. gelb. Vorstoß	dunkelgrün m. gelb. Vorstoß	gelb	

Die letzten 4 Regimenter hatten gelbe Hosenbiesen und weiße Knöpfe, die übrigen rote Biesen und gelbe Knöpfe. Alle Regimenter hatten gelbe Litzen auf Kragen und Patten. Der Mützenbesatz und der untere Tschakostreifen hatte Kragenfarbe, jedoch bei den 3. Regimentern jeder Division weiß. Das Pawlowsche Regiment (Leib-Garde-Regiment Paul) trug die hohen Grenadiermützen zur Parade weiter (Abb. 68e). Die Garde-Regimenter erhielten regimentsweise verschiedene ordenartige Brustabzeichen, die auch auf dem Mantel und der Felduniform getragen wurden.

Der Mantel war in der ganzen Armee erdgrau. 1882 wurde neues Marschgepäck eingeführt (Abb. 68h, i). Die Mannschaft trug keine Seitengewehre. Die Grenadier-Divisionen und die Linien-Infanterie verloren 1910 ebenfalls die Pelzmützen und erhielten zweireihige Röcke. Gleichzeitig mit der Neuuniformierung erhielten alle Truppenteile Felduniformen. Im Gesamteindruck unterschied sich hierbei die Garde schon dadurch, daß sie den Tornister auf dem Rücken trug, die Linie auf der Hüfte. Die Feldfarbe war graugrün, Mützenschirm von gleichfarbigem Leder. Nur höhere Unteroffiziergrade und Offiziere hatten Kinnriemen. Garde war gekennzeichnet durch farbigen Vorstoß des unteren Aufschlags (1. Division weiß, 2. rot, 3. gelb) und durch Borteneinfassung der Achselklappen in der Farbe des alten Mützenbesatzstreifens. Offiziere hatten Brust-

a b c d e f g h i k

Abb. 67. Rußland. Infanterie 1802–1840.
a, b, c Garde-Grenadiere und -Offizier – d, f, h Grenadiere der Linie – e, g, k Musketiere der Linie u. Offizier – i Garde-Unteroffizier

taschen, deren Klappen bei der Garde vorgestoßen in der Farbe des Achselklappenvorstoßes (Abb. 74 g). Die Achselklappen waren auf der einen Seite genau wie die der Friedensuniformen rückseitig feldgrün mit stets gelber Nummer bzw. Namenszug. Abgesehen hiervon hatte die Linie keinerlei farbige Abzeichen. Eine neue Paradeuniform wurde am 9. 3. 1913 für die Linie eingeführt und sollte 1915 allgemein getragen werden, doch kam sie infolge des I. Weltkrieges nur bei einigen Regimentern zur Ausgabe. Sie bestand aus der Felduniform mit angehakten Kragen und Rabatten. Der Offizierskragen hatte zwei goldene Litzen. Die Kragenfarben waren in jeder Division: 1. Regiment rot, 2. Regiment blau, 3. Regiment weiß, 4. Regiment dunkelgrün, alle rot vorgestoßen. Die Rabatten beim 1. Regiment rot, beim 2. blau, beim 3. weiß, beim 4. hellgrün. Dazu wurde graue Lammfell-Papacha mit Doppeladler getragen (Abb. 74 f).

II. Jäger und Schützen

Im Jahre 1769 erhielten die Infanterie-Regimenter Jägerabteilungen. Die Uniform bestand aus einem grünen Kamisol mit gleichfarbigem Kragen und spitzen Aufschlägen sowie engen grünen Beinkleidern. Schwarze Verschnürung wie bei den Husaren. Auf der linken Schulter das Achselstück des entsprechenden Infanterie-Regimentes. Grüne Mäntel, kurze Stiefel. Die Kopfbedeckung bestand aus einer grünen Mütze, vorn und hinten mit einer schwarzen, aufrechtstehenden Klappe versehen, mit grünem, zackigen Band eingefaßt. Links weiße Wollpuschel. Am schwarzen Koppel vorn eine Patronentasche, links die Bajonettscheide. Bei der Neuuniformierung von 1786 wurde die Uniform im Schnitt derjenigen der Infanterie gleich. Die Farbe war ganz grün, nur die Beinkleider hatten schwarzen Besatz. Knöpfe gelb. Das Kaskett hatte eine schwarze Raupe, der reifartige Beschlag grün gestrichen. Die herabhängenden Tuchstücke ebenfalls grün. Eigenartig waren die Jägerabteilungen der drei Garde-Regimenter gekleidet. Beim Preobraschenskischen Regiment bestand die Uniform in einer schwarzen Filzmütze mit grünen Behängen. Der grüne Rock zeigte rote Vorstoße um die dunkelgrünen Rabatten und Aufschläge. Links ein grünes Epaulette. Die dunkelgrünen Hosen hatten rote Biesen. Auch die schwarzen Gamaschen waren rot vorgestoßen. Beim Ssemenowschen Regiment trugen die Jäger eine grüne Mütze mit schwarzem Pelzvorstoß in der Form der polnischen Konföderatka. Links weiße Kokarde und schwarzer niedriger Stutz. Die dunkelgrüne Uniform hatte keine farbigen Vorstöße. Beim Ismailowschen Regiment glich die Kopfbedeckung dem damals üblichen Kaskett. Der vordere Beschlag, die Einfassung des Augenschirms, der hintere Rand und die Raupe grün.

a b c d e f g h i

Abb. 68. Rußland. Infanterie 1846–1882.
a Tambourmajor der Garde – b, d, f Garde-Inf. (d Unteroffizier) – e, g Garde-Offiziere – c, h, i Linien-Infanterie

Weiße Kokarde und schwarzer Stutz. Der kurzschößige Rock ringsum rot vorgestoßen, auch die dunkelgrünen sogenannten »halben« Rabatten; die Aufschläge, ebenfalls mit Vorstoß versehen, waren von der Grundfarbe, die Form polnisch. Die grünen Beinkleider und die schwarzen Gamaschen zeigten rote Biesen. 1796 wurde, wie in der ganzen Armee, wieder auf den älteren Typus zurückgegriffen. Beinkleider wurden weiß, 1801 wieder grün, und zwar jetzt hellgrün. Kragen und Aufschläge waren in jedem Regiment verschieden. Die Patronentaschen, die jetzt am Leibgurt getragen wurden, umschlossen fast den ganzen Leib. 1802 wurde statt des dreieckigen, von Kaiser Paul eingeführten Hutes ein neues Modell ausgegeben. Im allgemeinen glich die Form dem heutigen Zylinderhut. Vorn in der Mitte schwarze Kokarde mit orange Rand und gelbem Knopf. Agraffe und Pompon in den Farben der Kragen und Achselklappe. Darüber eine Puschel, welche Bataillons- und Kompaniefarbe zeigte. 1807 wurde der Tschako eingeführt. Die Patronentasche war 1806 verkleinert worden. Während der Befreiungskriege als Kopfbedeckung eine Pelzmütze. Der Schnitt der Uniform glich völlig demjenigen der Infanterie. Wir können deshalb auf den vorhergehenden Abschnitt verweisen. Als charakteristisches Merkmal dienten das schwarze Lederzeug und der dunkelgrüne Kragen mit rotem Vorstoß sowie die gleichfarbigen Aufschläge. Die Achselklappen bildeten das Unterscheidungszeichen. Es erscheint bemerkenswert, daß die nationale Uniform, welche seit 1882 die gesamte Infanterie trug, ihr Vorbild in der Uniform fand, welche die *Jäger der kaiserlichen Familie* schon in den fünfziger Jahren trugen. Die Armeeschützen-Regimenter hatten ganz grüne Uniform mit roten Achselklappen, karminrote Kragen- und Ärmelvorstöße. Tellermütze ebenfalls ganz dunkelgrün mit roten Vorstößen, die Lammfellmütze wie bei der Linien-Infanterie. Die finnischen Schützenbataillone hatten eine etwas anders geformte Pelzmütze, sonst glich die Uniform derjenigen der übrigen Schützen. Achselklappen hellblau. Von Gardeschützen bestanden vier Bataillone; sie trugen Gardelitzen auf den Kragen und den schwedisch geformten Aufschlägen, Lammfellmütze mit einem gelben Stern versehen.
1892 waren die Abzeichen:

Name des Bataillons	Litzen	Knöpfe	Achselklappe
1. Leib-Garde-Schützen-Bataillon	gelb	gelb	himbeerrot
2. Leib-Garde-Schützen-Bataillon	weiß	weiß	himbeerrot
3. Finnisches Leib-Garde-Schützen-Bataillon	gelb	gelb	hellblau
4. Leib-Garde-Schützen-Bataillon	weiß	gelb	himbeerrot

Abb. 69. Rußland. Kürassiere.
a, d, f, g, h Kürassiere – b Garde zu Pferd – c Chevalier-Garde – e Kürassier-Offizier – i, k Garde-Kürassiere.

Leibgurt bei den Gardeschützen dunkelgrün, bei den übrigen schwarz. Um 1900 erhielten die drei ersten Bataillone brandenburgische Aufschläge und durchgängig gelbe Litzen. 1910 wurden auch für die Schützen der Garde-Kiwer und Rabatten eingeführt. Die Abzeichen wurden bei allen 4 Btln. himbeerrot. Das 1. Btl. hatte himbeerrote Kragen und Mützen- bzw. Kiwer-Besatzstreifen, das 2. und 3. dunkelgrüne. Das 1. und 3. weiße Knöpfe, das 4. trug eine besondere Uniform in Anlehnung an die Nationaltracht. 1911 wurden die Bataillone zu Regimentern erweitert und umbenannt.
An der Felduniform waren die Achselklappenborten und die Taschenvorstöße der Offiziere himbeerrot, die Aufschlagvorstöße weiß, feldgrün, himbeerrot und feldgrün. Die Friedensuniform der Armeeschützen-Regimenter änderte sich wenig. 1910 Einführung zweireihiger Röcke. Die niedrigen Pelzmützen wurden durch höhere schwarze Lammfell-Papachen ersetzt. In der Felduniform waren die Schützen durch die himbeerfarbenen Achselklappen-Bezeichnungen erkennbar.

III. Kürassiere

Die Kürassierwaffe besteht in der russischen Armee seit dem Jahre 1731. Die Uniform des Kürassiers bestand aus einem ledernen Kollett, ebensolchem (liegendem) Kragen und Schößen sowie Westen und Beinkleidern; Kollett, Weste sowie Kragen und Aufschläge und Schöße mit rotem Tuch eingefaßt. Schwarzlackierter Küraß, vorn mit Krone und Namenszug. Diese Uniform wurde nur zur Parade angelegt, sonst rote Kamisöler. Hut mit Goldborte eingefaßt, mit eisernem Kopfgestell versehen. Die Garde zu Pferde, das erste Regiment der später so zahlreichen Gardekavallerie, trug ebenfalls Kürassieruniform, nur waren die Beinkleider beim gewöhnlichen Anzug rot, Westen und Kolletts statt des roten Tuches mit Goldtressen besetzt. Küraß von blankem Stahl, Lederzeug mit rotem Tuch benäht und bei Gemeinen mit gelben, bei Offizieren mit goldenen Tressen besetzt. 1763 erhielten die Kürassiere grüne Kamisöler und lederfarbene Kolletts mit grünen Kragen und Aufschlägen. Borten von grüner und weißer Wolle. Hut mit Goldtresse besetzt, Pallaschtaschen in Form der Husarensäbeltaschen, grün mit weißer Borte und gelbem Namenszug. Die *Chevalier-Garde* (Abb. 69 c) hatte eine äußerst reiche Uniform, nämlich rote Röcke und Beinkleider, dunkelblaue Samtbesätze und Überweste, alles reich mit Gold und Silber verziert. Versilberte Helme mit schwarzen Straußenfedern. Bei der Einführung der Einheitsuniform (Abb. 69 d) 1786 gab man den Kürassieren hellgelbe Röcke. Die Besätze und Beinkleider waren regimenterweise verschieden. Das Kaskett hatte eine weiße Raupe und ein breites Messingschild. Der hintere Rand entsprach der Abzeichenfarbe. Die herabhängenden Tuchstücke waren gelb. Die Offiziere behielten vorläufig die alte Uniform.

Leibkürassiere: grüne Abzeichen (Kragen, Aufschläge, Vorstöße) und Hosen
Ordensregiment: schwarze Abzeichen und gelbe Hosen
Novostroitsk: hellblaue Abzeichen und hellblaue Hosen
Kasan: dunkelblaue Abzeichen und dunkelblaue Hosen
Alle Regimenter hatten gekreuzte Bandeliere. Das Regiment *Großfürst Thronfolger*, welches die alte, der Uniform der Friedericianischen Kürassiere ähnliche Bekleidung beibehalten hatte, trug rote Abzeichen und Hut mit weißem Stutz. Kürasse wurden nicht mehr angelegt. Die Garde zu Pferd (Abb. 69b) trug goldbortierte Hüte mit weißem Stutz, einen blauen Rock alten Schnitts, rote Kragen, Aufschläge und Westen. Epauletten mit goldenen Fransen, rote gekreuzte Bandeliere mit gelber Einfassung und Lederhosen. 1796 wurde, wie in der ganzen Armee, auch für die Kürassiere die Bekleidung alten Schnitts wieder eingeführt, der Küraß wieder angelegt (Abb. 69e). 1801 wurde die Grundfarbe des Kolletts weiß. Zum gewöhnlichen Dienst und auf Märschen wurden graue Überknöpfhosen getragen. 1803 erscheint eine neue Kopfbedeckung, nämlich ein Lederhelm mit Messingbeschlag, Lederkamm und dicker Raupe (Abb. 69f). Letztere machte bald einem bürstenartigen Roßhaarbesatz Platz. Bald wurde auch der Küraß wieder eingeführt. So erschienen die Kürassiere während der Befreiungskriege (Abb. 69g).
1813/14 waren die Abzeichen folgende:

Regiment	Kragen Aufschläge Schabracken	Knöpfe Schabrackenbesatz	Bemerkungen
Chevalier-Garde	rot*	weiß**	gelbe Litzen
Garde zu Pferde	rot*	gelb***	gelbe Litzen
Leib-Garde-Kür.	hellblau*	weiß****	weiße Litzen
Leib-Garde-Kür. Regiment der Kaiserin	dunkelrosa*	weiß	weiße Kürasse
Jekaterinoslaff	orange	weiß	
Pskoff	dunkelrot	gelb	weiße, Offiziere gelbe Kürasse
Gluchow	blau	gelb	
Astrachan	gelb	weiß	
Ordens-Regiment	schwarz	gelb	
Klein-Russisches	dunkelgrün	gelb	
Nowgorod	hellrot	weiß	
Starodub	lichtblau	gelb	

Die Offizierslitzen nach der Knopffarbe. Die beiden ersten Regimenter führten auf dem Helm gelben (bei Offizieren silbernen) Andreas-Stern, das 3. weißen Doppeladler (Offiziere silbernen Stern), die übrigen Regimenter gelben Doppeladler mit Ausnahme des Ordensregiments, das einschließlich der Offiziere den gelben St. Georgs-Stern trug. 1814 verlor die graubraune Überhose die Knöpfe und bekam Lampasse in der Kragenfarbe. Diese Uniform erhielt sich bis 1846 ziemlich unverändert. Um 1840 trugen Garde- wie Linien-Kürassiere weiße Kolletts; Kragen, Aufschläge, Achselklappen und Schoßbesatz von der Regimentsfarbe. Die Garde hatte weiße Beinkleider in hohen Stiefeln, die Linie lange graue Beinkleider mit Vorstößen in der Regimentsfarbe. Die Schabracken und Stützel zeigten bei den Garderegimentern spitzen Schnitt und Gardestern, bei den Linienregimentern abgerundete Ecken und den kaiserlichen Namenszug. Der Helm war bei der Garde mit dem Stern, bei den Linienregimentern mit dem Doppeladler verziert.

**auf den Schabracken Sterne*
*Schabrackenrand: ** gelb-blau-gelb *** gelb-rot-gelb ****silber-weiß-silber*

1846 wurde der Kürassierhelm preußischen Modells eingeführt. Nach dem Krimkrieg weißer Koller. Das erste Glied war mit Lanzen bewaffnet (Abb. 69i). 1882 wurde die gesamte Kavallerie zu Dragonern umgeformt, nur die Garde-Reiterei blieb bestehen. Rock dunkelgrün, ebenso Kragen, Aufschläge und Achselklappen, die Hosen grau mit farbiger Biese. Bei der Chevaliergarde der Kaiserin waren die Vorstöße um Kragen, Aufschläge und Achselklappen sowie die Hosenbiese rot, die Knöpfe weiß. Bei der Leibgarde zu Pferde die Vorstöße ebenfalls rot, die Knöpfe gelb; beim Leibgarde-Kürassier-Regiment des Kaisers Vorstöße gelb, Knöpfe weiß; beim Leibgarde-Kürassier-Regiment der Kaiserin Vorstöße hellblau, Knöpfe gelb. Die weiße Tellermütze zeigte Rand und Deckelvorstoß in Abzeichenfarbe. Der Metallhelm gelb mit weißen Beschlägen und mit einer Spitze geschmückt, beim Chevalier-Regiment der Kaiserin zur Parade mit Doppeladler in Knopffarbe, seit 1910 bei allen 4 Rgtrn. Zum Paradeanzug gehörten weiter weiße Koller mit Kragenaufschlag und Achselklappe in Vorstoßfarbe der Dienstuniform, gelbe Kollerborte mit rotem bzw. hellblauem Mittelstreif, gelbe Aufschlag- und Kragenlitzen. Lederzeug weiß. Chevaliergarde und Leibgarde zum Galawachdienst rote Suprawesten mit Ordensstern bzw. Doppeladler in Knopffarbe, weiße Hosen, hohe Stiefel.

Abb. 70. Rußland. Dragoner.
a, c, d, e, f, g, h, l Dragoner – b Offizier der reit. Grenadiere – i Dragoner-Offizier – k Reit. Garde-Grenadier

Zur Felduniform schwarze Achselklappen mit Vorstoß wie an der Dienstuniform. 1910 wurden die Linien-Kürassiere wiedererrichtet; Uniform vgl. unter Dragoner.

IV. Dragoner, Grenadiere zu Pferde, Karabiniers, Chevaulegers, Jäger zu Pferde

Unter Peter dem Großen war die Uniformfarbe der Dragoner anfänglich, wie bei der Infanterie, dem Belieben des Chefs überlassen. Im Schnitt war die Bekleidung derjenigen der Fußtruppe gleich. Als Kopfbedeckung diente der Hut, zu Pferde wurden schwere Reiterstiefel angelegt (Abb. 70 a). 1720 wurde die Farbe des Rockes einheitlich dunkelblau, Futter und Besätze weiß. Lederne Kamisöler und Beinkleider, schwarze Halstücher. 1730 Futter und Besätze rot. Die *reitenden Grenadiere* waren wie Dragoner gekleidet, also blau, nunmehr mit roten Umschlägen. Dazu spitze Tuchmützen wie bei den Grenadieren der Infanterie, aber nicht von grüner, sondern von kornblumenblauer Grundfarbe. Diese Grenadiermütze bekam später eine andere Form mit aufgerichtetem Stirnschild und Nackenschirm (Abb. 70 b). Als die Infanterie Rabatten auf den Röcken erhielt, wurde diese Änderung nicht auf die Dragoner übertragen, dagegen führte man die Infanterie-Achselstücke ein. Die Kamisöler erhielten die kornblumenblaue Grundfarbe des Rockes, ebenso die Schabracken. Hut mit einer weißen Borte eingefaßt. Die *Karabinier-Regimenter* trugen 1763 die gleiche Uniform, nur hatten sie Rabatten und schmale Goldtressen um den Hut und statt der von den Dragonern geführten Bajonettgewehre Karabiner. 1775 erhielten die *Dragoner* grüne Röcke mit roten Kragen und Aufschlägen, gelbliche Kamisöler und Beinkleider, kurze Stiefel und weiße Mäntel. Statt der Pallasche nunmehr Säbel und statt der deutschen Sättel ungarische Böcke mit roter Schabracke. Bei der Einführung der Einheitsuniform 1786 wurde die Dragoneruniform die gleiche wie bei der Infanterie, nur kamen noch gelbe Achselbänder und Stulphandschuhe hinzu sowie die Kavallerie-Ausrüstung (Abb. 70 d). Bei den *Karabiniers* ebenso, nur statt der grünen dunkelblaue Röcke mit roten Abzeichen und Hosen. Gelbe Knöpfe, weiße Hosenstreifen. Keine Achselschnüre. Die *Chevaulegers* ebenfalls blaue Röcke mit roten Abzeichen und Hosen, weiße Knöpfe und Hosenbesatz sowie weiße Achselschnüre. Die Raupe auf dem Kaskett war bei den Dragonern gelb, bei den Karabiniers und Chevaulegers weiß, die herabhängenden Tuchstücke schwarz. Als Ende der achtziger Jahre des 18. Jahrhunderts die reitenden Jäger errichtet wurden, erhielten diese ganz grüne Uniform mit weißen Achselschnüren und Knöpfen, schwarze Filzmütze mit weißem Stutz, schwarze Bandeliere und Schärpe. 1796 wurde die alte Uniform mit dem Hut wieder eingeführt, 1801 hatten die *Dragoner* hellgrüne Uniformen mit ziemlich kurzen Schößen; Kragen, Aufschläge sowie die links befindlichen Achselklappen regimenterweise verschieden. Als Waffen Bajonettgewehr und Pallasch. Wie die Kürassiere erhielten die Dragoner ebenfalls graue Unterknöpfhosen. 1803 wird der Kürassierhelm eingeführt.

Regiment	Kragen	Aufschläge	Knöpfe	Kragenvorstoß
*Leib-Garde	rot mit gelben Litzen	rot mit gelben Litzen	gelb	
*Riga	rot	rot	gelb	
Jamburg	grün	rot	weiß	rot
*Kasan	karmin	karmin	gelb	
Njeschin	grün	hellblau	gelb	hellblau
Pskoff	orange	orange	gelb	
*Moskau	rosa	rosa	weiß	
*Kargopol	orange	orange	weiß	
*Ingermanland	schwarz	schwarz	weiß	
*Kurland	hellblau	hellbau	gelb	
Orenburg	schwarz	schwarz	gelb	
Sibirien	weiß	weiß	weiß	
Irkutsk	weiß	weiß	gelb	
*Charkow	dunkelgelb	dunkelgelb	gelb	
Tschernigow	blau	blau	weiß	
*Kiew	karmin	karmin	weiß	
*Neu-Rußland	hellblau	hellblau	weiß	
Starodub	rot	rot	weiß	
*Twer	blau	blau	gelb	
Schitomir	rot	rot	weiß	weiß
Arsamass	grün	hellblau	weiß	hellblau
*St. Petersburg	rosa	rosa	gelb	
Livland	rot	rot	gelb	weiß
Sjewersk	dunkelgelb	dunkelgelb	weiß	
*Kinburn	gelb	gelb	weiß	
*Smolensk	gelb	gelb	gelb	
Perejeslaw	grün	karmin	weiß	karmin
Tiraspol	grün	rot	gelb	rot
Dorpat	grün	gelb	weiß	gelb
Wladimir	grün	weiß	gelb	weiß
Taganrok	grün	rosa	gelb	rosa
Serpuchow	grün	gelb	gelb	gelb
*Nischegorod	grün	weiß	weiß	weiß
*Narwa	grün	rosa	weiß	rosa
*Borissoglebsk	grün	karmin	gelb	karmin
*Finnland	weiß	weiß	gelb	rot
*Mitau	weiß	weiß	weiß	rot

*Die mit * bezeichneten Regimenter blieben 1813 bestehen und behielten lange Zeit die angegebenen Uniformen, während die anderen Regimenter in andere Waffengattungen überführt wurden. Das Leib-Garde-Dragoner-Regiment hatte außer den angegebenen Abzeichen rote Rabatten. Die grünen Schabracken hatten Besatz von der Farbe der Aufschläge, das Garde-Regiment den breiten Streifen beiderseits gelb vorgestoßen.*

Nach den Befreiungskriegen Tschakos mit roten Pompons, weißen Büschen und Beschlag von der Knopffarbe (Abb. 70f). Die Uniform wurde mit neun Knöpfen in einer Reihe geschlossen. Die Beinkleider wurden dunkelgrün mit breiten farbigen Streifen. An Stelle der Achselklappen Wollepauletten mit kurzen Fransen von weißer oder gelber Farbe, je nach den Knöpfen. Die *Jäger zu Pferde* trugen Kiwer mit grünem Behang, grüne Kolletts mit grünen Kragen, grüne Hosen mit zwei breiten Streifen in den Abzeichenfarben, weiße Knöpfe. Kragenvorstoß, Achselklappen, Aufschläge und Schoßbesatz waren 1813/14 folgende: Njeschin blaugrün, Tschernigoff blau, Asamass hellblau, Sewersk orange, Livland dunkelrot, Perejeslaff rosa, Tiraspol gelb, Dorpat hellrot. Die 1814 errichteten Leib-Jäger zu Pferde hatten bei roten Abzeichen weiße Litzen, am Kiwer weißen Behang und weißen Doppeladler anstatt der Kokarde. 1817 wurde der Kragen grün mit farbiger Patte, auch wurden weiße Epauletten angelegt. 1840 hatte sich die Uniform der Dragoner etwas geändert. Der Kragen war mit Vorstoß und Patte versehen; letztere mit Knopf. Die

Epauletten waren von Metall, die Aufschläge, früher schwedisch, zeigten jetzt die brandenburgische Form. Um den Leib ein grüner Paßgürtel mit Besatz in der Regimentsfarbe.

Das Regiment Nowgorod hatte eine Uniform anderen Schnitts mit rotem Kragen; dazu Patronentaschenbehälter auf der Brust und Pelzmütze mit Augenschirm an Stelle des

Name des Regiments	Abzeichenfarbe	Kragen	Kragenpatte	Pferde
Moskau	karmin	grün	karmin	Füchse
Kargopol	weiß	grün	weiß	Schimmel
Kinburn	gelb	grün	gelb	Braune
Neurußland	himmelblau	grün	himmelblau	Rappen
Kasan	dunkelrot	dunkelrot	grün	Braune
Riga	weiß	weiß	grün	Schimmel
Finnland	gelb	gelb	grün	Rappen
Twer	himmelblau	himmelblau	grün	Rappen

Tschakos, welcher bei sämtlichen Regimentern nunmehr ohne Stutz getragen wurde und dafür ein kugelförmiges Pompon erhalten hatte. Während des Krimkrieges dieselbe Uniform wie hier beschrieben, nur mit dem Infanteriehelm (Abb. 70h). Das erste Glied war mit Lanzen ausgerüstet. Nach dem Krimkrieg Waffenröcke und später das Käppi der Infanterie (Abb. 70i).

1870 waren die Abzeichen folgende:

Regiment	Kragen	Kragenpatte	Aufschläge	Knöpfe	Litzen
1.	grün	rot	rot	gelb	weiß
2.	grün	rosa	rosa	weiß	weiß
3.	grün	hellblau	hellblau	gelb	
4.	grün	hellblau	hellblau	weiß	
5.	grün	weiß	weiß	gelb	
6.	grün	weiß	weiß	weiß	
7.	grün	gelb	gelb	gelb	
8.	grün	gelb	gelb	weiß	
9.	rot	grün	rot	gelb	
10.	rot	grün	rot	weiß	
11.	hellblau	grün	hellblau	gelb	
12.	hellblau	grün	hellblau	weiß	
13.	orange	grün	orange	gelb	
14.	gelb	grün	gelb	weiß	
15.	grün	karmin	karmin	gelb	
16.	karmesin	grün	karmin	gelb	gelbe Doppellitzen
17.	grün	karmin	karmin	weiß	gelbe Doppellitzen
18.	karmesin	grün	karmin	weiß	

1882 erhielt die Dragonerwaffe eine bedeutende Verstärkung, indem sämtliche Linien-Kavallerieregimenter zu Dragonern umgewandelt wurden, mit Ausschluß der Kosaken. Die Kopfbedeckung bildete für gewöhnlich die grüne Tellermütze, zur Parade eine Lammfellmütze mit farbigem Deckel. Der Pelzbräm hatte vorn und hinten einen spitzen Ausschnitt, auf welchem vorn der Doppeladler in weißem oder gelbem Metall angebracht war. Kragen entweder von grüner Grundfarbe, in diesem Falle mit andersfarbiger Patte, oder farbig mit grüner Patte. Aufschläge durch spitzen Vorstoß von Abzeichenfarbe markiert. Leibgurt und Achselklappen in gleicher Farbe wie der Vorstoß; Beinkleider grau. Der Säbel hatte eine andere Befestigungsweise als üblich, die Ringe waren nämlich nicht über dem Rücken, sondern über der Schneide angebracht, eine alt-slawische Befestigungsweise. Bei der Garde bestand ein Leibgarde-Dragonerregiment (Abb. 70k). Die Kopfbedeckung hatte gleichen Schnitt wie bei der Linie, Futter rot, als Beschlag diente ein gelbmetallner Stern, seit 1897 weißer Stern mit Auszeichnungsband darüber. Der grüne Waffenrock hatte roten Kragen und ebensolche Achselklappen, Brustvorstöße und polnische Aufschläge. An Kragen und Aufschlägen gelbe Gardelitzen, roter Leibgurt, weiße Knöpfe, weiße Schuppenepauletten mit roten Fransen, rote Rabatten; 1910 schwarzer Kiwer mit Doppeladler, weißes Lederzeug. Beinkleider grau mit roten Vorstößen. Gleiche Uniform trug das Leibgarde-Grenadierregiment zu Pferde, nur Knöpfe und Schuppenepauletten gelb. Als Parade-Kopfbedeckung hatte sich das Kaskett von 1786 erhalten. Der Beutel war rot mit gelbem Besatz. 1897 bekamen die Linien-Dragoner einen zweireihigen Rock, wie ihn die Infanterie 1910 erhielt (Abb. 74a).

Mit der Reorganisation von 1910 änderte sich das Aussehen der Dragoner völlig. Als Kopfbedeckung gelangte ein neuer Helm, der dem der Leibgarde-Grenadiere zu Pferde ähnelte (ohne Beutel), zur Einführung. Der Rock wurde einreihig. Abzeichen jetzt wieder ungefähr so, wie im Schema 1870 gezeigt ist. Die Regimenter 2, 4, 6, 8, 9, 10, 12 und 14 führten die Tradition der alten Kürassier-Regimenter fort, sie unterschieden sich durch weiße Helmraupe, abzeichenfarbige Kragen und Aufschläge sowie durch Kollerborten am Kragen, an den Aufschlägen und vorn herunter. Das Rgt. 13 hatte schwarze Koller mit weißen Abzeichen, Kollerborten schwarz-orange, schwarze Kragenpatten mit gelbmetallenen Granaten, weiße Helmraupe und gelben Stern auf dem Helm an Stelle des sonst gebräuchlichen Doppeladlers (Abb. 74 e). Die Regimenter 16–18 behielten Pelzmützen.
Die Felduniform der Kavallerie war gleich der der Infanterie, hatte jedoch am Rock spitze Aufschläge in Grundfarbe, auch blieben die Hosen blau mit farbigem Vorstoß. Die graugrünen Achselklappen der Linie trugen in hellblauer Farbe die Nummer und den russischen Anfangsbuchstaben der Waffengattung: Dragoner *D*, Ulanen *Y*, Husaren *T*. Die Grenadier-Garde zu Pferde und das Garde-Dragoner-Regiment hatten roten bzw. dunkelgrünen Aufschlagvorstoß und beide dunkelgrünen Achselklappenvorstoß.

V. Husaren

Schon unter Peter dem Großen hatte eine Husarentruppe bestanden, über die aber nähere Informationen fehlen. 1740/41 wurden fünf Regimenter dieser Truppe errichtet. Unter der Regierung der Kaiserin Elisabeth 1741–61 bestand die Uniform aus Dolman, Pelz, anliegenden Beinkleidern, Schärpe, Säbeltasche und Filz- oder Pelzmütze. Patronentasche und Karabinerbandelier von schwarzem Blankleder wurden gekreuzt getragen. Vorn an den Schläfen fiel das Haar in zwei Strähnen herab (Abb. 71 a, b). Der Hinterkopf wurde teilweise geschoren.
Die Abzeichen waren in dieser Periode folgende:

Name des Regiments	Kopfbedeckung	Dolman und Hosen	Schnüre auf Dolman und Hosen	Pelz	Schnüre auf dem Pelz
Slobodisch. Hus.-Regt.	weiße Flügelmütze	dunkelblau	weiß	weiß	dunkelblau
Serbisches Hus.-Regt.	Pelzmütze mit himmelblauem Beutel	himmelblau	schwarz	himmelblau	schwarz
Ungarisches Hus.-Regt.	Pelzmütze mit rotem Beutel	rot	schwarz	rot	schwarz
Grusinisch. Hus.-Regt.	Pelzmütze mit rotem Beutel	rot	blau	blau	rot
Gelbes Hus.-Regt.	gelbe Flügelmütze	gelb	schwarz	gelb	schwarz

Die Säbeltasche zeigte den gekrönten Namenszug E. P., die Grundfarbe der Tasche entsprach derjenigen des Pelzes, der Besatz der Pelzbeschnürung. Die Schärpe war aus den Farben des Dolmans und der Dolmanverschnürung gemischt; Knöpfe durchgängig gelb.
1765 änderte sich die Farbzusammenstellung folgendermaßen:

Regiment	Dolman	Pelz	Hose	Aufschläge	Schnüre	Bemerkung
Serbisches	blau	blau	blau	schwarz	weiß	
Ungarisches	rot	rot	rot	schwarz	gelb	
Grusinisches	gelb	gelb	rot	schwarz	rot	auf Hose gelbe Schnüre
Moldauisches	dklblau	weiß	dklblau	gelb	gelb	blaue Säbeltasche
Schwarzes	schwarz	weiß	schwarz	weiß	gelb	
Gelbes	gelb	weiß	gelb	gelb	schwarz	gelbe Säbeltasche
Bachmut	grün	weiß	grün	weiß	gelb	
Ostrogorski	dklblau	schwarz	dklblau	schwarz	gelb	
Isum	rot	schwarz	rot	schwarz	schwarz	auf Pelz gelbe Schnüre, blaue Säbeltasche
Sumsk	lichtblau	schwarz	lichtblau	schwarz	gelb	lichtblaue Säbeltasche
Charkow	blau	schwarz	blau	schwarz	schwarz	auf Pelz gelbe Schnüre, blaue Säbeltasche
Achtyrka	grün	schwarz	grün	schwarz	schwarz	auf Pelz grün, blaue Säbeltasche

Wo nichts Besonderes vermerkt, schwarze Säbeltaschen.

Abb. 71. Rußland. Husaren, Ulanen.
a, b, d, e, f, h Husaren – c Leib-Husar – g, i Garde-Husaren – k, l Ulanen – m Garde-Ulan

Unter der Kaiserin Katharina II. trugen die *Leibhusaren* (Abb. 71c) eine Pelzmütze mit rotem Beutel, rot und silbernen Behängen und weißem Stutz. Letzterer wurde von einer als Doppeladler gestalteten silbernen Agraffe gehalten. Grüner Dolman und Pelz mit silberner Verschnürung, weißer Pelzvorstoß und Bandelier. Rote Aufschläge, rotsilberne Schärpe, rote Hosen mit Silberbesatz, gelbe Stiefel. Die rote Säbeltasche war mit Silber besetzt und zeigte den verschlungenen gekrönten Namenszug E. J. 1776 erhielten alle Linien-Husaren-Regimenter schwarze gelb beschnürte und weiß verbrämte Pelze; die Abzeichen waren folgende:

Husarenregiment	Dolman	Hose	Aufschläge	Schnüre
Ostrogorski	himbeerrot	himbeerrot	weiß	gelb
Charkow	gelb	gelb	weiß	weiß
Achtyrka	grün	grün	gelb	gelb
Sumsk	blau	blau	schwarz	gelb
Isum	rot	rot	schwarz	gelb
Weißrußland	schwarz	schwarz	?	gelb
Ukraine	orangegelb	orangegelb	blau	schwarz
Ungarisches	schwarz	schwarz	weiß	gelb
Slavonisches	grün	grün	schwarz	gelb
Bulgarisches	braun	braun	weiß	gelb
Moldauisches	braun	braun	weiß	gelb
Macedonisches	gelb	gelb	rot	schwarz
Dalmatinisches	orangegelb	orangegelb	grün	schwarz
Illyrisches	himbeerrot	himbeerrot	dunkelblau	gelb
Serbisches	blau	blau	weiß	gelb

Von 1783 bis zum Tode Katharinas gab es keine Linien-Husaren.

Gegen 1802 wurden graue Reitbeinkleider eingeführt. Die Kopfbedeckung war durchgängig eine schwarze Filzmütze mit ebensolchem Flügel; dazu Kokarde und weißer Stutz. Der Schnitt der Uniform hatte sich der Zeit entsprechend geändert; namentlich kamen um die Wende des Jahrhunderts die hohen Kragen auf.

1802 waren die Abzeichen folgende:

Regiment	Dolman	Kragen und Aufschlag	Pelz	Schnüre
Alexandrija	karmin	karmin	karmin	weiß
Pawlograd	grün	hellblau	hellblau	gelb
Mariupol	weiß	gelb	hellblau	gelb
Olwiopol	grün	grün	grün	weiß
Jelissawetgrad	gelb	rot	gelb	gelb
Sumsk	gelb	hellblau	hellblau	weiß
Isumy	rot	dunkelblau	dunkelblau	weiß
Achtirsk	braun	gelb	braun	gelb

1806 wurden die Zöpfe abgeschnitten und ebenso die langen Haarsträhnen. Als Kopfbedeckung trat jetzt der Tschako auf (Abb. 71 d). Die Kartuschbandeliere waren von Juchtenleder, die Karabinerriemen von weißem. Nach einem handschriftlichen Bericht Friedrich Wilhelms III., der völlig mit der Vorschrift übereinstimmt, waren die Abzeichen der Husaren 1813 folgende:

	Pelz	Dolman	Aufschläge u. Kragen	Schnüre	Knöpfe	Pelzbesatz
Isum	blau	rot	blau	weiß	weiß	weiß
Grodno	blau	blau	hellblau	weiß	weiß	weiß
Lupenski	blau	blau	gelb	weiß	weiß	weiß
Mariupol	blau	blau	gelb	gelb	gelb	weiß
Bieloserk	braun	blau	rot	weiß	weiß	schwarz
Achtirsk	rot	braun	gelb	gelb	gelb	weiß
Alexandrinsk	schwarz	schwarz	rot	weiß	weiß	weiß
Pawlograd	himmelblau	grün	himmelblau	rot	gelb	weiß
Elisawetgrad	grau	grau	grau	rot	gelb	schwarz
Sumski	grau	grau	rot	weiß	weiß	weiß
Olwiopol	grün	grün	rot	weiß	weiß	weiß

In der Folgezeit wich die Uniformierung der Husaren nicht wesentlich von derjenigen der westlichen Mächte ab. Der Tschako machte die Umwandlungen wie bei der Infanterie durch. In den zwanziger Jahren erhielten die Kragen und Aufschläge die Grundfarbe des Dolmans; dafür wurde der Tschako mit farbigem Tuch überzogen. Die Haarbüsche fielen weg. 1840 waren die Abzeichen folgende:

Name des Regiments	Dolman	Pelz	Schnüre, Besatz der Schabr. u. Säbeltasche	Tschako und Säbeltasche	Schabracke	Pferde
1. Sumsk	grau	grau	weiß	rot	grau	Braune
2. Klästiz	dunkelblau	dunkelblau	weiß	hellblau	dunkelblau	Schimmel
3. Elisabethgrad	grau	grau	orangegelb	grau	grau	Füchse
4. Luben	dunkelblau	dunkelblau	weiß	gelb	dunkelblau	Rappen
5. Fürst Wittgenstein	dunkelblau	dunkelblau	orangegelb	gelb	dunkelblau	Braune
6. Prinz von Oranien	hellblau	rot	weiß	hellblau	hellblau	Schimmel
7. Pawlograd	grün	hellblau	orangegelb	hellblau	grün	Braune
8. Erzherzog Ferdinand	rot	dunkelblau	weiß	rot	dunkelblau	Schimmel
9. Achtirsk	braun	braun	orangegelb	gelb	braun	Füchse
10. Alexandrien	dunkelblau	dunkelblau	weiß	rot	dunkelblau	Rappen
11. Kiew	grün	grün	orangegelb	rot	grün	Füchse
12. Ingermanland	hellblau	hellblau	orangegelb	hellblau	hellblau	Rappen
13. Großfürst Michael Pawlowitsch	hellblau	hellblau	weiß	hellblau	hellblau	Braune
14. König von Württemberg	grün	grün	weiß	hellblau	grün	Schimmel

Die Schabracke zeigte nicht mehr einen Zackenrand, sondern glatte Einfassung von der Farbe der Verschnürung, ebenso die Säbeltasche. Auf letzterer sowie in den hinteren Ecken der Schabracke der kaiserliche Namenszug. Die Farben der Schärpe waren zusammengesetzt aus denjenigen des Tschakos und der Verschnürung. Der Pelzvorstoß grau, das Bandelier weiß. Die grauen Beinkleider hatten einen Vorstoß von der Farbe des Tschakos. Nach dem Krimkrieg wurde Attila und Käppi mit hängendem schwarzen Busch eingeführt.
1870 waren die Abzeichen folgende:

Regiment	Attila	Käppi	Schnüre
1.	hellblau	rot	gelb
2.	grün	hellblau	gelb
3.	hellblau	weiß	gelb
4.	blau	gelb	gelb
5.	schwarz	rot	weiß
6.	blau	hellblau	weiß
7.	hellblau	weiß	weiß
8.	blau	gelb	weiß
9.	grün	rot	gelb
10.	hellblau	hellblau	gelb
11.	blau	weiß	gelb
12.	braun	gelb	gelb
13.	hellblau	gelb	weiß
14.	grün	gelb	weiß

Das 2. Regiment trug um Kragen und Aufschlag eine breite weiße, einmal blaudurchzogene Borte.
Das *Garde-Husaren-Regiment*, welches Schimmel ritt, trug rote Käppis, Dolman und Säbeltasche, dunkelblaue Pelze und Schabracken. Die Verschnürung war orangegelb. Das ebenfalls zur Garde gehörige *Grodno-Husaren-Regiment* hatte die gleiche Uniform, nur mit weißer Verschnürung und hellblauem Käppi. Es ritt braune Pferde. Später erhielten die beiden Garderegimenter Pelzmützen. Während das Grodnosche Regiment grüne Attilas und Pelze mit weißer Beschnürung anlegte nebst karminroten Beinkleidern, erhielt das Leib-Garde-Husaren-Regiment unter Beibehalt der übrigen Uniformfarben weiße Pelze mit gelber Verschnürung. Die beiden genannten Regimenter waren 1882–1920 die einzigen der Husarenwaffe im russischen Heer.
Mit der Reorganisation 1910 lebte die Husarenwaffe wieder auf. Die ehemaligen Uniformen wurden wieder eingeführt (vgl. Schema 1870). Anstatt der Käppis nunmehr Pelzmützen mit stehendem weißen Stutz, die Beutel zeigten die Farben der früheren Käppis; jedoch erhielt das 2. Regiment hellgrünen, das 11. (1911) roten Beutel. Das 15. Rgt. hellrote Attila, weiße Schnüre und hellblauen Beutel, das 16. grüne Attila, gelbe Schnüre und karminrote Beutel. das 17. die gleiche Uniform mit weißem Beutel und das 18. grüne Attila mit weißen Schnüren und hellblauem Beutel. Alle Regimenter mit Ausnahme des 5., das schwarze Hosen trug, rote Beinkleider. Felduniform M 1910 siehe Dragoner, L. G. Husaren statt der Achselklappe eine gelbe, L. G. Hus.-Rgt. »Grodno« weiße Achselschnur.

VI. Ulanen

Die Ulanentruppe besteht in Rußland seit 1803. Die Uniform bestand aus einer dunkelblauen Kurtka mit überzuknöpfenden Brustklappen, langen blauen Beinkleidern und Tschapka mit verschiedenfarbigem Oberteil. Gewöhnlich wurden graue Überknöpfhosen getragen (Abb. 71 k).
Die Abzeichen waren 1812 folgende:

Regiment	Kragen	Rabatte und die übr. Abzeichen	Knöpfe und Epauletten	Tschapka-rabatte
Leib-Garde	rot mit gelben Litzen	rot	gelb	blau
Polnisches	karmin	karmin	weiß	karmin
Litauisches	blau	karmin	weiß	weiß
Tartarisches	blau	karmin	weiß	karmin
Wolhynisches	karmin	karmin	gelb	karmin
Tschugujewsches	rot	rot	weiß	rot

Die Waffengattung wurde bald vermehrt, doch finden wir 1813 im allgemeinen die bisherigen Abzeichenfarben. Es gab nur rote und karminrote Rabatten. Bei einigen neuen Regimentern mit blauem Kragen hatte dieser keinen Vorstoß. Der Tschapka-Oberteil war jetzt neben den weißen auch mit gelben und roten Schnüren besetzt. 1817 kamen weitere Abzeichenfarben hinzu: hellgelb, hellblau, grün und orange.
Die erste Division hatte 1825 rote Abzeichen, die zweite Division ebenfalls, aber dunkelblaue Patten am Kragen. Die einzelnen Regimenter unterschieden sich durch die Farbe des Oberteils der Tschapka, welche beim ersten Regiment rot, beim zweiten weiß, beim dritten gelb, beim vierten hellblau war. Die drei anderen Divisionen hatten Abzeichen und Tschapkas von gleicher Farbe, und zwar die dritte und Bugsche Division regimenterweise orange, weiß, gelb und hellblau, die Litauische karmin, weiß und hellblau. Um 1840 trug der Ulan blaue Kurtka (Abb. 71 l). Die farbigen Kragen hatten teilweise eine dunkelblaue Patte mit Knopf oder, wenn das Regiment dunkelblaue Kragen

trug, eine Patte von der Regimentsfarbe. Von letzterer Farbe waren auch die Rabatten, polnischen Aufschläge, der Besatz des Paßgürtels und der Schabracke. Knöpfe und Schuppenepauletten durchgängig weiß.

1840:

Name des Regiments	Kragen	Patte	Aufschläge Rabatten usw.	Tschapka	Pferde
1. St. Petersburg	gelb	blau	gelb	Füchse	
2. Kurland	hellblau	blau	hellblau	Rappen	
3. Smolensk	orange	blau	orange	Hellbraune	
4. Charkow	weiß	blau	weiß	Schimmel	
5. Herzog von Nassau	blau	gelb	gelb	Füchse	
6. Wolhynien	blau	hellblau	hellblau	Rappen	
7. Olwiopol	blau	keine	hellblau	Schimmel	
8. Wosnessenski	blau	keine	gelb	Hellbraune	
9. Bug	blau	keine	orange	Füchse	
10. Odessa	blau	keine	weiß	weiß	Rappen
11. Orenburg	blau	orange	orange	orange	Hellbraune
12. Sibirien	blau	weiß	weiß	weiß	Schimmel
13. Großfürst Michael	gelb	keine	gelb	gelb	Füchse
14. Jamburg	hellblau	keine	hellblau	hellblau	Rappen
15. Belgorod	rot	keine	rot	rot	Hellbraune
16. Tschugujeff	rot	keine	rot	weiß	Schimmel
17. Borisoglebsk	rot	keine	rot	gelb	Füchse
18. Serpukoff	rot	keine	rot	gelb	Rappen
19. Ukraine	blau	keine	rot	rot	Hellbraune
20. Nowoarchangel	blau	keine	rot	weiß	Schimmel
21. Nowomirgorod	blau	keine	rot	gelb	Füchse
22. Elisabethgrad	blau	keine	rot	hellblau	Rappen

Die *Garde-Ulanen* hatten rote Abzeichen und ausnahmsweise gelbe Knöpfe und Schuppenepauletten. Rote Tschapkas. Das Regiment war mit Füchsen beritten. Das *Garde-Ulanen-Regiment des Großfürsten-Thronfolgers:* rote Abzeichen mit weißen Litzen; gelbe Tschapkas. Es ritt Braune. Während des Krimkrieges war die Uniform noch ebenso beschaffen. Die Tschapka erhielt später eine andere Form und an Stelle der Kurtka trat die Ulanka.

1870:

Regiment	Kragen	Kragenpatte	Rabatte, Aufschl. Tschapkarabatte	Knöpfe
1.	blau	rot	rot	gelb
2.	blau	hellblau	hellblau	gelb
3.	blau	weiß	weiß	gelb
4.	blau	gelb	gelb	gelb
5.	blau	rot	rot	weiß
6.	blau	hellblau	hellblau	weiß
7.	blau	weiß	weiß	weiß
8.	blau	gelb	gelb	weiß
9.	rot	blau	rot	gelb
10.	hellblau	blau	hellblau	gelb
11.	weiß	blau	weiß	gelb
12.	gelb	blau	gelb	gelb
13.	gelb	–	gelb	weiß
14.	hellblau	–	hellblau	weiß

Das 2. Rgt. hatte weiße Litzen.

1882–1910 bestanden nur noch die beiden Regimenter der Garde. Das *Leibgarde-Ulanen-Regiment* trug eine blaue Ulanka mit roten Kragen, Achselklappen, Vorstößen, polnischen Aufschlägen und ebensolchem Leibgurt. Mützenrand und Vorstöße rot, ebenso die Tschapkarabatten. Knöp-

fe und Gardelitzen gelb. Graue Hosen mit roten Vorstößen. Das *Leibgarde-Ulanen-Regiment* des Kaisers (2. Garde-Ulanen-Regt.) hatte dieselbe Uniform, nur Litzen weiß, Tschakorabatten gelb. Mütze gelben Rand. Felduniform M 1910 siehe Dragoner. Leib-G.-U.-R. der Kaiserin trug dunkelblauen Achselklappen- und Aufschlagvorstoß, das des Kaisers gelb.
Auch die Linien-Ulanen lebten 1910 wieder auf. Die Uniform glich nahezu der im Schema 1870 angegebenen. Das Regt. 15 hatte karminrote Abzeichen, blaue Kragen mit karminroter Patte und weiße Knöpfe, das 16. rote Abzeichen, weiße Knöpfe und das 17. karminrote Abzeichen mit gelben Knöpfen.

VII. Kosaken

Die Uniform der Kosaken hat sich aus der Nationaltracht herausgebildet. Im 18. Jahrhundert trugen sie lange Röcke von beliebiger Farbe, lange Kamisöler, weite Beinkleider in kurzen Stiefeln, farbige Gürtel und hohe zylindrische Mützen von grauem Lammfell mit farbigem Tuchbeutel. Als Waffen Lanzen, Säbel, Gewehre ohne Bajonett oder Karabiner und Pistolen. Noch im Verlauf des Jahrhunderts wurden hie und da gleichfarbige Röcke eingeführt. Trotzdem war noch während der Befreiungskriege von einer wirklich durchgeführten Uniformierung nur bei wenigen Regimentern die Rede. Im allgemeinen waren blaue und dunkelgrüne Röcke bevorzugt. Wenn auch in den Befreiungskriegen in der Bekleidung größte Willkür herrschte, erscheint doch eine kurze Erwähnung der Vorschrift angebracht:
Die wesentlichste Bekleidung bildete eine kurze Jacke (Halbkaftan), darüber wurde der Kosakenrock (Tschekmen) getragen. Er hatte dieselben Farben wie der Halbkaftan und ersetzte den Mantel, der nur für die Garde-Kosaken vorgeschrieben war. Der Kalpak war von schwarzem Lammfell mit farbigem Mützenbeutel und weißem Behang wie bei der Infanterie. Die Feldmütze, die wir von vielen zeitgenössischen Bildern her kennen, war nicht vorschriftsmäßig. Sie scheint die alte Mütze M. 1809 für Nichtkombattanten zu sein. Die Farben waren 1812 folgende:

Regimenter	Mützenbeutel	Vorstoß	Leibbinde	Hosenstreifen
Ataman	hellblau	hellblau	hellblau	hellblau
die übrigen Don-Rgtr.	rot	rot	hellblau	rot
Ural	karmin	karmin	hellblau	karminrote Doppelstr.
Orenburg u. Tjegtjaren	karmin	karmin	weiß	karminrote Doppelstr.
Kalmücken	gelben Tschapkadeckel	gelb	gelb	gelb
Bug	weiß	weiß	weiß	weiß

Die Bug-Regimenter sollten grüne zweireihige Jacken tragen. Bei allen übrigen waren die Bekleidungsstücke dunkelblau. Das Lederzeug war schwarz, alles Metall weiß.
Die Leib-Garde-Kosaken, deren Uniformierung tatsächlich durchgeführt war, hatten rote Halbkaftane, auf Kragen und Aufschlägen gelbe Litzen, gelbe Epauletten, weiße Leibbinden, weißes Lederzeug, roten Mützenbeutel, gelbe Mützenbehänge und blaue Hosen ohne Streifen. Die Schwarzmeer-Sotnie hatte die gleiche Uniform, nur waren Kragen und Aufschläge schwarz mit weißem Vorstoß, ferner trug sie Überärmel vom gleichen Aussehen wie die Halbkaftanärmel. Über den Schnitt der Bekleidung geben die Abbildungen Auskunft.
Um 1840 trugen die *Garde-Don-Kosaken* ganz blaue Uniform mit gelben Litzen und Epauletten, roten Beuteln an der Mütze sowie rote Schabracken mit weißen Borten. Der Paßgürtel war weiß. Die *Garde-Kosaken vom Schwarzen Meer* dieselbe Uniform mit roten Aufschlägen und blaue Schabracken mit weißer Borte. Das *Garde-Kosaken-Regiment Großfürst Thronfolger* (Abb. 72f): ganz hellblaue Jacken mit weißen Mützen und Epauletten; dunkelblaue Hosen, weißer Paßgürtel. *Garde-Ural-Kosaken:* ganz dunkelblau mit weißen Litzen und Epauletten; hellblauer Paßgürtel. Beide zuletzt erwähnten Regimenter hellblaue Mützenbeutel.
Die *kaukasischen* Regimenter hatten eine abweichende Uniform. Hauptbekleidungsstück war die Tscherkeßka, eine Art Kaftan, ohne Kragen, vorn auf der Brust mit Ausschnitt versehen, darunter das Unterkleid, Beschmet; letzterer Stehkragen. Auf der Brust der Tscherkeßka sind

a b c d e f g h i k

Abb. 72. Rußland. Kosaken.
a, b, c, d, e, i, k Kosaken – f Garde-Kosaken-Offizier – g Garde-Kosak – h Kosaken-Offizier

1840:

Name des Regiments	Jacke u. Hosen	Kragen	Vorstöße	Achsel-klappen	Paßgürtel	Mützen-beutel
Don	blau	blau	rot	blau	schwarz	rot
Vom Schwarzen Meer	blau	blau	rot	blau	weiß	rot
Astrachan	blau	blau	gelb	gelb	gelb	gelb
Klein-Rußland	grün	grün	rot	rot	schwarz	rot
Asow	blau	blau	weiß	blau	weiß	rot
Donau	blau	blau	dunkelrot	blau	dunkelrot	dunkelrot
Ural	blau	blau	hellblau	hellblau	hellblau	hellblau
Stawropol	blau	blau	hellblau	hellblau	hellblau	hellblau
Mescherja	blau	rot	blau	rot	rot	rot
Orenburg	blau	blau	blau	blau	schwarz	hellblau
Sibirien	grün	grün	hellblau	hellblau	hellblau	rot
Tobolsk	blau	blau	blau	rot	rot	rot
Tomsk	blau	rot	blau	rot	schwarz	blau
Jeniseisk	blau	rot	blau	rot	schwarz	blau
Irkutsk	blau	rot	blau	rot	schwarz	blau
Sabaikal	blau	rot	blau	rot	schwarz	blau
Jakutsk	blau	rot	blau	rot	schwarz	blau
Tartarisches	blau	rot	blau	rot	schwarz	blau
	blau	rot	blau	rot	schwarz	blau

Patronenbehälter angebracht. Die runde Tuchmütze mit Pelzbräm umgeben. Die Achselklappen auf der Tscherkeßka in Farben des Beschmet.

1840:

Name des Regiments	Tscherkeßka	Beschmet, Achselklappe und Mütze
Kaukasus	blau	rot
Kuban	blau	weiß
Coper	blau	gelb
Wolga	blau	hellblau
Stawropol	blau	graugrün
Gor	braun	rot
Greben	braun	gelb
Mosdak	braun	weiß
Kislar	braun	hellblau

Die Kopfbedeckung machte mit der Zeit mannigfache Wandlungen durch. Bis 1914 bestand sie in einer Pelzmütze, nach oben etwas spitz zulaufend, mit farbigem Deckel (Abb. 72 h) (für gewöhnlich Tellermütze). Der Rock hatte keine Knöpfe, sondern wurde vorn zugehakt. Beinkleider von der Grundfarbe des Rockes.

1890:

Name des Regiments	Rock, Hosen, Kragen, Aufschläge	Vorstöße, Hosenstreifen, Leibgurt, Mützendeckel	Achselklappen
Don	blau	rot	blau
Orenburg	grün	hellblau	hellblau
Ural	blau	karmin	karmin
Astrachan	blau	gelb	gelb
Transbaikal	grün	gelb	gelb
Ussuri	grün	gelb	gelb
Sibirien	grün	rot	rot
Ssemirretschensk	grün	karmin	karmin
Amur	grün	gelb	grün

Das letztaufgeführte Regiment trägt eine Mütze in der Form wie oben bei den kaukasischen Kosaken beschrieben. Letztere trugen auch Tscherkeßka und Beschmet. Die kegelförmige Pelzmütze war ziemlich hoch.

Kaukasische Kosaken 1890:

Name des Regiments	Tscherkeßka	Achselklappen	Grundfarbe des Beschmet	Vorstöße des Beschmet	Deckel der Pelzmütze
Kuban	graubraun	rot	rot	rot	rot
Kuban-Fuß-Kosaken	graubraun	karmin	grau	karmin	karmin
Terek-Kosaken	graubraun	hellblau	hellblau	hellblau	hellblau

Beinkleider grau.

Bei der Garde bestand ein *Leib-Garde-Kosaken-Regiment des Kaisers:* Rock und Beinkleider blau mit roten Vorstößen, Achselklappe und Leibgurt rot. Gelbe Gardelitzen. Pelzmützendeckel rot. Tellermütze von roter Grundfarbe mit blauem Rand und Vorstößen. Das *Leib-Garde-Ataman-Kosaken-Regiment des Großfürsten-Thronfolgers* hatte gleiche Uniform, nur hellblaue Achselklappen. Tellermütze hellblau mit dunkelblauem Rand und Vorstoß. Das Leib-Garde- kombinierte Kosaken-Regiment trug zum Dienst dunkelblaue Halbkaftane mit gelben Gardelitzen. Vorstöße, Achselklappen und Mützen zeigten die Farben des betreffenden Heeres, aus dem die jeweilige Sotnie stammte. Zur Parade hatten sie verschiedenfarbige Halbkaftane. Die Kosaken der kaiserlichen Eskorte trugen eine rote Tscherkeßka, weißen Beschmet und gelbe Streifen an den Hosen. 1911 wurde der Besatz weiß. Zum kleinen Dienst war der Kaftan blau, Beschmet rot; hier blieb der gelbe

Abb. 73. Rußland. Artillerie.
a Artillerie-Füsilier – b Kanonier – c Bombardier-Trommler – d, e, f, k Artilleristen – g Reitender Garde-Artillerist – h Offizier der reit. Garde-Artillerie – i Artillerie-Offizier – l General

Besatz. Der Deckel der hohen Pelzmütze ist rot. Die *Leib-Garde-Kuban- und Terek-Kosaken-Eskadronen* tragen dieselbe Uniform wie unter Kuban und Terek oben beschrieben; diese Formationen verschwinden mit Errichtung des kombinierten Regiments. Im Gefolge der russischen Heere betraten auch vielfach Baschkiren, Kalmücken, Kirgisen, Tartaren und andere Reitervölker die Kriegsschauplätze. Von einer Uniform war nicht die Rede. Sie erschienen in ihren National-Kostümen.
Felduniform M 1910 s. Dragoner. Achselklappenbeschriftung dunkelblau, die Hosen behalten die breiten farbigen Streifen. Gewehr wird über der rechten Schulter getragen. Die Gardekosakenregimenter roten bzw. hellblauen Achselklappenvorstoß.

VIII. Artillerie, Genie, Train, Gendarmerie – Generalität

Unter Peter dem Großen hatte die Artillerie rote Uniformen, und zwar Röcke, Kamisöler und Beinkleider. Aufschläge und Futter kornblumenblau, Halstücher schwarz. Die *Bombardiere* trugen ähnliche Mützen wie die Grenadiere der Garde. Später wurden die Abzeichen schwarz. Unter Elisabeth 1741–61 war die Bombardiermütze etwas anders gestaltet als früher. Sie war mit einem Messingkamm in Form einer Girlande geschmückt (Abb. 73c). Peter III., 1761–62, gab der Artillerie grüne Uniform mit gelben Knöpfen, rotem Futter und grünen Kragen. Rabatten und Aufschläge bei den Gemeinen aus Wollstoff, bei den Offizieren aus Samt. Die *Ingenieure* erhielten dieselbe Uniform, nur mit weißen Knöpfen. Unter der Kaiserin Katharina II. erhielt die *Regiments-Artillerie* der Infanterie die Uniform der betreffenden Truppe, jedoch mit schwarzen Kragen, Rabatten und Aufschlägen. Bei der Einführung der Einheitsuniform 1786 rote Kurtkas und Hosen, schwarze Aufschläge, Rabatten und Vorstöße, gelbe Knöpfe und Hosenstreifen. Kaskett mit gelbem Schild und weißer Raupe (Abb. 73d). Die *Genietruppe* die gleiche Uniform mit weißen Knöpfen und Hosenstreifen. Die *neugebildete reitende Artillerie* trug die beschriebene Uniform, aber Hüte in der Form runder Zivilhüte, deren Rand an der linken Seite aufgeschlagen und mit weißer Bandkokarde und weißem Federstutz verziert war. Oberhalb der Krempe ein schmaler Messingreif; nach hinten hingen zwei Tuchstücke herab. 1796 wurde, wie in der ganzen Armee, die alte Uniform wieder eingeführt. Seit dem Regierungsantritt Alexanders I. 1801 machte die Uniform *alle Wandlungen* durch wie die *Infanterie-Montierung*. Die Grundfarbe war grün mit schwarzen Abzeichen und roten Vorstößen und gelben Knöpfen. Gegen 1807 tritt der Tschako (Abb. 73e), dem 1846 der Helm (Abb. 73h), später Mütze und dann die Lammfellmütze gefolgt ist. Nur die reitende Artillerie erhielt gleichzeitig mit den Dragonern den Kürassierhelm,

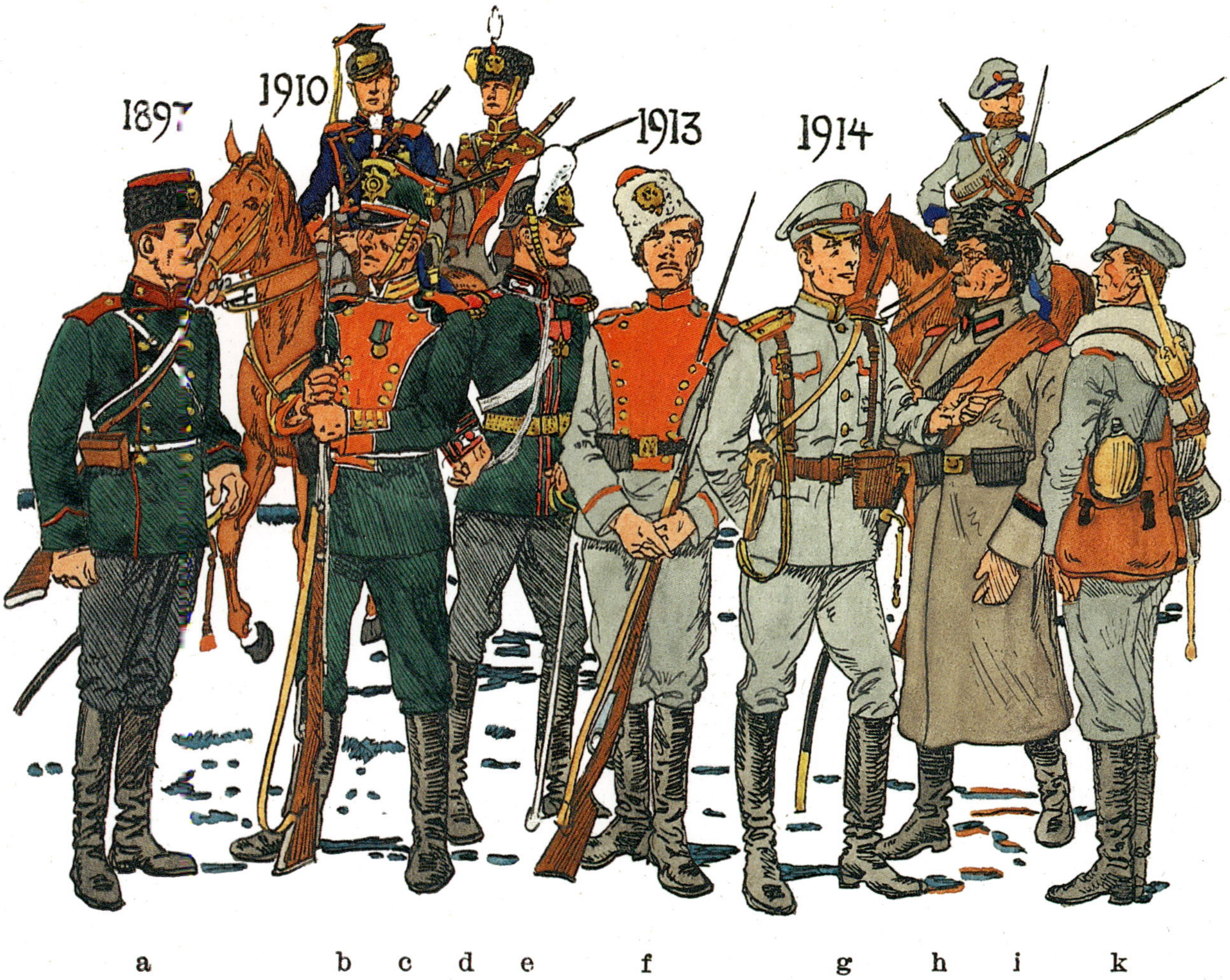

Abb. 74. Rußland 1897–1914.
a Dragoner – b Ulan – c Garde-Infanterist – d Husar – e Dragoner (Kürassier), Offizier – f Infanterist – g Inf.-Offizier – h Kosak – i Schütze – k Infanterist

legte ihn aber 1815 wieder ab. Bis 1909 bestand die Uniform der Artillerie aus dem dunkelgrünen zuzuhakenden Rock mit grünem Kragen und Aufschlägen; Offiziere schwarzen Kragen und Aufschläge mit goldenen Litzen, roten Vorstößen und Achselklappen, dunkelgrünen Hosen, schwarzem Leibgurt, schwarzer Lammfellmütze mit gelbem Beschlag. 1910 nur noch Mütze, zweireihige Waffenröcke wie Infanterie. Reit. Art. Dragonerhelme und poln. Aufschläge. Die *Garde-Feld-Artillerie* hatte gelbe Gardelitzen, rote Aufschlagspatten mit brigadeweise verschiedenen Vorstößen: weiß, schwarz, gelb. Ebensolche Vorstöße an den Aufschlägen der Felduniform sowie roten Vorstoß an der unteren Kragennaht. Bei der reitenden Artillerie Aufschläge und Kragen grün, die Hosen blau. Schnitt und Kopfbedeckung wie bei den Dragonern. Die Felduniform der Artillerie wie Inf., aber Achselklappenbeschriftung (gekreuzte Kanonenrohre, darunter Nummer) in Rot, reit. Art. Hellblau. Die *Genietruppe* hat immer dieselbe Uniform getragen wie die Artillerie, nur mit weißen Knöpfen und Beschlägen an der Kopfbedeckung. Die Genieformationen der Garde trugen dazu stets gelbe Litzen. Felduniform wie Inf., Achselklappenbeschriftung rotbraun; Garde weißen Vorstoß am Aufschlag. Eine Zeitlang gab es auch *reitende Pioniere.* Die Uniformfarben waren dieselben. Die *Trainbataillone der Friedensformation* hatten graue Röcke und Beinkleider, hellblaue Kragen, Aufschläge und Achselklappen. Diese Formationen verschwanden gegen 1900. Die *Bataillone der Kriegsformation:* ganz grün mit hellblauen Achselklappen und Kragenvorstoß. 1910 Infanterieuniform mit hellblauen Kragenpatten und weißen Knöpfen; Achselklappenbeschriftung der Felduniform weiß. Die *Gendarmerie:* hellblau mit roten Achselklappen und roten Vorstößen. Graue Beinkleider. – Die *Uniform der Generalität* richtete sich im allgemeinen nach dem Schnitt der Offiziersuniform der Infanterie. Die Farben waren dunkelgrün mit Rot und Gold, beim Generalstab dunkelgrün mit Schwarz und Silber. Reiche Kragen- und Aufschlagstickerei, Generale Eichenlaubstickerei. Rote Vorstöße. Die Paradekopfbedeckung der Generale war früher der Hut, später Helm, zuletzt Pelzmütze. Dieselbe ist schwarz, bei den Generalen und Flügeladjutanten des Kaisers weiß. Felduniform wie Inf., mit dem Rang entsprechenden Achselstükken. Hierzu meist blaue Hose mit roten Lampassen.

IX. Rangabzeichen

Die Rangabzeichen sind in ihrer wesentlichen Ausgestaltung seit Anfang des 19. Jahrhunderts bis 1917 ziemlich unverändert geblieben. Um 1810 wurden für Generale und Offiziere Epauletten eingeführt, die in ihrer Ausgestaltung weitgehend zum Vorbild der später in der preußischen und

dann deutschen Armee getragenen Epauletten wurden. Für Generale und Gardeoffiziere waren Feld und Schieber des Epauletts aus Metalltresse in Knopffarbe, der Mond aus Metall geprägt, Generale hatten stets dicke steife, Stabsoffiziere dünne weiche Fransen, Subalternoffiziere keine. Für die Linie waren Feld und Schieber aus dem Tuch der Mannschaftsachselklappe. Die Dienstgradabzeichen befanden sich auf dem Feld des Epauletts in Gestalt von fünfstrahligen kleinen Sternen in Knopffarbe, bei Metallepauletts in gewechselter Knopffarbe. Die jeweils obersten Rangstufen, also General, Oberst und Hauptmann, trugen keine Sterne, der Generalfeldmarschall goldene gekreuzte Kommandostäbe. Bei den Husarenoffizieren erfolgte die Rangklassenbezeichnung durch mehr oder weniger breite gemusterte Kragen- und Aufschlagtressen, die Dienstgradbezeichnung durch mit Hilfe von kleinen Schiebern auf die Schulterschnüre aufgeschobene Sterne. In dem letzten Drittel des 19. Jahrhunderts wurden zur Dienstuniform Achselstücke eingeführt, die unverändert auch zur Felduniform M 1910 getragen wurden. Es waren breite, lange, oben abgestumpfte Tuchachselklappen derselben Farbe wie die Mannschaftsachselklappen der betreffenden Truppe. Auf ihnen befanden sich für Subalternoffiziere zwei, bei den Stabsoffizieren drei schmälere Längsstreifen aus Metalltressen in Knopffarbe, die in den Zwischenräumen die Grundfarbe des Achselstücks hervortreten ließen. Die roten Generalachselstücke waren mit breiter, im Zickzack verlaufender Goldtresse mit Ausnahme eines Vorstoßes völlig bedeckt. Auf den Achselstücken befanden sich dieselben Dienstgradbezeichnungen wie auf den Epauletten.
Die Rangbezeichnung der Unteroffiziere erfolgte durch einen Tressenbesatz an Kragen und Aufschlag in Knopffarbe nach preußischem Muster sowie zusätzlich durch Quertressen am oberen Achselklappenende; Feldwebel eine breite Metalltresse in Knopffarbe, Unteroffizier zwei und drei schmale Wolltressen in Knopffarbe, der Gefreite hatte eine schmale Wolltresse.
Das zunächst offene, später geschlossene Portepee war aus Silber mit schwarz-orange Füllung. Die Schärpe war ebenso wie der Ausgang des vorigen Jahrhunderts an ihre Stelle tretende Leibgurt der Offiziere aus Silber und mit schwarzen und orangefarbenen Seidenfäden durchzogen.

Sowjetunion

(Kokarde roter fünfeckiger Stern mit Hammer und Sichel)

Die Uniformen der sowjetischen Armee sind dunkelkaki (erdbraun). Die Winterbekleidung besteht aus dem langen zweireihigen Mantel mit breitem liegenden Kragen, Rollaufschlägen, einreihigem fünfknöpfigen Feldrock mit aufgesetzten Brusttaschen, Stehumlegekragen und runden Aufschlägen sowie einem Filzhelm mit aufgeklapptem Nackenschutz, Tuchschirm und stumpfer Spitze (Abb. 75 a). Reithose und hohe schwarze Stiefel. Das Lederzeug ist braun.

Abb. 75. Sowjet-Rußland.
a, c, Infanteristen – b Inf.-Offizier – d Kavallerist

Zur Sommeruniform wird an Stelle des Feldrockes ein dunkelkakifarbenes Hemd mit aufgesetzten Brusttaschen und Stehumlegekragen getragen, dazu eine kakifarbene Schirmmütze mit kleinem weichen Deckel und braunem Sturmriemen (Abb. 75 b). Der Stahlhelm hat französische Form (Abb. 75 c). Die Kavallerie trägt dunkelblaue Reithosen. Die Kosaken haben eine der früheren ähnliche Uniform erhalten (Abb. 75 d). Die Kennzeichnung der einzelnen Waffengattungen erfolgt durch verschiedene Waffenfarben, die in den rechteckigen Hemd- und Rock- und winkelförmigen Mantelkragenpatten zum Ausdruck kommen. Die Waffenfarben sind folgende:
Infanterie, höhere Stäbe kirschrot, Kavallerie blau, technische Truppen schwarz mit verschiedenfarbigen Vorstößen, und zwar Artillerie rot, Tanktruppe stahlblau, Genie blau, Gastruppe schwarz. Auf dem Filzhelm wird ein waffenfarbiger, fünfstrahliger großer Stern getragen, auf diesem und dem seit 1935 waffenfarbigen Besatzstreifen der Feldmütze ist als gemeinschaftliches Wehrmachtsabzeichen ein kleiner roter fünfstrahliger Stern mit aufgelegter gelber Sichel und Hammer angebracht. Spezialabzeichen für einzelne Truppengattungen werden auf den Kragenspiegeln befestigt, ebenso die Rangabzeichen, die in kleinen roten, schwarz eingefaßten Emaillefiguren bestehen. Es tragen die Mannschafts- und Unteroffiziersgrade 1–4 Dreiecke, Subalternoffiziere 1–4 Vierecke, Stabsoffiziere 1–3 senkrechte Balken, Generale 1–4 Rhomben. Seit 1935 ist für die Ausgangsuniform der Offiziere eine Sonderausschmückung eingeführt, die vor allem in einer Goldschnureinfassung der Kragenpatte sowie in nach oben offenen Tressenwinkeln und Sternen auf den Unterarmen, für die Generale in Gold, für die anderen Offiziere in Rot, besteht.

Schweden

(Kokarde blau mit gelbem Rand)

I. Infanterie

Eine allgemeine Uniformierung führte erst Karl Gustav X. 1655 ein. Einige Regimenter trugen Röcke, andere Jacken. Die Hosen waren zum Teil von der gleichen, zum Teil von anderer Farbe. Da diese Zusammenstellung sich nach dem Wappen derjenigen Landschaft richtete, der die Mannschaft angehörte, war Rot sehr häufig, ferner kommen die Farben Rotbraun, Braun, Gelb, Blau und Grün vor (Abb. 76 a, b).

Laut Verordnung vom Jahre 1675 trug die Infanterie:

Regiment	Rock	Aufschläge
Uppland	rot	gelb
Skaraborg	gelb	schwarz
Åbo	grau	gelb
Södermanland	gelb	blau
Kronoberg	gelb	rot
Jönköping	grau	rot
Björneborg	rot	blau
Dal	blau	rot
Östgöta	rot	schwarz
Tavastehus	rot	gelb
Hälsinge	rot	grün
Elfsborg	grau	isabell
Viborg	blau	rot
Nyslott	grün	weiß
Västgöta	grau	gelb
Västmanland	grün	rot
Västerbotten	blau	weiß
Kalmar	grau	grün
Nyland	grau	rot
Närke-Värmland	rot	weiß
Österbotten	grau	blau
Jämtiand	grau	grün
Kolonialregiment	rot	schwarz
Gebirgsregiment	grau	grün

Um 1690 wurde die blaue Einheitsuniform eingeführt. Unter Karl XII. finden wir als Regimentsabzeichen verschiedenfarbige Hosen und Strümpfe sowie auch farbig ausgenähte Knopflöcher. Die gelben Rabatten waren der Leibgarde z. F. vorbehalten. Eine besondere Form hatten die regimentsweise verschiedenen Grenadiermützen (Abb. 77 a). Die Offiziere trugen im Feld vorzugsweise die graue Uniform. Diese kommt auch bei einigen »Tremännings-Regimentern« vor. Westen blieben ledern. Der Mantel hatte Glockenform. Bis zum Ende des Siebenjährigen Krieges änderte sich sehr wenig, so daß die Armee noch sehr altertümlich wirkte. 1748 hatten 23 Regimenter gelbe, 5

Abb. 76. Schweden. Infanterie 1655–1683.

Regimenter weiße und 4 Regimenter rote Abzeichen. 1756 wurde die Uniform noch weiter vereinfacht.

Ein eigentümliches Geschick wollte es, daß die schwedische Armee fast vor jedem Kriege Uniformierungsänderungen durchmachte, die aber infolge der Kriegstätigkeit und wegen der großen räumlichen Entfernungen höchst spärlich durchgeführt werden konnten.

1765 wird die Bekleidung wieder mannigfaltiger in Schnitt, Farbe und Besatz. Der Rock wird nun für die meisten Truppenteile zweireihig. Einige Regimenter erhalten Rabatten. Das preußische Vorbild wird fühlbar (knapper Sitz, preußische Grenadiermützen).

1779 führte Gustav III. die »Schwedische Tracht« ein. Damit wurde die äußere Erscheinung des Heeres völlig verwandelt. Er gab der Infanterie einen kurzen Rock mit kleinem stehendem Kragen, auf die verschiedenste Weise verziert. Die Beinbekleidung war scharawadenartig gestaltet. Den Kopf bedeckte ein Hut, an der linken Seite mit Federn geschmückt, deren Farben je nach den Regimentern verschiedenartige Zusammensetzungen zeigten (Abb. 77 c). Im allgemeinen blieb Blau mit Gelb die am meisten verbreitete Uniformfarbe. Die Halsbinden waren teils rot, teils schwarz. Unter Gustav IV (1792–1809) wurde der Schnitt etwas vereinfacht, so daß das Äußere jetzt ungefähr dem der dänischen Infanterie von 1800 entsprach (Abb. 77 d), nur war die Grundfarbe blau, die Abzeichen meist gelb, aber auch mit verschiedenen anderen Farben zusammengestellt; z. B. gelbe Rabatten, dazu rote Kragen und

Aufschläge oder gelbe Rabatten und Aufschläge mit weißen Kragen usw. Sonst kommen an Abzeichenfarben noch vor: weiß und rosenrot.
Die schwedische Leibgarde, Konungens Svea Lif Garde, hatte 1802 einen weißbortierten Hut mit weißem Stutz, blauem Rock mit gelben Abzeichen und weißen Litzen; gelbe Unterkleider (Abb. 77e). 1807 erhielt sie weiße Unterkleider, weiße Epauletten und einen Raupenhelm mit weißem Stutz. Die Raupe lief in schräger Richtung (Abb. 77f). Die 2. Leibgarde trug 1798 gelblich-weiße Kragen, Aufschläge und Schoßumschläge, dazu ockergelbe Rabatten, alles mit rotem Vorstoß. Helm mit gelben Beschlägen und weißer Raupe. Unterkleider hell. 1806 weißbortierten Hut mit weißem Stutz, rote Rabatten und Schoßumschläge, gelbe Kragen und Aufschläge, weiße Litzen und Epauletten. Die Leibgrenadierregimenter (rote Rabatten und Aufschläge, weiße Kragen, Schoßumschläge und Unterkleider) führten als Kopfbedeckung eine Pelzmütze mit gelbem Beschlag und rotem Beutel.
1807 wurde bei einer Anzahl von Regimentern die Uniform bedeutend vereinfacht, Rock und Hosen wurden grau, Kragen, Aufschläge und Schoßumschläge dunkelblau, die Schärpe blau mit gelb, das Lederzeug schwarz. Der links aufgeschlagene Hut hatte gelbe Garnitur und Stutz (Abb. 77g). Das Unterscheidungszeichen der Regimenter bildete eine Kokarde: Beim Regiment Kronoberg orange mit dunkelblauem Kreuz, Elfborg orange mit rotem Kreuz. West Götha Dahl rot mit gelbem Kreuz, Calmare orange Grund, die senkrechten Kreuzarme dunkelblau, die waagerechten rot.
Eine Flut von neuen Bekleidungsvorschriften ließ die Uniform zu keiner planmäßigen Entwicklung kommen. Im Feldzug 1807 sehen die Schweden in Stralsund sehr buntscheckig aus. So berichtet ein Feldzugsteilnehmer von den Jägern des Bohuslän-Rgts. und deren hellblauem Frack mit gelben Rabatten, roten Kragen und grünem Hutschmuck, Requisiten, die in dieser Zusammenstellung ihnen bei Freund und Feind den Namen Papageien einbrachte. 1810 wird wiederum eine blaue Uniform eingeführt, für die Linie fast durchgängig mit roten Abzeichen, brandenburgischen Aufschlägen und gelben Schößen. Der Tornister kommt auf den Rücken. In Deutschland werden während des Feldzuges 1813/14 die Tschakos nach russischem Muster hergestellt. In diesem Feldzug herrscht wieder ein buntes Durcheinander von Uniformen. Upplands Rgt. trägt noch das dreifarbige Modell 1800, Kronobergs Rgt. noch die graue Uniform von 1807, die meisten Truppenteile dagegen finden wir bereits im Modell 1810, allerdings mit den verschiedensten Regimentsvarianten. Die beiden deutschen Regimenter bewahren seit der Regierung Gustavs III. ihre Eigentümlichkeiten bis zur Übernahme in die preußische Armee.
1816 hatte die schwedische Leibgarde gelbe Abzeichen, dazu Pelzmütze mit weißem Stutz und roten Behängen. Die 2. Leibgarde rote Abzeichen und Hut mit schrägliegender Raupe. 1816 wurde der Rock vorn geschlossen. Die gesamte Linien-Infanterie 1815 (Abb. 77h) blaue zweireihige Uniformen mit gelben Schoßumschlägen; Patten und Achselklappen von der Grundfarbe, Kragen und Aufschläge rot, dunkelblau, gelb oder orange, die Hosen waren grau mit Seitenbesatz und ungarischen Knoten in der Abzeichenfarbe. Der Tschako hatte weiße Behänge, gelben Beschlag. Pompon bei den Regimentern von verschiedener Farbe. 1838 (Abb. 77i) trug die Linien-Infanterie durchweg blauen einreihigen Rock mit gelben Knöpfen, roten Kragen, Vorstößen und Ärmelpatten, gelbe Knöpfe und Schoßfutter, gelbe, zweimal blau durchzogene Schärpe, blaue Hosen mit rotem Vorstoß. Die Abzeichen waren auf den Achselklappen und am Tschakopompon angebracht.
1845 wird ein dunkelblauer einreihiger Waffenrock eingeführt; bei der schwedischen Leibgarde mit gelben Kragen und Aufschlagspatten; Achselklappen und Aufschläge dunkelblau, gelbe Vorstöße, weiße Gardelitzen; bei der 2. Leibgarde roter Kragen, Aufschlagspatten, Achselklappen und Vorstöße; beide Garderegimenter auf den Achselklappen ein gekröntes gelbes O (Oskar). Alle übrigen Regimenter haben den Kragen hinten von der blauen Grundfarbe und vorn eine Kragenpatte, die bei den Grenadieren mit Litzen geschmückt ist. Die Linien-Infanterie (Abb. 77k) gelbe Kragenpatten, Aufschläge und Aufschlagspatten dunkelblau mit gelben Vorstößen; ebenso die Beinkleider. Die Achselklappen verschiedenfarbig mit roter Regimentsnummer. Als Kopfbedeckung eine Pickelhaube, bei den beiden Leibgarderegimentern mit schwarzem Busch. Weißes gekreuztes Lederzeug.

1845:

Nr.	Name des Regiments	Kragen		Achselklappen		Aufschlag	Ärmel patte	Bemerkungen
		Grund	Patten	Grund	Vorstoß			
1	Konungens Svea Lif Garde	gelb	gelb	blau	gelb	blau	gelb	weiße Gardelitzen
2	Kon. Andra Lif Garde	rot	rot	rot	–	blau	rot	weiße Gardelitzen
3	Lif Regementets Grenadier Corps	blau	weiß	weiß	–	blau	weiß	gelbe Gardelitzen, Achselklappen ohne Nummer

Nr.	Name des Regiments	Kragen		Achselklappen		Aufschlag	Ärmel patte	Bemerkungen
		Grund	Patten	Grund	Vorstoß			
4	1. Lif Grenadier Reg.	blau	rot	hellblau	rot	blau	rot	weiße Gardelitzen, Achselkl. o. Nr.
5	Andra Lif. Gren. Reg.	blau	rot	hellblau	rot	blau	rot	weiße Gardelitzen, Achselkl. o. Nr.
6	Westgötha Regemente	blau	gelb	gelb	blau	blau	rot	rote Nummern
7	Smålands Gren. Bat.	blau	blau	hellblau	rot	blau	rot	gelbe Gardelitzen
8	Uplands Regemente	blau	gelb	weiß	blau	blau	rot	rote Nummern
9	Skaraborgs Reg.	blau	gelb	gelb	blau	blau	rot	rote Nummern
10	Södermanlands Reg.	blau	gelb	hellblau	rot	blau	rot	rote Nummern
11	Kronobergs Reg.	blau	gelb	hellblau	rot	blau	rot	rote Nummern
12	Jönköpings Reg.	blau	gelb	hellblau	rot	blau	rot	rote Nummern
13	Dahl Regemente	blau	gelb	weiß	blau	blau	rot	rote Nummern
14	Helsinge Regemente	blau	gelb	hellblau	rot	blau	rot	rote Nummern
15	Elfborgs Regemente	blau	gelb	gelb	blau	blau	rot	rote Nummern
16	Westgötha Dahls Reg.	blau	gelb	gelb	blau	blau	rot	rote Nummern
17	Bohus Läns Reg.	blau	gelb	gelb	blau	blau	rot	rote Nummern
18	Westmanlands Reg.	blau	gelb	weiß	blau	blau	rot	rote Nummern
19	Norbottens Fält Jägare Corps	grün	rot	grün	rot	grün	grün	rote Nummern
XIX	Westbottens Fält Jägare Corps	grün	rot	grün	rot	grün	grün	rote Nummern
20	Calmare Regemente	blau	gelb	hellblau	rot	blau	blau	rote Nummern
21	Nerikes Regemente	blau	gelb	weiß	blau	blau	blau	rote Nummern
22	Wermlands Reg.	blau	gelb	weiß	blau	blau	blau	rote Nummern
23	Jemtlands Fält Jägare Regemente	grün	hellblau	grün	rot	grün	grün	rote Nummern
24	Norra Skånska Jägare Regemente	blau	gelb	hellblau	gelb	blau	blau	rote Nummern
25	Södra Skånska Jägare Regemente	blau	gelb	hellblau	gelb	blau	blau	rote Nummern
26	Wermlands Fält Jägare Regemente	grün	schwarz	rot	–	grün	grün	weiße Nummern

Abb. 77. Schweden. Infanterie, Artillerie 1700–1890.
a, b, c, d, g, h, i, k, l Linien-Infanterie (a Grenadier) – e, f Leibgarde – m Artillerist

In dieser Übersicht haben wir der Vollständigkeit wegen auch die Jägertruppen mit aufgenommen. Diese haben ebenfalls die Beinkleider von der Grundfarbe des Rockes mit Vorstößen von der Farbe der Kragenpatte, Knöpfe gelb, Lederzeug schwarz. Im allgemeinen ging die Entwicklung der Uniform der Jägertruppe parallel mit derjenigen der übrigen Infanterie, wobei man aber zwischen den Jägern der Armee (im jeweiligen Regimentsverband) und den Jäger-Korps (bzw. Regimentern) zu unterscheiden hat.
1856 kommen die schon 1854 vorgeschriebenen Käppis in Gebrauch. 1860 wird der Waffenrock für die Linie zweireihig (Abb. 77 l) und erhält gelbe Litzen. Das Wärmländische Feldjägerkorps erhielt eine Art Bersaglierihut, den es 1901 ablegte. Nur die Garde und die Grenadiere hatten farbige Abzeichen, während die Linie die Einheitsuniform trug. 1886 wird der Waffenrock wiederum einreihig.
Die erste Felduniform datiert von 1910. Sie war für alle Waffen gleich. Als Kopfbedeckung diente der Dreispitz (genannt Karl XII.-Hut, Abb. 78 b). Alle Regimentseigenarten mit Ausnahme der Regimentsknöpfe verschwanden. 1916 wurde diese Uniform modifiziert. Die hauptsächlichsten Änderungen waren: Einführung von Achselklappen und Achselstücken, Fortfall der Ärmelrangabzeichen. Der blaue Winkel am Unterarm blieb für alle Rangstufen.
1923 wird eine neue, im Schnitt für alle Waffen und Rangstufen gleiche neue Felduniform aus erdbraunem Tuch eingeführt. Einreihiger Waffenrock mit 6 Knöpfen und Stehkragen; Offiziere aufgesetzte, Mannschaften versenkte Brust- und Seitentaschen mit grader Patte, grundfarbige zugespitzte Achselklappen, lange bzw. für Offiziere Reithose aus Grundtuch, zweireihiger Mantel mit flachem liegendem Kragen und Achselklappen. Die Knöpfe sind aus matter Bronze mit nach Waffenart und Regiment verschiedener Prägung. Die Waffengattungsbezeichnung besteht lediglich in der auch für Offiziere farbigen Regimentsnummer oder Gattungsbezeichnung auf den Achselklappen, hier gelb. Das Lederzeug ist braun. Offiziere Schulterriemen. Rangabzeichen sind ebenfalls für alle Waffengattungen gleich und aus Silber. Kragen: Subalternoffiziere ein bis drei fünfstrahlige mittelgroße Sterne, Stabsoffiziere dazu eine mittelbreite, am vorderen und oberen Kragenrand verlaufende Tresse, Generale breite gemusterte Tresse, auf der ein bis drei große, goldene fünfstrahlige Sterne angebracht sind. Der Offizierstellvertreter trägt einen Stern auf einer kleinen Scheibe, Unteroffizier drei oder zwei nach hinten offene kleine Winkel, obere Mannschaftsgrade ein bis drei senkrechte Balken. Käppi: vorn mit Wappenknopf, für Offiziere mit blauer Emaillekokarde am oberen Rand, schwarzem Lacklederschirm und ebensolchem Kinnriemen. Unteroffiziere keine Rangbezeichnung, Feldwebelleutnant sowie alle übrigen Offiziere auf den senkrechten Randnähten je zwei Silberschnüre. Subalternoffiziere ein bis drei schmale Silbertressen am oberen Bandrand, Stabsoffiziere eine breite, darunter ein bis drei schmale, Genera-

le eine das ganze Band bedeckende breite gemusterte Silbertresse. Beim Mantel sind die Kragenabzeichen auf den Achselklappen angebracht. Die Generalstresse bedeckt die ganze Achselklappe, die Stabsoffizierstresse läuft an den Außennähten herum. Rangsterne in einer Linie über der Regimentsnummer. Für Paradezwecke und außerdienstlich wird auch die alte blaue Uniform noch getragen. An Stelle der abgeschafften Paradekopfbedeckungen tritt das blaue Käppi, dessen Rangbezeichnungen denen des Feldkäppis gleich sind. Statt der Epauletten Achselstücke, für Subalternoffiziere aus vier nebeneinander liegenden Plattschnüren, für Stabsoffiziere ein Geflecht aus zwei nebeneinander liegenden Plattschnüren, beides in Knopffarbe mit Rangsternen und Regimentsbezeichnung in gewechselter Knopffarbe. Feldwebelleutnant Achselstück ohne Rangstern, Unteroffiziere und Mannschaften Achselklappen aus Abzeichen- oder abzeichenfarbig vorgestoßenem Grundtuch. Rangbezeichnung erfolgt durch schmale Metall- oder Wolltresse in Knopffarbe am oberen Rand von Kragen und Aufschlag. Zur Parade werden zur Feld- und Friedensuniform von den Offizieren gelbe Seidenschärpe mit blauem Mittelstreif und goldenen Quasten, für Mannschaften und Unteroffiziere Lederkoppel und Bajonettasche mit gelb-blau-gelbem Seidengespinst überzogen getragen.

Abb. 78. Schweden. Infanterie 1914–1937.
a Infanterist, zur Parade – c Offizier

II. Kavallerie

Die Bekleidung der Reiterei war der Lederkoller aus Elenshaut. Seit Carl XII. wurde darüber auch der einreihige blaue Rock, ähnlich dem der Infanterie, getragen. Die Trabanten zeichneten sich durch gelbe Aufschläge und Schöße sowie durch goldene Galonen aus. 1748 gab es weiße, gelbe, rote, blaue und chamois Abzeichen. Nur die Bohuslän-Dragoner hatten grüne Röcke, alle übrigen blaue. Das Leibregiment erhält 1756 hellblaue Monturen mit weißen Abzeichen. Am stärksten waren die Regimenter durch ihre Schabracken unterschieden. Das Mörnersche Husarenregiment (Abb. 79c) hatte ganz blaue Uniform mit gelben Schnüren; die Flügelmütze gelbes Futter und weißen Stutz. Durch Teilung ging aus diesem Regiment ein zweites hervor, welches schwarzen Dolman und Scharawaden, gelbe Pelze und weißes Schnurwerk trug. Die Pelzmütze mit gelbem Beutel zeigte vorn einen Totenkopf über gekreuzten Knochen; der Stutz war weiß. 1779 erhielt die Kavallerieuniform denselben Schnitt wie bei der Infanterie (Abb. 79d). Die Leibgarde zu Pferde (Konungens Lif Garde till Häst): weiße Uniform mit blauen Abzeichen und weißen Litzen, blaue Scharawaden, gelbe Schärpen, schwarze Mütze mit weißem Beschlag und gelbem Stutz. Die Dragoner (Abb. 79e): blaue Uniform mit verschiedenfarbigen Abzeichen und Hüte. Die reitenden Jäger: Grün mit Gelb, gleiche Kopfbedeckung. Um 1800 tragen Dragoner und Karabiniers den Hut mit weißem Stutz, die Leibkürassiere (Abb. 79f) ganz lederfarbenen Anzug ohne farbige Abzeichen, Helme mit gelben Beschlägen. Die gesamte Reiterei hatte Säbeltaschen von blauer Grundfarbe mit dem schwedischen Wappen, den drei gelben Kronen, geschmückt. Die Kopfbedeckungen waren, wie die Abbildungen zeigen, sehr verschiedenfarbig. Die Husarenuniform blieb immer von dunkelblauer Grundfarbe. Kragen, Aufschläge und Verschnürung bildeten die Regimentsabzeichen. Die Leibgarde zu Pferde war sehr reich ausgestattet. Ihre Formation und Uniform wechselte sehr häufig.

Uniformierung 1813:

Leibgarde zu Pferde Kollett Weiß mit Hellblau. Raupenhut, Herbst 1813: Tschakos. Leibregiments-Dragoner Blau mit Weiß. Helme, Herbst 1813: Tschakos. Schonisches Karabinier-Regiment Blau mit Gelb. Zweispitze, Herbst 1813: Tschakos. Diese drei Regimenter trugen außerdem eine kurze Jacke in gewechselten Farben. Smålands Dragoner Blau mit Gelb. Tschakos. Husaren wie früher das Mörnersche Regiment mit schwarzem, das Schonische mit weißem Pelzbesatz.

Die Uniformierung machte viele Änderungen durch. So finden wir die Leibgarde zu Pferde 1820 in Husaren-, 1845 in Dragoner-, 1852 in Ulanen- und seit 1879 in Kürassier-Uniformen, doch bleiben die Farben im allgemeinen die gleichen. Schnitt und Kopfbedeckungen folgen ungefähr dem Beispiel der Infanterie.

Abb. 79. Schweden. Reiterei.
a, b, d, e, h, i, k Dragoner – c, l, m, o Husaren – f Leib-Kürassier – g Leibgarde zu Pferde – n Reitender Jäger

Die Abzeichen der Kavallerie waren 1914 folgende:

Name	Rock bzw. Dolman	Kragen	Besätze	Kopfbedeckung
Leibgarde zu Pferde	hellblau	hellblau weiße Litzen	weiß	Kürassierhelm
Leib-Dragoner	hellblau	weiß	weiß	Dragonerhelm
Schonische Dragoner	hellblau	gelb	weiß	Dragonerhelm
Norrlands Dragoner	hellblau	orange	weiß	Dragonerhelm
Leibhusaren	dunkelblau	weiß	weiß	Käppi
Schonische Husaren	dunkelblau	hellblau	gelb	Käppi
Smålands-Husaren	dunkelblau	gelb	gelb	Käppi
Kronprinzen-Husaren	dunkelblau	dunkelblau	gelb	Käppi

Die Felduniform entsprach der der Infanterie. 1927 gibt es nur noch vier Regimenter: Leibgarde zu Pferde, Leibhusaren, Schonische Husaren und Norrland-Dragoner. Waffenabzeichen der Felduniform M 23, Regimentsnummer in Weiß. Auch hier wird außer Dienst die blaue Uniform von 1914 unter Fortfall der Paradekopfbedeckungen und Epauletten getragen.

III. Artillerie, Genie, Train – Generalität

Unter Karl XII. war die Artillerieuniform ganz blau ohne farbige Abzeichen. 1779 wird ein Rock eingeführt, im Schnitt wie damals bei der Infanterie. Achselklappen gelb, alles übrige, auch Beinkleider, dunkelblau; Knöpfe gelb. Hut mit weißem Band und gelbem Stutz. 1794 trägt das finnische Artillerieregiment ganz blaue Uniform mit roten Kragen, dunkelblauen Aufschlägen und Achselklappen; letztere gelb vorgestoßen, Lederzeug gelb. Hut mit gelbem Stutz, Agraffe und Beschlag. Gelbe Knöpfe. Das wendische Artillerieregiment 1808: ganz blaue Uniform mit gelben Knöpfen und weißen Kragen mit gelben Litzen geschmückt. Gelbes Lederzeug, Tschako mit gelbem Beschlag, schwarzen Fransen am oberen Rand und weißem Stutz. 1816 ist die Uniform desselben Regiments derart geändert, daß der Spenzer schwarze Husarenschnüre mit gelben Knöpfen zeigt. Die Litzen am Kragen sind fortgefallen. Blaue Schärpe mit gelben Knöpfen, gelbe Seitenstreifen auf den blauen

Abb. 80. Spanien. Infanterie 1704–1793.
a, d, g, h Füsiliere – b, c, f, i Grenadiere – e Leichte Infanterie

Hosen. Tschako mit gelbem Beschlag und schwarzem Busch. Das gothländische Artillerie-Regiment (Göta Regiment): ganz blaue Uniform mit gelben Kragen, Vorstößen um die Achselklappen, Hosenstreifen und Knöpfen; hochgelbe Litzen am Kragen. Helm mit gelben Beschlägen und schwarzer Raupe. Das schwedische Artillerieregiment (Svea Regiment) 1845 nach Einführung der Waffenröcke ganz blau, auch Kragen und Aufschläge; gelbe Gardelitzen und Knöpfe sowie Hosenbiese. Weiße Achselklappen, gelbes Lederzeug, Raupenhelm mit gelben Beschlägen. 1914 trug die Artillerie dunkelblaue Dolmans mit schwarzen Husarenschnüren und gelben Knöpfen, Aufschläge von Grundfarbe, blaue Käppis mit schwarzem Busch und gelber Garnitur. Auf beiden Seiten des Käppis ist ein farbiges Dreieck eingelassen, welches zugleich mit den farbigen Kragen des Regimentsabzeichen bildet (Abb. 77 m), und zwar Rgt. 1 (Svea) hellblau, Nr. 2 (Göta) gelb, Nr. 3 (Vendes) weiß, Nr. 4 (Norrland) orange, Nr. 5 (Uppland) karmin, Nr. 6 (Småland) rot, Nr. 7 (Gotland) grün; Festungsartillerie gelbe Kragenpatten. Genietruppe hatte himmelblaue einreihige Waffenröcke, schwarze Kragen mit gelben Litzen, schwarze Aufschlagpatten, hellblaues Käppi. Der Train: dunkelblau mit hellblauen Kragen, spitzen dunkelblauen Aufschlag mit Litze, weiße Knöpfe, Lederhelm. Generale: ganz dunkelblau mit Goldstickerei und gold. Epauletten, breite gelbe Hosenstreifen. Hut mit gelb-blauem Federbusch. Generalstab ebenso, nur fehlt die Goldstickerei; dafür gelbe Biesen. Waffenabzeichen der Felduniform: Artillerie Regimentsnummer rot, Genie Buchstabe F schwarz, Train Buchstabe T hellblau. Blaue Uniform wie 1914 mit Käppi.

Die Generale tragen zur Uniform M 23 auf den Achselklappen silberne gekreuzte Marschallstäbe, ebenso der Generalstab. Auf den Mantelachselklappen der Generale fehlt das Waffenabzeichen. Bei der blauen Uniform, die sonst unverändert geblieben ist, sind Epauletten sowie der Hut weggefallen. Die zur Feld- und Paradeuniform angelegte Schärpe ist golden mit blauseidenem Mittelstreifen und goldenen Quasten.

Spanien

(Kokarde rot, später rot-gelb-rot)

I. Infanterie

In Spanien scheint schon früh eine Art Uniformierung bestanden zu haben. Um 1668 trug der Infanterist ein Wams mit großen Ärmelumschlägen, justacor genannt (justaucorps). Auch die Vorderseite des Rockes war rabattenartig umgeschlagen. Bei den Spielleuten waren der Rock-

Abb. 81. Spanien. Infanterie 1793–1890.
b, d, k, l, m Füsiliere – e, f, h Grenadiere – g Jäger – a, c, i Leichte Infanterie

rand und die Taschenpatten mit Borten in den österreichischen Hausfarben besetzt, nämlich Rot und Weiß in Schachbrettmuster. Außerdem hatten sie von der Schulter herabhängend noch falsche Ärmel, sogenannte Flügel. Das Halstuch war von weißer Leinwand, die übrige Bekleidung bildeten Kniehosen, Strümpfe, meist von roter Farbe, und Schuhe. Als Kopfbedeckung einen Hut. Das Haar war in der Mitte gescheitelt und wurde lang getragen. Degen am Schultergehäng; die Pickeniere waren durch Brust- und Rückenharnisch geschützt.

Die Armee war meist nicht in Regimenter, sondern in sogenannte Tercios eingeteilt. 1694 errichtete man zehn stehende Tercios, und zwar wurden sie von verschiedenen Städten und deren Gebiet gestellt. Diese Tercios und ihre Unterscheidungsfarben waren folgende:

Burgos: türkisblau; *Valladolid:* smaragdgrün; *Cuenca:* flaschengrün; *Leon:* gelb; *Murcia:* himmelblau; *Sevilla:* scharlachrot; *Gibraltar:* feuerrot; *Jaen:* mausgrau; *Toledo:* violett; *Segovia:* silbergrau.

Um 1710 bestand die Uniform aus einem weißen Rock mit verschiedenfarbigen Aufschlägen und Achselschnüren, Kamisol von der Farbe der Aufschläge und weißen Beinkleidern. Weiße oder rote Strümpfe, schwarze Schuhe mit Schnallen, weißes Halstuch, schwarzer Hut mit weißer Tresse und roter Kokarde. Fahlledernes Riemenwerk, auf dem Patronentaschendeckel das königliche Wappenschild mit dem burgundischen Kreuz in gelbem Metall (Abb. 80 a). Die Grenadiere trugen die Handgranaten in einer ledernen Tasche; an dem Bandelier war ein messingener Luntenberger befestigt. An Stelle des Tornisters ein Leinwandsack. Die Haare wurden hinten in einen ledernen Haarbeutel gesteckt. Grenadiere hatte eine Pelzmütze aus Bärenfell, vorn mit einem mit schwarzem Tuch bezogenen und mit Schaffell besetzten Schild. Auf dem Schild ein Metallbeschlag mit dem königlichen Wappen. Hinten Beutel von rotem Tuch mit gelbbesetzten Nähten und gelber Puschel. Die Bewaffnung bestand aus Gewehr, Bajonett und Degen (Abb. 80 b). Die Sergeanten führten an Stelle des Gewehrs Hellebarden. Den Obersten stand es frei, die Spielleute in die Livree ihrer Dienerschaft zu kleiden. Um 1730 wurde die Uniform in einigen Stücken geändert (Abb. 80 c, d). Die Grundfarbe blieb weiß, nur die Garden und die Schweizer hatten blaue Röcke; der Rock wurde offen, das Kamisol zugeknöpft getragen. Die Hutborte richtete sich in der Farbe nach dem gelben oder weißen Metall der Knöpfe. Das Halstuch wurde durch eine schwarze Binde ersetzt, die roten Strümpfe durch weiße Gamaschen mit schwarzen Kniebändern. Offiziere trugen als Dienstzeichen Ringkragen. Der Oberst führte einen Stock mit goldenem Knopf, dazu ein Sponton. Später wurden die Schöße umgeschlagen; auch die Form der Grenadiermütze änderte sich. Die *leichte Infanterie* (Abb. 80 e) trug eine mehr nationale Bekleidung, nämlich ein rotes Kamisol mit aufgeschlitzten Ärmeln, blaue Hosen und weiße Strümpfe. Bei schlechter

Witterung wurde ein blauer Mantel (Gambeto) angelegt, der für gewöhnlich über die linke Schulter getragen wurde. Die übrige sehr eigentümliche Ausrüstung ist aus der Abbildung zu ersehen. Die *Linien-Infanterie* erhielt 1767 Umlegekragen und runde Rabatten; die Schöße blieben umgeschlagen, die Patronentasche fand ihren Platz vorn am Koppel (Abb. 80 f). Das Sponton des Obersten und die Hellebarde der Sergeanten wurden abgeschafft, Letztere erhielten dafür Flinten. Als Abzeichen trugen sie Achselstücke (Dragonas) oder Epauletten (Charreteras) aus Wolle. Die Haare trug man an den Schläfen in zwei Locken gewickelt. Rabatten fielen bald weg, das gelbe Lederzeug wurde gekreuzt getragen. Der Hut wurde durch einen Helm von schwarzem Filz mit messingenem Kamm ersetzt und hatte an der linken Seite einen roten Stutz (Abb. 80 g). Die Grenadiermützen behielt man bei, der Beutel hatte reiche Verzierung. Die Helme wurden indessen schon 1779/80 abgeschafft und wieder durch den Hut ersetzt (Abb. 80 h). An Stelle des gelben Lederzeugs trat weißes. 1793 fällt die Hutborte weg. Die Rabatten werden wieder eingeführt, die Gamaschen sind schwarz mit ebensolchen Kniebändern (Abb. 80 i). Die *leichte Infanterie* hatte grüne Röcke mit roten Aufschlägen und Rabatten, weiße Unterkleider, braune Ledergamaschen und blauen Mantel (Abb. 81 a). 1800 war die Uniform blau mit rot, der Mantel grün mit rot. 1802 grüne, gelbbeschnürte Jacke mit roten Abzeichen,

Name des Regiments	Grundfarbe	Kragen	Aufschläge und Patten	Rabatten	Knöpfe
Rey	weiß	violett	violett	violett	gelb
Reyna	weiß	violett	violett	violett	weiß
Principe	weiß	weiß	violett	violett	gelb
Soria	weiß	weiß	violett	violett	weiß
La Princesa	weiß	violett	violett	weiß	weiß
Saboya	weiß	schwarz	schwarz	schwarz	gelb
La Corona	weiß	schwarz	schwarz	schwarz	weiß
Africa	weiß	weiß	schwarz	schwarz	gelb
Zamora	weiß	weiß	schwarz	schwarz	weiß
Sevilla	weiß	schwarz	schwarz	weiß	weiß
Granada	weiß	hellblau	hellblau	hellblau	gelb
Valencia	weiß	hellblau	hellblau	hellblau	weiß
Toledo	weiß	weiß	hellblau	hellblau	gelb
Murcia	weiß	weiß	hellblau	hellblau	weiß
Cantabria	weiß	hellblau	hellblau	weiß	weiß
Cordova	weiß	rot	rot	rot	gelb
Guadalajara	weiß	rot	rot	rot	weiß
Mallorca	weiß	weiß	rot	rot	gelb
Leon	weiß	weiß	rot	rot	weiß
Aragon	weiß	rot	rot	weiß	weiß
Saragoza	weiß	grün	grün	grün	gelb
España	weiß	grün	grün	grün	weiß
Burgos	weiß	weiß	grün	grün	gelb
Asturia	weiß	weiß	grün	grün	weiß
Fixo de Ceuta	weiß	grün	grün	weiß	weiß
Navarra?	weiß	dunkelblau	dunkelblau	dunkelblau	gelb
America	weiß	dunkelblau	dunkelblau	dunkelblau	weiß
Malaga	weiß	weiß	dunkelblau	dunkelblau	gelb
Jaen	weiß	weiß	dunkelblau	dunkelblau	weiß
Las Ordines Militares	weiß	dunkelblau	dunkelblau	weiß	weiß
Estremadura	weiß	karmin	karmin	karmin	gelb
Voluntarios de Castilla	weiß	karmin	karmin	karmin	weiß
Volunt. de Estado	weiß	weiß	karmin	karmin	gelb
Volunt. de Corona	weiß	weiß	karmin	karmin	weiß
Volunt. de Borbon	weiß	karmin	karmin	weiß	weiß
Irlanda	himmelblau	gelb	gelb	gelb	gelb
Hibernia	himmelblau	himmelblau	gelb	gelb	weiß
Ultonia	himmelblau	gelb	gelb	himmelblau	gelb
Neapolis	himmelblau	gelb	gelb	gelb	weiß

Regimenter mit himmelblauer Grundfarbe hatten ganz gelbe Schoßumschläge.

Raupenhelm mit grünem Stutz (Abb. 81 c). Bei der *Linien-Infanterie* wurde 1800 der Schnitt der Uniform, die immer noch weiß blieb, verändert, indem gerade herabfallende Rabatten eingeführt wurden. Für kurze Zeit verdrängte den Hut eine Art Grenadiermütze, die vorn mit einem betreßten Blech versehen war, das oben rotes Flammenpompon und in der Mitte das königliche Wappen trug (Abb. 81 b). 1806 bestand die Uniform aus einem unbortierten Hut mit weißer oder gelber Agraffe und Knopf nebst roter Kokarde. Die Grundfarbe des Rockes war weiß; verschiedenfarbige Abzeichen. Die verkürzten Schöße hatten weiße Umschläge und waren mit einem Vorstoß in der Regimentsfarbe versehen. In den vier Schoßspiegeln herzförmige Tuchflecke ebenfalls in der Regimentsfarbe. Die Achselklappen sowie die querstehenden Achselpatten waren weiß mit farbigem Vorstoß, die Aufschlagpatten zeigten vier Knöpfe; Unterkleider weiß, Gamaschen schwarz, nur bis unter das Knie reichend (Abb. 81 d). Zu bemerken ist für die nun folgende schematische Übersicht, daß alle farbigen Abzeichen weiße Vorstöße hatten, dagegen weiße Abzeichen immer Vorstöße von der Regimentsfarbe.

Die leichte Infanterie (Infanteria lisera) war im allgemeinen ebenso uniformiert wie die Linien-Infanterie, nur waren die Röcke von dunkelblauer Grundfarbe. Die Weste hatte zwei Knopfreihen, der Mantel war braun.

Name des Regiments	Grundfarbe	Kragen	Aufschläge u. Patten	Rabatten	Knöpfe
Primero de Voluntarios de Aragon	dunkelblau	rot	rot	rot	weiß
Primero de Voluntarios de Cataluña	dunkelblau	gelb	gelb	gelb	gelb
Secundo de Voluntarios de Cataluña	dunkelblau	dunkelblau	gelb	gelb	gelb
Taragona	dunkelblau	gelb	gelb	dunkelblau	gelb
Voluntarios de Gerona	dunkelblau	gelb	gelb	gelb	weiß
Secundo de Barcelona	dunkelblau	dunkelblau	gelb	gelb	weiß
Secundo de Aragon	dunkelblau	dunkelblau	rot	rot	gelb
Primero de Barcelona	dunkelblau	gelb	gelb	dunkelblau	weiß
Cazadores de Barbastro	dunkelblau	rot	rot	dunkelblau	weiß
Voluntarios de Valencia	dunkelblau	karmin	karmin	karmin	weiß
Voluntarios de Campo Major	dunkelblau	dunkelblau	karmin	karmin	weiß
Voluntarios de Navarra	dunkelblau	karmin	karmin	karmin	weiß

Die Provinzial-Miliz trug weiße Uniform mit roten Abzeichen und Schoßumschlägen; letztere mit weißen herzförmigen Flecken in den Spiegeln. In den Unabhängigkeitskriegen gegen Napoleon und das aufgedrungene Bonapartistische Königtum riß eine große Verwirrung in bezug auf die Uniform ein, wie dies bei schnell zusammengerafften Truppen nicht anders der Fall sein kann. Wir finden jetzt graue, gelbe, blaue, grüne Uniformen, weite Pantalons, kurze Kniehosen, runde Hüte, Tschakos und Helme der verschiedensten Art. 1812 versuchte man mit Hilfe englischer Gelder Übereinstimmung in die Uniformierung zu bringen. Die Infanterie erhielt einen blauen kurzschößigen Frack mit einer Reihe von gelben Knöpfen, rotem Kragen, Aufschlägen, Vorstößen und Schoßbesatz. An der Seite des Kragens war der Anfangsbuchstabe des Regiments angebracht. Als Kopfbedeckung wurde ein spitzer englischer Tschako ausgegeben (Abb. 81 e). Er war vorn für die Grenadiere mit einer Granate, für die Jäger mit Jagdhorn und für die Füsiliere mit einem Löwen in gelbem Metall geschmückt. Füsiliere trugen blaue, rot vorgestoßene Achselklappen und schwarzen Tschakobesatz, die Grenadiere blaue Achselwülste, unten mit roten Fransen und rotem Tschakobesatz; ebenso die Jäger unter Ersatz der roten Farbe durch die grüne. Beinkleider blaugrau. Die leichte Infanterie hatte dieselbe Uniform mit blauem Kragen und Schoßbesatz und weißem Futter. Tornister waren durchgängig aus Wachsleinwand, Mantel aus grauem Tuch. 1815 wurde die Uniform der Infanterie in folgender Weise geregelt:

Linien-Infanterie: Türkisblauer Frack mit rotem Futter und verschiedenfarbigen Rabatten, Schoßbesatz, Kragen und Schulterstücken, weißen oder gelblichen Vorstößen und weißen oder gelblichen Litzen nebst Knöpfen auf den Rabatten; weiße Unterkleider, schwarze Gamaschen, blaue oder weiße Hosen. Die leichte Infanterie ebenso mit türkisblauem Futter und durchgängig blauen Rabatten. Die Grenadiere trugen Bärenmützen mit weißen oder roten Behängen und rotem Stutz (Abb. 81 f), die übrige Infanterie Tschakos mit messingenem Beschlag, weißen, bei den Jägern grünen Behängen und rotem resp. grünem Pompon (Abb. 81 g). 1821 wurde eine Reihe von Veränderungen vorgenommen. Die Rabatten fielen weg, der Frack erhielt an deren Stelle eine Reihe von gelben Knöpfen. Der Kragen wurde karminrot, Aufschläge, Vorstöße und Futter scharlachrot. Die Achselstücke waren von der Abzeichenfarbe, auf Kragen und Knöpfen die Regimentsnummer. Graue Pantalons für den Winter. Die Grenadiermützen wurden durch einen rotbortierten Tschako mit ebensolchen Behängen und Stutz ersetzt. Ferner waren die Grenadiere durch rote Fransenepauletten gekennzeichnet (Abb. 81 h), ebenso wie die Jäger durch grüne. Letztere hatten auch grüne Tschakogarnitur. Die *leichte Infanterie* hatte grünen kurzen Frack, karminroten Kragen und scharlachrote Aufschläge und Vorstöße, grüne Beinkleider. Schon 1842 finden wir neue Veränderungen. Der Tschako erhält eine mehr zylindrische Form, der Kragen zeigt die Grundfarbe des Fracks. Auch die Beinkleider werden blau. Vorn am Kragen ist eine Patte angebracht, welche, gleich wie die Aufschlagspatten und Vorstöße, das Regimentsabzeichen bildet. Diese Farben waren für das 1. und 2. Regiment karmin, beim 3. und 4. blau, beim 5. und 6. gelb, beim 7. und 8. orange. Grenadier- und Jägerabzeichen wie früher. Die leichte Infanterie trug Uniform desselben Schnitts, nur dunkelgrüne Fracks und Hosen mit weißen Knöpfen und gelben Epauletten (Abb. 81i) Patten und Vorstöße waren karmin, die Kragen beim 1., 2. und 3. Regiment mit karminroter Patte, beim 4. und 5. karmin mit grüner. In den vierziger Jahren hatte die Linien-Infanterie grüne Fracks mit ebensolchen Abzeichen und Rabatten, weiße Knöpfe, gelbe Vorstöße und blaugraue Hosen. Diese grüne Uniform hatte nur kurze Lebensdauer, bereits 1847 finden wir wieder einen kurzen einreihigen blauen Frack. Aufschläge, Kragen, Schöße und Vorstöße sind nunmehr weiß, Knöpfe gelb, Kragenpatte blau. Im Sommer weiße, im Winter hellblaue Hosen. Um 1850 dunkelblaue kurze Waffenröcke, Kragen, Aufschläge und Vorstöße rot, gelbe Knöpfe mit Regiments- oder Bataillons-Nummer: graublaue Tuchhosen, schwarztuchene Gamaschen, Mantel vom Hosentuch, mit rotem Kragen. Der niedrige Tschako war schwarz bezogen und oben mit einer bei den Grenadieren roten, bei den Schützen grünen und bei den Füsilieren gelben Borte eingefaßt. Das Pompon hatte die Farbe der Borte und zeigte die Regimentsnummer. Mit Ausnahme des 27. Rgts. und der Jäger-Bataillone, die schwarzes Lederzeug trugen, hatte die Infanterie weißes. Im allgemeinen machten die Uniformen nun die Wandlungen durch wie bei der französischen Armee, d.h. der Frack wurde durch den Waffenrock verdrängt, die Kopfbedeckung erreichte eine ungeheure Höhe, das gekreuzte Lederzeug wurde abgeschafft. Eine eigenartige Kopfbedeckung, »Ros« genannt, in den fünfziger Jahren eingeführt, kennzeichnete noch lange die spanische Armee. Dieses Stück wurde meist in weißem oder schwarzem Überzug getragen. Die Beinbekleidung bildete die französische krapprote Hose. Als feldmäßige Uniform diente der graublaue Kapottmantel französischen Schnitts (Abb. 81m). Der Waffenrock hatte rote Schulterwülste. Die *Jäger* unterschieden sich durch grüne Schulterwülste, Achselklappenvorstöße und Kragen. In den 90er Jahren erhielten die Offiziere einen dunkelblauen, schwarzbeschnürten Dolman, daneben wurde als Feldbekleidung ein einreihiger Waffenrock getragen. Zu jedem Dienst trug der Offizier den Ringkragen. Der weiße Ros verlor in den 80er Jahren den Paradebehang; er war oben bei Mannschaften mit einem roten Vorstoß, bei Offizieren mit einer goldenen Tresse besetzt. Um 1900 wurde der Offiziersdolman wieder durch einen Waffenrock ersetzt.

Sehr eigenartig war das Hornistenabzeichen. Es bestand in einem großen, dreimal seitlich aufschwingendem ungarischen Knoten aus roter Schnur an den Unterarmen; seit 1910 nur einfache Schleife. Auf dem Waffenrockkragen waren Regimentsnummern aus Metall angebracht.

Als Sommerdienstuniform wurde bis etwa 1920 eine lose geschnittene Jacke und Hose aus weiß und blau gestreiftem Stoff getragen, auch von Offizieren (Abb. 85a). Die farbigen Uniformen bleiben als Parade- und Ausgangsstück auch nach Einführung der Felduniform im ganzen Heer bestehen und erfahren während der Regierungszeit Alfons XIII. bis zu dessen Vertreibung 1931 einige kleine Änderungen. Sie seien daher hier nach dem Stand von etwa 1930, wie auch bei den anderen Waffen, kurz dargestellt:

Dunkelblauer Waffenrock mit einer Reihe 7 gelber Knöpfe, Stehkragen, bei Offizieren auch der runde Aufschlag, rot, Achselklappe dunkelblau, Lederzeug naturfarben, am Kragen Regimentsnummer oder für einige Regimenter besonderes Abzeichen in Metall, Hose rot mit zwei dunkelblauen Streifen, grauer Ros mit rotem Vorstoß am oberen Rand und roter Stutz vorn mit Kokarde und Landeswappen darunter, schwarzer Schirm und Kinnriemen. Mannschaftsmantel dunkelblau zweireihig mit rotem Stehkragen mit Regimentsnummer sowie rote Achselwülste. Offiziere zur Parade goldene Schuppenepauletts ohne Fransen und Rangabzeichen, rot-goldene Schärpe, für täglichen Dienst Deckelmütze englischer Form, dunkelblau mit rotem Besatzstreifen und Deckel-Vorstoß, über dem Schirm und dem goldenen Kinnriemen das Waffenabzeichen, hier gekreuzte Gewehre mit aufgelegtem Jagdhorn mit Krone darüber in Gold, weiter zweireihiger dunkelblauer Mantel mit liegendem gleichfarbigem Kragen oder dunkelblauer Pelzrock mit schwarzer Brustverschnürung und schwarzem Pelzkragen, -aufschlag und -vorstoß. Dieser Pelzrock wird auch von den Offizieren aller anderen Waffengattungen, stets in Farbe des Waffenrocks, getragen.

Bei den Jägern ist die Abzeichenfarbe grün, am Rockkragen gelbes Jagdhorn mit Nummer in der Schleife, über dem Rockaufschlag 3 kleine, oben spitze senkrechte Litzen (Sardineten) grün, für Offiziere golden, Hose dunkelblau mit zwei grünen Streifen.

Die Felduniform aus grünlich kakifarbenem Stoff ist für alle Waffen im Schnitt gleich. Mannschaftsfeldrock mit Stehumlegekragen, für Offiziere vierknöpfiges Jackett mit aufgesetzten Taschen, Knöpfe und Lederzeug braun, kakifarbene Wäsche, Kakihose und gleichfarbener zweireihiger Mantel mit liegendem Kragen, Tellermütze mit braunem Schirm und Sturmriemen, Gebirgstruppen Baskenmütze. Die Waffenbezeichnung in Bronze befindet sich in den Kragenenden und auf dem Mützenband: Infanterie Jagdhorn auf gekreuzten Gewehren, Jäger Jagdhorn. Nach Einführung der Republik bleibt die Uniform unter Beseitigung der königlichen Kennzeichen im allgemeinen unverändert, während des Bürgerkrieges 1936/37 wird häufig eine bootsförmige Feldmütze mit verschiedenfarbigen Vorstößen und Quasten, von nationalen Truppen auch der Hemdkragen über dem Rockkragen getragen (Abb. 85f). Der Stahlhelm erhält moderne Form (Abb. 85g).

a b c d e f g h i

Abb. 82. Spanien. Reiterei 1702–1806.
a, e, h Linien-(Schwere) Kavallerie – b, c, d, f Dragoner – g Husar – i Jäger zu Pferd

II. Kavallerie

Am Ende des 17. Jahrhunderts war die gesamte spanische Kavallerie, d. h. *Kürassiere* und *Dragoner*, gelb montiert mit roten Abzeichen. Kürassiere trugen Brustharnisch mit Eisenhaube, Dragoner weiße Filzhüte. Die Spielleute hatten Monturen in gewechselter Farbe. Um die Wende des 17. zum 18. Jahrhundert führte man verschiedene Abzeichenfarben für die Regimenter ein. *Dragoner* erhielten bald nach 1700 einen grünen Rock und ebensolche Kopfbedekkung (Abb. 82 b). Unterkleider und Abzeichen waren regimenterweise verschieden. Von der rechten Schulter hing eine gelbe Achselschnur herab. Die Schabracken waren von der Abzeichenfarbe, mit grüner Tresse eingefaßt. Dazu kamen noch Schaffelldecken, die für die Grenadiere weiß, für die übrigen Dragoner schwarz waren. Die *Linien-(schwere) Kavallerie* (Abb. 82 a), aus den ehemaligen Kürassierregimentern entstanden, hatte weiße Röcke mit verschiedenfarbigen Abzeichen. 1719 wurde die *Dragoneruniform* sowohl in Schnitt wie in Farbe umgeändert; die nunmehr gelben Röcke erhielten breite farbige Rabatten, den Kopf bedeckte ein weißbortierter Hut. 1748 gehörte zur Pferdeausrüstung eine unter dem linken Ohr zu tragende Kokarde. Um die Mitte des Jahrhunderts trugen die Dragoner eine Zeitlang Pelzmützen mit farbigem Beutel (Abb. 82 c), eine Kopfbedeckung, die wieder dem Hut wich. Die Grundfarbe blieb gelb, für die schweren Reiter weiß. 1805 wurde eine neue Uniform eingeführt.

Linien-Kavallerie (1805): Hut mit weißer oder gelber Borte und roter Kokarde. Die Grundfarbe des Rockes war blau, die Schoßumschläge rot, Halsbinde schwarz, Unterkleider chamois. Der Kragen war mit einem weißen (beim 4. Regiment gelben) Löwen geschmückt. Auf dem Aufschlag drei weiße (beim 4. Regiment gelbe) Lilien (Abb. 82 h).

Dragoner: Hüte mit weißen Borten und roten Kokarden. Rock, Rockfutter und Unterkleider gelb. In den Kragenekken ein Säbel und eine Palme gekreuzt, wahrscheinlich aus weißem Tuch geschnitten. Die Aufschläge haben Patten mit vier Knöpfen; sämtliche Regimenter weiße Litzen (Abb. 82 f). Beim 4., 6. und 8. Regiment ist der Kragen gelb; bei den übrigen bildet er im Verein mit Rabatten, Aufschlägen, Aufschlagspatten und Taschenvorstoß das Regimentsabzeichen. Diese Abzeichen haben überall weißen Vorstoß und sind für die acht Dragonerregimenter (1806) folgende: 1. Rey: karminrot; 2. Reyna: hellrot, 3. Almansa: hellblau; 4. Pavia: rot; 5. Villaviciosa: hellgrün; 6. Sagunto: hellgrün; 7. Numantia: schwarz; und 8. Lusitania: schwarz.

Reitende Jäger (Abb. 82 i): Die Kopfbedeckung bestand aus einem schwarzen, weißgarnierten Tschako mit rotem Stutz, Dolman, Hosen und Schabracken von grüner Grundfarbe mit weißen Schnüren und Knöpfen. Beim Regiment Olivencia rote Kragen, Aufschläge und Hosenbiese, hellblau und rote Schärpe. Beim Regiment Cazadores Voluntarios de España hellblaue Kragen, Aufschläge und Hosenbiese, weiß und hellblaue Schärpe. In den Kragenecken dasselbe Abzeichen wie die Dragoner.

Name des Regiments	Kragen	Aufschläge	Rabatten	Knöpfe	Bemerkungen
1. Rey	rot	rot	rot	gelb	Weiße Vorstöße und gelbe Litzen auf den Rabatten
2. Reyna	hellblau	hellblau	hellblau	weiß	rote Vorstöße. Weiße Litzen auf den Rabatten
3. Principe	rot	rot	rot	weiß	weiße Vorstöße. Weiße Litzen auf den Rabatten
4. Infante	weiß	weiß	weiß	gelb	gelbe Vorstöße. Gelbe Litzen auf den Rabatten
5. Borbon	rot	rot	rot	weiß	weiße Vorstöße
6. Farnesio	rot	rot	rot	weiß	gelbe Vorstöße
7. Alcantara	rot	rot	hellgrün	weiß	um die roten Abzeichen hellgrüne Vorstöße, um die hellgrünen rote
8. Espana	gelb	karmin	karmin	weiß	gelbe Vorstöße
9. Algarbe	gelb	gelb	hellblau	gelb	rote Vorstöße
10. Calatrava	rot	hellblau	hellblau	weiß	rote Vorstöße
11. Sanjago	karmin	karmin	karmin	weiß	scharlachrote Vorstöße
12. Montesa	karmin	karmin	weiß	weiß	weiße Vorstöße

Husaren (Abb. 82 g): Tschako wie die Jäger; im Schnitt gleicht auch die übrige Uniform der gegebenen Beschreibung, nur kommt noch ein Pelz hinzu. Husaren-Regiment Maria Luisa: Roter Dolman mit hellblauem Kragen und Aufschlägen, hellblauer Pelz mit rotem Kragen, ebensolcher Aufschlagspatte und schwarzem Pelzvorstoß. Schnüre und Knöpfe weiß. Beinkleider und Schabracke hellblau, weiß bortiert.

Während des Unabhängigkeitskrieges war die Uniformierung eine äußerst bunte und willkürliche. Erst 1815 wurde Ordnung in dieses Chaos gebracht. *Das erste schwere Regiment* (Königskürassiere) trug ganz französische Kürassieruniform, aber von roter Grundfarbe, ohne Epauletten; dazu blaue Schabracke mit weißer Borte (Abb. 83 a). *Dragoner* hatten die gelbe Grundfarbe beibehalten, Jäger die grüne. Die Waffengattung der Dragoner verschwindet bald aus den Reihen des spanischen Heeres. Die gelbe Grundfarbe ging auf die *schwere Kavallerie* über, welche eine Zeitlang rote, später hellblaue Beinkleider trug. Der Helm war anfänglich der Kürassierhelm, später ein Raupenhelm mit Bügel (Abb. 83 e, h). Um 1835 ist die gesamte Kavallerie mit Lanzen ausgerüstet. Die *leichte Kavallerie*, welche noch 1828 grüne Uniform trug, erscheint 1830 in hellblauen kurzen Kolletts mit roten Abzeichen und weißen Schulterstücken. Hosen waren dunkelblau (Abb. 83 f). 1835 erschien die ehemalige grüne Grundfarbe wieder, dazu rote Beinkleider. 1844 bestand die Kavallerie nur aus einem *Kürassierregiment*; die übrigen Regimenter waren *Lanzenreiter* (Lanceros) und *Jäger* (Cazadores). Das Kürassierregiment hatte gelbmetallene Helme mit schwarzem Busch, rotes Kollett mit hellblauen Abzeichen, gelbe Epauletten, hellblaue Hosen, stählernen, mit gelbem Metall garnierten Harnisch. Die Lanzenreiter (Abb. 85 i) in der gleichen Periode Bügelhelm mit gelber Garnitur, schwarzer Raupe und rotem Stutz. Grünes Kollett mit roten Abzeichen und Rabatten (Almansa) bzw. karminroten (Calatrava), gelben Schulterstücken und blau-grauen Hosen. Die reitenden Jäger hatten weiße Dragonerhelme mit gelbem Beschlag, später Tschakos, die Farbe der Uniform glich derjenigen der Lanzenreiter, doch im Gegensatz einreihige Kolletts ohne Rabatten. Die Husarenuniform änderte sich im ganzen wenig. 1815 trat eine Pelzmütze an Stelle des Tschakos, welche später wieder durch einen Tschako ersetzt wurde, dessen Form häufig wechselte. Eine Zeitlang trug das 1. Husarenregiment ganz hellblaue Uniformen, das 2. erhielt weiße Dolmans, sonst die gleiche Uniform wie das 1. Regiment, nur waren die Schaffellschabracken hier schwarz statt weiß. Der Dolman hatte kurze Kollettschöße. Die *Lanzenreiter* erhielten in den fünfziger Jahren Stahlhelme englischer Form mit weißem Haarbusch; ihre Uniform bestand damals aus einem blauen Waffenrock mit rotem Kragen, ebensolchen Achselwülsten und Ärmelvorstößen, weißen Knöpfen und krapproten Hosen. Die Lanzenflagge zeigte immer die spanischen Farben (oben rot, unten gelb). Die Kürassiere bekamen eine ähnliche Uniform, jedoch mit gelbem Kragen und Epauletten, dazu Kürasse. Um 1890 wurde der Waffenrock durch einen hellblauen Dolman mit schwarzen Schnüren und weißen Knöpfen ersetzt. Kragen und Aufschläge rot. Die roten Hosen hatten hellblaue Streifen. Der Stahlhelm zeigte gelbe Garnitur (Abb. 83 l). Um 1900 hellblaue einreihige Waffenröcke, hellblaue Hosen mit weißen Doppelstreifen. Die *reitenden Jäger* trugen eine Zeitlang die gleiche Uniform, nur anstatt des Helms ein hellblaues Käppi, oben mit roter Borte eingefaßt (Abb.

a b c d e f g h i k l m

Abb. 83. Spanien. Reiterei 1815–1890.
a Kürassier – b Dragoner – c Husar – d, f, g, k Jäger zu Pferde (leichte Kavallerie) – e, h Linien-Kavallerie – i, l Lanzenreiter – m Husaren-Offizier

83 k). 1903 zweireihige hellblaue Waffenröcke, der Tschakorand wurde weiß. Die *Kürassiere* bildeten später eine Palasttruppe. Die Uniform bestand in kurzem blauen Waffenrock mit karmin Abzeichen und silbernen Borten, weißen Hosen, in hohen Stiefeln getragen. Kürassierhelm und Vollküraß. Von den *Husaren* (Abb. 83 m) trug das Regiment »Prinzessin« ganz hellblaue Uniform mit weißen Pelzen. Verschnürung gelb, Käppi weiß. Das Regiment »Pavia-Husaren« ebenso, nur rote Dolmans und hellblauen Pelz und blaues Käppi.

Beide Regimenter erhielten um 1910 Pelzmützen. Die Pelze des Regiments Pavia erhielten auf den Ärmeln riesige ungarische Knoten. Die neuerrichteten Dragoner bekamen die Lanzenreiteruniform, doch mit roten Kragen und roten polnischen Aufschlägen. Der Helm hatte später auch bei den Lanzenreitern die Form des Preußischen Kürassierhelms angenommen. Die farbigen Uniformen waren nach dem Stand von 1930 folgende:

Lanzenreiter-Regimenter Nr. 1–8. Kürassierhelm aus Nickel mit gelbem Beschlag (Regimentsabzeichen), zur Gala mit weißem Federbusch, für täglichen Dienst englische Tellermütze hellblau-rot, auch für Mannschaften. Waffenrock hellblau-rot. Spitzer Aufschlag, Knöpfe weiß, Lederzeug weiß. Auf dem Kragen des Waffenrocks das Regimentsabzeichen (meist Wappen) in Metall, am Kragen ohne, an der Mütze mit Krone darüber. Hose hellblau mit zwei roten Streifen. Mantel hellblau mit rotem Vorstoß am Kragenrand und vorn herunter. Interimswaffenrock gänzlich hellblau. Die Achselstücke der Offiziere sind aus Silbergeflecht, die der Mannschaft aus vierfach gelegter roter Schnur. Trompeter: roter Federbusch. Ihr Waffenrock trägt am 1., 3., 5., und 7. Knopf eine Verschnürung nach Husarenart in Abzeichenfarbe.

Dragoner-Regimenter Nr. 8–11. Die Uniform der Dragoner-Regimenter ist denen der Lanzenreiter-Regimenter völlig gleich, nur ist die Abzeichen- und Knopffarbe gelb, Trompeter: schwarzer Federbusch.

Jäger zu Pferde Regimenter Nr. 12–18, 21–30. Regimenter 12, 27, 24 hohe braune Pelzmütze, die Regimenter 17 und 22 schwarze Pelzmütze, die übrigen Regimenter hellblaue Tschakos mit schwarzem Lederschirm und breiter weißer Borte am oberen Rand. Die Pelzmützen haben Schuppenketten in Knopffarbe, Beutel in Abzeichenfarbe und Federbusch in wechselnden Farben. Außer Dienst werden von den mit Pelzmützen ausgerüsteten Regimentern englische Tellermützen mit Band in Abzeichenfarbe, von den anderen Regimentern Tschako im Wachstuchüberzug getragen. Der Gala-Waffenrock ist der gleiche wie bei den anderen Kavallerie-Regimentern. Die Abzeichenfarbe ist im allgemeinen weiß, jedoch findet sich auch rote Abzeichenfarbe resp. weiße Kragen mit rotem oder blauem Vorstoß. Die mit Pelzmützen ausgerüsteten Regimenter tra-

Abb. 84. Spanien. Verschiedenes
a Artillerie-Offizier – b, c Artilleristen – d, e, f Genie – g Hellebardier – h Offizier der Kgl. Eskorte – i Gendarmerie-Offizier – k General

gen Husarenschärpen in Knopf- und Abzeichenfarbe. Am Kragen und vor der Pelzmütze wird das Regimentsabzeichen getragen. Hose hellblau mit zwei Streifen in Abzeichenfarbe. Regiment Jäger zu Pferde Nr. 12 Lusitania: Regimentsabzeichen Totenkopf mit gekreuzten Gebeinen. Pelzmütze braun, gelbe Schuppenketten, gelbe Pelzmützenbeutel, weiß-schwarzer Reiherstutz. Waffenrock hellblauschwarz mit gelbem Kragen- und Rockvorstoß, gelbschwarze Husarenschärpe, gelbe Knöpfe, schwarzes Bandelier. Hose hellblau mit gelbem Vorstoß. Tellermütze hellblau mit schwarzem Band, gelbem Deckelvorstoß, Kragen- und Mützenabzeichen silberner Totenkopf, auf der Mütze mit goldener Krone darüber. Die Mäntel der Jäger zu Pferde sind hellblau ohne farbige Vorstöße. Der Interims-Waffenrock ist derselbe wie bei den anderen Kavallerieregimentern.

Husaren. Husarenregiment Nr. 19 Princesa. Schwarze Pelzmütze mit Kokarde, goldenem Regimentsabzeichen und Kinnkette. Weißer Pelzmützenbeutel mit goldener Verschnürung und Quasten, weißer Federbusch. Zum kleinen Dienst wird Tschako im schwarzen Wachstuchüberzug getragen; lichtblauer Dolman mit drei gelben Knopfreihen und enger gelber Verschnürung. Aufschlag spitz mit doppelten ungarischen Knoten. Der Dolman ist in allen Außennähten, der Kragen oben und unten mit gelber Bandlitze eingefaßt. Die Husarenschärpe ist gelb mit roten Schiebern, Hose hellblau, an der Seite gelber Vorstoß mit zwei schmalen gelben Streifen. Achselstücke aus doppelt gelegter gelber Schnur. Weißer Pelz mit derselben Verschnürung wie der Dolman. Schwarzer Pelzbesatz am Kragen, vorn herunter, unten herum und an den Ärmeln. Schwarzes Bandelier. Bei Offizieren aller Besatz golden. Zum kleinen Dienst hellblaue Jacke, einreihig, ohne Verschnürung. Sie ist am Kragen und an den Außennähten mit gelber Schnur besetzt. Hellblauer Mantel. Die Trompeter tragen blauen Federbusch und blauen Pelzmützenbeutel, weißen Dolman mit blauem Kragen und Ärmelaufschlag, blauen Pelz.

Nr. 20 Pavia. Pelzmütze wie Nr. 19, nur roten Beutel. Roter Dolman mit hellblauem Kragen und Ärmelaufschlag, gelbe Verschnürung. Schärpe gelb mit blauen Schiebern. Pelz hellblau mit gelber Verschnürung, schwarzer Pelzbesatz, alles übrige wie Nr. 19. Trompeter blauen Pelzmützenbeutel, weißen Busch, Dolman hellblau mit rotem Kragen und Ärmelaufschlag, Pelz rot mit gelber Verschnürung. Das Waffenabzeichen zur Felduniform sind gekreuzte Lanzen mit aufgelegten gekreuzten Säbeln, darüber bis 1931 Krone.

III. Palasttruppen, Artillerie, Genie

Von Palasttruppen sind zu erwähnen die *Hellebardiere* (Abb. 84g). Sie haben die Uniform, die sie schon im 18. Jahrhundert trugen, bis 1931 beibehalten, nämlich einen blauen Rock mit roten Rabatten, Aufschlägen und

Abb. 85. Spanien 1912–1936.
a, d, g Infanteristen – b Lanzenreiter – c Pavia-Husar, Offizier zur Parade – e Generalmajor – f Fremdenlegion

Schoßfutter, silbernen Besätzen, roter, silberbortierter Weste. Beinkleider weiß, Gamaschen schwarz. Den mit Silberborten eingefaßten Hut schmückte die rote Kokarde. Als Waffen Degen und Hellebarde, letztere mit roten Fransen verziert. Die Kürassiere, welche die *königliche* Eskorte bildeten, haben wir schon unter Kavallerie erwähnt. Zum Galadienst schmückten den blauen Frack breite karminrote Rabatten, seit etwa 1895 ohne Litzen und silberne Epauletten (Abb. 84 h). Helm mit weißem Haarbusch. Zum Dienstanzug zu Pferde gehörten Helm ohne Haarbusch, blauer einreihiger Waffenrock mit karminroten Abzeichen und Schulterwülsten, blaue Hosen mit karminroten breiten Streifen, hohe Stulpstiefel und Stulphandschuhe.

Gendarmerie trug blaue Fracks mit roten Kragen, Rabatten, Aufschlägen und Schoßumschlägen. Beinkleider weiß, in hohen Stiefeln getragen. Der Hut glich dem der Hellebardiere; Knöpfe weiß (Abb. 84 i). Trompeter trugen roten Frack mit blauen Abzeichen.

Die Uniformfarben der Artillerie waren stets dunkelblau mit roten Abzeichen und gelben Knöpfen; Waffenabzeichen gelbe Granate. Im übrigen folgt die Entwicklung der Infanterie. Die farbige Uniform 1930 war fast dieselbe wie schon 50 Jahre zuvor. Ros weiß mit roter Litze und Federbusch. Waffenrock dunkelblau-rot, Knöpfe gelb, Kragenabzeichen stehende flammende Granate. Statt Achselstücke rote Doppelschnur. Hose dunkelblau mit einem breiten roten Streifen. Lederzeug weiß. Mannschaftsmantel wie Infanterie, nur als Kragenabzeichen Granate. Waffenabzeichen der Felduniform gekreuzte Kanonenrohre. Die Genietruppe hatte dieselbe Uniform wie die Artillerie, aber Knöpfe und Metallteile weiß, Waffenabzeichen auch zur Felduniform ein Turm.

IV. Generale, Generalstab – Rangabzeichen

Die Generalsuniform folgt dem allgemeinen Zeitschnitt, dunkelblauer zweireihiger Rock, Kragen und Aufschläge rot, je nach Rang mit 1–3facher gemusterter breiter Goldborte besetzt. Bis zur Einführung des Waffenrocks wurden bei geschlossenen Kragen die oberen Knöpfe offen getragen und die rotgefütterten, mit breiter Goldtresse eingefaßten Brustteile reversartig umgeschlagen. Zur Gala gehört bis etwa 1880 ein schwarzer Hut mit schwarzer, für den General weißer Füllung. Um 1870 wird als Dienstuniform ein einreihiger langer dunkelblauer Rock ohne Stickerei und farbige Abzeichen, dazu weißer Ros mit 1–3 Reihen breiter Goldborten am unteren Rand getragen. Zu allen Anzugsarten gehört eine rotseidene Schärpe mit goldener Eichel und roter Quaste. Seit den 80er Jahren des vorigen Jahrhunderts war die farbige Generalsuniform folgende:

Zur Gala einreihiger dunkelblauer Waffenrock mit rotem, mit reicher goldener Eichenlaubstickerei bedeckten Stehkragen, roten runden Aufschlägen, die je nach Rang mit 1–3 breiten goldenen Borten eingefaßt waren, weiter goldene Epauletts, später goldene Achselstücke, gold-rote Schärpe mit goldenen Quasten, dunkelblaue Hose mit breiten Goldborten, schwarzer Lederhelm mit goldenem Beschlag und weißem Federbusch, seit etwa 1910 weißer Kürassierhelm mit gleichem Schmuck. Zur täglichen Uniform wurde zunächst ein dunkelblauer einreihiger Rock ohne farbige Abzeichen und Stickerei mit goldenen Achselschnüren, dazu weißer Ros, rote Schärpe sowie rote Hose mit zwei mittelbreiten dunkelblauen Streifen getragen. Seit etwa 1910 dunkelblauer Waffenrock mit gleichfarbigem, rot vorgestoßenem Kragen und rundem Aufschlag; Rangabzeichen gekreuzte Säbel und Kommandostab mit 1–3 Sternen in Gold in den Kragenenden, Tellermütze englischer Form mit rotem Deckelvorstoß und rotem Besatzstreifen, der ringsum Goldstickerei und vorn über dem Schirm 1–3 Rangsterne unter der Krone trägt. Der Feldrock der Generale ist abweichend von der allgemeinen Offiziersuniform hochgeschlossen mit 7 goldenen Knöpfen, Stehkragen und aufgesetzten Brusttaschen. Das Generalsabzeichen, bis 1931 mit der Krone darüber, und die Rangsterne sind am Kragen auf einer geschweiften Patte aus Grundstoff, auf dem Ärmelaufschlag und über dem Mützenschirm angebracht. Die rote Generalsschärpe wird auch zur Felduniform getragen. Im Spanischen Bürgerkrieg haben auch die Generale vielfach das gewöhnliche Offiziersjackett angelegt (Abb. 85e).

Die Uniformen des Generalstabes folgen im Schnitt und Ausstattung seit Mitte des vorigen Jahrhunderts der Infanterieuniform, jedoch ist die Abzeichenfarbe hellblau, ebenso die seidene Schärpe. Die Hose der farbigen Uniform war stets dunkelblau mit 2 breiten hellblauen Streifen. Paradekopfbedeckung war bis 1910 der weiße Ros mit goldenen Tressen am oberen Rand und hellblauem Federstutz, seitdem weißer Kürassierhelm mit gelbem Waffenabzeichen vorn und gleichfarbigem sonstigen Beschlag, hellblauem Federbusch. Das Waffenabzeichen ist ein fünfstrahliger Stern zwischen zwei Lorbeerzweigen.

Seit etwa Mitte des vorigen Jahrhunderts sind die Rangabzeichen fast unverändert geblieben. Sie werden zur farbigen und zur Felduniform auf beiden Unterarmen getragen und bestehen für Subalternoffiziere aus 1–3 knopffarbigen sechsstrahligen Sternen auf dem Aufschlag, für Stabsoffiziere aus 1–3 achtstrahligen Sternen auf dem Aufschlag von Rock, Mantel und Pelzrock. An farbigen Waffenrock trat bis etwa 1910 eine Einfassung des Aufschlagrandes durch 1–3 knopffarbige schmale Metalltressen hinzu. Im Bürgerkrieg wurden besonders von den nationalen Truppen die Rangsterne auch auf dem Band der Schirmmütze mit dem Waffenabzeichen auf dem Rand und an der Feldmütze über der Stirn getragen. Die Rangabzeichen der Mannschaft und Unteroffiziere bestanden aus 1–3 vorstoß- bzw. knopffarbigen Schrägtressen über dem Aufschlag, das Portepee ist golden.

Tschechoslowakei

(Kokarde weiß-blau-rot)

Bereits während des I. Weltkrieges bildeten sich auf verschiedenen Kriegsschauplätzen aus Überläufern und Gefangenen tschechische Legionen, die auf Seiten der alliierten Mächte kämpften. Die stärkste war die russische Legion, deren Uniform aus kaki Grundstoff bestand. Feldrock mit einer Reihe von 6 Beinknöpfen, Brust- und Seitentaschen, für Offiziere aufgesetzt, runde Aufschläge, häufig Achselklappen. Auf dem Stehumlegekragen oben und hinten geschweifte Kragenpatten, bei Infanterie kirschrot, Artillerie scharlachrot, Kavallerie weiß mit rotem Vorstoß, Lederzeug naturfarben. Hose naturfarben ohne Vorstoß, Kavallerie zur Parade rot mit weißem Vorstoß. Der kakifarbene Mantel hatte zwei Reihen von je 6 Knöpfen, liegenden Kragen mit Patten und Achselklappen. Während die Fußtruppen eine Kakischirmmütze russischen Schnitts mit schrägem rot-weißem Band auf dem Besatzstreifen über dem Schirm trugen, hatte die Kavallerie einen niedrigen Kalpak mit rotem Deckel und weißem Stutz. Rangabzeichen befanden sich auf dem rot vorgestoßenen grundfarbenen Schild am linken Oberarm, Winkeltresse, Spitze oben, für Unteroffiziere gelb, Subalternoffiziere silbern, Stabsoffiziere golden, 1–4 schmale oder 1 breite oben und 1–3 schmale darüber. Von der Kavallerie und den Offizieren wurde der Säbel nach russischer Art getragen (Abb. 86a). Die italienische Legion hatte grüngraues Grundtuch, Mannschaftsbluse italienischen Schnitts, Offiziere vielfach auch Feldrock mit einer Reihe matter Knöpfe. Auf dem Stehumlegekragen eine rechteckige weiß-rot längsgestreifte Patte mit silbernen gekreuzten Gewehren am Vorderende. Die Rangabzeichen bestanden in kurzen waagerechten Tressen am Unterarm: Unteroffiziere violett, Offiziere silbern, Anzahl wie bei der russischen Legion. Am linken Oberarm wurde ein violett vorgestoßenes grundfarbenes Schild mit den Buchstaben Č.S. und Nummer in violetter Seide, bei Offizieren in Silber, getragen. Zweireihiger Mantel mit Kragenpatten wie am Rock. Alpinihut und Stahlhelm italienischen Modells. Die französische Legion trug horizontblaue Uniform französischen Schnitts. Feldrock mit einer Reihe matter Knöpfe; Offiziere aufgesetzte Taschen. Leder- und Schuhzeug braun. Rangabzeichen am Unterarm in Form von kurzen waagerechten Tressen, Offiziere in Silber, sonst aus dunkelblauer Seide. Die Kragenpatte war dunkelblau mit rotem Vorstoß und roter, für Unteroffiziere und Offiziere silberner Nummer. Stahlhelm französischen Modells, sonst dunkelblaues Barett. Offiziere Käppi, Deckel rot, Band schwarzer Samt mit silberner, rundum laufender Rangtresse. Der Mantel hatte zwei Reihen Knöpfe und die Kragenpatte des Rockes. Rangabzeichen am Ärmel. Auf den Achselklappen von Rock und Mantel befand sich ein ovales dunkelblaues, rot vorgestoßenes Schild mit den roten bzw. silbernen Buchstaben Č.S. Die Uniform dieser drei tschechischen Kriegslegionen wur-

Abb. 86. Tschechoslowakische Republik.
a, b, c Legionen in fremden Diensten: Rußland, Italien, Frankreich – d, g Infanteristen – e Offizier – f Kavallerist

de zugweise weiter von der die Wachtruppe des Präsidenten bildenden Burgwache zur Parade getragen (Abb. 86 a–c). Anfang der 20er Jahre sind die Uniformen der tschechischen Wehrmacht reglementiert und in der Hauptsache bis 1945 unverändert geblieben. Die Grundfarbe ist kaki. Der Feldrock hat eine Reihe von 7 Knöpfen, aufgesetzte Brust- und Seitentaschen und runde Aufschläge, die für Offiziere und Unteroffiziere in der Ärmelnaht drei kleine Knöpfe tragen. Die Knöpfe sowie sämtliche Rangabzeichen und Metallteile sind für Mannschaften aus matter Bronze, Unteroffiziere Silber, Offiziere Gold. Die Waffenbezeichnung erfolgt durch verschiedenfarbige viereckige, an der hinteren und oberen Seite einfach geschweifte Kragenpatten, die bei Generalen und Generalstabsoffizieren eine lange rechteckige Form haben. Generale und Generalstab scharlachrot, Burgwache, Infanterie, Gebirgsinfanterie, Grenzjäger und Panzertruppe kirschrot, Artillerie scharlachrot, Reiterei goldgelb, Train zunächst dunkelgrün, später orange, dann gelb wie Reiterei, Genie dunkelbraun, Nachrichtentruppe hellbraun, Kraftfahrtruppe dunkelgrün. Die Kragenpatten der Generale sind mit einer goldenen Lindenblattstickerei bedeckt. Auf den Kragenpatten der Grenzbataillone und der Gebirgstruppen befindet sich ein knopffarbiges Abzeichen, Hundekopf bzw. Falke. Die Rangbezeichnung befindet sich auf den spitzen, bei höheren Unteroffizieren und Offizieren waffenfarbig vorgestoßenen Achselklappen. Generale haben die Achselklappen mit einer goldenen Schnur eingefaßt und das Feld der Achselklappe für alle Generalsränge gleich mit einem dreiblättrigen goldenen Lindenzweig bestickt. Die Dienstgradunterscheidung erfolgt durch 2, 3 und 4 goldene fünfstrahlige Sterne auf den Unterarmen nach französischem Muster; Stabsoffiziere bis Anfang der 30er Jahre 1–4 silberne viereckige Sterne übereinander, seitdem goldene fünfstrahlige Sterne sowie Einfassung der Achselklappe durch eine goldene Schnur an den Außenseiten. Subalternoffiziere zunächst 1–4 silberne Querbalken, seitdem 1–4 dreistrahlige Goldsterne, höhere Unteroffiziere (Rottmeister) zunächst 1–3 silberne Knöpfe auf einem waffenfarbigen Mittelstreifen der Achselklappe, dann 1–3 silberne Querbalken. Mannschaftsgrade 1–4 silberne Knöpfe nebeneinander auf waffenfarbigem Streifen am unteren Ende der Achselklappe. Die Regimentsbezeichnung befindet sich auf beiden Kragenseiten über der Achselklappe in einem kleinen knopffarbigen Metallrechteck. Die kakifarbene Hose trägt keine farbigen Vorstöße, Generale haben rote Lampassen, Offiziere der Fußtruppe außerdienstlich zur langen Hose einfache, breite waffenfarbige Streifen. Der Stahlhelm hatte zunächst deutsche Form mit kleinem Bügel (Abb. 86 d); seit 1934 neues halbrundes Modell (Abb. 86 g). Die Feldmütze hat Bootsform, für Mannschaften waffenfarbigen Vorstoß um den Aufschlag. Auf der linken Seite des Kopfteiles befindet sich das kleine Staatswappenschild, dahinter die Rangsterne bzw. Knöpfe, auch für Offiziere. Außerdienstlich wird von Offizieren und

Unteroffizieren eine Schirmmütze englischen Modells mit Stoffschirm getragen, die am oberen Besatzrand einen waffenfarbigen Vorstoß und auf beiden Seiten die Rangsterne bzw. Knöpfe aufweist. Über dem für Generale mit einer goldenen Lindenblattstickerei am Rand besetzten Schirm befindet sich das Staatswappen in einem Metallrhombus, auf zwei gekreuzte Schwerter aufgelegt, in Knopffarbe. Die Mützenkordel ist in Knopffarbe. Generale tragen keine Rangsterne an den Mützen. Generalstabsoffiziere haben an der rechten Schulter doppelte, dunkelkakifarbene seidene Fangschnüre sowie die Generalskragenpatte ohne Stickerei. Reiterregimenter and Train tragen außerdienstlich dunkelrote Reithosen altösterreichischen Musters. Das Portepee ist geschlossen und in Knopffarbe. Spezialitätsabzeichen aus abzeichenfarbigem Tuch befinden sich bei den Mannschaften auf dem linken Oberarm.

Ungarn

(Kokarde rot-weiß-grün)

Die erste selbständige Armee Ungarns, die eine von der k. k. österreichischen Wehrmacht abweichende Uniform zeigt, bestand in den Jahren 1848/49. Ihre eigenartige, dem nationalen Charakter angepaßte Uniform kann hier nur kurz gestreift werden. Infanterie, Artillerie und Train trugen langschößige dunkelbraune Attilas, die für Mannschaften rote, für Offiziere goldene Verschnürung aufwiesen. Die Oliven und Rosetten waren für die Infanterie und Artillerie gelb, Train weiß. Die Artillerie hatte weißen Kragenvorstoß und weiße, für Offiziere goldene flammende Granate am Kragen über der Schulter. Rangabzeichen befanden sich in Gestalt von kurzen waagerechten Tressen an den Kragenenden, für Mannschaften rot, für Offiziere in Farbe der Oliven, Stabsoffiziere zusätzlich mittelbreite Gold- und Silbertresse am unteren Kragenrand und am Aufschlag unter dem ungarischen Knoten. Offiziere trugen eine rot-weiß-grüne Schärpe um den Leib, Quasten links, im Felddienst von der rechten Schulter zur linken Hüfte goldenes Portepee. Die Hosen waren lichtblau mit roter Verschnürung und roten Seitenstreifen. Als Kopfbedeckung diente der Tschako, wie er in der österreichischen Armee um diese Zeit getragen wurde. Der Tschako hatte über dem Lederschirm das ungarische gekrönte Wappen in Farbe der Oliven und darüber die rot-weiß-grüne Tschakorose. Um den oberen Rand eine dreifarbige Schnur; Unteroffiziere ebenfalls eine dreifarbige Borte, Offiziere 1–3 Gold- oder Silberborten mit roter Zwischenraumfüllung. Außerdienstlich eine blaue, beim 3. und 9. Infanteriebataillon rote Feldmütze österreichischer Art. Generale hatten karminrote, goldverschnürte Attilas mit breiter Kragen- und Aufschlagtresse, karmin Tschako mit breiter Goldborte oben und grünem Reiherstutz, Generalstabsoffiziere dunkelgrüne Attilas mit goldener Verschnürung. Hosen für beide dunkelgrau mit goldenem Seitenvorstoß. Von den neu errichteten Kavallerieregimentern trug das Hunyady-Husarenregiment Nr. 13 eine eigenartige, den nationalen Panduren nachgebildete Uniform, dunkelblaue kurze Jacke mit rotem Kragen und spitzem Aufschlag sowie reicher weißer Knopfbesetzung, dunkelblauen Pelz mit schwarzer Verschnürung und Pelzvorstoß, graue Hose mit roten Seitenstreifen, an beiden Seiten aufgeschlagenen Filzhut mit roter Feder. Die übrigen neuerrichteten Husaren-Regimenter erhielten Tschako-Rosen und Behänge in den Nationalfarben und folgende Abzeichen:

Regiment	Tschako	Dolman	Hosen	Schnüre	Oliven
Nr. 14 Lehel	grün	dunkelblau	dunkelblau	dreifarbig rot-weiß-grün, das Rot vorherrschend	gelb
Nr. 15 König Mathias	rot	hechtgrau	hechtgrau		
Nr. 16 Karoly	licht-hechtgrau	kornblumenblau	kornblumengrau		weiß
Nr. 17 Bosckay	lichtblau	lichtblau	lichtblau	weiß	
Nr. 18 Attila	rot	lichtblau	rot	dreifarbig	

Die Pelze waren von der Farbe der Dolmans (Spenzer). Beim 14. Regt. trugen auch die Offiziere dreifarbige Verschnürung (rot mit grünen und silbernen Fäden durchzogen), beim 17. Regt. silberne, bei den anderen Regimentern goldene (rot-grün durchzogene) Schnüre. Schabracke und Säbeltasche rot mit grün-weiß-rotem Vorstoß und aufgelegtem Wappen. Das Ulanenkorps Poninski trug lichtblaue Ulankas mit weißem Kragen, spitzen Aufschlägen und Rabatten, alles mit roten Vorstößen, lichtblaue Hose mit weißen Seitenstreifen, Ledertschapka mit blauen Rabatten und weißem Busch, weiß-blaue Lanzenflagge, lichtblaue Schabracke mit rotem Vorstoß. Die Jäger und Pioniere trugen hechtgraue einreihige Röcke mit stahlgrünen Vorstößen und 6 Reihen grader Brustverschnürung, ungarischen Knoten auf den Ärmeln, hechtgraue Hosen mit grünem Vorstoß, Jäger gelbe Oliven und Hut, Pioniere weiße Oliven und Tschako mit schwarzem Busch. Das Lederzeug war in der ganzen Armee schwarz.

Als 1919 Ungarn als selbständiger Staat, wenn auch mit stark beschränktem Gebiet, ins Leben trat, wurden zunächst von den weißen Truppen, unter der Führung des Reichsverwesers Admiral von Horthy, die vorhandenen Bestände der

Abb. 87. Ungarn.
a Offizier im Mantel – b Inf.-Major, Gesellschaftsanzug – c Infanterist – d Krongarde

österreich-ungarischen Kriegsarmee aufgetragen. Als gemeinschaftliches neues ungarisches Wehrmachtsabzeichen wurde aber bereits damals eine Verschnürung der Kragenpattenaußenseiten eingeführt. Mit dem 1. 1. 1922 wurde eine neue, im Schnitt für alle Waffengattungen und Ränge gleiche Felduniform eingeführt. Die Grundfarbe der Felduniform ist ein ziemlich dunkles Kakibraun (Abb. 87c). Der Feldrock hat eine Reihe von 5 Knöpfen, aufgesetzte Brust- und Seitentaschen mit Quetschfalte und geschweifte, mit kleinem Knopf geschlossene Taschenklappen, runde Aufschläge, mit drei kleinen Knöpfen in der Naht für Offiziere und Unteroffiziere. Grundfarbene Hose im üblichen Schnitt ohne farbige Vorstöße; Generale rote Lampassen. Neben dem Stahlhelm deutscher Form wird außer Dienst und im kleinen Dienst eine schirmlose Feldkappe österreichischen Musters getragen. Das Lederzeug ist braun, für Offiziere Schulterriemen. Mannschaften und Unteroffiziere tragen waffenfarbige Achselklappen mit kleinem Knopf, Offiziere goldene, rot durchwirkte Schulterschlinge rechts, Offiziere der berittenen Waffen, Kavallerie, Artillerie, Train und Flügeladjutanten auch auf der Linken.

Waffenbezeichnung erfolgt durch die verschiedene Farbe der Mantel-, Rockkragen- und Feldmützenpatten sowie der Mannschaftsachselklappen. Die Waffenfarben sind folgende:

Generale: scharlachrot
Generalstab: schwarz Samt – scharlachroter Vorstoß
Technischer Generalstab: braun Samt – scharlachroter Vorstoß
Infanterie (auch Radfahrer): grasgrün
Grenzwache: grün mit rotem Vorstoß
Husaren: lichtblau
Artillerie: scharlachrot
Technische Truppen (auch Verbindungstruppen): dunkelstahlgrün
Panzertruppe: dunkelblau
Train: zunächst gelb, seit 1922 ebenso wie die Kraftfahrtruppe braun
Sanitätstruppe: schwarz
Musiken: violett

Offiziere der Militärkanzleien des Reichsverwesers weiß, Wirtschaftsoffiziere karmin, Offiziere in Lokalanstellungen orange.

Die Kragenpatte bildet am rückwärtigen Ende eine langausgezogene Spitze und ist oben und unten mit einer Schnur eingefaßt, die an den hinteren Ecken ein Auge und am hinteren Ende der Spitze bei Mannschaften und Unteroffizieren eine einfache Schlinge, bei Offizieren eine Kleeblattschleife bildet, während sie bei den Generalen längs der spitzen Seiten noch je drei Augen aufweist. Die Schnur ist für Mannschaften dunkelkakifarbene Seide, Unteroffiziere

Silber, Offiziere Gold, ebenso wie die Knöpfe, Rangabzeichen und sonstige Metallteile der Uniform. Die Patte an der linken Seite der Feldkappe ist ein auf der Spitze stehendes Dreieck, über das quer drei schmale Tressen in Knopffarbe verlaufen. An den Endpunkten der Tresse ist je eine knopffarbige Rosette angebracht. Bei Generalen ist zusätzlich neben den Langseiten des Dreiecks je ein goldgestickter Eichenzweig angebracht. Die Mantelkragenpatte hat Speerspitzenform, keine Verschnürung; Offiziere einen kleinen goldenen Knopf an der Spitze. Bei Generalen ist sie mit Goldtresse bedeckt. Der Mantel, zweireihig mit Rollumschlägen, hat liegenden Kragen, der für Offiziere aus dunkelkakifarbenem Samt verfertigt ist (Abb. 87 a).
An der Feldmütze befindet sich die Kokarde über der Stirn auf dem Kopfteil. An der linken Seite wurde bisher vielfach eine aufrecht stehende Adlerfeder getragen. Das Schuhzeug ist schwarz, Mannschaften der Fußtruppen tragen auch kakifarbene Wickelgamaschen. Im Sommer tragen alle Truppen weißen Leinenanzug, Reithose der Berittenen ist jedoch aus Kaki-Tuch.
Die Rangabzeichen befinden sich auf den Kragenpatten und bestehen außer der verschiedenen Verschnürung aus je 1–3 sechsstrahligen Sternen, für Mannschaften weiß, Unteroffiziere, Stabsoffiziere, Generale Silber, Subalternoffiziere Gold. Die Kragenpatten der Unteroffiziere weisen am hinteren Ende vor der Spitze eine geschweifte mittelbreite Silbertresse auf. Der Unterleutnant hat einen silbernen Stern auf einer schmalen senkrechten Goldtresse. Der Fähnrich, der schon die Offiziersverschnürung der Patte hat, trägt einen silbernen Stern und eine kurze waagerechte, hinten spitze Goldtresse dahinter. Die Kragenpatten der Stabsoffiziere und Generale sind mit einer breiten Goldtresse belegt, die die Waffenfarbe vorstoßartig oben und unten und in der Spitze überstehen läßt. Auf der Generalskragenpatte sind zusätzlich in dem spitzen roten Teil zwei gekreuzte goldgestickte Eichenlaubzweige angebracht. Das goldene Offiziersportepee hat offene Form und auf dem Stengel rot-weiß-grünen Belag mit dem Landeswappen darauf. Außer Dienst wird zu allen Anzugsarten von sämtlichen Offizieren die schwarze Offizierskappe österreichischer Vorkriegsform getragen mit ungarischer Kokarde oben und goldener rotdurchzogener Schnur unten. Außerdienstlich wird von den Offizieren eine schwarze, rot vorgestoßene Hose, und für große festliche Gelegenheiten der Attila, sonst der kleine Gesellschaftsattila getragen. Die Farben der Attilas sind: Generale lichtblau, Infanterie dunkelgrün, Husaren dunkelblau, Artillerie, Train, Fahrtruppe braun, alle übrigen Truppen schwarz. Generale und Artillerie tragen Kragen und den spitzen Aufschlag rot; Generalstabsoffiziere haben den Attila in der Farbe ihrer Stammtruppe, Kragen und Aufschlag aus schwarzem Samt mit rotem Vorstoß. Die Kragenrangabzeichen der Offiziere und Stabsoffiziere sind nach altem österreichischem Muster auf dem Attila, d. h., die Stabsoffizierstresse geht ganz um den Kragen herum. Die Verschnürung des großen Attilas ist dieselbe wie beim früheren preußischen Attila, beim kleinen Attila finden sich auf der Brust fünf kurze gerade Verschnürungen, am Arm eine einfache Kleeblattschlinge. Die Verschnürung ist stets golden (Abb. 87 b).
Die königlich ungarische Kronwache, die Garden: Trabanten, Leibgardereiter, Leibgardeinfanterie (Schloßwache) und die Parlamentswache sind Bestandteil des Heeres. Ihre Diensthofuniform trägt altungarischen Charakter in den Farben Rot-Weiß für die Garden, Rot-Grün für die Kronwache und Kirschrot-Silber für die Parlamentswache (Abb. 87 d). Außerdienstlich tragen auch die Mannschaften schwarze Offizierskappen mit Silberschnüren, farbige Attilas mit weichselroter Verschnürung, und zwar Leibgardereiter und Parlamentswache dunkelblau, die übrigen dunkelgrün sowie schwarze Hosen mit weichselrotem Vorstoß.

Argentinien

(Kokarde seit 1821 blau-weiß-blau)

Bis zur Befreiung von der spanischen Herrschaft folgten die Uniformen dem spanischen Vorbild: Infanterie weiße Röcke mit verschiedenfarbigen Kragen und Aufschlägen, Rock noch bis zum Ende des 18. Jahrhunderts einreihig und ohne Rabatten; Kavallerie gelbe Röcke mit verschiedenfarbigen Aufschlägen, Pelzmütze; Artillerie dunkelblaue Röcke mit roten Aufschlägen und roten Westen. Nach der Selbständigkeitserklärung Argentiniens macht sich zunächst englischer Einfluß geltend neben starken nationalen Anklängen. Die Infanterie trägt durchgängig dunkelblaue Rökke und Hosen mit grüner Abzeichenfarbe. Beispiele werden in der Abb. 88 a und b gegeben. Bei Figur a Rock und Überhose dunkelblau, Unterhose und Tornister weiß, Lederzeug schwarz. Bei b ist die Jacke türkisblau, Kragen, Aufschlag, Weste, Mütze und unterer Hosenumschlag rot, die Hose selbst weiß. Seit Mitte des 19. Jahrhunderts wird die Uniform im Schnitt vom französischen Muster stark beeinflußt (Abb. 88 c). Infanterie: Waffenrock und Hose türkisblau, Kragen, Aufschläge, Epauletten und Tschakostutz grün, Lederzeug weiß, ebenso die Gamaschen, schwarzer Ledertschako, Knöpfe und Metallteile gelb. Artillerie trägt zu diesem Zeitpunkt schwarze Kragen und dunkelblaue Aufschläge, beides rot vorgestoßen, dunkelblaue Hose mit breitem roten Besatzstreifen. Zur Felduniform wird schon in dieser Zeit vielfach schutzfarbiges Drillichzeug ohne farbige Abzeichen angelegt. In den 70er und 80er Jahren hat die Infanterie rote Hosen. Auch die Kavallerie folgt durchaus dem französischen Vorbild. Um 1890 dunkelblauer Dolman mit rotem Kragen, spitzen Aufschlägen, Epauletten und weißem Lederzeug, rote Hosen, rotes Käppi mit rotem Busch. Artillerie ähnlich, aber mit dunkelblauen Hosen und zwei roten Streifen, dunkelblauem Käppi mit roten Vorstößen und rotem Busch. Um die Jahrhundertwende wird eine schwarze Pickelhaube deutschen Modells eingeführt mit gelbem Beschlag, der Waffenrock wird

Abb. 88. Argentinien.
a, c, e Infanterie – b, d Kavallerie (d Grenadier zu Pferd)

zweireihig. Kragen, Aufschläge und die Epauletten für Infanterie grün, Artillerie rot, Genie schwarz, Lederzeug und Stiefel naturfarben. Die Kavallerie, deren Helm mit weißem Busch versehen ist, behält den türkisblauen Dolman mit schwarzer Verschnürung, rote Kragen und Epauletten, rote Hose. Eine besondere Paradeuniform hat das Regiment Grenadiere zu Pferde (Abb. 88 d) seit 1821: Blauer Schoßrock mit gleichfarbigen Rabatten, roten Kragen, Vorstöße und Epauletten, gelbe Granate am Kragenende, türkisblaue Hose mit rotem Besatzstreifen, Ledertschako mit rotem Streifen oben, gleichfarbigen Stutz und Behänge. Die Felduniformen waren kakifarben mit waffenfarbigen Patten und Nummer in den Kragenecken. 1931 ist die Felduniform olivgrün, für Mannschaften in Blusenform mit Stehkragen und waffenfarbigen Patten, Offiziere Jackettschnitt mit silbernen oder goldenen Waffenabzeichen auf den Reversen und waffenfarbiger Besetzung der Achselklappen, auf denen auch die Rangabzeichen in Form von 1–3 goldenen Sonnen angebracht sind. Waffenfarben sind: Dunkelgrün bei Infanterie, Dunkelrot Kavallerie, Rot Artillerie, Schwarz Genie, Goldgelb Train. Die ebenfalls grüngraue Mütze trägt bei Mannschaften das Waffenabzeichen, bei Offizieren das Staatswappen über dem Schirm, darüber die Kokarde, waffenfarbigen Deckel- und Besatzstreifenvorstoß. Zweireihiger Mantel mit Rollumschlägen und liegendem Kragen. Zu Parade- und Ausgangszwecken gibt es noch eine graublaue Uniform mit waffenfarbigem Stehkragen und Vorstößen; die Mannschaften haben hohe grundfarbene Aufschläge mit waffenfarbigem Vorstoß, bei Offizieren sind die Aufschläge spitz und abzeichenfarbig; sie tragen auf den Aufschlägen die Rangabzeichen, 1–3 goldene Sonnen, bei Stabsoffizieren mit gestickter Randeinfassung des Aufschlages, am Kragen Regimentsnummer oder Waffenabzeichen, bei Stabsoffizieren mit goldener Randeinfassung; Knöpfe sind gelb. Bei den Generalen ist der Kragen und der hier schwedische Aufschlag mit dichter Eichenlaubstickerei bedeckt. Zu dieser Uniform gehört eine Schirmmütze amerikanischer Form, Deckel graublau, Deckelvorstoß und Besatzstreifen waffenfarbig, schwarzer Lederschirm, für Oberste und Generale mit einfacher bzw. doppelter Goldstickerei. Die Mütze der Generale hat einen weißen Deckel mit dunkelblauem Besatzstreifen, der oben und unten rot vorgestoßen ist. Die Offiziere tragen zu dieser Uniform Achselstücke aus vierfach nebeneinanderliegender Plattschnur, Stabsoffiziere in Gold, Subalternoffiziere in Silber mit 1–3 stets goldenen Rangsonnen, Generale goldene geflochtene Achselstücke auf roter Unterlage mit 2 oder 3 goldenen Sonnen. Unteroffiziere und Mannschaften goldene, waffenfarbig vorgestoßene Winkeltressen an beiden Oberarmen an Rock und Mantel sowohl der Feld- wie der farbigen Uniform. Die Schüler des Collegio militar tragen zur Parade weiße Tellermütze mit rotem

Deckelvorstoß und Band, graublauen Waffenrock mit rotem spitzem Aufschlag und Kragen, graublaue Achselstükke mit blau-silberner doppelter Schnurumrandung, weiße Hosen, Handschuhe und Lederzeug, schwarze Stiefel.

Brasilien

(Kokarden bis 1800 schwarz, bis 1822 blau-rot, seitdem grün-gelb-blau)

Brasilien war seit Mitte des 16. Jahrhunderts portugiesische Kolonie. 1806 siedelte der königlich-portugiesische Hof, von Napoleon vertrieben, nach Brasilien über und kehrte erst nach der Vertreibung Napoleons nach Portugal zurück. 1821 wurde Brasilien als Kaiserreich selbständig, 1889 Republik.

I. Infanterie und Jäger

Die Uniformen der in Brasilien garnisonierenden Regimenter richtete sich während des 18. Jahrhunderts nach portugiesischem Vorbild. 1806–1822 folgt die Uniform dem portugiesischen Heeresvorbild, die Negerregimenter hatten weißen Rock mit roten Abzeichen. 1823 erhielt die Infanterie eine dunkelblaue Uniform (Abb. 89 a). Abzeichen zunächst grün mit gelbem Vorstoß, bei Grenadieren mit gelber Granate am Kragen, später rot mit roten Vorstößen. Weißes Lederzeug. Jäger hatten einen dunkelblauen Dolman mit schwarzer Brustverschnürung, grüne Kragen und spitze Aufschläge, schwarzes Lederzeug. 1834 wurde ein niedriger glockenförmiger Tschako mit gelbem Beschlag für Infanterie und Jäger eingeführt. 1845 wird der Rock für die Fußtruppen zweireihig mit dunkelblauem Aufschlag und geschweifter schmaler dreiknöpfiger Patte in Abzeichenfarbe. 1852 erhielt die Infanterie einen einreihigen dunkelblauen Waffenrock, der um Kragen, Kragenpatten, Vorderteile, Schoßtaschenleisten, Aufschläge und Aufschlagpatten rot vorgestoßen war; gelbe Knöpfe. Dunkelblaue Epauletten mit weißwollenem Puschel am Ende, bei Offizieren gelbem Halbmond. Weißes gekreuztes Lederzeug, dazu schmales Leibkoppel. 1. Bataillon Füsiliere graublaue, die anderen dunkelblaue lange Hosen ohne Vorstöße, im Sommer Hosen stets weiß. Käppi französischer Form mit rotem Vorstoß und Bandstreifen in Farbe der Aufschlagpatte, seit 1850 auch für die Mannschaften (Abb. 89 c). Bei den Jägern sind Rock, Hose und Käppi dunkelgrün, Vorstöße schwarz, ebenso das Lederzeug. Die Unterscheidung erfolgt durch verschiedenfarbige Kragen- und Aufschlagpatten nach folgendem Schema:

Bez.	Kragenpatte	Aufschlag-patte	Bez.	Kragenpatte	Aufschlag-patte
Füs.Btl. 1	weiß	gelb	Füs.Btl. 8	gelb	weiß
Füs.Btl. 2	gelb	hellblau	Jäg.Btl. 9	rot	rot
Füs.Btl. 3	rot	gelb	Jäg.Btl. 10	grün	grün
Füs.Btl. 4	hellblau	rot	Jäg.Btl. 11	grün	rot
Füs.Btl. 5	rot	hellblau	Jäg.Btl. 12	gelb	gelb
Füs.Btl. 6	gelb	rot	Jäg.Btl. 13	gelb	grün
Füs.Btl. 7	hellblau	gelb	Jäg.Btl. 14	grün	gelb

1866 erhalten alle Füsiliere dunkelrote Kragen und Aufschlagpatten. Waffenrock, Hose und Käppi der Jäger werden dunkelblau mit gleichfarbigen Kragen und französischem Aufschlag, alles gelb vorgestoßen, die Knöpfe bleiben gelb. Zum Felddienst wird kakifarbenes Drillich, das Käppi mit weißem Überzug oder breitkrempiger Hut getragen, auch die Gürtelrüstung eingeführt. 1871 zur Parade konischer Tschako mit weiß-rotem Stutz, roten Fangschnüren, Stern über dem Schirm, dunkelblaue Epauletten mit Metallmond und roten Fransen, außerdienstlich kleines Lederkäppi mit Metallnummer über dem Schirm. Bei Jägern sind Stutz, Fangschnüre und Epaulettenfransen grün; auf den Tschakos ein kleines Horn.

Ab 1889 wird eine völlig neue Uniform im Typ der Abb. 89 c eingeführt. Rock und Hose sind dunkelblau, Kragen- und Aufschlagpatten, Vorstöße, Rockverschnürung, Epaulettenfransen und Hosenstreifen rot, Lederzeug weiß, Gamaschen und Schuhzeug schwarz. Der Helm hat einen Kopf aus dunkelblauem Filz, Stirn- und Nackenschirm aus schwarzem Lackleder, Beschlag gelb. Bei Offizieren ist die Rockverschnürung golden; roter Federbusch auf dem Helm.

Zum Felddienst wird ein einreihiger Rock mit roten Kragen- und Aufschlagpatten sowie Achselklappen, dunkelblaues Käppi mit rotem Band und Vorstößen getragen. Jäger erhalten die gleiche Uniform, nur statt der gekreuzten Gewehre ein Horn als Waffenabzeichen. 1894 bekommt die Infanterie rote Hosen mit dunkelblauen Doppelstreifen, der Rockkragen wird rot mit dunkelblauer Patte, der Aufschlag rund, rot vorgestoßen, darauf eine dreiknöpfige grade rote Patte, das Käppi erhält völlig französische Form. 1903 wird der Rock einreihig, zur Parade mit aufgeknöpfter siebenreihiger roter, für Offiziere goldener Brustverschnürung. Weißer Tropenhelm mit gelber Spitze, Kinnkette, Waffenabzeichen vorn, weiße kurze Gamaschen. 1907 wird der Helm abgeschafft, dafür zur Parade auf dem Käppi ein

Abb. 89. Brasilien.
a, c, d, f Infanterie – b Ehrengarde – e Kavallerie – g Infanterie-Offizier

roter Stutz befestigt, gelbe Schuppenepauletts, einfache dunkelblaue Hosenstreifen. Seit 1908 wird eine hellkakifarbene Felduniform eingeführt, Bluse mit Stehkragen ohne farbige Abzeichen, spitzen Achselklappen; Lederzeug naturfarben, Käppi französischer Form, Deckel kaki, breites Besatzband dunkelblau mit rotem Vorstoß oben. Waffenabzeichen in Weiß über dem Schirm, braune Gamaschen. Seit 1917 werden Koppel, Patronentasche und Tragriemen aus grau-grünem Webstoff hergestellt (Abb. 89f), auch tritt an Stelle des Käppis eine kakifarbene Tellermütze amerikanischer Form mit dunklerem Besatzstreifen, Kakischirm und Kinnriemen, bronzenem Waffenabzeichen darüber. Die Regimentsnummer befindet sich am Kragen. Offiziere tragen Feldrock mit einer Reihe schwarzer Knöpfe und aufgesetzten Brust- und Seitentaschen. Zur Parade blieben die farbigen Uniformen in Form des einreihigen dunkelblauen Rockes ohne Verschnürung, auch bei Offizieren, dazu braunes Lederzeug, schwarze Gamaschen. 1931/33 tritt eine völlige Neuuniformierung ein. Der Feldrock ist olivgrün mit aufgesetzten Taschen und Quetschfalten; eine Reihe von 7 schwarzen Knöpfen, der Stehumlegekragen, die spitzen Achselklappen und die runden Aufschläge aus dunkel-olivgrünem Tuch, ebenso die Hose. Lederzeug braun, bei Offizieren mit Schulterriemen rechts, Gamaschen graugrün, Schuhzeug schwarz. Der olivgrün angestrichene Stahlhelm hat französisches Modell mit waffenfarbiger runder Scheibe vorn (Abb. 89g). Bootsförmige Feldmütze ohne farbige Abzeichen, am Rockkragen befindet sich das Waffenabzeichen, gekreuzte Gewehre mit aufgelegter Handgranate und Nummer darunter, für Mannschaften in Bronze, Offiziere in weißer Seide. Das Waffenabzeichen der Jäger ist ein Horn mit Nummer in der Schleife. Bei Offizieren ist der Aufschlag schottisch. Diese haben auch weiter eine Ausgangsuniform, dunkelgraues vierknöpfiges Jackett mit aufgesetzten Taschen, Seidenkoppel mit Koppelschloß, schottische Aufschläge, Spitze waffenfarbig, hier grün, vorgestoßene Achselklappen, hellgraue Hosen mit zwei dunkelgrauen Streifen an jeder Seite, hellgraue oder weiße Wäsche mit dunkelgrauem oder schwarzem Langbinder, dunkelgraue Tellermütze mit waffenfarbigem Deckelvorstoß, hellgrauen Zelluloid-Besatzstreifen, dunkelgraue Kinnriemen, schwarze Lederschirme. Auf dem Besatzstreifen ist die Nationalkokarde befestigt. Am Jackettkragen ist das Waffenabzeichen in Gold auf kleiner hellgrauer Emailscheibe an den Enden befestigt; Knöpfe gelb. Im Sommer wird ein weißes Jackett und gleichfarbige Hose zur grauen Mütze getragen. Schließlich haben die Offiziere noch eine dunkelblaue Gesellschaftsuniform mit schwarzblauem Samtkragen und rundem Aufschlag mit goldener Stickereieinfassung, waffenfarbige geschweifte Kragenpatten mit goldenem Waffenabzeichen, dunkelblaue Tellermütze ohne Vorstoß mit schwarzblauem Samtband, goldenem Kinnriemen, für Stabsoffiziere mit gesticktem Mützenschirm, über dem sich im Blätterkranz die Nationalkokarde befindet.

Die graue Ausgangs-Uniform der höheren Unteroffiziere hat denselben Schnitt wie die der Offiziere, spitze Achselklappen und die runden Aufschläge dunkelblau mit rotem Vorstoß, Rangabzeichen in 3–6 schmalen Winkeltressen auf dunkelblauer Unterlage auf den Unterarmen, dunkelgraue Tellermütze mit dunkelblauem Deckelvorstoß und Besatzstreifen, über dem schwarzen Lederschirm ein halbkreisförmiges, stets rotes Tuchstück, darauf das goldene Waffenabzeichen. Die Hose hat roten Vorstoß. Diese Uniformen sind für alle Waffengattungen mit Ausnahme der Waffenfarbe für die Offiziere und des Waffenabzeichens die gleichen.

II. Kavallerie, Artillerie, Genie

Die Kavallerie erhält von 1822 an die gleiche Uniform wie die Infanterie, jedoch mit glockenförmigem Tschako und weißen Vorstößen, die das charakteristische Zeichen der Kavallerie bilden. Gelbe Knöpfe, Schuppenepauletts. Der Kragen ist zunächst grün, später rot, ebenso die Aufschläge, Lederzeug weiß. Das Regiment Ehrengarde (Abb. 89 b) erhielt einreihigen weißen Schoßrock mit roten Kragen, spitzen Aufschlägen und Vorstößen, gelbe Knöpfe und Schuppenepauletts, weiße Hosen und Stulpenhandschuhe, schwarzes Leder- und Fußzeug, gelben Bügelhelm mit schwarzem Schweif und grünem Busch links, vor dem Bügel geflügelten Drachen. 1831 schwarzer Lederhelm mit gelbem Bügel und Beschlag, rotem Stutz und Schweif. Diese Uniform wird später wieder von der Ehrengarde des Präsidenten getragen. Im übrigen folgt die Entwicklung der Kavallerieuniformen der Infanterie. Das Lederzeug ist stets weiß. Zum Waffenrock 1852 alle Vorstöße weiß, Kragenpatte rot, Aufschlagpatte rot oder dunkelblau für die damals vorhandenen vier Regimenter. 1890 hat der Helm roten Filzkopf, statt der Spitze gelben Bügel mit weißem Roßschweif und kleinem Stutz vorn. Die Vorstöße sind weiß, Hose königsblau mit breitem roten Streifen. 1894 rote Hose mit zwei mittelblauen Besatzstreifen, der Helm erhält einen roten Stutz links, Waffenabzeichen zwei gekreuzte Lanzen. 1903 wird der Rock königsblau, die Verschnürung der Mannschaften weiß, für Offiziere golden; zum weißen Tropenhelm roten Haarbusch (Abb. 89 e). 1908 königsblauer Rock, Kragenpatten- und Aufschlagvorstoß weiß, ebenso der Käppistutz. Felduniformen wie Infanterie mit entsprechenden Waffenabzeichen; dies gilt ebenso für die Uniformen 1933. Das Waffenabzeichen sind jetzt gekreuzte Lanzen mit der Nummer darunter. Die Waffenfarbe ist weiß.

Die Artillerie hat bis 1852 rote Abzeichen, gelbe Knöpfe und schwarzes Lederzeug, welche Abzeichen für die berittene Artillerie auch weiterhin bleiben. Zum Waffenrock erhält das 1. Bataillon rote Kragenpatten und schwarze Aufschlagpatten, das 2. Bataillon umgekehrt. Zur Uniform 1890 wird der Helm rot mit schwarz-rotem Busch bzw. Schweif für die berittene Artillerie; Hose wie Kavallerie. Die sonstigen Veränderungen der Uniform wie bei der Infanterie, das Waffenabzeichen zur Uniform 1931/1933 ist eine flammende Granate bzw. gekreuzte Kanonenrohre mit Nummer darunter. Die Waffenfarbe ist dunkelblau.

Das *Genie* hatte allgemein die Uniform der Artillerie, Abzeichenfarbe bis 1889 karmin, zur Uniform 1890 ebenso, schwarzen Helm mit schwarz-weißem Federbusch für Offiziere, Hose dunkelblau mit breitem karmin Besatzstreifen. Waffenabzeichen ein Turm, Waffenfarbe zur Uniform M 31/33 türkisblau.

Generale, Generalstab-Rangabzeichen

Die Generalsuniform folgt dem allgemeinen Zeitschnitt und ist dunkelblau mit gleichfarbigen Kragen und Aufschlägen sowie goldenen Knöpfen und Epauletten, reicher Eichenlaubstickerei, deren verschiedene Ausgestaltung gleichzeitig den Rang bezeichnet. Paradekopfbedeckung bis zum I. Weltkrieg der Hut mit weißer Füllung und goldenem Bortenbesatz, im kleinen Dienst dunkelblaues Käppi mit goldenen Vorstößen, Eichenlaubstickerei auf dem Band. 1908 Paradeuniform: dunkelblauer Dolman mit schwarzer Brustverschnürung und Tresseneinfassung an den Außenrändern, der Kragen, die runden Aufschläge dunkelblau mit reicher Eichenlaubstickerei, rote Hose mit goldenen bzw. dunkelblauen Seitenstreifen, goldene Epauletts mit silbernen Rangsternen, rotes Käppi mit dunkelblauem, goldbesticktem Band und goldenen Vorstößen. Zur Felduniform sind die Käppistickerei und die Rangsterne am Kragen weiß. Hierzu werden 1920 goldene Knöpfe, dunkelblaue Achselklappen mit den Rangsternen in Silber getragen, die sich auch über dem Mützenschirm auf dem Besatzstreifen befinden. Zur Uniform M 31/33 wird in den Kragenenden der olivgrünen, grauen und weißen Uniform ein dreiblättriger Eichenzweig befestigt in weißer bzw. goldener Stickerei. Zum Gesellschaftsanzug sind Kragen und Aufschläge mit goldener Eichenlaubstickerei bedeckt, ebenso der Mützenschirm.

Die Uniformen des Generalstabes waren bis 1933 im allgemeinen Schnitt der Infanterieuniform, jedoch ganz dunkelblau mit gelben Knöpfen, zeitweise auch weißen Vorstößen. Zur Uniform M 31/33 wird die Uniform der Herkunftswaffe getragen und auf dem rechten Unterarm zwei gekreuzte Eichenlaubzweige in Goldstickerei.

Die Rangabzeichen im brasilianischen Heer haben sich nur in großen Zeitabschnitten geändert. Von 1806 bis 1852 bestehen sie in verschiedenen Fransen der Schuppenepauletten. Oberst starke Fransen an beiden Schultern, Oberstleutnant starke rechts, dünne links, Major dünne links, starke rechts, Hauptmann an beiden Schultern dünne Fransen, Oberleutnant rechts dünne, links keine, Leutnant umgekehrt. Von 1852 bis 1889 erfolgt die Rangbezeichnung durch Tressenbesatz auf dem Aufschlag unter der Aufschlagpatte hindurch: Leutnant 1 schmale, Oberleutnant 2 schmale, Hauptmann 1 mittelbreite, Major 1 mittelbreite mit einer schmalen darunter, Oberstleutnant 2, Oberst 3 mittelbreite Goldtressen. Die Unteroffiziere tragen 1–4 abzeichenfarbige, schwarz vorgestoßene Schrägtressen über dem Aufschlag. 1889–1930 Offiziere nach französischem Muster zur farbigen Uniform 1–6 schmale knopffarbige Tressen auf dem Aufschlag und auf dem Besatzstreifen des Käppis. Zur Felduniform werden die Rangschnüre in Schwarz und winkelförmig auf den Achselklappen angebracht. Die Unteroffizierstressen werden winkelförmig in gleicher Zahl über dem Aufschlag befestigt, zur Felduniform aus schwarzer Schnur. Zur Uniform M 31/33 tragen die Offiziere die Rangabzeichen auf den Achselklappen, Subalternoffiziere 1–3 fünfstrahlige Silbersterne mit aufgelegtem blauem Mittelschild. Stabsoffiziere tragen stets drei Sterne je nach Rang auf einer goldenen Scheibe aufgelegt. Generale haben auf den Achselklappen den Stern und das Mittelschild goldgestickt mit 1–3 Paaren gekreuzter goldgestickter Zweige darunter, Unteroffiziere 3–5 schmale Winkeltressen auf den Unterarmen, zur Felduniform aus dunkelblauer Seide, zur Ausgangsuniform aus Gold.

Chile

(Kokarde weiß-rot-blau)

Um 1820 trug die Infanterie türkisblauen einreihigen Frack mit rotem Kragen, spitzen Aufschlägen, Vorstößen und Epauletten, weiße Knöpfe, lederfarbene, für Offiziere türkisblaue Hose, schwarze Gamaschen und Schuhzeug, schwarzen Filztschako mit Lederbesatz, Silberbeschlag vorn, blau-weiß-roten Pompon oben; für Offiziere silberne Epauletten, silberner Pompon, gleichfarbige Besatzstreifen am Tschakorand (Abb. 90a). Die Kavallerie trug verschiedenartige Uniformen, zum Beispiel die Husaren der Nationalgarde dunkelblauen Dolman mit schwarzem Kragen und Aufschlag und weißer Verschnürung, dunkelblauen Pelz mit gleicher Verschnürung und schwarzem Pelzbesatz, dunkelblaue Hosen mit schwarzen, für Offiziere silbernen Streifen, weiß-blaue Husarenschärpe, Ledertschako wie Infanterie mit weiß-blauem hohen Stutz und schwarzen Behängen. Bis zur Mitte des 19. Jahrhunderts folgte die Uniformentwicklung dem allgemeinen Modeschnitt. Von dieser Zeit an bis Ausgang der 80er Jahre beherrschte der französische Uniformeinfluß weitgehend die Uniformierung des chilenischen Heeres. Ein Beispiel für die 70er Jahre gibt die Abb. 90c. Für den Felddienst wurde vielfach schon damals Drillichzeug getragen, neben dem Tschako Käppi französischer Form, ebenso die Offiziersrangabzeichen. Seit 1890 macht sich deutscher Einfluß bemerkbar, der sich dann bis zum I. Weltkrieg weiterhin so vollständig durchsetzt, daß die Uniformen der chilenischen Armee denen des deutschen Heeres bis auf Kleinigkeiten völlig gleich scheinen (Abb. 90e). Während dieses Zeitraumes trug die chilenische Armee einen dunkelblauen Waffenrock mit schwedischen Aufschlägen, die ebenso wie der Kragen, die Achselklappen und die Vorstöße abzeichenfarbig waren. Infanterie und Generale rot, letztere mit reicher Kragen- und Aufschlagstickerei, Artillerie schwarz mit rotem Vorstoß, Genie türkisblau mit rotem Vorstoß, Militärschule schwarz mit gelbem Vorstoß, Generalstab grau, Knöpfe gelb, Lederzeug weiß, später naturfarben. Bei der Kavallerie war der Waffenrock hellblau, Abzeichenfarbe rot, Knöpfe weiß. An der blauen, später schwarzblauen Hose hatte die Infanterie roten Vorstoß, Kavallerie und Generalstab breite Streifen, Artillerie und Pioniere Lampassen in Vorstoßfarbe. Als Kopfbedeckung diente die preußische Pickelhaube mit gelbem bzw. weißem Beschlag (fliegender Kondor mit aufgelegtem chilenischen Stern). Die Kavallerie, Artillerie, die Offiziere des Generalstabes und der Militärschule trugen zunächst siebenreihige schwarze Brustverschnürung, die jedoch bis 1910 wieder verschwanden (Abb. 90d). Die Offiziere hatten zur Parade silberne, blau-rot durchzogene Schärpe, berittene Truppen auch Bandelier. Achselstücke ganz nach deutschem Muster, aber golden; Subalternoffiziere 4 nebeneinander liegende Plattschnüre, Stabsoffiziere ein Geflecht aus dreifacher Schnur, die mittlere silbern, die äußeren golden, darauf je 1–3 fünfstrahlige Silbersterne. Zur Parade Epauletten nach preußischem Muster, bei Stabsoffizieren mit Fransen. In den Kragenenden wurde die Regimentsnummer bzw. das Waffenabzeichen in Metall befestigt getragen. Im Felddienst trugen auch die Mannschaften die Schirmmütze, die auf dem Besatzband das Nationalwappen in kleiner Ausführung, darüber die Kokarde aufwies. Die Leibwache des Präsidenten trug bis zum I. Weltkrieg Kürassierhelm und Stulpen-Stiefel. Während des Weltkrieges wurde eine grüngraue Felduniform eingeführt, deren Muster Abb. 90f wiedergibt. Das Wappenschild an der Mütze war gelb, die Regimentsnummer und Mannschaftsrangabzeichen grün, bei Subalternoffizieren war die Achselklappe mit einfacher, bei Stabsoffizieren mit dreifacher grüner Schnur eingefaßt. Generale hatten auf den grundfarbenen Kragenpatten ein goldenes Eichenlaubblatt, auf den Schultern grün vorgestoßene, querlaufende Achselstücke amerikanischen Musters mit breiter Goldeinfassung, darin zwei oder drei Sterne. Die Felduniform erfuhr in der Folge einige Veränderungen, ebenso die für Gesellschafts- und Ausgangszwecke auch weiterhin getragene farbige Uniform. Sie sind nach dem Reglement von 1929 folgende:

Felduniform Grundtuch grüngrau, Bluse mit Stehkragen, versenkte Brust- und Seitentaschen mit geschweiften Klappen und kleinen Knöpfen, runde Aufschläge, Achselklappen, für Offiziere Achselstücke. Auf den Stehkragen rechteckige, hinten einen rechten Winkel bildende Kragenpatten in Abzeichenfarbe mit andersfarbigem Vorstoß, darauf die Regimentsnummer oder das Abzeichen. Grüngraue Tellermütze mit braunem Schirm und Kinnriemen ohne farbige Abzeichen. Auf dem Band das kleine Staatswappen in Knopffarbe, auf dem Rand die Kokarde. Der Mützendeckel ist zur Parade und für den täglichen Anzug versteift, für den Felddienst weich. Graugrüne Hosen, kurz oder lang, mit waffenfarbigem Vorstoß oder Lampassen. Grüngrauer

Abb. 90. Chile.
a, c, e, f Infanterie – b Husar – d Generalstabsoffizier

zweireihiger Mantel mit liegendem Kragen, für Offiziere in Waffenrockfarbe, Rollumschläge, hinten einknöpfigen Riegel, für Offiziere auch dreiknöpfige Schoßtaschenleisten, braunes Lederzeug, für Offiziere Schulterriemen rechts. Die Generale tragen keine Kragenpatten auf der Bluse, statt dessen das große Staatswappen in Gold oder Silber je nach Herkunftswaffe und über dem Mützenschirm den chilenischen fünfstrahligen Stern, eingerahmt zwischen zwei Lorbeerzweigen, alles goldgestickt auf rotem Untergrund, rote Lampassen. Zu feierlichen Gelegenheiten und zur Gesellschaft werden von den Offizieren farbige Uniformen getragen. Sie bestehen aus einreihigen Waffenröcken im preußischen Dragonerschnitt. Der Stehkragen hat Waffenfarbe, die schwedischen Aufschläge sind grundfarbig mit waffenfarbigem Vorstoß. Der Rock ist für alle Truppengattungen dunkelblau mit goldenen Knöpfen, nur die Kavallerie hat Hellblau mit weißen Knöpfen. Die Kragen- und Vorstoßfarben sind: für Generale und Infanterie rot, Kavallerie rot, Artillerie schwarz Samt mit rotem Vorstoß, Genie königsblauer Samt mit rotem Vorstoß, Train kaffeebraun mit rotem Vorstoß, Militärschule schwarzer Samt mit gelbem Vorstoß. Die Kragenpatten der Felduniform haben die Grundfarbe des Kragens mit entsprechendem Vorstoß. Hiervon abweichend Infanterie rot mit dunkelblauem Vorstoß, Kavallerie hellblau mit rotem Vorstoß. Die Hose zur farbigen Uniform ist schwarz mit waffenfarbigem Vorstoß, Oberste und Generale tragen Lampassen. Als Kopfbedekkung dient eine Schirmmütze in Reichswehrform. Der Dekkel hat Waffenrockfarbe, Besatzband und Vorstöße Waffenfarbe. Die sonstige Ausschmückung der Mütze ist wie bei der Feldmütze; Generale goldverzierte schwarze Kinnriemen und Lederschirm. Zu dieser Uniform gehört eine silberne, blau-rot durchzogene Feldbinde, für die Kavallerie gleichartiges Bandelier. Säbel mit silbernem, blau-rot durchzogenem Portepee. Die Rangabzeichen sind zu allen Uniformen die der Vorkriegsuniform. Zur farbigen Uniform werden auch die Epauletten mit waffenfarbigem Feld und Schieber, knopffarbigem Mond und stets silbernen Fransen für die Stabsoffiziere getragen. Auf dem Feld übereinander 1–3 Rangsterne. Die Generale tragen zur Felduniform *jetzt* rote, quer über die Schulter laufende Achselstücke mit Goldstickereieinfassung, auf dem Feld zwei bzw. drei fünfstrahlige Sterne. Auf dem Mantel werden keine Achselstücke getragen, vielmehr erfolgt hier die Rangbezeichnung durch Kragenpatten in Kragenfarbe, auf denen senkrecht 1–3 schmale Goldtressen, für Stabsoffiziere mit fünfstrahligem Stern dahinter, befestigt werden. Generale haben rote, mit Goldstickerei eingefaßte Kragenpatten mit zwei bzw. drei Goldsternen. Die Mannschaftsrangabzeichen bestehen aus vorstoß- bzw. knopffarbigen Schrägtressen an beiden Unterarmen. Die Regimentsabzeichen in den Kragenenden, stets in Knopffarbe, sind bei der

Abb. 91. China.
a, c, e, g, h Infanterie – b Kavallerie – d Infanterie-Offizier – f Boxer (irreguläre Infanterie) – i Garde-Kavallerie – k Infanterie-Hauptmann – l Garde-Infanterie – m Infanterie der Nordarmee

Infanterie arabische Ziffern, bei der Artillerie gekreuzte Kanonenrohre mit Nummer darüber, bei der reitenden Artillerie liegende flammende Granate mit Nummer auf dem Ball, beim Genie Beil und Anker gekreuzt, bei dem Nachrichtenbataillon flammende Blitze, beim Eisenbahnregiment ein Rad, beim Train das Steuerrad eines Autos mit Nummer, bei der Militärschule das Landeswappen. Die Regimentsabzeichen der Kavallerie, die sich unverändert schon seit vielen Jahren erhalten haben: Nr. 1 stehende flammende Granate, Nr. 2 Jagdhorn, Nr. 3 Totenkopf über gekreuztem Gebein, Nr. 4 ein Wappenschild, Nr. 5 gekreuzte Lanzen mit Fähnchen, Nr. 6 ein Drache, Nr. 7 gekreuzte Pfeile, Nr. 8 gekreuzte Säbel. Die Generalstabsoffiziere tragen jetzt die Uniform der Herkunftswaffe, dazu das Kragenabzeichen, von einem goldenen Lorbeerkranz umgeben, und goldene, zur Felduniform gelbe doppelte Fangschnüre rechts.

China

Von einer Uniform im europäischen Sinne kann im chinesischen Heer erst von der Zeit nach den Boxeraufständen Anfang des 20. Jahrhunderts gesprochen werden. Bis dahin trug das Militär Landeskleidung mit verschiedenfarbigen, meist dunkelblauen Seidenüberröcken und schwarzer Bandverzierung sowie chinesischen Schriftzeichen und Emblemen auf Brust und Rücken. Beispiele werden in Abb. 91 a, b, c, e gegeben. Erste Ansätze zur Uniformierung kleiner Truppenteile nach europäischem Muster zeigen amerikanischen Uniformeinfluß (Abb. 91 d). Während und kurz nach den Boxeraufständen trugen die regulären Truppen dunkelblaue Kittel, Hosen und turbanartige Mützen mit verschiedenfarbigen Achselklappen, auf der Brust chinesische Schriftzeichen (Abb. 91 g), die Boxer Landestracht (Abb. 91 f). Nach den Boxerkriegen 1900/01 setzte eine Neuorganisation mit europäischen Instrukteuren ein und gleichzeitig erfolgte auch eine Uniformierung nach europäischem Vorbild. Nach den um 1910 gültigen Vorschriften hatten die Truppen eine dunkelblaue Winteruniform mit gleichfarbigen Hosen, Mützen und zweireihigen Mänteln, weiße Gamaschen, braunes Lederzeug und Schuhe (Abb. 91 h). Die Achselklappen sowie der Mützenbesatzstreifen waren waffenfarbig, Mannschaftsrangabzeichen in Gestalt von 1–4 roten Bändern um die Unterarme und einer gleichen Anzahl schmaler schwarzer Streifen um den Mützenbesatzstreifen. Die Sommeruniform hatte gleichen Schnitt, war aber aus hellkakifarbenem Stoff hergestellt. Die Waffenfarben waren: Infanterie rot, Kavallerie weiß, Artillerie gelb, Pioniere blau, Train dunkelbraun (Abb. 91 h). Offiziere hatten für den Felddienst einen dunkelblauen Feldrock, gleichfarbige Hosen und Mütze (Abb. 91 k). Waffenbezeichnung erfolgte durch eine farbige Tresse an den Unterarmen, darüber befand sich die

Dienstgradbezeichnung in Gestalt von 1–3 schwarzen schmalen Streifen, über diesen als Rangklassenunterscheidung für Subalternoffiziere eine, Stabsoffiziere 2, Generale 3 goldene Scheiben nebeneinander. Die Mütze hatte keine farbigen Besätze, aber einen roten Puschel auf dem Deckel. Dienstgradbezeichnung durch 1–3 schwarze Streifen um das Mützenband, Rangklassenunterscheidung durch 1–3 senkrechte an den Seiten. Vorn war ein rundes goldenes Schild mit Drachenverzierung, in der Mitte für Subalternoffiziere ein weißer, Stabsoffiziere ein blauer, Generale ein roter runder Stein. Die Gardedivision war abweichend hellgrau uniformiert mit waffenfarbigen Achselklappen und Mützenbesatzstreifen, der Mützendeckelvorstoß war stets rot (Abb. 91i). Offiziere trugen zu dieser Uniform Achselstücke nach preußischem Muster.
In der Zeit nach dem I. Weltkrieg wird eine grüngraue Uniform getragen mit waffenfarbigen Kragenpatten. Diese sind jetzt bei Infanterie rot, Kavallerie gelb, Artillerie blau, Genie weiß, Train schwarz. Dazu grundfarbige Tellermütze mit Kokarde über dem Schirm, bei den Südstaatentruppen die weiße geflammte Sonne auf hellblauem Grund, bei den Nordtruppen ein fünfstrahliger Stern in den Farben der Republik rot-schwarz-weiß-blau-gelb (Abb. 91l). Rangabzeichen nach japanischem Muster, quer über das Schulterende laufende schmale rote Tuchstreifen mit 1–3 gelben Sternen, für Unteroffiziere mit schmaler goldener Mittelschnur. Offiziere tragen die Schulterstreifen mit 3 nebeneinanderlaufenden Metalltressen bedeckt. Subalternoffiziere die beiden äußeren in Silber, die mittlere in Gold, Stabsoffiziere umgekehrt, Generale alle drei Tressen in Gold. Grundfarbiger zweireihiger Mantel, im Winter pelzgefüttert und mit breitem Pelzkragen. Dazu Tuch- oder Lederkappen mit aufgeschlagenem, pelzgefüttertem Schirm, Nacken- und Ohrenschutz. Das Lederzeug ist braun. Im Sommer hellgraue Leinenuniformen ohne farbige Abzeichen. Stahlhelm verschiedenen Modells. Von den Südstaatentruppen wird auch eine dem deutschen Arbeitsdienst ähnliche Filzmütze getragen (Abb. 91 m) und die Rangabzeichen an den Kragenenden befestigt. Um 1930 hat die Mütze die Form einer Skimütze mit sehr niedrigem Kopf angenommen. Über dem Tuchschirm ist auf dem Kopfteil die Kokarde befestigt.

Indien

Britisch-Indien unterstand bis zu seiner Übernahme als Kronkolonie 1857 der Verwaltung der Ostindischen Kompanie, einer Handelsgesellschaft, die weitgehende Staatsunterstützung und Staatsschutz genoß. Die Eroberung Indiens ging von drei verschiedenen Gebietsteilen aus, Bombay, Bengal und Madras, die im Laufe der Zeit zu selbständigen Präsidentschaften wurden und jede ihre eigenen europäischen und Eingeborenentruppen unterhielten. Die Uniformen der indischen Truppen wurden naturgemäß sehr stark von dem Vorbild der englischen Krontruppen beeinflußt, die schon seit 1754 in Indien garnisoniert wurden. Die Uniformen der europäischen Truppenteile der Ostindischen Kompanie unterschieden sich fast gar nicht von denen der britischen Heimattruppen, nur erfolgten Uniformänderungen im Schnitt und Stil stets eine gewisse Zeit später als in der Heimat, wie aus den damaligen schlechten Verkehrsverbindungen leicht erklärlich. Aber auch die Uniformierung der indischen Eingeborenentruppen wich bis zur Zeit des Sepoy-Aufstandes 1857 nur verhältnismäßig wenig von der der englischen Truppen ab. Insbesondere ist der rote Rock mit den regimentsweise verschiedenen Kragen und Aufschlägen auch für die eingeborenen indischen Truppenteile stets charakteristisch gewesen. Abweichungen finden sich hauptsächlich in der Ausgestaltung der Hosen, des Schuhzeuges und der Kopfbedeckung, die mehr einem zeitweise mißverstandenen landesüblichen Muster folgen. Die Kavallerieregimenter waren durchweg nach europäischem Vorbild, häufig als Husaren, eingekleidet. Ein Beispiel gibt Abb. 92c. Um 1812 waren die Abzeichen der indischen Nationaltruppen im Sold der Ostindischen Kompanie folgende: Infanterie (Abb. 92b) *Madras.* 2., 9., 12., 20. Regiment grün; 3., 15., 23., 24. Regiment weiß; 4., 11., 19. Regiment orange; 5., 14. Regiment schwarz; 6. Regiment nankingfarben; 1., 7. Regiment hellblau; 18. Regiment dunkelblau; 8., 17., 21. Regiment gelb; 13., 16., 22. Regiment strohgelb; 10. Regiment rot; 1., 2., 5., 10., 11., 17., 20., 21., 22., 23., 24. gelbe, die übrigen weiße Knöpfe. *Bengal.* Die 27 Regimenter hatten alle gelbe Abzeichen und weiße Knöpfe. *Bombay* weiße Knöpfe, Abzeichen: 1. Regiment gelb, 2. und 8. dunkelblau, 3. schwarz, 4. weiß, 5. und 7. grün, 6. orange, 9. strohgelb. Die Röcke aller Infanterieregimenter waren rot, der Litzenbesatz weiß, ebenso die Hosen, die an den unteren Enden dunkelblauen Zackenbesatz trugen. Die 8 bengalischen Kavallerieregimenter hatten hellblauen Dolman, ziegelrote Kragen und Aufschläge, weiße Knöpfe und Beschnürung, als Kopfbedeckung verschiedenfarbige Turbane, weiße Hosen, Stulpenstiefel. Die Madras-Kavallerie trug roten Dolman, weiße Knöpfe und Verschnürung, Offiziere des 1. und 2. Regiments goldene Schnüre. Kragen und Aufschläge waren verschiedenfarbig: 1. Regiment dunkelblau, 2. grün, 3. lederfarben, 4. orange, 5. schwarz, 6. hellblau, 7. gelb, 8. strohgelb. In späterer Zeit trug die bengalische Kavallerie schwarzen Lederhelm mit großer weißer Raupe (Abb. 92c). Die Artillerie war durchgängig in Dunkelblau mit Rot gekleidet, die reitende Artillerie hatte Dolman mit reicher Verschnürung, um 1845 Messinghelm mit Bügel und langem schwarzem hinten überfallendem Roßschweif.
Nach der Übernahme Indiens in die englische Staatsverwaltung wurde auch das Eingeborenen-Heer in englische Dienste übernommen, neu organisiert und unter weitgehender Berücksichtigung der Landestrachten neu uniformiert. Die Uniformen haben sich bis zum I. Weltkrieg

Abb. 92. Indien.
a, b, e Sepoys – c Offizier der leichten Kavallerie von Madras – d Sepoy-Offizier – f 16. Bengal. Kav.-Regt., Offizier – g 45. Rattray's Sikhs – h, k Gurkhas – i 20. Punjab-Inf.-Regt.

verhältnismäßig wenig verändert. Die Feldtracht wurde schon im letzten Drittel des 19. Jahrhunderts kakifarbenes Drillichzeug in Form einer Hemdbluse mit halblangen Schößen (Abb. 92i). Auch die Paradeuniform hatte vielfach denselben Schnitt, durchgängig rot für die Infanterie mit verschiedenfarbigen Vorstößen oder Kragenbesatz, jedoch finden sich auch einreihige Waffenröcke (Abb. 92g), bei denen der Kragen, die Aufschläge und ein breiter Streifen auf dem linken Rockvorderteil in Abzeichenfarbe gehalten sind. Die Turbane waren sowohl in Form wie in Farbe für jedes Regiment, ja sogar für jede Kompanie je nach Stammeszugehörigkeit verschieden. Die Kavallerieregimenter trugen durchgängig ähnlich geschnittene farbige Uniformen, meist dunkelblau mit verschiedenfarbigen Kragen, Aufschlägen und Vorderteilbesatz. Ein Beispiel wird in Abb. 92f gegeben, bei der der Rock dunkelblau, Kragen und Aufschlag gelb, die Stickerei golden ist. Bei Abb. 92g ist der Rock rot, die Abzeichen weiß, Knöpfe gelb, die Hose schwarz-blau mit rotem Vorstoß, der Turban gelb mit schwarzem Streifen. Eine besondere Uniform hatten die Gurkha-Regimenter 1–10, deren Grundtuch das Schwarzgrün der englischen Schützenregimenter war. Kragen und Aufschlagvorstoß beim 1. und 2. Regiment rot, bei den übrigen grün oder schwarz. Während des I. Weltkrieges waren die Gurkha-Regimenter besonders durch den an der linken Seite aufgeklappten Hut gekennzeichnet (Abb. 92k). Im übrigen folgt die Entwicklung der Felduniform völlig dem englischen Muster mit Ausnahme der Kopfbedeckung und der sonstigen nationalen Eigentümlichkeiten. Jedes Regiment hat auch hier sein besonderes Regimentsabzeichen (Badge). Die Rangabzeichen sind gänzlich englisch. Die eingeborenen indischen Offiziere tragen dieselbe Uniform wie die europäischen, jedoch mit der landesüblichen Kopfbedeckung (Turban).

Japan

Bis zur Mitte des 19. Jahrhunderts war Japan für alle Ausländer ein verschlossenes Land. Seine Krieger, insbesondere die Samurai, waren in Ritterrüstungen gekleidet, die der nationale Volkscharakter in jahrhundertelanger ungebrochener Folge entwickelt hatte. Von einer Uniform im jetzigen Sinne kann daher bis etwa um 1860 nicht gesprochen werden. Nach dieser Zeit wird das Heer nach europäischen und amerikanischen Vorbildern neu organisiert und auch uniformiert. An Stelle der mittelalterlichen Ausrüstung treten Gewehr, Lederzeug und Säbel. Zunächst blieben noch viele Anklänge an die Landestracht bestehen, jedoch wird das dunkelblaue Grundtuch schon bald vorherrschend (Abb. 93a). Auch kamen zunächst lose geschnittene Jacken und schmucklose Käppis amerikanischer Form vor

a b c d e f g h i

Abb. 93. Japan 1863–1935.
a, b, c, e, g Infanterie – d, f Kavallerie – h, i Infanterie-Offiziere

(Abb. 93b). Die Offiziers- und auch die ersten Mannschaftsuniformen lassen weitgehend französisches Vorbild erkennen. Die seit 1880 nach der Neuorganisation des Heeres eingeführten Uniformen haben sich bis zum I. Weltkrieg wenig verändert. Der Grundstoff der Mannschaftsuniformen ist dunkelblau; einreihiger Waffenrock mit 5 Knöpfen. Der Kragen und die Vorstöße sind waffenfarbig. Dunkelblaue Hose mit Vorstoß, Lederzeug schwarz, dunkelblaue Schirmmütze mit kleinem Deckel und hohem waffenfarbigem Band mit fünfstrahligem Messingstern über dem Schirm und Kinnriemen (Abb. 93c). Die Gardeinfanterie hatte vorübergehend weiße Brustlitzen, später zwei gekreuzte Kirschblätter unter dem Messingstern. Zur Parade wurde ein dunkelblauer, für die Garde roter Tschako mit schwarzem Vorderschirm, rot-weißem Busch, später Stutz, angelegt (Abb. 93c). Waffenfarben: Gardeinfanterie rot, Infanterie gelb, Artillerie weiß (bei Garde roter Mützenstreifen), Genie dunkelrot, Train hellblau. Nach dem russisch-japanischen Krieg hat die ganze Infanterie Rot als Waffenfarbe, Artillerie Gelb. Die Rangabzeichen bestanden für Mannschafen aus 1–3 waffenfarbigen Schnüren um die runden Aufschläge und bei Unteroffizieren einer breiten waffenfarbigen Tresse darunter; der Oberfeldwebel zusätzlich eine schmale knopffarbige Tresse unter den anderen Rangabzeichen. Das Grundtuch der Offiziersuniformen war stets schwarz-blau. Sie bestanden für gewöhnlich aus einer Attila mit 5 Reihen schwarzseidener Brustverschnürung ohne farbige Abzeichen. Die Rangbezeichnung erfolgte durch 1–6 schwarze Seidenschnüre, die auf den Unterarmen ein mit der Spitze hoch ausgezogenes Kleeblatt bildeten, dunkelblaue Hose mit breiten waffenfarbigen Streifen, Mannschaftsschirmmütze, um das Band für Subalternoffiziere 2, Stabsoffiziere 3, Generale 4 schmale schwarze Schnüre. Im russisch-japanischen Krieg wurden vielfach Mannschaftsröcke mit Rangsternen auf den Achselklappen getragen. Die Waffenfarbe der Generale war rot, sie hatten Lampassen an den Hosen und dreifachen ungarischen Knoten mit breiter Tressenaufschlagseinfassung darunter in schwarzer Seide auf dem Dienstattila.
Die Galauniform der Offiziere bestand aus dem zweireihigen Waffenrock mit mittellangen Schößen, der Stehkragen, die spitzen Aufschläge und die Vorstöße waren waffenfarbig, bei Infanterieoffizieren von Anfang an rot. Der Kragen war je nach Rang mit breiter, glatter oder gemusterter Goldtresse eingefaßt, bei Generalen ganz von ihr bedeckt. Die Ärmelrangschnüre waren golden. Rot-weiße, für Generale rot-goldene Schärpe mit roten Quasten links. Auf den Schultern geflochtene Achselstücke aus einer, 2 oder 3 nebeneinander liegenden Goldschnüren mit 1–3 fünfstrahligen Silbersternen. Der Feldwebelleutnant trug im Dienst und zur Parade Offiziersuniform ohne Ärmelverschnürung und Rangstern. Generale und Generalstabsoffiziere (Truppenuniform) tragen goldene Fangschnüre rechts. Die Hose war dieselbe wie zur Dienstuniform, schwarzblaues Käppi, zunächst mit oben enger werdendem Deckel und Seitenteilen, später gerade ansteigend, ohne farbige Abzeichen, alle Nähte mit goldenen Schnüren belegt, auf dem Band von unten beginnend durch alle Rangstufen bis zum Feldmar-

schall 1–9 Goldschnüre, auf dem Deckel sternförmige Verzierung. Rot-weißer hoher Stutz, über dem schwarzledernen Schirm eine goldene stilisierte Chrysanthemumblüte (Abb. 93i). Die Kavallerie trug dunkelblauen Husarenattila, Linie mit weißer, Garde mit roter Verschnürung, rote Hose mit grünen Seitenstreifen, sonst wie Fußtruppe (Abb. 93d). Die Verschnürung des Offiziersattilas war auch beim Paradeanzug schwarz, der Kragen und Aufschlag hier jedoch in Waffenfarbe grün. Die drei Reihen Knöpfe, der Kragenbesatz und die Rangtressen waren für die Linie in Silber, Garde in Gold. Im Sommer wurden weiße, später auch kakifarbene Uniformen ohne farbige Abzeichen getragen (Abb. 93f). Seit dem I. Weltkrieg ist die Felduniform kakifarben; einreihiger Waffenrock mit 5 matten Knöpfen, Stehkragen mit waffenfarbigen, hinten schwalbenschwanzförmig geschweiften Patten, darauf die Regimentsnummer oder das Spezialabzeichen aus Messing, Hose ohne farbige Vorstöße, Wickelgamaschen, Leder- und Schuhzeug braun, vielfach auch schwarz getragen, kakifarbene Tellermütze englischer Form, vorn bis 1935 nicht versteift. Deckelvorstoß und Besatzstreifen waffenfarbig, über dem schwarzen Schirm und Kinnriemen der fünfstrahlige Messingstern. Die Waffenfarben sind seit 1916 für Infanterie Rot, Kavallerie Grün, Artillerie Gelb, Genie (auch Flieger) Dunkelbraun, Train Blau. Quer über die Achselenden laufen stets rote schmale Tuchstreifen in der Art der Passanten. Auf diesen sind 1–3 Messingrangsterne angebracht, bei Unteroffizieren läuft zusätzlich längs der Mitte noch eine schmale goldene Schnur (Abb. 93g). Die Offiziere haben versenkte Brust- und Seitentaschen mit geschweiften Klappen, schwarze hohe Stiefel, goldene Knöpfe. Ihre roten Schulterstreifen tragen außer den jeweils 1–3 Sternen verschiedenartigen Tressenbesatz, bei Subalternoffizieren längs der Mitte einen goldenen Streifen und goldene Vorstöße an den Außenkanten, Stabsoffizieren 2 goldene Mittelstreifen und Außenvorstöße, Generalen breite Goldtressen mit eingewobenen roten Vorstößen an den Längskanten. Der Stahlhelm hat eigenes Modell mit Stern über der Stirn (Abb. 93h).
Zum Winterfeldanzug, besonders in den Kämpfen in Mandschukuo und Nordchina, gehörten zweireihige, halblange, mit Pelz gefütterte Mäntel mit breitem Pelzkragen und pelzgefütterte Kappen mit hochschlagbarem Schirm, Nakken- und Ohrenschutz.

Mexiko

(Kokarde grün-weiß-rot)

Zur Zeit der Befreiung Mexikos von der spanischen Herrschaft wird von der Infanterie ein einreihiger türkisblauer Rock mit rotem Kragen, runden Aufschlägen und Wings getragen. Dazu ein schwarzer Ledertschako mit gelbem Beschlag, dessen Deckel als Kokarde in den Landesfarben grün-weiß-rot angemalt ist. Hose, Lederzeug und kleine Gamaschen weiß. Die Miliz trägt auch weiße Röcke mit roten Abzeichen (Abb. 94a). In der Folgezeit blieb die türkisblaue Grundfarbe. Der Rock erhält Rabatten, die Abzeichenfarben werden für jedes Regiment verschieden. Die Gardegrenadiere trugen roten Rock mit hellblauen Kragen, Aufschlägen und Schoßumschlägen, weiße Rabatten mit 8 gelben Knopflochlitzen, gelbe Achselstücke, weiße Vorstöße, hellblaue Hosen mit weißem Vorstoß, große Pelzmütze mit Messinggranate. Die Kavallerieregimenter sind von Anfang an sehr verschieden uniformiert; gelbe, blaue, rote und grüne Kurtkas mit Abzeichen und Vorstößen in verschiedensten Farben. Die Gardehusaren trugen von 1823 bis etwa 1845 einen roten Dolman mit hellblauem Kragen und Aufschlägen, weiße Knöpfe und Verschnürungen, hellblaue Hose mit breiten weißen Streifen, schwarze Stiefel, weißes Lederzeug, hellblauen Pelz mit schwarzem Pelzvorstoß und weißer Verschnürung, rote Tschakos, bei denen der obere Randvorstoß, das Schild über dem Vorderschirm und die Schuppenketten von gelbem Metall waren, hellblauen Stutz, weiße Fangschnüre. Die Kürassiere von Tulacingo hatten einen hellblauen Rock mit karmin Kragen und Aufschlag, gleichfarbige Hose mit hellblauen Streifen, gelben Helm mit weißem Beschlag und schwarzem Schweif, weißes Lederzeug (Abb. 94b).
Bereits 1848 wird eine Einheitsuniform für das gesamte Heer eingeführt: Blauer einreihiger Rock, Kragen, runder Aufschlag und Vorstöße rot, Knöpfe gelb, blaue Achselklappen, am Kragen die Nummer oder der Anfangsbuchstabe der Formation in gelbem Metall. Tschako mit kleinem rotem Pompon und Messingschild mit der Nummer. Der Arbeitsrock (in Waffenrockform) blau oder grau, die Hose für den Winter blau, für den Sommer weiß. 1856 bestand das Heer aus zwei Bataillonen Schützen, 6 Bataillonen Infanterie, einem Bataillon Genie, 3 Regimentern Kavallerie, einem Bataillon Feldartillerie, einer Abteilung Festungsartillerie, einer Abteilung reitende Artillerie, einer Kompanie Train. Der Paradeanzug war ein dunkelblauer zweireihiger Waffenrock mit rotem Kragen und rundem Aufschlag, Hose dunkelblau mit roten Streifen, schwarzer Ledertschako mit rotem Randstreifen und Pompon, Schild mit Nummer oder Waffenbezeichnung gelb. Die Kavallerie und reitende Artillerie hatte ein graues Kollett, Kragenaufschlag und Schoßumschlag hellgrün, Hose grau mit hellgrünen Streifen und Lederbesatz am unteren Ende, Tschako wie bei den Fußtruppen. Die Feldtracht der Infanterie bestand bereits derzeit aus einem Leinenjackett mit dunkelblauen Vorstößen und glatten Knöpfen, Lederkäppi mit oder ohne Überzug. Später wurden unter Fortfall der Vorstöße an den Kragenenden des Rockes rote Platten angebracht (Abb. 94c). Die Uniform nach dem Muster von 1856 erhält sich für die Fußtruppen als Paradeanzug ziemlich unverändert bis zum Ausgang des 19. Jahrhunderts, das Lederzeug wird schwarz und erfährt verschiedene Änderungen (Abb. 94d). Nach dem Uniformreglement von 1900 erhalten die Mannschaften einen dunkelblauen zweireihi-

Abb. 94. Mexiko 1826–1935.
a, c, d, e Infanterie – b Kavallerie – f Kavallerie-Offizier – g Belgisches Hilfskorps, Voltigeur – h Österreichische Freiwilligen-Brigade, Jäger

gen Rock mit roten Vorstößen am Kragen, dem runden Aufschlag und den Rockvorderteilen. Die Hose ist dunkelblau mit rotem Vorstoß. Das dunkelblaue Käppi hat roten Deckelvorstoß und Agraffe mit kleinem Knopf, der Mantel ist dunkelblau mit roten Vorstößen. Bei der Artillerie sind alle Vorstöße karmin, die Hose hat Lampassen. Das Genie hat karmin Vorstöße, Kragen und Aufschlag sowie Käppirand sind aus schwarzem Samt. Die Garde des Präsidenten hat einen dunkelblauen Attila mit hellblauer Verschnürung, ebenso sind die Hosenstreifen und das Käppiband hellblau. Bei der Infanterie tragen die Offiziere den dunkelblauen Waffenrock mit roten Vorstößen auch am dunkelblauen Kragen und rundem Aufschlag, geschweifte Schoßtaschenleisten mit je drei Knöpfen und Vorstoß. Hose und Käppi wie Mannschaften, letzteres mit entsprechenden Rangabzeichen. Die Kavallerieoffiziere tragen einen dunkelblauen Dolman mit schwarzer Verschnürung, roten Vorstößen an den Achselklappen und Aufschlägen, Hose und Käppi wie die Truppen. Auch die Artillerieoffiziere tragen denselben Attila, aber mit karminfarbenen Vorstößen. Die Offiziere des Genie und der Garde des Präsidenten wie die Truppe. Die Rangabzeichen waren um diese Zeit: Oberst grundfarbene Achselklappen mit goldener Außenrandeinfassung und goldenem großen fünfstrahligen Stern in der Mitte, am Käppi und den Aufschlägen 3 mittelbreite goldene Streifen. Oberstleutnant Achselstücke mit 2 goldenen Balken in der Mitte; am Käppi und Aufschlag 2 mittelbreite Streifen mit einem schmalen in der Mitte. Majore einen Balken auf den Achselstücken, 2 schmale Streifen mit einem mittelbreiten in der Mitte am Käppi und den Ärmelaufschlägen. Kapitän 1. Klasse 3 schmale Streifen auf den Schulterstücken, Aufschlägen und am Käppi. Kapitän 2. Klasse ebenso, der mittlere Streifen in Silber resp. Gold je nach Waffe. Leutnants 2 Streifen, Unterleutnant einen Streifen, Sergeant 1. Klasse 3 schräge Streifen, Sergeant 2. Klasse 2 Streifen, Gefreite einen Streifen an den Unterarmen. Bei den Generalen, die stets dunkelblaue Röcke mit zunächst roten, später auch dunkelblauen Abzeichen trugen, waren Kragen und Aufschlag mit breiter Goldstickerei an den Außenrändern eingefaßt; Rangabzeichen durch Silbersterne auf den Epauletten, dazu Hut mit weißer Füllung. Etwa um 1910 wird neben dem Käppi auch die Pickelhaube preußischen Musters eingeführt. Die Generalstabsoffiziere tragen um diese Zeit einfache goldene Fangschnur an der rechten Schulter zum schwarzbeschnürten Attila und 3 kurze, oben spitze Litzen in Gold über den Aufschlägen (Sardinetten). Um die gleiche Zeit erhält auch das Heer eine der preußischen Infanterie sehr ähnliche Paradeuniform mit brandenburgischen Aufschlägen und weißem Lederzeug, Pickelhaube mit schwarzem Busch (Abb. 94e).

Einer besonderen Erwähnung bedürfen die Uniformen zur Zeit der Herrschaft Kaiser Maximilians 1864–67. Die des aktiven Heeres ist bereits oben erwähnt; die vielfach aufgebotenen Miliztruppen trugen meist die Uniform des aktiven Heeres, jedoch mit weißen Knöpfen. Kaiser Maximilian selbst trug einreihigen dunkelblauen Rock mit roten

Vorstößen an den Vorderteilen, gleichfarbige Hosen mit rotem Vorstoß und weiße Knöpfe, die Kragen- und Aufschlagaußenränder sowie die Passanten mit silberner, rot durchzogener Tresse besetzt. Dazu einen großen landesüblichen Sombrero aus grauem Filz mit breiter Silbertresseneinfassung. Zu seiner Unterstützung wurde ihm sowohl ein österreichisches wie ein belgisches Hilfskorps zugesandt. Das belgische bestand aus einem Grenadierbataillon und einem Voltigeur-Bataillon in eigenartiger Uniform (Abb. 94g). Der Rock war dunkelblau, die Hose hellblau, Gamaschen weiß, Lederzeug schwarz. Die Brustlitzen und Hutschnüre bei den Grenadieren rot, den Voltigeuren grün, den Spielleuten weiß. Die Offiziere trugen schwarzseiden bzw. golden verschnürte dunkelblaue Husarenattilas, die Rangabzeichen nach französischem Muster auf den Unterarmen; neben dem Hut auch ein dunkelblaues Käppi mit goldenen Vorstößen und Rangtressen. Der Hahnenfederbusch auf dem Hut war grün. Die österreichische Freiwilligen-Brigade bestand aus drei Jägerbataillonen, einem Husaren- und einem Ulanenregiment. Allen Truppen gemeinsam war die rote Feldmütze (in Form der österreichischen Kavalleriemütze) und der braune zweireihige Mantel. Die Ausrüstung bestand aus einer dunkelblauen schmucklosen Bluse, roter Hose, hellgrauem Hut mit verschiedenfarbiger Feder, Jäger lichtgrau, Artillerie rot, Pioniere weiß, schwarzem Lederzeug. Die Husaren hatten einen dunkelgrünen Dolman mit weißer Verschnürung, die Ulanen dunkelgrüne Ulankas österreichischen Schnitts mit roten Kragenpatten und Vorstößen, gleichfarbige Hosen mit breiten roten Streifen und eine Art Tschapka. Die Rangabzeichen waren nach österreichischem Muster (Abb. 94f).

Seit dem I. Weltkrieg und in der Nachkriegszeit wird die Uniformierung des mexikanischen Heeres weitgehend vom amerikanischen Vorbild beeinflußt. Um 1925 und auch später noch wird eine Felduniform aus grau-braunem Grundtuch getragen. Der Feldrock hat eine Reihe von 7 Bronzeknöpfen, aufgesetzte Brust- und Seitentaschen sowie Stehumlegekragen. Dieser, die Achselklappen, die brandenburgischen Aufschläge und die Hosen sind waffenfarbig vorgestoßen. Das Lederzeug ist braun. Offiziere tragen den Schulterriemen abweichend von dem sonst üblichen über die linke Schulter. Die Mütze ist aus Grundtuch ohne farbige Abzeichen, mit braunem Lederschirm und Kinnriemen. In den Ecken des Feldrockkragens und über dem Mützenschirm auf dem Besatzband befinden sich die Waffenabzeichen in Bronze. Der Mantel ist zweireihig mit breitem liegendem Kragen ohne farbige Vorstöße. Auf den Achselklappen von Rock und Mantel sind die Rangabzeichen angebracht, die Unteroffiziere und Mannschaften tragen 1–3 schmale waffenfarbige Bänder über das untere Ende der Achselklappe, die Subalternoffiziere 1–3 querlaufende Balken, Stabsoffiziere 1–3 Sterne übereinander, der Brigadegeneral den mexikanischen Wappenadler im Lorbeerkranz, der Generalmajor zusätzlich noch je einen Silberstern darüber und darunter. Die Rangabzeichen sind aus Bronze (Abb. 94f). Zur Parade und außer Dienst wird eine schwarze Uniform getragen, einreihiger Waffenrock mit waffenfarbigen Kragenpatten, Hosenstreifen und Mützenbesatzstreifen. Die Aufschläge sind aus Grundtuch und haben französische Form. Auf den Kragenpatten und über dem Mützenschirm ist das Waffenabzeichen in Knopffarbe befestigt, auf dem Rand die Nationalkokarde. Die Rangabzeichen der Unteroffiziere und Mannschaften werden zu dieser Uniform in 1–3 knopffarbigen Schrägtressen auf den Unterarmen befestigt. Die Offiziere tragen knopffarbige Epauletten, Subalternoffiziere ohne Fransen, auf dem Feld die Rangabzeichen wie am Feldrock sowie zusätzlich an den Unterarmen, um die Aufschläge und um den Mützenbesatzstreifen knopffarbige Rangtressen, Subalternoffiziere 1–3 schmale, Stabsoffiziere 1–3 mittelbreite, Major und Oberstleutnant zusätzlich darunter noch eine schmale Tresse, Generale einen Lorbeerzweig.

Truppenteil	Abzeichenfarbe	Waffenabzeichen	Knopffarbe der schwarzen Uniform
Generalstab	hellblau mit rotem Vorstoß	gekreuzte Schwert und Schlüssel auf einer Sonne	gold
Infanterie	rot	gekreuzte Gewehre und Horn	gold
Kavallerie	hellblau	gekreuzte Säbel	silber
Artillerie	karmin	flammende Granate auf gekreuzten Kanonen	gold
Genie	rot	gekreuzte Hammer, Spaten und Fackel	gold

Türkei

Gegen Ende des 17. Jahrhunderts bildeten die *Janitscharen* (Jegni-Zeri, d. i. neue Krieger) noch den Kern des türkischen Fußvolkes. »Längst bestanden sie nicht mehr bloß aus Christenkindern oder Kriegsgefangenen, obwohl immer noch eine Anzahl solcher dem Korps einverleibt wurde. Die Mehrzahl waren türkische Berufssoldaten, hauptsächlich wohl aus den europäischen Provinzen des Reichs. Sie bildeten ein geschlossenes Korps, das, in Ortas eingeteilt, in seinen Kasernen (Odas) abgeschlossen lebte, unter unbeschränktem Befehl des Janitscharen-Agasi. Alljährlich am Ramazan erhielten sie einen neuen Doliman oder langen Rock mit kürzen Ärmeln, um den Leib durch einen buntgestreiften Gürtel mit Gold- oder Silberfransen am Ende (Coussac) festgehalten, darüber zogen sie einen Spahi oder Oberrock von blauem Tuch. Zur Kopfbedeckung diente eine hohe Mütze von weißem Filz (Zarcola), deren Oberteil in Gestalt eines langen Sackes oder Ärmels hinten herabfiel (angeblich zur Erinnerung an den Ärmel des heiligen Derwischs Hadschi Bektasch, der das Korps eingesegnet hatte), zur Parade mit einem langen Federbusch geziert, der aus einer Tülle vorn aufstieg (Abb. 95a). Ihre Waffen waren Muskete und Säbel, dazu ein Handschar oder Dolchmesser im Gürtel, das Pulverhorn an einem Riemen am Gürtel herabhängend, die Lunte um die linke Hand gewickelt. Ähnlich war die Kleidung der *Solaks* oder *Gardeschützen* des Großherrn, 400 Mann, die seidene Spahis und goldverbrämte Mützen trugen. Von ihnen ist berichtet, daß sie die Schöße des Oberrocks in den Gürtel aufsteckten, um sich freier bewegen zu können. Darunter trugen sie enge Hosen (caleçons) von Drillich oder Wildleder. Ebenso die *Ichoglans* oder Offiziere, die aus Sklaven hervorgegangen waren. Die *Spahis* oder *regulären Reiter* wurden bereits unterschieden von den *Zaims* und *Timarioten,* die mit Lehns- oder Ritterpferden dienten. Sie führten Säbel, Lanze (Dscherid), Feuerwaffen. Die erste Truppe führte eine gelbe Standarte, die zweite eine rote; dann gab es noch eine rot-weiße, weiß-gelbe, grüne, weiße Standarte. Die *Dellis* oder *Tollköpfe* hatten Pantherfelle, Adlerschwänze auf den Mützen, Adlerflügel am Schilde, gelbe spitze Stiefel mit fußlangen Sporen. Sie waren Freiwillige und bildeten oft die Leibwache der Begler-Begs (Gouverneure). Die *Segbans,* eine Art Dragoner, deckten die Bagage. Die *Acanzi* oder *Azapas* waren Freiwillige, führten Pfeil und Bogen. Die *Petits Tartares* trugen lange Hosen nach Matrosenart (à la matelotte), einen faltenlosen Überwurf, lange spitze wollene Mütze, Säbel, Bogen, Pfeil und Wurfspieß (Dard). Es fiel auf, daß bei den Türken die Vorhut kein Ehrenposten war, sondern aus Irregulären, Kurden, Tartaren u. dgl. gebildet wurde, deren Haupttätigkeit im Plündern und Verwüsten bestand. Die *Guastodours* oder *Pioniere* waren größtenteils Armenier oder Griechen. Die *Artillerie* war eine sehr geachtete Waffe, während sie im Abendland noch lange mit der Nichtachtung zu kämpfen hatte, die man ihr als einer Art Handwerker bewies. Die *Topdschi (Topgi, Topchis)* oder *Kanoniere* bildeten bis in die letzte Zeit eine der zuverlässigsten Truppen des Sultans. An ihrer Spitze stand der Topdschi-Baschi, Grand-maître d'artillerie. An der Spitze des Heeres stand der Großvesier (Vizier-Azem). Sein Vertreter war der Kaimakan. Diese, wie die Paschas von Bagdad, Kairo und Buda, führten drei, die andern Paschas zwei Tugs oder Roßschweife, die Begs einen*.«

Von eigentlichen Uniformen war auch während des 18. Jahrhunderts nicht die Rede. Erst nach 1820 organisierte Sultan Mahmud die Armee nach westeuropäischem System. Es war der Befehl ausgegeben worden, daß die Janitscharen 150 Mann von jedem Bataillon zur Bildung neuer Truppenkörper abgeben sollten. Diese Maßregel empörte die mit vielen Privilegien ausgestattete Elitetruppe. Es kam zum offenen Aufruhr. Der Sultan ließ die Fahne des Propheten entfalten und warf in blutigem Kampf den Aufstand nieder. Es folgte nun ein erbarmungsloses Töten. 20000 Janitscharen sollen hingerichtet oder auf andere gewaltsame Weise ums Leben gekommen sein. In Konstantinopel brauchte man zwei Tage, um die Leichen in den Bosporus zu werfen. Kaum war der Aufstand unterdrückt, als die Übungen der neuorganisierten Armeen begannen. Der Sultan erschien dabei nicht mehr im Turban und in den weiten Gewändern seiner Vorfahren, sondern in westeuropäischer Tracht, engen Beinkleidern, Überrock und Stiefeln, das Haupt mit dem Fez bedeckt. Auf Abbildungen türkischen Militärs aus jener Zeit erscheint die *Infanterie* (Abb. 95d) ganz in Blau gekleidet. Den Kopf bedeckt eine enganliegende Kappe. Der *Kanonier* trägt eine hellblaue Jacke und dunkelblaue Hosen. *Kavalleristen* erscheinen in hohen, rot und gelb gestreiften Mützen, grünen Jacken mit rot und weißen Schnüren. Roter Paßgürtel, blaue Hosen. Einem Zeitungsbericht von 1832** entnehmen wir folgende Schilderung: »Im allgemeinen ist der Schnitt bei allen Korps derselbe. Die Uniform der *Generale* und *Offiziere* überhaupt ist rot mit Gold gestickt, je nach dem Grade ist die Stickerei reicher oder einfacher. Die Unterscheidungszeichen sind folgende: Der Generalleutnant trägt zwei mit Diamanten besetzte Halbmonde, in deren Mitte sich drei Sterne, gleichfalls aus Diamanten, befinden; der Brigadegeneral trägt dieselben Halbmonde, aber nur mit zwei Sternen. Der Oberstleutnant einfache goldene Halbmonde mit goldenen Sternen, der Kapitän mit silbernen Sternen, die Leutnants und Unterleutnants bloß silberne Monde. Diese Abzeichen werden auf jeder Seite an der Brust getragen. Die *Chirurgen* tragen ein hellblaues Kleid, einen niedrigen Kragen und karminrote Aufschläge, die *Feldapotheker* bescheidene aschfarbige Röcke. Die *Schüler des Generalstabes* tragen die Uniform von Infanterie-Offizieren ohne Halbmnde und mit etwas anderer Stickerei. Die

* Dr. Brock »Die Brandenburger bei Szlankamen und im Türkenkriege 1691–1697«. Rathenow 1891

** Berliner Stadt- und Landbote

Abb. 95. Türkei 1680–1890.
a, b Janitscharen – d, e, g, h Infanterie – c, f, i Reiterei – k Artillerie-Offizier – l Pascha

Zöglinge der Reitschule tragen gleichfalls die scharlachrote Offiziersuniform. Die Kleidung des *Fußvolkes* ist im Schnitt ganz gleichförmig, die Farbe des Rockes ist nach dem Regimente verscheiden, und zwar sieht man dunkelblaue, hellblaue, rote und kastanienbraune. Die Kopfbedeckung besteht aus dem Tarbuche oder der griechischen Mütze und dem Tequi, einer fest anliegenden Kappe, die darunter getragen wird und von der ringsherum ein Stück vorsteht. Die Schuhe sind von rotem Maroquin, der Gürtel ist weiß. Die *Artillerie* und das *Geniekorps* tragen rote Uniformen mit ledernem Gürtel, das übrige ist wie beim Fußvolk. Das *Garde-Infanterie-Regiment* trägt kastanienbraune Uniform mit mehr Seidenstickerei, als die Linie hat. Die *Musikbande* hat bei allen Korps blaue Röcke, scharlachrote Kragen und Borten von derselben Farbe, die Stickerei von gelber Seide. Bei der Garde ist die Stickerei von Gold. Pfeifer, Trommler und Trompeter sind bis jetzt bekleidet wie die übrige Truppe. Die *Reiterei* trägt einen Dolman mit bunten Borten, fünf Reihen weißer Knöpfe, rote Aufschläge, Mamelucken-Beinkleider von derselben Farbe wie der Dolman, rote Gürtel. Die Kopfbedeckung ist, wie bei dem Fußvolke, der Tarbuche und der Tequi. Die Stiefel sind von schwarzem Leder, die Sporen von schwarz gefärbtem Eisen nach französischer Art. Die vier Reiterei-Brigaden tragen grüne, kastanienbraune, dunkelblaue und hellblaue Uniform, die Garde scharlach. Für sämtliche Truppengattungen gibt es eine kleine Uniform von weißer Leinewand mit Verzierungen von blauen Borten. Die Armatur des gesamten Fußvolkes besteht aus der Muskete samt Bajonett, Säbel, Patronentasche von gefirnistem Leder, weißem Lederwerk. Die Artillerie trägt auch die Muskete, aber statt des Säbels das Faschinenmesser nach französischem Muster. Die Armatur der Reiterei besteht in Karabiner, Patronentasche, Säbel nach französischer Art, weißem Riemenwerk.«

Später wurde die Uniformfarbe für die *Infanterie* durchgängig dunkelblau mit rotem, stehendem Kragen. Das Hauptmontierungsstück war eine Jacke ohne Schöße, mit einer Reihe von Knöpfen geschlossen, die kreuzweise getragenen Bandeliere für Patronentasche und Bajonett waren weiß, bei den Jägern schwarz. In dieser Uniform erschien die Infanterie im Krimkrieg. Die *Kavallerie* trug damals einen dunkelblauen Waffenrock, mit Husarenschnüren zwischen drei Knopfreihen geschmückt. Als Beinkleidung wollene Hosen, dazu Gamaschen oder bis unters Knie reichende Stiefel. Die Offiziere trugen blaue Röcke mit Pelzwerk an Kragen und Aufschlägen. Der Mantel, den übrigens auch die Infanterie trug, war von graubrauner Farbe und hinten mit einer Kapuze versehen (Abb. 95f). Über das Hinterteil waren weiße gestreifte Wolldecken gebreitet. Teils war die Kavallerie mit Karabiner, teils mit Lanze ausgerüstet. Mit Ausnahme des Fez war also die Uniformierung durchaus nach westeuropäischem Vorbild, später nahm man eine mehr nationale Bekleidung an. Während des russisch-türki-

a b c d e f

Abb. 96. Türkei 1916–1930.
a, d Infanterie – b, c Infanterie, Offiziere – e Kavallerie – f Stabsoffiziere, Parade

schen Krieges 1877/78 erschien die ganze reguläre Armee in Zuavenjacken, Westen und faltigen, bis übers Knie reichenden Beinkleidern und Strümpfen (Abb. 95 g). Die Grundfarbe war durchgängig dunkelblau. Der Besatz auf der Jacke und Weste für Infanterie, Artillerie und Reiterei rot, für die Jäger grün.

Als Kopfbedeckung blieb der rote steife Fez mit dunkelblauer Quaste, der von den Fußtruppen unverändert bis in den I. Weltkrieg hinein getragen wird. Die Uniform des stehenden Heeres, das von wechselnden Militärmissionen verschiedener Länder betreut wird, nähert sich mehr und mehr dem westeuropäischen Vorbild. Um 1890 tragen die Fußtruppen einen dunkelblauen einreihigen Waffenrock mit waffenfarbigen Kragenpatten, Achselklappen und geraden oben und unten mit je einem Knopf versehenen Aufschlagpatten, Vorstöße an den Rockvorderteilen, den Schoßtaschenleisten und um die Unterarme in Höhe des oberen Randes der Aufschlagpatte, dunkelblaue Hose mit waffenfarbigem Vorstoß, schwarzes Lederzeug. Die Waffenfarben waren rot für Infanterie, dunkelgrün für Jäger, hellblau für Genie. Ende der 80er Jahre waren die Aufschläge vielfach spitz, aus Grundtuch mit waffenfarbigem Vorstoß. Die Waffenröcke der Offiziere waren größtenteils zweireihig mit waffenfarbigen Kragen und spitzen Aufschlägen, auf den waffenfarbigen Achselklappen Goldtressenbesatz, später Epauletten nach preußischem Muster. Außerdienstlich wurde ein langer dunkelblauer, zweireihiger Überrock mit waffenfarbigem Kragen und vorgestoßenen hohen Rollumschlägen getragen. Die Kavallerieregimenter hatten zunächst hellblaue Attilas mit schwarzer Verschnürung, seit etwa 1890 dunkelblaue Waffenröcke, einreihig mit abzeichenfarbigen Kragen und spitzen Aufschlägen, regimentsweise verschieden, meist rot oder grün, gelbe Achselschuppen, die Hose hellgrau mit farbigem Vorstoß, schwarzes Lederzeug. Der Karabiner wurde über die linke Schulter getragen. Als Kopfbedeckung diente der Kalpak, eine schwarze, ziemlich hohe, runde schirmlose Pelzmütze mit waffenfarbigem tressenbesetztem Deckel. Offiziersuniform wie Mannschaft. Die zwei Eliteregimenter, Gardeulanen und Leibregiment Ertogrul, trugen zum Kalpak dunkelblaue Ulanenuniformen mit roten Abzeichen, die Gardeulanen dazu rote Rabatten mit weißen Knöpfen und Gardelitzen an Kragen und Aufschlag, dunkelblaue Hosen mit breiten roten Streifen, Lanzen mit roten Fähnchen. Die Artillerie hatte dunkelblaue, schwarzverschnürte Attilas mit roten Kragen und spitzen Aufschlägen, gelbe Knöpfe, graue Hose mit breiten roten Streifen, Kalpak, schwarzes Lederzeug (Abb. 95 k). Die Generalität trug zur Parade den Fez sowie langschößige einreihige Röcke mit rotem Kragen und Aufschlag, beide mit reicher goldener Stickerei völlig bedeckt, breite goldene Bruststickerei, dunkelblaue Hose mit breiten goldenen Streifen (Abb. 95 l); seit Mitte der 90er Jahre auch schwere goldene Epauletts mit steifen Fransen. Für den Dienstanzug trat an

seine Stelle ein langschößiger, zweireihiger dunkelblauer Überrock mit rotem, in den Ecken goldbesticktem Kragen, hohen, rot vorgestoßenen Rollumschlägen, dunkelblaue Hose mit roten Lampassen und hohen Stiefeln, rote Achselklappen mit breiten Goldtressen bedeckt, seit Anfang des 20. Jahrhunderts goldgeflochtene Achselstücke. Kavalleriegenerale trugen graue Hose mit roten Lampassen und den schwarzen Kavalleriekalpak. Die Rangabzeichen der Generale waren beim Überrock auf den Aufschlägen angebracht. Längs der Ärmelnaht liefen für alle Generalsränge gleichmäßig vier mittelbreite goldene Litzen und schräg über diese beim Marschall 4, beim Divisionsgeneral 3, beim Brigadegeneral 2 goldene mittelbreite Schrägtressen.
Die Generalstabsoffiziere trugen die Interimsuniform der Generale, dunkelblauen zweireihigen Überrock mit roten Vorstößen, in den Kragenecken eine goldene Stickerei, gekreuzte Waffen und Fahnen darstellend, dazu doppelte goldene Fangschnur an der rechten Schulter, an den Hosen Lampassen. Die Rangabzeichen der Unteroffiziere und Mannschaften bestanden aus 1–3 waffenfarbigen, ziemlich großen Winkeltressen, Spitze oben am Oberarm, beim Feldwebel tritt eine vierte, goldene, als unterste hinzu. Der Rang der Offiziere wurde durch Metalltressen über dem Aufschlag gekennzeichnet, dem Rand folgend. Der Oberst hatte vier mittelbreite knopffarbige, der Oberstleutnant ebenfalls, hierbei die erste und dritte von oben in gewechselter Knopffarbe, der Major drei mittelbreite Tressen, Hauptmann 2, Oberleutnant eine, der Leutnant eine in gewechselter Knopffarbe. In den letzten Jahren vor Ausbruch des I. Weltkrieges machte sich der Einfluß der deutschen Militärmission auch auf dem Gebiet der Uniform bemerkbar: Der Waffenrockschnitt ähnelte mehr und mehr dem deutschen, Offiziere trugen die einreihigen Waffenröke wie Mannschaft.
Seit 1909 wurde eine kakifarbene Felduniform eingeführt. Sie bestand aus einem einreihigen Feldrock mit Stehumlegekragen, kurzen Hosen und Wickelgamaschen, braunem Leder- und Schuhzeug. Die an den Tropenhelm erinnernde Kopfbedeckung war aus kakifarbenem Tuch hergestellt (Abb. 96a). Daneben wurde besonders von Offizieren und den berittenen Truppen auch ein grauer Kalpak getragen. Die Waffenunterscheidung erfolgt durch verschiedenfarbige Kragen und Kalpakdeckelbesatz: Infanterie kaki, Schützen olivgrün, Kavallerie lichtgrau, Artillerie dunkelblau, Genietruppe hellblau, Train rot, Generale scharlachrot, Generalstab karmin. Die Mannschaftsrangabzeichen wurden unverändert in verkleinerter Form an den Oberarmen getragen. Offiziere hatten Achselstücke deutscher Form aus Goldschnüren mit Silbersternen darauf (Abb. 96b). In der Nachkriegszeit macht die Uniformierung des türkischen Heeres verschiedene Wandlungen durch. In der ersten Zeit Anfang der 20er Jahre wird ein schirmloses Käppi mit Halbmond und Stern über der Stirn, dreieckige waffenfarbige Kragenpatten und für die Offiziere goldene Rangsterne auf den Kragenpatten und Rangstreifen um das Käppi getragen (Abb. 96c). Um 1930 ist an dessen Stelle eine kakifarbene Mütze mit Stoffschirm getreten, die Kragenpatten erhalten eine andere Form (Abb. 96d und e). Zur Parade und außerdienstlich haben die Offiziere eine Bluse mit aufgesetzten Brust- und Seitentaschen, Stehumlegekragen und goldgeflochtenen Achselstücken. Hierzu gehört eine Schirmmütze englischen Modells. Die Rangbezeichnung erfolgt jetzt durch einen verschiedenen Tressenbesatz der Kragenpatten und des Mützenbesatzstreifens. Auf den Kragenpatten haben Subalternoffiziere, Stabsoffiziere und Generale 1–3 waagrechte mittelbreite Goldtressen, darüber je nach Dienstgrad 1–3 goldene Sterne nebeneinander (Abb. 96f).

Vereinigte Staaten von Amerika

I. Infanterie

Die ersten uniformierten Truppen in Nordamerika waren die Milizen der Gouverneure und der Städte. Mit Beginn der Unabhängigkeitskriege fochten diese Formationen noch in sehr verschiedenartiger, häufig den englischen Uniformen gleichender Bekleidung. Die neuaufgestellten Freiwilligen waren so abweichend bekleidet und ausgerüstet, daß wir für die erste Zeit nur Beispiele geben können. War doch Amerika zu dieser Zeit noch Kolonie und besaß noch keine eigenen Textilfabriken. So mußten notgedrungen die frühsten Aufgebote häufig in ihrer Zivilkleidung Dienst tun. Besser daran waren die Trapper und Jäger, die eine kriegsbrauchbare Berufskleidung besaßen (Abb. 97a). Im folgenden geben wir für die einzelnen Perioden einige Beispiele:
1772–75. »The bataillon of independent foot companies of militia, New York city.« Grenadier-Komp.: blau mit roten Abzeichen, Füsiliere blau mit roten Abzeichen, Pelzmützen, darauf Schild mit Inschrift: »Fusileers – salus populi suprema lex«. Deutsche Füsiliere ähnlich, dazu silberne Litzen; auf dem Pelzmützenbeschlag »German Fusileers«. Ebenfalls blaue Uniformen mit roten Abzeichen und weiße Unterkleider trugen ferner: »The Union«, »Light Infantry Company« und »Oswego Rangers«. Die »Bold Foresters« grüne Röcke, runde, seitlich aufgeschlagene Hüte, vorn ein Schild mit »Freedom«. »Sportsman's Company«, »Corsicans« und »Rangers« grüne Röcke mit lederfarbigen bzw. karminroten Abzeichen. »New York independent companies of rangers«: blau mit weißen Abzeichen, Kaskett, vorn weiß aufgemalt ein Totenkopf mit gekreuzten Knochen, darunter »LIBERTY«. Die »Massachusetts«- und »Connecticut«-Milizen trugen vorwiegend rote Röcke. Die meisten Formationen trugen jedoch Trapper- und Jägerkleidung. Die »Maryland Rifles« hatten größtenteils grüne Jagdhemden. »Morgans riflemen«, »The First Virginia Regiment of Infantry« und »Fifth Regiment South Carolina Riflemen«

trugen weiße Jagdwämser, die sie sich auf eigene Kosten besorgten, so daß hiermit eine Art Uniform geschaffen war. General Washington empfahl persönlich diese Bekleidung all denen, die sich eine Armeeuniform nicht beschaffen konnten, zumal sie damit dem Gegner so viele treffsichere Hinterwäldler vortäuschte. Die »First Company of Governers Foot Guards« von Connecticut trug noch 1774 rote Röcke mit schwarzen Rabatten, gelben Borten und Litzen, weißen Schößen, strohgelbe Hosen und Westen, Pelzmützen mit rotem Stutz. Die 2. Komp. rote Röcke mit lederfarbenen Abzeichen, weiße Knöpfe und weiße Westen und Hosen. 1775 trug die leichte Komp. des I. Btls. Philadelphia hellblaue Röcke mit lederfarbenen Abzeichen.

1775 sollten alle Truppen braune Uniformen mit regimenterweise verschiedenfarbigen Abzeichen anlegen. In diesem Jahr finden wir noch für die New Yorker Infanterie folgende Uniformen:

1. Rgt. blaue Röcke mit karminroten Abzeichen
2. Rgt. hellbraune Röcke mit blauen Abzeichen
3. Rgt. graue Röcke mit grünen Abzeichen
4. Rgt. dunkelbraune Röcke mit scharlachroten Abzeichen

In Connecticut wurden die roten Röcke aus der englischen Zeit auch jetzt noch getragen

In Pennsylvania waren die Uniformen folgende:

1. Rgt. braun mit lederfarbenen Abzeichen
2. Rgt. blau mit roten Abzeichen, schwarze runde Hüte
3. Rgt. braun mit weißen Abzeichen, Dreispitz mit weißer Borte
4. Rgt. blau mit weißen Abzeichen
5. Rgt. blau mit weißen Abzeichen
6. Rgt. blau mit roten Abzeichen

In New Jersey wurden meist blaue Uniformen getragen, doch waren auch rote Röcke mit lederfarbenen Abzeichen anzutreffen. Die Unabhängigkeitserklärung erfolgte 1776. Im Jahre 1777 nahm die Buntscheckigkeit solche Ausmaße an, daß im August dieses Jahres die Kopfbedeckungen mit grünen Reisern als einheitliche Abzeichen versehen werden mußten. Baron v. Steuben berichtet, daß die Offiziere Röcke in allen Farben und Macharten trugen. 1777 werden als Farbzusammenstellungen genannt: Blau mit Weiß, Rot mit schwarzen Abzeichen, braune Uniformen mit seegrünen Abzeichen, weiß gefüttert mit silbernem Besatz, graue Röcke mit lederfarbenen Rabatten und Aufschlägen. Die Regimenter Pennsylvaniens zeichneten sich durch ihre schlichten, schmucklosen gelblich-braunen Röcke aus. Sie trugen den Spitznamen »Quäker-Brigade«.

Am 2. Okt. 1779 werden folgende Abzeichen erwähnt:
blau mit weißen Abzeichen: New Hampshire, Massachusetts, Rhode Island, Connecticut
blau mit lederfarben, weiße Schöße und Unterkleider: New York, New Jersey
blau mit rot: Pennsylvania, Delaware, Maryland, Virginia
blau mit blau: North Carolina, South Carolina, Georgia

Eine einheitliche Kokarde wurde nunmehr eingeführt, und zwar schwarz-weiß. Die weiße Farbe darin wurde ausdrücklich als Kompliment für Frankreich bezeichnet (Abb. 97c). Offiziere und Unteroffiziere trugen Stangenwaffen. Die Rangabzeichen vgl. letztes Kapitel. Die Spielleute waren meist in Uniformen mit wechselnden Farben gekleidet. Washingtons Garde (The Commander-in-Chief's Guard) trug blaue Uniformen mit weißen Abzeichen, weiße Westen und Hosen, schwarze Halbgamaschen und einen Hut mit blau und weißer Feder.

1782 ergeht ein Befehl, daß die Infanterie und Kavallerie künftig blaue Uniformen mit roten Abzeichen, weißem Futter und weißen Knöpfen führen sollten. Erst 1796 scheinen diese Bestimmungen völlig durchgeführt zu sein. Die Musik trug rote Röcke mit blauen Abzeichen und Unterkleidern. 1799 wurde die schwarz-weiße Kokarde durch eine schwarze mit einem weißen Adler ersetzt. 1802 wurde der Dreispitz abgeschafft. An seine Stelle trat ein Raupen-Kaskett. Die Winterhosen wurden blau, doch wurden im Sommer weiterhin weiße Hosen getragen (Abb. 97d). 1808 wurde der lange Rock durch einen einreihigen Frack ersetzt. Die Brust war mit silbernen Litzen geschmückt. Als Kopfbedeckung dienten Zylinder mit linksseitig angebrachter Kokarde und Stutz. Die Sergeanten trugen ein gelbes Epaulett auf der rechten, die Korporale auf der linken Schulter. 1812 verschwanden die roten Abzeichen. Das blaue Kollett war durch 10 weiße Knöpfe geschlossen, von denen aus beiderseits waagrechte schwarze Streifen liefen. Der blaue Kragen hatte zwei Knöpfe mit schmalen weißen Litzen und weiße Vorstöße. Die blauen Aufschläge waren mit drei Knöpfen und drei schwarzen Streifen versehen. Die Knöpfe waren weiß. Der Tschako mit einem gelben Adlerbeschlag trug einen weißen Stutz und weiße Behänge sowie weiße Schuppenketten (Abb. 97f).

Die Jäger hatten ganz graue Uniformen. Die Bruststreifen standen schräg zueinander, so daß die Knöpfe die tiefsten Punkte eines Winkels bildeten. Die drei Aufschlagsknöpfe saßen hier übereinander und hatten den gleichen Winkelschmuck wie die Brust. Kragen wie Infanterie, doch grau mit schwarzen Litzen und schwarzer Borte. Alle Knöpfe gelb, Lederzeug weiß wie bei der Infanterie. Tschako wie Infanterie, jedoch als Beschlag ein gelbes Jagdhorn, grüner Stutz und Behänge und gelbe Schuppenketten. Das 4. Jäger-Regiment zeichnete sich in dieser Uniform in der Schlacht bei Chippewa Plains und Niagara aus. Zu Ehren dieses Sieges tragen noch heute die Kadetten der Militär-Akademie dieselbe Uniform. Die Infanterie- und Jäger-Offiziere hatten langschößige Fräcke und hohe Zweispitze.

1821 wird Blau zur Nationalfarbe erklärt. Es ist die Bestrebung zur Vereinfachung bemerkbar. Rote Röcke dürfen nur noch von der Musik getragen werden. Die Unteroffiziersabzeichen werden nunmehr auf den Ärmeln angebracht.

1835 erhielt der Tschako eine steilere Form, die Behänge fielen fort. Statt der blauen Achselklappen wurden weiße Epauletten angelegt. Die Schöße wurden weiß. Die Brustschnüre fielen weg, und die Hose wurde graublau. Das nunmehr weiße Tschakoemblem bestand jetzt aus dem Adler, darunter ein Jagdhorn. Sehr eigenartige Form hatte die Ärmelpatte. Ein Aufschlag war nicht vorhanden, die Patte war von brandenburgischer Form, an drei Seiten weiß

Abb. 97. Vereinigte Staaten von Amerika 1775–1861.
a Scharfschütze – c, d, f, g, h, i, k Infanterie – b, e Kavallerie – l Artillerie – m Infanterie-Offizier Parade

vorgestoßen und hatte nur zwei Knöpfe mit weißen Litzen (Abb. 97g). Auch gab es bereits eine besondere Felduniform. Sie bestand aus einer schoßlosen Jacke von der graublauen Hosenfarbe. Die Ärmel hatten keine Patten, sondern hinten nur zwei Knöpfe. Im übrigen glich sie der vorgeschriebenen Uniform, dazu wurde eine blaue weiche Tellermütze getragen (Abb. 97f).
1851 wurde eine völlig neue Bekleidung eingeführt. Sie bestand aus einem dunkelblauen Waffenrock ohne Vorstöße, hellblauem Kragen, darauf vorn die gelbmetallene Regimentsnummer, hellblauen Epauletten und hellblauen polnischen Aufschlägen. Zur Parade wurden auf der Brust knopflose hellblaue Rabatten gehakt, die Brustknöpfe des Waffenrockes wurden durchgeknöpft. Statt des Tschakos dunkelblaue hohe Käppis mit hellblauem Besatzstreifen und hellblauem Pompon. Die Hose blieb die alte, nur kam noch eine blaue Biese dazu. Das Lederzeug wurde schwarz. Die Offiziere hatten keinerlei farbige Abzeichen, auch keine Rabatten. Zum kleinen Dienst und außerdienstlich wurden von den Offizieren passantenähnliche Schulterstücke angelegt. Auf diesen und auf den Epaulettschiebern waren die Rangabzeichen angebracht. Oberst: silberner Adler, Oberstleutnant: silbernes Blatt, Major: goldenes Blatt, Hauptmann: zwei goldene Barren, Oberleutnant: ein goldener Barren, Leutnant: nichts. Auf den Epaulettfeldern war auf dem erhabenen runden Tuchuntergrund die gelbe Regimentsnummer und auf dem Besatztuch des Käppis ein Horn mit Regimentsnummer angebracht. Die Mannschaften behielten die Dienstjacken bei (Abb. 97i). 1855 wurden die Epauletten und Paraderabatten abgelegt. Anstatt des farbigen Käppibesatzstreifens trat ein Vorstoß. 1857 verloren die Musiker die roten Röcke.
1861 waren Kragen und Aufschläge dunkelblau mit hellblauen Vorstößen. Gelbe Schuppenepauletten. Die Paradehose wurde dunkelblau. Das steife Käppi fiel fort. Zur Einführung gelangte ein linksseitig aufgeschlagener schwarzer Lackhut mit Regimentsbezeichnung und schwarzer Feder (Abb. 97m). Die Felduniform bestand aus einem sehr niedrigen dunkelblauen Käppi, einem kurzschößigen dunkelblauen Rock mit dunkelblauem Umlegekragen, ohne farbige Abzeichen; dazu gehörte die alte graublaue Hose ohne Biesen. In dieser Uniform focht die Infanterie der Nord-Staaten im Sezessionskrieg (Abb. 97k).
Mit Ausbruch des Krieges mußte die kleine Armee um ein Vielfaches verstärkt werden. Durch das Aufgebot der an sich schon bunten und häufig sehr auffällig uniformierten Milizen sowie durch die Errichtung von Freiwilligen-Formationen erhielt das Heer der Nordstaaten ein sehr uneinheitliches Gepräge. Die 1. Division der New Yorker Miliz war schottisch gekleidet. Das 2. Regiment trug, wie verschiedene andere Formationen, noch das hohe Käppi, ähnlich dem M. 1851, zweireihige Röcke und Epauletten. Ohio-Rgt. kurze offene Jäckchen. Besonders beliebt war die französische Zuavenuniform, die von folgenden Truppenteilen geführt wurde: 55. Rgt. N. Y. St. M. (französische Zuaven), N. Y. St.-Freiwillige (New Yorker Zuaven), fer-

ner Zuavische Feuermänner, Vortrapp-Garde, National-Zuaven, Kalb-Zuaven und andere. Jede dieser Zuaven-Uniformen war verschieden in Schnitt oder Farbe, die Hosen waren rot oder blau, bei den meisten dieser Formationen im arabischen Schnitt, doch kamen auch lange Hosen und neben Fez und Chechia auch Käppis vor. Außer den französischen Einflüssen machten sich auch italienische spürbar. So trugen die Zuavischen Feuermänner eine Zeitlang garibaldische Hemden, während die »Garibaldi' Guard« Bersaglieri-Uniform trug. Vom deutschen Einfluß wäre nur die häufig anzutreffende Turnerkleidung zu erwähnen.

Die Südstaaten trugen zur Felduniform einen grauen breitkrämpigen Hut oder ein graublaues Käppi mit blauem Besatzstreifen, graublaue kurze Jacke ohne farbige Abzeichen mit schwarz vorgestoßenen spitzen Aufschlägen und gelben Knöpfen; braunes Lederzeug. Die Dienstuniform bestand aus einem zweireihigen grauen Rock mit blauen Kragen, Vorstößen, spitzen Aufschlägen und Hosen, dazu Käppis wie vorher erwähnt. Schwarzes Lederzeug. Auch bei den Südstaaten gab es Freiwilligen-Formationen in Zuaven- und Turneruniformen. Mit Beendigung des Krieges hörte die besondere Südstaaten-Uniform zu bestehen auf.

1872 änderte sich die Infanterieuniform folgendermaßen: Neuer Waffenrock mit kürzeren Schößen, weißen Kragenpatten mit Regimentsnummer, weißen Achselklappen und weißen französischen Ärmelpatten. Nunmehr hatte der Rock auch vorn herunter eine Biese. Auch die Unteroffiziersborten wurden weiß. Es wurde ein mit blauem Tuch bezogener Tschako eingeführt. Das Tannenzapfenpompon und die Vorstöße waren weiß. Hose graublau mit blauer Biese (Abb. 98a). Der Offizierstschako war mit hängendem Busch versehen. Ferner trugen die Offiziere einen dunkelblauen zweireihigen Rock ohne farbige Abzeichen mit Epauletten. Die pattenlosen Aufschläge waren mit goldenen, oben spitzen Litzen geschmückt. Statt des schwarzen wurde ein goldenes Tressen-Koppel angelegt. Die bisher getragene karmesinrote Schärpe fiel weg. Auf den Hosen breite dunkelblaue Besatzstreifen.

1881 wurde eine Pickelhaube eingeführt. Der Kragen wurde ganz weiß und verlor die Regimentsnummer. Das über der Brust getragene Patronentaschenbandelier fiel fort. Die Musiker trugen auf der Brust weiße Litzen und auf den Hosen zwei weiße Streifen. Die Offiziersuniform blieb die alte, dazu kam eine einreihige blaue Bluse mit Brust- und Schoßtaschen und querstehenden Schulterstücken in Passantenform, 1896 ferner eine knopflose Bluse mit breitem Bandbesatz auf dem Kragen, vorn herunter und um den unteren Rand an den Hüften noch einmal hochstrebend. Zum Felddienst wurden seit 1888 seitlich genestelte Gamaschen getragen. Um die Offizierspickelhaube lief von rechts oben nach links unten ein Kettchen. Die Stabsoffiziere hatten waffenfarbigen nach hinten fallenden Roßhaarbusch und gleichfarbigen Behang. Die Schirmmütze war sehr niedrig, der Deckel nicht ausladend (Abb. 98b). Die Mannschaftsbluse hatte sich seit 1861 wenig geändert. Zu dieser wurde ein weicher grauer Hut mit einem Längskniff getragen. Zum Tropendienst gehörten weiße Korkhelme.

1898, zur Zeit des Spanischen Krieges, gelangte die Kakiuniform zur Einführung. Sie war vorn mit fünf Knöpfen geschlossen und hatte aufgesetzte Brust- und Schoßtaschen. Im Sommer wurde meist das Hemd getragen, das bei den Offizieren noch mit den passantenähnlichen Schulterstücken versehen war (Abb. 98d).

1903 wurde die Abzeichenfarbe der Infanterie wieder hellblau. Kragen, Achselklappen und Aufschläge dunkelblau mit hellblauen Vorstößen. Die Ärmelpatten fielen fort. Zur Parade wurde eine mehrfach über die Brust gelegte Fangschnur getragen. Die Mannschaftshosen verloren die Biesen. Als Kopfbedeckung wurde anstatt der Pickelhaube und des Käppis eine Tellermütze mit zwei hellblauen Bandvorstößen eingeführt (Abb. 98c). Die Offiziere behielten den zweireihigen langen Rock. Kragen und Mützenbesatz der Offiziere nunmehr hellblau mit goldenen Borten. Die Epauletten wurden durch geflochtene Achselstücke ersetzt. Die Ärmelaufschläge trugen einen goldenen Vorstoß, darüber goldenen Knoten je nach Rang, dazwischen das Waffenabzeichen. 1912 traten einige modische Veränderungen ein. Der Teller der Mütze wird ausladender und nähert sich der englischen Form. Der Hut hat keine Quetschfalte mehr, dafür aber vier Beulen (Abb. 98f).

Die Felduniform aus kakifarbenem Grundstoff mit leicht olivgrünem Einschlag erfuhr während des I. Weltkrieges keine grundsätzlichen Änderungen. Nur wurden die durch den Krieg bedingten Ausrüstungsgegenstände, insbesondere der runde flachrandige Stahlhelm (Abb. 98g) neu eingeführt. Die Waffenunterscheidung erfolgt einmal durch die Hutkordel, die für die Infanterie hellblau ist, zum anderen durch zwei Bronzeknöpfe in den Kragenenden, deren rechter die Buchstaben U.S. und darunter die Regimentsbezeichnung, der Knopf links das Waffenabzeichen, hier gekreuzte Gewehre, mit dem Kompaniebuchstaben darunter trägt. Die Offiziere tragen an beiden Kragenenden in Bronze die Buchstaben U.S. und das Waffenabzeichen dahinter. Während des Krieges wurde auch eine bootsmäßige Feldmütze eingeführt (Abb. 98h), auf der der Mannschaftswaffenbezeichnungsknopf auf der linken Aufschlagseite angebracht war. Offiziere tragen den Aufschlagrand der Mütze waffenfarbig, hier hellblau, vorgestoßen und an der linken Seite das Rangabzeichen. Die farbigen Uniformen wurden nach dem I. Weltkrieg abgeschafft. Die Felduniform wird 1926 insofern geändert, als die Knöpfe und Waffenabzeichen mattgolden statt bronzefarben werden; der Rock erhält Zivilschnitt. Die Waffenbezeichnungsknöpfe bzw. die Buchstaben werden auf den Rockaufschlägen befestigt. Das Lederzeug für Offiziere ist braun, die Gürtelrüstung für die Mannschaften aus grüngrauem Webstoff (Abb. 98k und i). Der Uniformschnitt ist für alle Waffengattungen der gleiche. Alle Offiziere tragen längs des Aufschlagrandes einen mittelbreiten dunkelbraunen Tuchstreifen. An der Schirmmütze haben die Offiziere den Wappenadler, Unteroffiziere und Mannschaften das Waffenabzeichen.

Abb. 98. Vereinigte Staaten von Amerika 1872–1934.
a, b, c, d, f, g, h, k, l Infanteristen – e Nationalkavallerie – d, k Offiziere – i Marine-Infanterist

II. Kavallerie, Artillerie, Genie

Die Kavallerie war noch bis Anfang des 19. Jahrhunderts eine reine Freiwilligentruppe und zählte nicht zum stehenden Heer. Während der Befreiungskriege waren die aufgestellten Kavallerieformationen in sehr mannigfaltige Uniformen gekleidet. Es können daher hier nur einige Beispiele gegeben werden: 1775 hatte die City Cavallery of Philadelphia braune Röcke mit weißen Abzeichen, schwarze Kasketts (Abb. 97b), Lees Kavallerie blaue Röcke mit weißen Abzeichen, weiße Westen, schwarze Hosen, 1776 das 1. Kontinental-Regiment leichte Dragoner blaue Röcke, rote Abzeichen, zum Teil braune Röcke mit grünen Abzeichen, 1770 das 4. Regiment leichte Dragoner rote Röcke, später grüne Röcke mit roten Rabatten. Washingtons reitende Leibgarde hatte weiße Uniformen mit hellblauen Kragen, Rabatten, Aufschlägen, Schößen und Westen, lederne Kasketts mit Fuchsschwänzen. Sehr auffallend waren die Reiter des Obersten Marion (Südkarolina), deren Lederhelm ein silbernes Spruchband mit der Devise »Liberty or death« zeigte. 1779 hatten die leichten Dragoner blaue Röcke mit weißen Aufschlägen, um 1800 grüne Röcke mit schwarzen Kragen, Rabatten und Aufschlägen; das Futter, die Weste und Hose waren weiß, Schuppenepauletten, Knöpfe und Knopflocheinfassungen gelb, Lederhelm mit schwarzem Roßhaarschweif, an der Vorderseite gelbes Schild, für Offiziere dazu grünen Stutz (Abb. 97e). In der Zeit von 1802–10 trägt die Kavallerie Infanterieuniformen, 1812 bleiben die Schöße weiß. 1814 erhält das Dragoner-Regiment orange, die übrigen Kavallerieregimenter gelbe Vorstöße und Litzen. Die Uniformentwicklung läuft auch weiterhin parallel zu der der Infanterie, nur mit gelber Waffenfarbe, die auch die Kavallerie der konföderierten Südstaaten von Nordamerika während des Sezessionskrieges zu ihrer im übrigen grauen Uniform trägt. 1835 erhält die Kavallerie den weißen Busch am Tschako; 1846 wurde ein Regiment berittener Schützen aufgestellt, bei dem die Vorstöße grün waren. 1861 wird die ganze Kavallerie in Reiterregimenter umbenannt; zur Felduniform schwarzer Filzhut, an einer Seite aufgeklappt und häufig mit schwarzer Straußenfeder verziert. Das Waffenabzeichen sind gekreuzte Säbel. Zur Parade dunkelblauer kurzer Rock mit gelben Vorstößen an allen Außennähten, dazu am Kragen je zwei gelb ausgestickte Knopflöcher mit kleinem Knopf am Ende, dunkelblaue Hosen. Der Waffenrock der von 1881–1903 getragenen Uniform unterschied sich außer der Waffenfarbe von dem Infanteriewaffenrock dadurch, daß die Schöße auch an den Unterseiten vorgestoßen waren und die Schoßtaschenleisten eine andere zweiknöpfige Form mit vollwaffenfarbigen Schoßtaschenpatten hatten. Die Pickelhaube hatte auch für Mannschaften gelben, nach hinten fallenden Busch und gleichfarbigen Behang (Abb. 98e).
Die etwa 1870 aufgestellten Indian Scouts (Indianische Späher) trugen die Kavallerieuniform mit weißen Abzeichen und roten Vorstößen, der Helmbusch war weiß mit Rot untermischt. Ihr Waffenabzeichen sind gekreuzte Pfeile mit den Buchstaben U.S.S. darüber. Die Kavallerieuniform M. 03 und die Felduniform unterschieden sich nur

durch das Waffenabzeichen und die gelbe Waffenfarbe der Mannschaft von der Infanterieuniform.

Artillerie. 1777, bestätigt durch das Reglement von 1779, besteht die Artillerieuniform aus dunkelblauen Röcken mit roten Kragen, Rabatten, Aufschlägen und Schoßfutter, gelben Knöpfen. Die Rabatten und Knopflöcher sowie der schwarze, dreieckig aufgeschlagene Hut mit rotem Federstutz waren mit gelber schmaler Litze eingefaßt. Die Hose und das Lederzeug waren weiß. 1794 wird ein schwarzer Lederhelm mit schwarzer vom Hinter- bis zum Vorderschirm reichender Raupe und mit rotem Stutz links eingeführt (Abb. 97d). 1800 ist der Stutz abwechselnd rot und schwarz gestreift, die Offiziersepauletten waren stets golden. Seit 1812 trägt die Artillerie Infanterietschako, jedoch mit gekreuzten Kanonenrohren unter dem Wappenadler, ebenso die übrigen Uniformteile, aber mit gelben Vorstößen und Knöpfen. Erst seit 1835 werden die Vorstöße rot. Diese Abzeichenfarbe behält die Artillerie bei allen späteren, dem Infanteriemuster folgenden Uniformänderungen. Zur Paradeuniform M. 61 roter Roßhaarbusch am Tschako (Abb. 97l). Der Waffenrock der Uniform M. 81 hat für die reitende Artillerie Kavallerieschnitt. Das Waffenabzeichen zur Uniform M. 03 und der Felduniform sind zwei gekreuzte Kanonenrohre.

Genie (Corps of Engineers). Die Uniformentwicklung folgt im allgemeinen der der Infanterie und Artillerie. 1780 blauer Rock mit lederfarbenen Abzeichen und Unterzeug. Diese Farben verbleiben dem Genie bis 1821, zu welchem Zeitpunkt die Ingenieuroffiziere schwarzsamtene Kragen und Aufschläge sowie als Waffenabzeichen einen Stern im Lorbeerkranz erhalten. Die Mannschaften hatten gelbe Vorstöße an den blauen Uniformen. 1851 wird das Waffenabzeichen geändert in ein dreitürmiges Schloß. 1874 wird die Abzeichenfarbe Rot mit weißem Vorstoß. Die Uniformen folgen im übrigen der Infanterie unter Berücksichtigung von Waffenabzeichen und -farbe. Das Signalkorps ist seit Anfang der 80er Jahre eine selbständige Truppengattung. Seine Waffenfarbe ist orange mit weißem Vorstoß, sein Waffenabzeichen zwei gekreuzte Signalfähnchen über einer brennenden Fackel.

Generale, Generalstab – Rangabzeichen

Seit Beginn trug die Generalität grundsätzlich blaue Röcke mit lederfarbenen Abzeichen und gelben Knöpfen, lederfarbene Unterkleider, goldene Epauletten mit dicken Fransen und 1–3 fünfstrahligen Silbersternen, schwarze Dreispitze, der Oberstkommandierende weißen Federstutz, der Majorgeneral schwarz-weißen, der Brigadiergeneral rotweißen. Der Hut wird seit 1802 mit den Spitzen nach vorn und hinten getragen. 1808 wird ein Frack mit einer Reihe von 10 Knöpfen eingeführt, lederfarbenem Kragen und runden Aufschlägen, die einen Knopf auf, drei Knöpfe senkrecht über dem Aufschlag tragen. Von jedem Brust- und Aufschlagknopf ziehen sich nach beiden Seiten schräg aufwärtsgehend ausgestickte lange Knopflöcher. 1812 verschwinden die Federstutze, 1835 ist die Bekleidung ein dunkelblauer zweireihiger Frack, auf dem die Knöpfe in Gruppen von 2 oder 3, je nach Rang, zusammengesetzt sind. Kragen und Aufschläge sowie Schoßumschlag und Schoßfutter sind lederfarben, die dunkelblaue Hose trägt breite lederfarbene Besatzstreifen. 1848 erhält auch die Generalität einen Tschako mit goldenem Pompon, seit 1851 mit dunkelblauem Samtband unten. 1857 verschwinden die lederfarbenen Abzeichen an Rock und Hose. An ihre Stelle treten dunkelblaue Samtkragen und Aufschläge, seit 1903 mit goldenem Eichenlaubzweig bestickt. Paradekopfbedeckung der Generale war seit 1861 der schwarze aufgeklappte Seidenfilzhut mit schwarzer Straußenfederfüllung und goldener Agraffe an der rechten Seite. Die Schärpe der Generale, die bis in die 90er Jahre von der linken Schulter zur rechten Hüfte, später zur Paradeuniform umgekehrt, im Dienst um den Leib getragen wird, war lederfarben. Das dunkelblaue Dienstjackett und Käppi, die seit dem Sezessionskrieg getragen wurden, unterschieden sich nur durch die Rangabzeichen auf den quer über die Schulter laufenden Achselstücken und die Buchstaben U.S. im Lorbeerkranz am Käppi von den übrigen Offiziersuniformen. Die Generale trugen dunkelblaue Hose, zur Gala mit breitem Goldbortenbesatz. Zur Uniform M. 03 erhielten auch die Generale die Schirmmütze mit dunkelblauem Deckel, schwarzsamtenem Besatzstreifen, der ebenso wie der Schirm mit einem goldenen Eichenlaubzweig bestickt war. Die Felduniform der Generale unterscheidet sich nur durch die Rangabzeichen von den übrigen. Die Generalstabsoffiziere trugen bis etwa 1820 die Generalsuniform mit entsprechenden Rangabzeichen, seitdem bis etwa 1851 dunkelblauen Kragen und Aufschlag mit lederfarbener Kragenpatte. Bis 1861 einreihigen, später zweireihigen dunkelblauen Waffenrock mit lederfarbenem Kragenvorstoß. Ihr Waffenabzeichen ist ein fünfstrahliger Stern mit dem aufgelegten Wappenadler. Der Ärmelbesatzstreifen an der Felduniform ist schwarz.

Als Rangabzeichen für Offiziere werden schon 1780 Epauletten in Knopffarbe verordnet, und zwar mit starken Fransen. Der Majorgeneral hatte zwei goldene Epauletts mit zwei goldenen Sternen darauf, der Brigadiergeneral nur einen Stern. Die Stabsoffiziere trugen zwei Epauletten ohne nähere Dienstgradbezeichnung, Hauptleute ein Epaulett auf der rechten Schulter, Leutnants auf der linken Schulter. Von den Unteroffizieren hatten die Sergeanten zwei Wollepauletten, die Gefreiten ein Wollepaulett auf der rechten Schulter, und zwar wahrscheinlich in Knopffarbe. Seit 1832 tragen alle Offiziere zwei Epauletten, Subalternoffziere in abweichender Form. Diese erhielten sich für die Paradeuniform bis 1861. Um die gleiche Zeit werden für die Dienstuniformen Rangabzeichen vorgeschrieben, wie sie sich unverändert zur farbigen Uniform bis zum I. Weltkrieg erhalten haben. Quer über die Schulter laufende abzeichenfarbige Tuchstreifen, eingefaßt mit Goldstickerei. Auf dem Feld befinden sich für Generale 1–3 Silbersterne, beim Oberst ein fliegender silberner Adler, beim Oberstleutnant ein Eichenblatt an jedem Ende in Silber,

beim Major desgleichen in Gold, beim Hauptmann 2 silberne Balken an jedem Ende, beim Oberstleutnant einer. Das Feld des Leutnantachselstücks trug keinerlei Abzeichen. Zur Uniform M. 81 wurde für die Galauniform der Offiziere eine neue Art Epaulett eingeführt. Der Schieber ist aus goldgeflochtener Schnur, der Mond ebenfalls. Das Feld aus waffenfarbigem Tuch trägt die Regimentsnummer und die Rangabzeichen in Silber. Die Generalsepauletts sind unverändert aus massivem Gold mit 1–3 silbernen Rangsternen. Der nur für den Fall des Krieges vorgesehene Generalsrang trägt zwischen zwei Silbersternen den fliegenden goldenen Wappenadler, ebenso auf den Schulterstükken. Zur Uniform M. 03 bleiben die Generalsepauletten unverändert, alle übrigen Offiziere erhalten an Stelle der Epauletten geflochtene Achselstücke aus dreifacher Goldschnur mit den silbernen Rangabzeichen auf flacher goldener Unterlage. Zur gleichen Uniform werden am Paradewaffenrock der Offiziere die Rangabzeichen durch 1–5 goldene Schnüre in Kleeblattform gekennzeichnet, während die Generale 1–3 Silbersterne über dem Aufschlag tragen. Die Rangabzeichen der Unteroffiziere und Mannschaften sind seit 1847 waffenfarbige Winkeltressen am Oberarm, von Naht zu Naht reichend mit der Spitze nach unten, seit 1861 mit der Spitze oben; seit der Uniform M. 03 sind sie in der Ausdehnung sehr verkleinert. Bei den höchsten Unteroffiziersgraden tritt zusätzlich ein runder Bogen, der die unteren Spitzen verbindet, hinzu. Bei der Felduniform befinden sich für die Offiziere die unveränderten Rangabzeichen auf den spitzen Achselklappen. Der für den I. Weltkrieg geschaffene Generalsrang erhält vier silberne fünfstrahlige Sterne. Der Leutnant hat seit 1918 auf den Achselstücken einen goldenen Balken. Die in Zahl und Form unveränderten Unteroffiziers- und Mannschaftsrangabzeichen bestehen aus kakifarbenen Tressen auf dunkelblauer Unterlage. Die neuerdings auch im amerikanischen Heer bestehenden höchsten Unteroffiziersgrade, die sogenannten Warrant Officers, tragen die Uniform im Offiziersschnitt, auf den Achselklappen keine Abzeichen, aber an Stelle des Waffenabzeichens an Kragenaufschlagende den Wappenadler in Mattgold. Die Generale tragen zur Felduniform auf beiden Unterarmen eine mittelbreite und eine schmale, 3 cm auseinanderstehende schwarze Seidentresse. In dem Zwischenraum sind die silbernen Rangsterne nebeneinander befestigt.
Bei den grauen Uniformen der Armee der konföderierten Südstaaten im Sezessionskriege waren die Rangabzeichen der Mannschaften und Unteroffiziere in Form von waffenfarbigen Winkeltressen gleicher Art und Zahl wie bei den Nordstaaten auf den Oberarmen befestigt. Die Offiziersränge waren durch goldene Rangschnüre in Kleeblattform auf den Unterarmen gekennzeichnet: Leutnants 1, Hauptleute 2, Stabsoffiziere 3, Generale 4 Schnüre; ferner hatten Subalternoffiziere 1–3 waagerechte kurze Goldtressen übereinander in den Kragenenden, Stabsoffiziere 1–3 goldene fünfstrahlige Sterne nebeneinander, Generale 3 goldene Sterne in einem ebenfalls goldenen Eichenlaubkranz. Die stets zweireihigen Röcke hatten waffenfarbigen Kragen und spitze Aufschläge: Infanterie hellblau, Kavallerie gelb, Artillerie rot, Generale und Generalstab lederfarben.

Die Kriegsmarinen

Die Entwicklungsgeschichte der Uniformen bietet bei der Kriegsmarine erheblich größere Schwierigkeiten als beim Heer. Das vorliegende Material ist äußerst beschränkt und war schwer zu beschaffen, da bei der hauptsächlichen Einstellung der größten Wehrmächte auf eine Landkriegsführung die Darstellung der Marineuniformen sehr in den Hintergrund getreten ist. Zum anderen war auch die Bekleidung der Kriegsmarinen lange Zeit nicht so streng reglementiert, wie wir es schon seit Mitte des 18. Jahrhunderts bei Landheeren gewohnt sind. Andererseits vereinfacht sich die Aufgabe, da seit etwa 1860 die Marineuniformen sämtlicher seefahrender Länder außerordentlich einheitlich werden und in großen Zügen in allen Kriegsmarinen dieselben Bekleidungsstücke in fast demselben Schnitt verwandt werden. Maßgebend für diese Uniformentwicklung ist das englische Vorbild. Großbritanniens Flotte, die im vergangenen Jahrhundert die Meere beherrschte, hatte auf die Gestaltung der Kriegsmarineuniformen einen sehr starken Einfluß. Gerade die Entwicklungsgeschichte im 20. Jahrhundert zeigt, wie sich die Marineuniformen mehr und mehr der englischen bezüglich des Schnitts einzelner Kleidungsstücke und der Art der Rangbezeichnung angleichen. Es genügt daher und dient gleichzeitig zur Einführung für den Leser, wenn zunächst eine Darstellung der allgemein gebräuchlichen Marinebekleidungsstücke gegeben wird, die bei der konservativen Einstellung der Marine zu Bekleidungsfragen für die Gesamtzeit von 1860 bis in die neueste Zeit Gültigkeit hat. Soweit erforderlich, werden die Uniformgeschichte der früheren Zeit sowie abweichende Einzelheiten bei den entsprechenden Ländern gesondert behandelt. Vorauszuschicken ist, daß die Grundfarbe aller Marinebekleidungsstücke grundsätzlich ein dunkles, oft bis an Blau-schwarz grenzendes Blau ist. Im Sommer und in den Tropen treten an seine Stelle Weiß (Leinen). Knöpfe, Rangabzeichen, Tressen und ähnliches sind ebenso grundsätzlich bei der Marine golden. Silber als Abzeichen- und Knopffarbe findet sich hauptsächlich beim Verwaltungspersonal. Die wesentlichsten, in allen Marinen fast unverän-

dert wiederkehrenden Bekleidungsstücke sind folgende:
Hut: Schwarzer, zweiseitig aufgeklappter Seidenfilzhut, mit den Spitzen nach vorn und hinten getragen. Die englische Form hat hohe runde Aufschläge, die französische niedrige viereckige; goldene Agraffe, die bei der englischen Form von der Mitte des Hutaufschlags senkrecht nach unten, bei der französischen Form von rechts vorn zur Mitte geht. In den beiden Spitzen befinden sich goldene Quasten. Admirale tragen in den meisten Marinen die Hutaußenränder mit breiter Goldtresse eingefaßt, auch vielfach schwarze oder weiße Straußenfederfüllung.
Galarock: Zweireihig hochgeschlossen mit Stehkragen, als Rock oder als Frack geschnitten, mit reicher Kragenstickerei oder Tresseneinfassung, auf den Aufschlägen die Rangtressen oder Stickerei.
Galahose: Dunkelblaue lange Hose mit je nach Rang verschieden breiten Goldtressen an den Außennähten.
Säbel: Leicht gekrümmt mit goldenem Korb, weißem Elfenbeingriff, schwarzer Lederscheide mit Goldbeschlag, wird an einem schwarzen, zur Gala oft goldbestickten Leder- oder Seidenkoppel übergeschnallt getragen.
Epauletten: Die Epauletten der Marinen sind stets ganz aus Gold mit gewirktem Mond und auch für die Subalternoffiziere starken oder mittelstarken Fransen. Auf dem Feld häufig ein unklarer Anker, d. h. Anker mit Ankertau.
Offiziersmütze: Dunkelblaue Tellermütze mit schwarzem Lacklederschirm und Kinnriemen, schwarzem Seiden- oder Mohairbesatzband, über der Stirn ein Anker oder die Landeskokarde im Eichenlaubkranz mit der Krone oder einem sonstigen Hoheitszeichen darüber, ohne den Eichenlaubkranz vielfach auch für Deckoffiziere gebräuchlich. Der Teller ist je nach Mode kleiner oder größer. Englischem Vorbild folgend hat es sich eingebürgert, die Stabsoffiziere und Admirale durch einfache bzw. doppelte goldene Eichenlaubstickerei längs des Schirmaußenrandes zu kennzeichnen. In den romanischen Ländern traten vielfach an Stelle des Eichenlaubs Lorbeerblätter.
Rock: Mit langen Schößen und zwei Reihen von 3–6 Knöpfen, die meist Ankerprägung tragen. Der Rock wurde in vielen Marinen noch bis zum Ausgang des vorigen Jahrhunderts hochgeschlossen getragen, in der englischen Marine und, derem Beispiel folgend, in allen jetzigen Marinen über der Brust offen, der Mode des bürgerlichen Gehrocks im Schnitt folgend. Auf der Rückseite zwei- oder dreiknöpfige Schoßtaschenleisten, auf den Ärmeln befinden sich die goldenen Ranglitzen (siehe Schema). Auf den Schultern werden in vielen Marinen goldene Passanten getragen, jedoch nicht bei der englischen und den ihrem Vorbild folgenden Ländern.
Bordjackett: Ist zweireihig, hat denselben Schnitt wie der Rock, jedoch nur mittellange bis kurze Schöße. Keine Knöpfe im Rücken; hierzu nur Ärmelrangtressen gebräuchlich. Findet vielfach auch als Bekleidungsstück der Deckoffiziere und höheren Unteroffiziere Verwendung.

Ärmelrangtressen der Seeoffiziere nach dem Stand von 1934 bzw. 1913

In dem folgenden Schema sind mit s = schmal bezeichnet Tressen von 0,7–1 cm; mb = mittelbreit solche von 1,3–2,2 cm; b = breit solche von 5,3 cm Breite. Die Rangtressen sind golden und zählen stets von unten nach oben

Land	Subalternoffiz.: Lt. z. See Oblt. z. See Kapitänlt.	Stabsoffiz.: Korv.-Kapt. Freg.-Kapt. Kapit. z. See	Admirale: Konteradm. Vizeadm. Admiral (Großadm.)	Bemerkungen
Dänemark	1 mb 2 mb 1 mb + 1 s + 1 mb	1 mb +2 s + 1 mb 2 mb + 1 s + 1 mb 4	2 mb + 1 b + 1 mb 1 mb + 2 b + 1 mb 3 b + 1 mb	Oberste Tresse mit Schleife; Ingenieure rote Unterlage.
Estland	1 mb 2 mb 1 mb + 1 s + 1 mb	1 mb + 2 s + 1 mb 3 4	1 b + 1 mb	Oberste Rangtresse m. Schleife; Ingenieure purpur Unterl.
Finnland	1 mb 2 mb 1 mb + 1 s + 1 mb	3 mb 2 mb + 1 s + 1 mb 4	1 b + 1 b – 3 mb	Über den Rangtressen stehen der Löwe; Ingenieure purpur Unterlage.
Frankreich	1 – 3 s	5 s, 2. u. 4. silber 5 s	2 fünfstrahlige 3 Silbersterne 4	Ohne Schleife und Dienstabzeichen, zwischen 3. und 4. Tresse doppelter Zwischenr.
Griechenland	1 mb 2 mb 1 mb + 1 s + 1 mb	3 mb 2 mb + 1 s + 1 mb 4 mb	1 b + 1 – 3 mb	Seeoffiziere mit Schleife, Ingenieure violette Unterlage

Land	Subalternoffiz.: Lt. z. See Oblt. z. See Kapitänlt.	Stabsoffiz.: Korv.-Kapt. Freg.-Kapt. Kapit. z. See	Admirale: Konteradm. Vizeadm. Admiral (Großadm.)	Bemerkungen
Großbritannien	1 mb 2 mb 1 mb + 1 s + 1 mb	3 mb 4 mb 4 mb	1 b + 1 – 4 mb	Alle Offiziere mit Schleife, Ingenieure mit purpur Unterlage
Italien	1 – 3 s	1 mb + 1 – 3 s	Greca und 1 – 4 s	Oberste Rangtresse m. Schleife; Ingenieure karmin Unterlage
Jugoslawien	1 – 3 s	1 mb + 1 – 3 s	1 b + 1 s mit 1–3 Sternen darüber	Oberste Rangtresse m. Schleife; Rangsterne nebeneinander über der Schleife
Lettland	1 mb + 1 – 3 fünfstrahlige Sterne	2 mb und 1 und 2 vierstrahlige Sterne	3 mb + 3 vierstrahlige Sterne	Oberste Rangtresse m. Schleife; Ingenieure silbergraue Unterlage
Niederlande	1 mb 2 mb 1 mb + 1 s +1 mb	3 mb 4 mb 4 mb	1 b + 1 mb, darüber 2, 3 u. 4 Silbersterne	Oberste Rangtresse m. Schleife
Norwegen	1 mb 2 mb	3 mb 4 mb 1 br. u. 3 mb	1 mb + 1 b + 1 – 3 mb	Oberste Rangtresse m. Schleife
Polen	1 – 3 s	1 mb + 1 – 3 s	1 b in Zickzackform + 1 – 3 s	Oberste Rangtresse Schleife; Ingenieure violette Unterlage
Portugal	1 – 3 s	1 mb + 1 – 3 s	1 b + 1 s, 3 silb. 3 gold., 4 gold. 5strahlig. Stern unter den Rangtressen	Seeoffiziere mit Schleife, Ingenieure violette Unterlage
Rumänien	3 s	1 mb + 1 – 3 s	1 b + 1 mb + 1 – 3 s	Oberste Rangtresse m. Schleife; Ingenieure violette Unterlg.
Rußland 1913	–	–	–	Keine Ärmelrangtressen, s. Text
Sowjetunion 1934	1 mb 1 mb + 1 s 2 mb	2 mb + 1 s 3 mb 4 mb	1 b + 1 – 3 mb	Über den Rangtressen roter fünfstrahliger Emaillestern
Schweden 1913	1 – 3 s	1 – 3 s + 1 mb darüber	1 b + 1–3 Silbersterne	Seeoffiziere oberste Rangtresse Schleife, Ingenieure purpur Unterlage
Schweden 1934	1 mb 2 mb	3 mb 1 mb + 1 s + 2 mb 4 mb	1 b + 1 – 3 Silbersterne	Seeoffiziere, oberste Rang-Schleife, Ingenieure auf der Spitze stehendes Dreieck und purpur Unterlage
Spanien	1 mb 2 mb 1 mb + 1 s + 1 mb	3 mb 4 mb 4 mb	1 b + 1 u. 2 mb	Seeoffiziere mit Stern darüber, Ingenieure grüne Unterlage

Land	Subalternoffiz.: Lt. z. See Oblt. z. See Kapitänlt.	Stabsoffiz.: Korv.-Kapt. Freg.-Kapt. Kapit. z. See	Admirale: Konteradm. Vizeadm. Admiral (Großadm.)	Bemerkungen
Ungarn	1 – 3 s	1 mb + 1 – 3 s	1 b + 1 s	Seeoffiziere mit Schleife, Ingenieure karmin Unterlage, Admirale über der Schleife noch goldene Krone im Eichenlaubkranz
Argentinien	1 mb 1 s + 1 mb 3 s	1 mb + 1 s + 1 mb 3 mb 4 mb	1 b + 1 – 3 mb	Oberste Rangtresse m. Schleife; Ingenieure hellblaue Unterlage
Brasilien 1913	1 – 3 s	4 – 6 s	2 u. 3 fünfstrahl. Sterne nebeneinander	In der Ärmelnaht drei kleine Knöpfe übereinander
Brasilien 1934	1 mb 1 s + 1 mb 2 mb	1 mb + 1 s + 1 mb 3 mb 4 mb	1 b + 1 – 3 mb	Seeoffiziere, Ingenieure, Flieger mit Schleife, Ingenieure zusätzlich Globus darüber, Flieger Adler
Chile	1 – 3 s	1 mb + 1 s + 1 mb 3 mb 4 mb	1 b + 1 – 2 mb	Über der obersten Rangtresse 5strahliger Stern; Ingenieure blaue Unterlage
China	1 mb 1 mb + 1 s 2 mb	2 mb + 1 s 3 mb 4 mb	1 b + 1 – 3 mb	Seeoffiziere mit offenem goldenen Kranz, Flieger mit Adler darüber, Ingenieure dunkelblaue Unterlage
Japan	1 mb 1 s + 1 mb 2 mb	1 s + 2 mb 3 mb 4 mb	2 b + 1 – 3 mb	Oberste Rangtresse m. Schleife; Ingenieure violette Unterlage
Mexiko	1 mb 1 s + 1 mb 2 mb	1 mb + 1 s + 1mb 3 mb 4 mb	goldene Lorbeerstickerei + 1 – 3 mb	Über der obersten Rangtresse Seeoffiziere fünfstrahligen Stern, Ingenieure Propeller
Türkei	1 mb 2 mb 1 mb + 1 s + 1 mb	3 mb 2 mb + 1 s + 1 mb 4 mb	1 b + 1 – 4 mb	Oberste Rangtresse m. Schleife
Vereinigte Staaten	1 mb 1 mb + 1 s 2 mb	1 mb + 1 s + 1 mb 3 mb 4 mb	1 b + 1 – 3 mb	Seeoffiziere fünfstrahligen Stern über der obersten Rangtresse, Ingenieure.

Matrosenmütze: Dunkelblaue, im Sommer weiße Tellermütze mit niedrigem Besatzband. Dieses wird von einem schwarzen Seidenband bedeckt, das über der Stirn in goldener oder gelber Beschriftung den Namen des Stammtruppenteils oder Schiffes trägt. Die Enden des Seidenbandes hängen hinten herunter oder bilden an der linken oder rechten Seite eine kleine Schleife. Der Teller ist nach deutschem Muster vorn, nach englischem Muster an allen Seiten versteift.

Hemd: Aus dunkelblauem Wollstoff, im Sommer aus wei-

Abb. 99. Marine 1750–1935.
England: a Admiral – c Seeoffizier – d Matrose – l Matrose – Frankreich: b Matrose – e Matrose – i Seeoffizier – Österreich-Ungarn: f Seeoffizier – Japan: g Seeoffizier – Rußland: h Seeoffizier – Vereinigte Staaten von Amerika: k Matrose

ßem Leinen mit hinten herabfallendem breitem Kragen, an der Brust einen tiefen Ausschnitt bildend, wird meist blusig in die Hose gesteckt getragen, in einigen Marinen auch lang überfallend. Hierzu gehört ein hell- bis mittelblauer, weit hinten überfallender Hemdkragen, dessen Außenkanten stets mit drei schmalen weißen Borten besetzt ist. Das Unterhemd, welches in dem Brustausschnitt sichtbar wird, ist weiß, meist mit blauer Bandeinfassung oder auch weißblau waagrecht gestreift. Unter dem Hemdkragen wird ein schwarzes Seidentuch, über der Brust einen Knoten bildend, getragen. Der Knoten wird vielfach durch eine kleine weiße Schleife am Hemdkragen festgehalten (Abb. 991).
Pyjackett: Kurzer zweireihiger Mantel, bis zu den Hüften reichend, mit flachem liegendem Kragen, über der Brust offen, mit breiten Reversen. Zu diesem Jackett wird der Hemdkragen unter dem Mantel getragen.
Hose: Dunkelblau, vorn mit Klappenverschluß. Die Hosenbeine sind nach jahrhundertealter Seemannstradition unten trompetenförmig sehr weit geschnitten und bedecken fast das ganze Schuhzeug.
Matrosenjacke: Kurze, zweireihige schoßlose Jacke, wird offen getragen und über der Brust durch einen Doppelknopf gehalten, so daß das Hemd sichtbar bleibt. Dient in verschiedenen Marinen als Ausgangs- und Paradeanzug der Mannschaften. Der hellblaue Hemdkragen befindet sich hierbei über der Jacke.
Messejackett: Kurze schoßlose Jacke mit zwei Reihen von je drei Knöpfen, wird offen in Smokingform getragen, mit tief ausgeschnittener dunkelblauer oder weißer Weste, weißem steifem Hemd und Kragen, schwarzem Seidenquerbinder. Ärmelrangabzeichen. In einigen wenigen Staaten hierzu auch Achselschnüre oder Epauletten bei großen festlichen Anlässen. Dient als Gesellschaftsanzug der Offiziere, wird je nach dem Grad der Feierlichkeiten mit langer blauer oder mit Galahose getragen.
Umhang: Langer, dunkelblauer glockenförmiger Umhang mit liegendem Kragen, hellgrauem oder schwarzem Seidenfutter, über der Brust durch eine kleine, an zwei Löwenköpfen befestigte Kette geschlossen, fast in allen Staaten ohne Rangabzeichen getragen, hat in der deutschen Marine die Bezeichnung Spanier.
Weißes Zeug: Im Sommer und in den Tropen können fast sämtliche Kleidungsstücke durch gleichartige aus weißem Leinen ausgetauscht werden. Bei Offizieren tritt an Stelle des Rockes oder des Jacketts ein durchgängig einreihiges oder blusenförmig geschnittenes Jackett, seit dem I. Weltkrieg fast überall mit aufgesetzten Brust- und Seitentaschen mit kleinem Knopf und Quetschfalte. Hierzu weiße Wäsche und schwarzer Binder, meist Stehkragen, jedoch kommt auch Stehumlegekragen und Zivilschnitt vor; zu diesem Anzug stets Achselstücke bei Offizieren.

Dänemark

Die Uniformen der dänischen Kriegsmarine folgen dem allgemeinen Muster. Auf der Matrosenmütze bildet das Band an der rechten Seite eine kleine Schleife, auf deren

Mitte die rot-weiß-rote Landeskokarde angebracht ist. Die Rang- und Spezialitätenabzeichen befinden sich am rechten Oberarm, für Mannschaften in Rot, Unteroffiziere in Gold, sämtlich mit Krone darüber. Die verschiedenen Unteroffiziersgrade werden durch 1–3 kurze Winkeltressen darunter gekennzeichnet. Deckoffiziere haben Rock und Jackett im Offizierschnitt, in den Kragenecken ein goldenes gekröntes Spezialitätenabzeichen und auf den Unterarmen einen dreifachen rot unterlegten Tressenwinkel mit 1 oder 2 goldenen Knöpfen über der Spitze. Die Seeoffiziere haben einen zweireihigen Galafrack mit rotem Kragen und spitzem Aufschlag, bei Admiralen mit der Heeresgoldstickerei darauf. Der Hut hat französische Form, für Admirale mit schwarzer Straußenfederfüllung. Das Mützenabzeichen der Offiziere ist ein goldener unklarer Anker in Taukranz auf roter Unterlage, umgeben von einem Eichenlaubkranz mit der Krone darüber. Die goldenen Epauletten tragen auf dem Feld einen silbernen Anker.

Estland

Der Mantel ist zweireihig und trägt die Ärmeltressen auf den spitzen Achselklappen. Das Offiziersmützenabzeichen besteht aus einem Anker in Eichenlaubkranz mit dem Landeswappen darüber. Stabsoffiziere und Admirale haben Mützenschirmrandstickerei nach englischem Muster. Die Mannschaftsmütze hat keine herabfallenden Enden.

Finnland

Der Offiziershut trägt auf der rechten Seite eine weiß-blaue Seidenkokarde und goldene Agraffe. Bei Admiralen sind die Außenränder mit breiter gemusterter Goldborte eingefaßt. Die Mütze der Stabsoffiziere und Admirale mit 1- und 2facher Eichenlaubstickerei auf dem Schirm hat darüber die rote Kokarde mit dem stehenden goldenen Löwen, eingefaßt von einem goldenen Eichenlaubkranz; goldgestickter unklarer Anker darüber. Die goldenen Epauletten, für Admirale mit starken, Stabsoffiziere mittelstarken, Subalternoffiziere dünnen Fransen, tragen auf dem Feld den silbernen finnischen Wappenlöwen. Der Rock hat goldene Passanten. Offiziersschärpe wie im Heer. An Bord und außerdienstlich wird ein Dolch in schwarzer Lederscheide mit gelbem Beschlag am schwarzen Seidenkoppel getragen. Deckoffiziere tragen zum Offiziersrock und Jackett 1–3 schmale goldene Winkeltressen, Spitze oben, auf dem Unterarm mit dem Fachabzeichen darüber. Ihr Mützenabzeichen ist die weiß-blau-weiße Landeskokarde mit zwei goldenen Lorbeerblättern darunter und dem unklaren Anker darüber. Die Matrosenmütze deutscher Form hat die weiß-blau-weiße Landeskokarde auf dem Rand, die Enden des goldbeschrifteten Seidenbandes fallen hinten herunter. Waffenabzeichen in roter Stickerei: unklarer Anker für seemännisches Personal, Propeller für Maschinenpersonal, befinden sich am linken Oberarm von Hemd und kurzem Mantel, bei Obermatrosen mit 1 oder 2 schmalen roten Winkeltressen darunter. Die Unteroffiziere haben Offiziersjackett und weiße Wäsche, am linken Oberarm Waffenabzeichen und 2–4 schmale bzw. 1 breite Winkeltresse darunter, alles in Gold. Ihr Abzeichen an der Schirmmütze ist die Landeskokarde mit Anker darüber im Taukranz.

Lettland

Die lettischen Marineuniformen sind dadurch gekennzeichnet, daß das Grundtuch schwarz ist. Auch besteht die Hemdkrageneinfassung aus zwei dunkelroten schmalen Streifen mit einem weißen dazwischen. Die Offiziere tragen zum gewöhnlichen Anzug spitze Achselklappen aus Grundstoff mit goldenem Anker, zur Parade goldgeflochtene Achselstücke mit silbernem Anker. Das Seidenband der Matrosenmütze fällt hinten herunter. Die Deckoffiziere haben 1 breite, die anderen Unteroffiziere 1–3 schmale goldene Winkeltressen an den Oberarmen. Die darüber angebrachten Fachabzeichen sind dunkelrot.

Frankreich

Die dunkelblaue Rockfarbe wurde bei der französischen Marine schon im letzten Drittel des 18. Jahrhunderts eingeführt, jedoch waren Weste und Unterkleider noch lange Zeit rot. Um 1786 bestand die Uniform der Seeoffiziere aus folgenden Bekleidungsstücken:
Schwarzer Dreimaster mit weißer Kokarde und Goldeinfassung, dunkelblauer, einreihiger langschößiger Rock ohne Schoßumschlag und Rabatten, dreiknöpfige runde rote Ärmelaufschläge, goldene Epauletten, je nach Dienstgrad wie bei der Armee, liegende, später stehende Kragen in Farbe des Geschwaders. Rote Weste und Hose, weiße Strümpfe, schwarze Schuhe, Degen. Die Geschwaderfarben waren Nr. 1 karmin, Nr. 2 weiß, Nr. 3 grün, Nr. 4 zitronengelb, Nr. 5 hellblau, Nr. 6 orange, Nr. 7 violett, Nr. 8 rehfarben und schwarz für die Landmarinetruppenteile. Die Mannschaften trugen dunkelblaue, offene zweireihige Jacketts, rote Weste, dunkelblaue Hose, weißes Hemd, schwarze, runde oder seitlich aufgeklappte Lederhüte, schwarzes Lederzeug, an Bord vielfach auch rot-weiß oder blau-weiß gestreifte Überhosen und Hemden. Diese Uniform bleibt auch in napoleonischer Zeit in großen Zügen bestehen. An dem schwarzen Lederhut mit mehr oder weniger breiter Krempe befindet sich vorn ein messingner Anker (Abb. 99 b). Um 1812 wird die zweireihige hochge-

schlossene, mit Stehkragen versehene Matrosenjacke ganz dunkelblau. Der Hut erhält an der linken Seite gelbe Agraffe und Kokarde, die nach 1815 wieder weiß wird. Um 1848 tragen die Matrosen weißes Hemd mit schwarzem Binder, blauen Matrosenkragen, auf dem die vorderen Ecken ganz weiß sind. Dunkelblaues zweireihiges, offen getragenes Jackett mit großen Reversen, runde Aufschläge mit drei goldenen Knöpfen, dunkelblaue lange Hose, schwarzen, rundum aufgeschlagenen Lederhut und dunkelblaue Matrosenmütze mit weichem Kopf und rotem Puschel oben darauf, schwarzes Seidenband mit lang hinten herabfallenden Enden. Diese Uniform verändert sich auch in der späteren Zeit sehr wenig, ein Beispiel für die Zeit von 1870 gibt Abb. 99e. Charakteristisch für die Matrosenmütze ist neben dem roten Puschel das weiße, quer über die Mütze laufende Mützenband. Um 1890 trug die französische Kriegsmarine folgende Uniformen: Admirale denselben Hut wie die Generale, die übrigen Seeoffiziere den Hut ohne Goldborteneinfassung und Straußenfederfüllung; als Galarock ein hochgeschlossener Frack, bei dem Kragen und runder Aufschlag für Admirale mit 1–3 Eichenzweigen, bei den anderen Offizieren mit Randeinfassung und in den Ecken Ankerstickerei bedeckt sind. Keine Ärmelrangabzeichen. Die goldenen Epauletten entsprechen dem Armeemuster, tragen jedoch auf dem Feld zusätzlich einen unklaren goldenen Anker. Der zweireihige Rock wird noch bis in die Nachkriegszeit hinein hochgeschlossen getragen und hat zwei Reihen goldener Knöpfe, goldene Passanten und goldene Ärmelrangtressen wie im Schema angegeben (Abb. 99i). Admirale statt dessen Silbersterne. Die Mütze trägt um den Besatzstreifen die Ärmelrangtressen, auf dem Besatzstreifen darüber einen goldenen Anker. Der Besatzstreifen der Admirale weist die gleiche Eichenlaubstickerei auf wie das Käppiband der Generale; jedoch über dem Mützenschirm die silbernen Rangsterne. Die Deckoffiziere tragen den Offiziersrock mit einem schmalen rotdurchzogenen goldenen Ärmelstreifen, die Epauletten haben einen roten Längsstreifen. Die übrigen Unteroffiziere haben das kurze Jackett, Waffenabzeichen in den Kragenecken und 1–3 goldene Schrägstreifen auf den Unterärmeln. Die Matrosen tragen auf dem Hemd- und Manteloberarm die rotgestickten Waffen- und Spezialitätenabzeichen sowie auf den Unterarmen 1 und 2 rote Schrägtressen. Lederzeug schwarz. Seit 1934 wird Rock und Jackett der Offiziere im englischen Stil getragen, auch hat die Mütze die englische Form mit versteiftem Deckel angenommen. Das Mützenabzeichen ist jetzt ein goldener Anker im Lorbeerkranz, für Admirale oberhalb der Rangsterne auf dem Randstreifen befestigt. Schirmstickerei nach englischem Muster. Die Matrosenmütze hat roten Vorstoß oben und unten am Besatzstreifen, die Jacketts der Unteroffiziere sind einreihig und haben Stehumlegekragen.

Die Deckoffiziere haben zum großen Anzug zweireihig hochgeschlossenen Rock, auf den Unterarmen eine schmale Goldtresse mit einer silbernen und einer goldenen oder nur einer goldenen Schnur darunter. Ihre Schirmmütze trägt auf dem Besatzstreifen eine mittelbreite Goldtresse in der Mitte, auf dem Rand das verkleinerte Offiziersmützenabzeichen, bei den anderen Unteroffiziersgraden fällt der Mützenrangstreifen weg. Offiziersanwärter tragen eine schmale Ärmeltresse, die in gleichen Abständen durch hellblaue Quertressen durchbrochen ist.

Großbritannien

1758 wurden der britischen Kriegsmarine die Uniformfarben Blau und Weiß mit goldenen Knöpfen von König Georg II. verliehen und sind seitdem unverändert bestehen geblieben. Der Schnitt der Kleidungsstücke folgte dem allgemeinen Zeitgeschmack (Abb. 99a). Zunächst lange einreihige Röcke, später mit weißen Rabatten, Ärmelaufschläge rund, nachher brandenburgisch. Unterzeug weiß. Schon 1783 wurden für die Admirale Ärmelrangtressen, 1–3 breite, eingeführt. Im übrigen fand eine Gradbezeichnung noch nicht statt. 1795 wurden Epauletten mit starken Fransen eingeführt: Admirale mit 1–3 Silbersternen, Kapitän zur See 2 Epauletten mit glatten Feldern, Fregattenkapitän 1 Epaulett auf der rechten Schulter, Korvettenkapitän 1 auf der linken Schulter, Subalternoffiziere hatten derzeit keine Epauletten. 1812 erhielten alle Stabsoffiziere zwei Epauletten, Kapitän zur See mit silberner Krone und Anker, Fregattenkapitän silbernem Anker, Korvettenkapitän nichts auf dem Feld. Die Leutnants erhielten 1 Epaulett auf der rechten Schulter. Der Kragen, dessen Entwicklung vom liegenden zum Stehkragen der Heeresentwicklung folgte, war weiß. Ebenso bis 1827 die Ärmelumschläge, die von da ab dunkelblau mit weißer, geschweifter dreiknöpfiger Patte wurden. In der Zeit von 1830/40 waren die Kragen und Aufschläge der Offiziersröcke, die in der Zwischenzeit doppelreihigen Frackschnitt angenommen hatten, rot, seit Beginn der Herrschaft der Königin Viktoria wiederum weiß (Abb. 99c). 1847 erhalten auch die Leutnants 2 goldene Epauletten, gleichzeitig wird ein dunkelblauer, offen oder geschlossen zu tragender Rock mit weißer Wäsche sowie eine blaue Schirmmütze mit goldenem Besatzband eingeführt. Die Mannschaftsuniformen bestanden zu dieser Zeit und auch weiterhin in kurzen, blauen, offen getragenen Jacketts mit zwei Reihen gelber Knöpfe, weißer oder dunkelblauer Hose, weißem Hemd, schwarzem Seidenbinder, schwarzledernem Zylinderhut, der später eine niedrige Form mit ringsum aufgeklapptem Rand annahm, im Sommer gelbem Strohhut gleicher Form. Zum Offiziersüberrock wurden keine Epauletten, sondern Ärmelrangstreifen getragen, Kapitän zur See 3, Korvettenkapitän 2, Leutnants 1. Seit 1856 bildet der oberste Rangstreifen eine Schleife. 1861 erhält der Leutnant zur See 1 Streifen, der Oberleutnant 2, der Korvettenkapitän 3, der Kapitän zur See 4 Rangstreifen. Um diese Zeit erhielt auch die Seeoffiziersmütze das dunkelblaue Mohairband und über dem Schirm einen silbernen Anker im goldenen Eichenlaubkranz mit der Krone darüber. In den 80er Jahren wird zusätzlich die einfache oder doppelte Schirmaußenrandeichenlaubstickerei für Stabsoffiziere und Admirale eingeführt. Als Rangabzeichen für Unteroffiziere kommt der goldgestickte Anker mit Krone darüber auf dem linken Oberarm in Anwendung, später auch Waffenabzeichen mit goldenen Winkeltressen darunter. Die englische Marine kennt einen Galafrack, zweireihig, hochgeschlossen mit weißem Stehkragen mit mehr oder weniger breiter Goldtresseneinfassung, weißer mit Goldtresse außen eingefaßter dreiknöpfiger geschweifter Ärmelpatte und Goldtressenbesatz um die Taillenknöpfe. Bei Admiralen sind Kragen und Ärmelpatten mit reicher Eichenlaubstickerei bedeckt. Die Rangtressen laufen beim Galafrack unter der Patte hindurch. Die Seekadetten und Fähnriche zur See tragen die Offiziersmütze und das Offiziersjackett, in den Kragenecken Fähnriche zur See weiße Kragenpatten mit kleinem goldenen Knopf hinten, Seekadetten weiß eingefaßtes Knopfloch und kleinen goldenen Knopf am Ende. Dieselben Abzeichen befinden sich auf dem Stehkragen des seit alters her einreihigen, offen getragenen Paradejacketts. Zu diesem Anzug wird ein kleiner Dolch in schwarzer Lederscheide mit Elfenbeingriff getragen. Ein Beispiel der heutigen Matrosenuniform gibt Abb. 991. Die Epauletten der Offiziere sind aus goldener gestreifter Tresse und haben bis zum Oberleutnant einschließlich starke Fransen. Auf dem Feld befindet sich ein silberner unklarer Anker, beim Kapitänleutnant mit Silberstern, beim Korvettenkapitän mit Silberkrone darüber. Der Fregattenkapitän hat Krone und 1 Stern, Kapitän zur See Krone und 2 Sterne. Admirale haben auf dem Feld ein gekreuztes Schwert und Kommandostab mit 1–3 Sternen und Krone darüber. Das Epaulettabzeichen des Großadmirals ist dasselbe wie beim Feldmarschall der Armee. Auf dem zweireihigen Mantel werden die Rangabzeichen in Form der Ärmeltressen auf den Achselstücken angebracht. Die Admiralsachselstücke sind mit goldener Tresse belegt und weisen die Abzeichen der Epauletts auf. Dieselben Achselstücke werden auch zur weißen Uniform angelegt.

Zur englischen Marine gehören schon seit Mitte des 18. Jahrhunderts die sogenannten Royal Marines, die aus Infanterie und Artillerie bestehen. Die Uniform der Marineinfanterie folgt im allgemeinen der des Heeres. Die Röcke sind rot, die Abzeichen dunkelblau. Die Marineartillerie hat dunkelblaue Röcke mit roten Abzeichen. Das Waffenabzeichen der Royal Marines ist ein Globus im Lorbeerkranz. Sie tragen 1937 dunkelblauen einreihigen Rock mit dem Waffenabzeichen in den Kragenecken und dunkelblaue Hosen. Zur Parade weißes Lederzeug und weißen Tropenhelm mit goldenem Beschlag. Die Rangabzeichen waren immer die gleichen wie im Heer.

Italien

Die Uniformen der italienischen Kriegsmarine sind seit ihrer Errichtung in großen Zügen unverändert geblieben. Der Offiziershut hat die hohe englische Form, für Admirale mit breiter Goldstickereieinfassung und schwarzer Straußenfederfüllung. Der Galarock ist ein Frack mit zwei Reihen von je 5 goldenen Knöpfen, von denen 4 zugeknöpft werden, auf den Ärmeln die Rangtressen, auf den Kragenenden der silberne, für Admirale goldene Aktivitätsstern. Auf den Schultern tragen die Admirale goldgeflochtene Achselstücke und doppelte Fangschnüre an der rechten Schulter, die anderen Offiziere Passanten, Subalternoffiziere aus einfacher Goldtresse, Stabsoffiziere dunkelblaue Tuchstreifen mit Goldeinfassung und goldenem Ankertau in der Mitte, sowie goldene Schuppenepauletts mit glatter bzw. eckiger Randausprägung und dünnen bzw. starken Fransen; Galahose mit Goldstreifen. Der Rock hat in den Kragenecken ebenfalls den Aktivitätsstern, auf den Unterarmen die Rangtressen und zwei Reihen mit je 5 Knöpfen sowie Passanten, die auch das jetzt nur noch dreiknöpfige zweireihige Jackett aufweist. Auf dem Jackett sind die Ärmelrangtressen in Form von kurzen Litzen angebracht. Der zweireihige Mantel trägt neuerdings ebenfalls die Ärmelrangtressen. Die Seeoffiziersmütze hat über dem Schirm einen goldenen gekrönten Anker im Lorbeerkranz, um das ziemlich hohe Besatzband die Ärmelrangtressen. Die Seeoffiziere haben ebenfalls die hellblaue Schärpe des Heeres. Die Deckoffiziere tragen die Offiziersmütze ohne Rangtressen. Ihr Jackett hat dunkelblaue Passanten und darauf 1–3 schmale Goldlitzen, der Rock 1 mittelbreiten Ärmelstreifen mit dem Waffenabzeichen darüber. Die anderen Unteroffiziere haben 1–3 goldene Winkeltressen, Spitze unten an den Oberarmen. Bei den Mannschaften befindet sich der Aktivitätsstern in den Kragenecken des blauen Hemdkragens, der abweichend vom allgemein üblichen nur zwei weiße Besatzstreifen aufweist. Das Mützenband bildet an der linken Seite eine kleine Schleife. Waffenabzeichen und Rangabzeichen, Winkeltressen, werden an beiden Oberarmen in roter Stickerei getragen.

Die Stelle des Seebataillons nimmt bei der italienischen Marine das Bataillon San Marco ein. Die Mannschaften tragen graugrüne Matrosenuniform und auf den Aufschlägen eine rote Patte mit dem weißgestickten geflügelten Löwen von San Marco. Die Offiziere tragen bis 1934 Heeresuniform mit rotem Stehkragen; hinter dem Aktivitätsstern der goldgestickte Löwe. Seit 1934 hat die Offiziersuniform Jackettschnitt wie beim Heer und Rangabzeichen durch Ärmelrangtressen, auf den Kragen rote Kragenpatten mit dem silbernen Aktivitätsstern unten und darüber dem goldgestickten Löwen von San Marco. Zur Tellermütze wird das See-Offiziersmützenabzeichen getragen, das sich auch an der linken Seite des Baretts für den Felddienst befindet.

Niederlande

Die ersten reglementierten Bestimmungen für die Offiziersuniformen der Kriegsmarine finden sich schon seit 1792, vervollständigt 1798. Die große Uniform der Admirale bestand aus einem dunkelblauen Rock mit gleichfarbigem Kragen, Rabatten und runden Aufschlägen, die beiden letzteren mit einfacher bzw. doppelter breiter Goldborte besetzt. Weiße Weste und Kniehosen, schwarzer Dreimaster mit Goldborte und rot-weiß-blauen Straußenfedern. Die kleine Uniform aus einem dunkelblauen zweireihigen Frack mit Stehumlegekragen und schwedischen Aufschlägen aus Grundtuch. Hierzu wurden goldene Epauletten mit dicken Fransen und 2 bzw. 1 Silberstern im Feld getragen. Weiße oder dunkelblaue Hose, Hut ohne Federn. Die anderen Offiziere hatten einen dunkelblauen Rock mit rotem Stehkragen und gleichfarbigen brandenburgischen Aufschlägen. Die Rabatten und das Schoßfutter bei den Kapitänen und 1. Leutnants rot, bei den Kapitänleutnants und den 2. Leutnants dunkelblau, dazu goldene Epauletten mit Fransen, bei den Subalternoffizieren mit 1 und 2 Längsstreifen im Feld. Der Hut und der Interimsfrack wie bei den Admiralen mit entsprechenden Epauletten. Deckoffiziere trugen den Offiziershut, blauen, einreihigen langschößigen Rock mit stehendem Kragen und runden Aufschlägen mit drei Ankerknöpfen ohne weitere Verzierung, blaues Unterzeug. 1808 zur Zeit der französischen Herrschaft verschwinden die roten Abzeichen; Kragenaufschläge und Rabatten sind durchgängig dunkelblau. Die Besonderheiten an der Admiralsuniform bleiben dieselben. Die Epauletten werden von sämtlichen Offizieren nach französischem Muster getragen. Die Matrosen trugen um diese Zeit dunkelblaue offene Jacken mit zwei Reihen gelber Knöpfe, rote Weste, blaue oder weiße lange Hose, runde Mütze. 1824 besteht die große Uniform der Seeoffiziere aus einem dunkelblauen zweireihigen Frack mit stehendem rotem Kragen, der bei Admiralen mit breiter, Stabsoffizieren mit schmaler Goldtresse eingefaßt ist. Der runde Ärmelaufschlag ist rot und trägt den gleichen Tressenbesatz, Subalternoffiziere haben den Aufschlag dunkelblau und keine Tressen an Kragen und Aufschlag. Die Epauletten sind aus Gold mit dicken Fransen; Admirale mit 2 und 3 Silbersternen, Kapitäne zur See glattes Feld, Kapitänleutnants 1 Silberlängsstreifen, die Leutnants 1. und 2. Klasse nur ein Epaulett mit Fransen auf der rechten Schulter. Säbel in schwarzer Scheide und Goldbeschlag, lange dunkelblaue Hose, seit 1835 zur Gala mit breitem Goldstreifen. Hierzu schwarzer Hut, an der rechten Seite große orange Seidenkokarde und goldene Agraffe, für Admirale weiße Straußenfederfüllung.

Zur kleinen Uniform wird von allen Offizieren ein zweireihiger dunkelblauer Rock mit goldenen Passanten offen oder geschlossen getragen, dazu weiße oder dunkelblaue einreihige Weste. 1831 erhielten auch die Leutnants 1. und 2. Klasse goldene Epauletts mit Fransen, bei den Leutnants 2. Klasse mit dem silbernen Längsstreifen. 1835 wird für den Dienst an Bord eine dunkelblaue Schirmmütze mit kleinem Deckel und breitem rotvorgestoßenen Goldstreifen auf dem Besatzband eingeführt. Nach Einführung des Waffenrockes beim Heer wird auch der Galarock der Seeoffiziere ein zweireihiger hochgeschlossener Rock mit mittellangen Schößen, Stehkragen und runden Aufschlägen. Hierzu werden die Epauletten getragen, bei Admiralen ist Kragen und Aufschlag mit dichter Goldstickerei besetzt, bei Seeoffizieren nur das Kragenende mit einem liegenden Anker und goldenen Eichenlaubblättern bestickt. Auf den Ärmeln befinden sich die Rangtressen, siehe Schema, deren oberste eine Schleife bildet, goldene Passanten; die Offiziersepauletts erhalten glattes Feld und Schieber, für Stabsoffiziere mit dicken, Subalternoffiziere mit dünnen Fransen. Der Hut bleibt unverändert. Beim zweireihigen langen Rock im Zivilschnitt werden zu den Ärmelstreifen goldene Passanten und Epauletts angelegt. Als charakteristisches Zeichen befindet sich in den Kragenecken hier wie auch beim Bordjackett ein goldener unklarer Anker mit Krone darüber, für Ingenieure eine Fackel auf zwei gekreuzten Pfeilen mit Krone darüber. Noch bis zum I. Weltkrieg trugen die Offiziere eine Mütze der gleichen Form wie die österreichische Marine um diese Zeit (Abb. 99f), mit waagrechtem Lederschirm, über der Stirn das Kragenwaffenabzeichen im goldenen Eichenlaubkranz. Erst nach dem I. Weltkrieg nimmt auch die holländische Marine die englische Offiziersmützenform an, ebenso die Schirmrandstickerei für Stabsoffiziere und Admirale. Die Marinefliegeroffiziere haben als Waffenabzeichen einen Rotationsmotor mit Propeller und Krone darüber, sonst Seeoffiziersuniform. Die Entwicklung der Mannschaftsuniform folgt dem allgemeinen Vorbild. Auf dem linken Arm befindet sich das Waffenabzeichen, klarer Anker für das seemännische Personal, zwei gekreuzte Fackeln für das Maschinenpersonal in Rot, für Unteroffiziere in Gold mit Krone darüber.

Seit 1814 besteht auch ein Korps Mariniers, dem späteren deutschen Seebataillon entsprechend. Zunächst dunkelblauer Rock im Armeeschnitt mit gelben Kragen, Aufschlägen und Vorstößen, gelbe Ankerknöpfe, Tschako, seit 1817 dunkelblauer zweireihiger Rock mit gelben Knöpfen, roter stehender Kragen, dunkelblaue brandenburgische, rot vorgestoßene Aufschläge, dunkelblaue Hose mit rotem Vorstoß, lederner Hut, an der linken Seite aufgeschlagen mit gelber Agraffe, orange Kokarde und rotem Federbusch. Offiziere entsprechend mit goldenen Epauletten, je nach Rang. 1830 wird der Rock einreihig, der rote Kragen erhält auf beiden Seiten zwei gelbe, für Offiziere goldene Litzen. Die Aufschläge werden spitz mit rotem Vorstoß; Tschako nach Armeemodell, roter Pompon mit kleinem Busch, über der Stirn zwei gekreuzte Anker mit Krone darüber, Epauletten nach Rang. Nach Einführung des Waffenrocks in den 60er Jahren wird der Kragen dunkelblau, ringsum rot vorgestoßen, der Mannschaftsaufschlagrand rund mit rotem Vorstoß, der Tschako, der die Veränderung des Heerestschakos mitmacht, behält als Abzeichen die gekreuzten Anker mit der Krone darüber. Mannschaften tragen zum Waffenrock dunkelblaue rot vorgestoßene Achselklappen, die Offiziere goldene Achselverschnürungen und die ihrem Rang entsprechenden Ärmeltressen der Seeoffiziere an beiden Unterarmen, orangeseidene Schärpe. Ende des 19. Jahrhunderts tritt an Stelle des Tschakos ein dunkelblau bezogener Korkhelm englischen Modells mit gelben Beschlägen und Kinnkette, auf der Vorderseite auf gekröntem achtstrahligen Stern den niederländischen Wappenlöwen im Lorbeekranz auf gekreuzten Ankern. Diese Uniform wird zur Gala auch heute noch getragen. Beim Borddienst tritt an Stelle des Waffenrocks ein einreihiger dunkelblauer Feldrock mit Stehumlegekragen – die Unteroffiziersrangabzeichen sind entsprechend dem Heer – und eine Mütze nach Art der Offiziere, die über dem Schirm nur einen stehenden Anker mit Krone trägt.

Norwegen

Während der Zeit der Personalunion bis 1905 wich die norwegische Marineuniform im allgemeinen nicht von der schwedischen ab. Sie ist ihr auch nachher sehr ähnlich geblieben, bis auf die Nationalkokarde am Offiziershut.

Polen

Der Hut der polnischen Marineoffiziere hat die hohe englische Form, auf der rechten Seite große weiß-rote Seidenkokarde und darüber senkrecht von oben goldene Bandagraffe. Er ist für alle Rangstufen einschließlich der Admirale gleich. Einen Galarock für die Offiziere gibt es nicht. Zum langen zweireihigen Rock im Zivilschnitt werden goldene Passanten und zum großen Dienstanzug außer dem Ärmelstreifen, siehe Tabelle, goldene glatte Epauletten getragen, die für Stabsoffiziere und Admirale dicke, für Subalternoffiziere dünne Fransen haben. Der Säbel in schwarzer Lederscheide mit gelben Beschlägen üblichen Modells wird an einem schwarzseidenen Koppel mit goldenem Koppelschloß getragen. Hierzu gehört weiße Wäsche mit Querbinder. Zum Dienst- und Tagesanzug gehört eine dunkelblaue Tellermütze mit schwarzmohairnem Besatzband, schwarzem Lacklederschirm und Kinnriemen. Der Mützenschirm ist für Subalternoffiziere mit einfacher, für Stabsoffiziere mit zweifacher glatter, für Admirale mit breiter zickzackförmig verlaufender Goldtresse am Außenrand belegt. Auf dem Kinnriemen befinden sich je nach Diensgrad 1–3 kleine fünfstrahlige Goldsterne in der Mitte. Das Mützenabzeichen auf schwarzer Tuchunterlage besteht aus zwei gekreuzten Lorbeerzweigen, in deren Mitte der silberne, polnische gekrönte Adler auf goldenem Anker angebracht ist. Im Sommer hat der Deckel weißen Bezug. Kleiner Dienst- und Ausgangsanzug ist das zweireihige Jackett im Zivilschnitt mit Ärmelrangabzeichen ohne Passanten, weißem Stehumlegekragen mit schwarzem Langbinder, kleinem Dolch mit Elfenbeingriff und schwarzer Lederscheide mit goldenem Beschlag. Der Mantel ist zweireihig und trägt die Ärmelrangtressen auf den dunkelblauen stumpfen Achselklappen. Die Deckoffiziere tragen das Offiziersjackett. Die Rangabzeichen bestehen aus 1 und 2 schmalen goldenen Winkeltressen am Unterarm, Spitze unten. Beim obersten Deckoffiziersgrad läuft darunter noch eine schmale Goldtresse auf roter Unterlage rings um den Arm. Die gleichen Rangabzeichen sind auf den schwarzen Mantelachselklappen angebracht. Hierzu Offiziersmütze mit dem polnischen Silberadler auf goldenem Anker. Das gleiche Mützenabzeichen befindet sich auch auf dem Rand der dunkelblauen Mannschaftsmütze, deren goldbeschriftetes Seidenband keine freien Enden hat. Die Mannschaftsrangabzeichen zum blauen und weißen Hemd sowie zum kurzen zweireihigen Mantel bestehen aus 1–3 kurzen goldenen, rot vorgestoßenen Schrägtressen am linken Oberarm; darüber das Waffen- oder Spezialitätenabzeichen, z. B. Schiffsschraube auf Zahnrad, gekreuzte Kanonenrohre usw. in roter Stikkerei. Zum Dienst unter Waffen wird braunes Lederzeug und kurze weiße Gamaschen getragen.

Portugal

Um 1890 trug der Admiral den schwarzen Filzhut mit schwarzer Straußenfederfüllung. Zur Gala zweireihigen hochgeschlossenen Waffenrock mit goldbesticktem Kragen und runden Aufschlägen. Die übrigen Offiziersuniformstükke glichen der englischen. Die Ärmelrangtressen hatten dieselbe Zahl und Breite wie derzeit beim Heer, Admirale jedoch 3 breite und 1 mittelbreite darüber; oberste Rangtresse mit Schleife. Deckoffiziere hatten kurzes dunkelblaues Jackett mit zwei Reihen Knöpfen, in den Kragenenden ein goldenes gekröntes Waffenabzeichen. In der späteren Zeit hat sich die Uniform der Kriegsmarine auch bezüglich der Offiziersärmelrangtressen dem englischen Vorbild angeglichen.

Rumänien

Die Flußflotille der Walachei trug um 1852 grüne Waffenröcke mit gleichfarbigem Kragen und brandenburgischen Aufschlägen, alles weiß vorgestoßen, gelbe Knöpfe, Offiziere goldene Epauletten, goldene Gardelitzen auf den Ärmelpatten und einen liegenden goldenen Anker am Kragen, braunes Lederzeug, dunkelgrüne Hose mit weißem Vorstoß, schwarzem Ledertschako mit weißem Wappenadler und gelben Schuppenketten. Um 1870 wird zur Gala ein einreihiger, oben offen getragener dunkelblauer Frack von den Offizieren angelegt, mit goldenen Epauletten und gleichfarbigen Ärmelstreifen, in den Ecken des Stehkragens ein liegender goldener Anker. Dazu lange dunkelblaue Hose mit Goldbesatz, schwarzer Hut französischer Form mit rot-gelb-blauer Kokarde und goldener Agraffe. Marinesäbel am goldenen Paradekoppel. Im Dienst zweireihiger langer Rock mit goldenen Passanten und Ärmeltressen, weißer Wäsche und schwarzem Querbinder, in den Kragenecken des Rockes befindet sich ein gekrönter Anker, der auch als Mützenabzeichen der dunkelblauen Schirmmütze dient. Die Mannschaften haben zur Parade schwarzen, breitkrempigen, ringsum aufgeklappten Leder- oder Strohhut mit schwarzem Seidenband und lang herabfallenden Enden. Für gewöhnlich dunkelblaue Marinemütze mit rotem Puschel oben nach französischem Muster, sonst wie allgemein üblich. Der französische Einfluß bleibt auch weiterhin im Schnitt der Uniformstücke erkennbar. Nach dem I. Weltkrieg ist die Uniform bis auf die Offiziersrangtressen ganz nach englischem Muster. Das Mützenabzeichen besteht aus einem silbernen Anker mit goldenem aufgelegten königlichen Monogramm im goldenen Taukranz, umgeben von goldenem Eichenlaub mit der Krone darüber; Schirmstickerei nach englischem Vorbild. Waffen- und Rangabzeichen der Mannschaften und Unteroffiziere befinden sich in roter bzw. goldener Stickerei auf dem linken Oberarm. Die Deckoffiziere haben ein einreihiges hochgeschlossenes Jackett, die Waffenabzeichen in Goldstickerei auf den spitzen Achselklappen, die Rangabzeichen, 1–3 flache Winkeltressen in Gold, auf dem Oberarm. Das Mützenabzeichen der Deckoffiziere ist ähnlich dem der Offiziere, aber ohne die Eichenlaubstickerei. Die Offiziere haben neben dem Marinesäbel auch einen kleinen Dolch in Messingscheide mit Elfenbeingriff.

Rußland

Die russische Flotte war seit Beginn des 19. Jahrhunderts bis zu ihrer Auflösung 1917 nach dem französischen Muster der vornapoleonischen Zeit in sogenannte Equipagen zusammengefaßt, die jeweils aus einem Linienschiff und mehreren kleinen Fahrzeugen bestanden. Die Gardeequipage, in St. Petersburg stationiert, zeichnete sich durch besondere Uniformkennzeichen aus.

Bis Ende der 50er Jahre des 19. Jahrhunderts war die Marine ganz im Armeeschnitt uniformiert. Offiziere und Mannschaften trugen Tschakos mit gelbem Anker vorn, dunkelgrüne Röcke und Hosen mit weißen Vorstößen im jeweiligen Armeeschnitt, Rangabzeichen wie im Heer. Schwarzes Lederzeug. Seitdem fand eine Annäherung an die allgemein übliche Marinebekleidung statt, aber unter Beibehalt vieler Besonderheiten, insbesondere der dunkelgrünen Grundfarbe für die Marineuniform. Der schwarze Seidenfilzhut hatte eine hohe Form, auf der rechten Seite eine schräge goldene Agraffe, weiß-orange-schwarze Seidenkokarde. Der dunkelgrüne Paradewaffenrock mit mittellangen Schößen war zweireihig; für Admirale Stehkragen und französische Aufschläge mit dichter Eichenlaubstickerei. Die anderen Offiziere hatten am Stehkragen liegenden unklaren Anker, auf den schwedischen Aufschlägen zwei goldene Gardelitzen, goldene Epauletten mit gewirkten Monden, auf dem Feld Admirale 1–3 schwarze Emailleadler und dicke Fransen, Stabsoffiziere dünne Fransen, Kapitän zur See keine, Fregattenkapitän drei fünfstrahlige Silbersterne, Oberleutnant und Unterleutnant zur See keine Fransen, 3 bzw. 1 Silberstern auf dem Feld. Die anderen Offiziersrangstufen fehlten. Dunkelgrüne Hose mit breitem Goldstreifen, Säbel in schwarzer Scheide mit goldenen Beschlägen am schwarzen Lederkoppel mit goldenem Koppelschloß. Zum Dienstanzug gehörte die ganz dunkelgrüne Schirmmütze mit Kinnriemen, die um Deckel und Besatzband weiße Vorstöße trug. Über dem Schirm befand sich die ovale silber-orange-schwarze Kokarde auf dem Besatzstreifen. Im Sommer hatte die Mütze weißen Deckelüberzug. Der zweireihige lange Rock im Zivilschnitt mit weißer Wäsche und schwarzem Querbinder war aus dunkelgrünem Tuch hergestellt, trug zwei Knöpfe in der Ärmelnaht, jedoch keine Rangtressen, dafür schwarze Achselstücke mit Goldtressenbesatz nach Armeemuster; Dienstgradbezeichnung wie auf Epauletten, Hose ohne Goldstreifen, Dolch mit Elfenbeingriff am Überschnallkoppel. Zum großen Dienstanzug Hut und Epauletten. Zum Bordanzug wurde ein zweireihiges Jackett mit Achselstücken getragen, bis Ende des 19. Jahrhunderts hochgeschlossen (Abb. 99 h). Der Mantel war dunkelgrün mit zwei Reihen gelber Knöpfe und liegendem Kragen. Die Mannschaft trug eine dunkelgrüne Matrosenmütze üblichen Formats mit weißem Deckelvorstoß und ovaler Kokarde auf dem Rand über der Stirn, schwarzes Seidenband mit goldener Beschriftung, die Enden hinten herabfallend. Blaues bzw. weißes Hemd mit dem üblichen hellblauen Hemdkragen und weiß-blau waagerecht gestreiftem Unterhemd, dunkelgrüne Hose, schwarzes Lederzeug, kurzer hochgeschlossener Mantel mit spitzen Achselklappen, auf denen die Anfangsbuchstaben der Equipagen in Gelb gemalt waren. Die Gardeequipage hatte rote Achselklappen, weißen Kragenvorstoß, gelbe Gardelitzen am Kragen und den runden Aufschlägen, orange-schwarz waagerecht gestreiftes Mützenband. Die Unteroffiziere und Obermatrosen trugen 1–4 schmale gelbe Tressen quer über die Achselklappen bzw. die Schultern beim Hemd. Die Deckoffiziere hatten ein zweireihiges Jackett, bis etwa 1900 hochgeschlossen, und weiße Wäsche, quer über die Achselklappen eine breite goldene Tresse, in den Kragenecken Waffenabzeichen, Anker, gekreuzte Kanonenrohre, Maschinisten, Zahnrad und Schiffsschraube, dazu Offiziersmütze mit Mannschaftskokarde auf dem Rand. Die Ingenieure hatten silberne Knöpfe, Epauletten und Achselstücke mit rotem Futter; sonst wie Seeoffiziere.

Sowjetunion

Nach der Revolution zeigten die russischen Marineuniformen zunächst eine Fülle von roten Verzierungen, Kokarde, Mützenbänder, Kragen usw. Ab etwa 1925 hat sich jedoch die Marineuniform im allgemeinen gänzlich dem westlichen Vorbild angenähert, insbesondere auch die dunkelblaue Grundfarbe angenommen. Offiziersrangabzeichen siehe Schema. Das Abzeichen der Offiziersmütze besteht aus einem goldenen Anker auf rotem Emailleknopf, umgeben von zwei goldenen Lorbeerzweigen; roter fünfstrahliger Emaillestern darüber. Deckoffiziere dasselbe ohne Lorbeerzweige. Diese haben an den Unterarmen 1–4 ganz schmale Goldschnüre mit dem roten Emaillestern darüber.

Schweden

Um 1800 trug die Stockholmer Bootsmannskompanie schwarze Zylinderhüte mit gelbem Band, dunkelblaue zweireihige gelbgefütterte Jacke mit gelbem Kragen und rundem Aufschlag, gelbe Weste, dunkelblaue Hose. Um 1830 hatten die Mannschaften kurze, dunkelblaue zweireihige schoßlose Jacken, weiße oder dunkelblaue Hose, dunkelblaue Tellermütze ohne Schirm mit weichem Deckel. Seit Mitte des 19. Jahrhunderts ist die Uniform dem allgemeinen Muster angepaßt. Die Matrosenmütze mit verhältnismäßig kleinem weichem Deckel hat das Seidenband mit gelber Beschriftung an der linken Seite zu einer kurzen Schleife mit herabhängenden Enden geknüpft. Die Waffenbezeichnungen in gelber Stickerei befinden sich auf dem linken Oberarm von Hemd und kurzem Mantel, z. B. gekreuzte Kanonenrohre, gekreuzte Signalflaggen, Schiffspropeller usw. Darunter in Gestalt von kurzen gelben Schrägtressen die Mannschaftsgradbezeichnungen. Die Unteroffiziere und Deckoffiziere tragen das zweireihige Offiziersjackett, auf beiden Unterarmen 2–3 kurze Winkeltressen, Spitze oben, mit dem Waffenabzeichen in Gold darunter, Steuerleute unklaren Anker oder Steuerrad. Sie tragen die Offiziersmütze, als Mützenabzeichen einen goldenen unklaren Anker zwischen 3 Kronen im Taukranz mit der Krone darüber. Die Seeoffiziere haben das gleiche Mützenabzeichen, jedoch statt des Taukranzes einen Eichenlaubkranz, Admirale an Stelle des schwarzmohairnen Bandes eine breite Goldtresse. Die Rangtressen der Offiziere befinden sich auch am zweireihigen Mantel auf den Unterarmen.

Die Küstenartillerie gehört in Schweden zur Flotte. Sie trägt im allgemeinen die gleichen Uniformen wie die Kriegsmarine, jedoch alle gelben Abzeichen in Rot. Beim Mützenabzeichen der Offiziere und Deckoffiziere treten an Stelle des unklaren Ankers zwei gekreuzte Kanonenrohre. Die oberste Rangtresse der Offiziere bildet eine nach oben ausgezogene Spitze. Die Offiziere haben auch einen dunkelblauen einreihigen Galawaffenrock mit goldenen Epauletten wie beim Heer. Der Kragen hat einen goldenen Randvorstoß. Auf den Ärmeln befinden sich die goldenen Rangtressen. Der Hut der See- und Küstenartillerieoffiziere hat die übliche Form, gelbe Seidenkokarde und goldene Agraffe, bei Admiralen goldene Außenrandbesetzung und schwarze Straußenfederfüllung. Die Admirale haben noch einen zweireihigen Galafrack mit stehendem Kragen und brandenburgischen Aufschlägen mit reicher Eichenlaubstickerei. Die weiß gefütterten Brustumschläge sind zurückgeknöpft, Schoßfutter ist weiß.

Bis etwa 1890 bestand noch ein Marineregiment. Dieses trug ganz dunkelblaue Waffenröcke mit weißen Kragen- und Aufschlagpattenlitzen, weiße Aufschlagvorstöße, Heereskopfbedeckung. Während der Zeit der Pickelhaube statt der Spitze eine Kugel, weißes Lederzeug, dunkelblaue Hose mit weißem Vorstoß.

Spanien

Ein besonderes Kennzeichen der im übrigen sonst nicht von dem Üblichen abweichenden Uniformen der Kriegsmarine war der Galafrack der Seeoffiziere, dessen Kragen, die aufgeknöpften breiten Brustumschläge und die runden Ärmelaufschläge mit je nach Rang verschieden breiter Goldtresse eingefaßt und von roter Farbe waren.

Ungarn

Die von Ungarn unterhaltene Donauflottille hat im wesentlichen Schnitt und Rangabzeichen nach den Uniformen der früheren österreichischen Kriegsmarine übernommen. Das Mützenabzeichen der Seeoffiziere besteht aus einem silbernen Anker im goldenen Eichenlaubkranz mit der goldenen Stephanskrone darüber.

Japan

Die Uniformen der japanischen Kriegsmarine gleichen den englischen. Am Offiziersmützenabzeichen und bei der Admiralsuniform ist das goldgestickte Eichenlaub durch Kirschblätter ersetzt. Das Jackett wird abweichend von England auch bis heute noch nach amerikanischem Muster getragen (Abb. 99 g). Die Ärmelrangtressen sind hier ebenfalls aus schwarzer Borte, die oberste Tresse bildet stets eine Schleife. Die Zahl der Ärmelrangtressen ist schon seit den 90er Jahren unverändert die gleiche geblieben.

Mexiko

Die Uniformen der Kriegsmarine zeigen stark amerikanischen Einfluß. Die goldenen Epauletten für alle Rangstufen mit mittelstarken Fransen haben auf dem Feld für Admirale 2 gekreuzte Silberanker, für Stabsoffiziere einen unklaren Anker, Subalternoffiziere glattes Feld, Deckoffiziere haben 1–3 schmale Rangstreifen um die Unterärmel, Unteroffiziere schmale goldene Winkeltressen, Spitze oben, am Oberarm, darunter das Waffenabzeichen.

Türkei

Die türkische Marine trug bis zum I. Weltkrieg den roten Fez. Der zweireihige Offiziersrock hatte goldene Passanten und Epauletten, Rangtressen nach englischem Muster mit Schleife an der obersten Tresse für Seeoffiziere. Die Mannschaften zum dunkelblauen und weißen Hemd dunkelblaue Hemdkragen mit rotem Randstreifen. Die Winkeltressen der Unteroffiziere und die Fachabzeichen am linken Oberarm waren rot. Im I. Weltkrieg trugen die Offiziere dunkelblaue, steife schirmlose Käppis, vorn Mützenabzeichen, Rangtressen um den unteren Rand. Nach dem Weltkrieg sind die Uniformen ganz nach englischem Muster. Mützenabzeichen ist ein silberner Anker im goldenen Taukranz, umgeben von 2 goldenen Eichenlaubzweigen; goldener Stern und Halbmond darüber. Einfache bzw. doppelte Eichenlaubstickerei auf dem Schirm für Stabsoffiziere und Admirale. Bis in die 30er Jahre zum großen Dienstanzug goldene Epauletts mit silbernem Anker auf dem Schieber und 1–3 silbernen Rangsternen auf dem Feld, starke, mittelstarke und dünne Fransen. Den Hut hat die türkische Marine für ihre Offiziere nicht eingeführt. Neuerdings treten an Stelle der Epauletten goldgeflochtene Achselstücke, darauf 1–3 waagerechte Goldbalken je nach Rangklasse, darüber 1–3 Goldsterne je nach Dienstgrad, z. B. Kapitän zur See 2 Balken und 3 Sterne darüber, ebenso auf den weißen Achselklappen der weißen Uniform.

Auf den Kragenenden von Rock und Jackett sind kleine, hinten spitze Kragenpatten mit kleinem Knopf am Ende angebracht, für Seeoffiziere dunkelblau, Ingenieure mittelblau mit schwarzem Rhombus. Die Ärmelrangabzeichen der Subalternoffiziere sind jetzt 1 mb, 1 s + 1 mb, 2 mb. Neben dem Säbel üblicher Ausstattung wird auch ein Dolch in Messingscheide mit Elfenbeingriff am schwarzen Seidenkoppel getragen.

Vereinigte Staaten von Amerika

Die dunkelblaue Rockfarbe für die Offiziersuniformen wurde bereits 1766 eingeführt. Kragen, Aufschläge und die noch bis in die 30er Jahre des 19. Jahrhunderts hinein getragenen Rabatten waren zunächst rot, später weiß, vielfach jedoch auch lederfarben, seit 1830 dunkelblau. Die Rangbezeichnung erfolgte durch Epauletten nach Heeresvorbild. Um 1840 trugen die Matrosen ein dunkelblaues Tuchjackett, gleichfarbige Hosen und ein weißes Hemd mit großem blauen Hemdkragen, schwarzen Lederhut. Ab etwa 1850 tragen die Offiziere im Dienst einen dunkelblauen, zweireihigen hochgeschlossenen Rock mit liegendem Kragen und weißer Wäsche, zum großen Anzug schwarzen Hut mit goldenen Epauletten, sonst Schirmmütze und dunkelblaue quer über die Achselstücke laufende, goldeingefaßte Schulterstücke nach Art der Passanten, auf denen sich ein silberner unklarer Anker und die Rangabzeichen wie beim Heer befanden. Zur Zeit des Bürgerkrieges um 1860 wurden dazu auch Ärmelrangstreifen getragen: Subalternoffiziere 1–3 schmale, Korvettenkapitän 4 schmale mit Zwischenraum zwischen dem 3. und 4., Fregattenkapitän 5 mit Zwischenraum zwischen dem 1. und 2. sowie 4. und 5., Kapitän zur See 6 mit Zwischenraum zwischen dem 3. und 4., der Kommodore 7 Streifen mit Zwischenraum zwischen dem 3. und 4. sowie 4. und 5. Der Konteradmiral 8 Streifen mit Zwischenraum zwischen dem 1. und 2., 4. und 5., 7. und 8., darüber für Seeoffiziere fünfstrahliger goldener Stern. Die Mannschaftsuniform war nach englischem Vorbild. Die Unteroffiziere hatten einen weißen Adler und Anker je nach Rang auf dem rechten oder linken Oberarm. Die Marine der konföderierten Staaten hatte Uniformen aus grauem Grundtuch, mittelbreite goldene Ärmelstreifen, die oberste mit Schleife, Admirale 4, Kapitän zur See 3, Korvettenkapitän 2, Leutnant 1 Streifen, sowie die gleiche Anzahl von Sternen auf den passantenförmigen, hellblauen goldeingefaßten Schulterstücken. Auf der Mütze befanden sich die Rangsterne über einem unklaren Anker im Eichenlaubkranz; Admirale hatten goldenes Besatzband. Die Mannschaften hatten weißes Hemd, schwarzen Seidenbinder, graues Jackett und Hosen und schwarzen Hut, Unteroffiziere einen schwarzen unklaren Seidenanker auf dem rechten Oberarm. Etwa um 1870 wird zur großen Uniform der Offiziere ein zweireihiger Frack mit goldenen Epauletten, auf denen die silbernen Heeresrangabzeichen angebracht sind, eingeführt und als Dienstuniform ein schwarzes hochgeschlossenes Jackett mit Stehkragen, das an allen Außennähten mit breiter schwarzer Tresse eingefaßt ist, etwa in der Form der Abb. 99g, jedoch mit goldenen Ärmelrangtressen und silbernen Kragenrangbezeichnungen derselben Zahl und Art wie beim Heer. Die Admiralsrangtressen waren derzeit 1 breite, 1 breite und 1 mittelbreite darüber, 2 breite und 1 mittelbreite dazwischen. Die Mütze der Seeoffiziere erhielt die Form der derzeit in der österreichischen Marine üblichen (Abb. 99f). Mützenabzeichen wurde der fliegende Adler über dem

Schild in Silber auf zwei gekreuzten goldenen unklaren Ankern. Die Seeoffiziersmütze nimmt nach der Jahrhundertwende die englische Form an. Das hochgeschlossene Jackett wird noch bis nach dem I. Weltkrieg getragen und erst seitdem durch das Bordjackett englischen Schnittes mit Ärmelrangtressen ersetzt. Deckoffiziere und Oberdeckoffiziere tragen die Offiziersuniform, jedoch mit einer schmalen oder mittelbreiten Rangtresse, die von 3 blauen breiten senkrechten Streifen durchbrochen ist. Ihr Mützenabzeichen sind die beiden gekreuzten unklaren goldenen Anker. Das typische Kennzeichen der amerikanischen Matrosen der neueren Zeit ist die auch zum dunkelblauen Anzug stets getragene weiße Kappe mit ringsum hoch aufgeschlagenem Rand und der Seidenbänder mit den lang herabfallenden Enden, in den Hemdkragenecken je ein weißer Stern (Abb. 99k). Die Unteroffiziersrangabzeichen werden an den Oberarmen getragen und bestehen aus Winkeltressen mit dem weißen Wappenadler darüber. Das Schirmmützenabzeichen der höheren Unteroffiziere ist ein stehender, unklarer goldener Anker.

Die amerikanische Kriegsmarine kennt schon seit ihrer Begründung ein sogenanntes Marinekorps, dem deutschen Seebataillon entsprechend. Seine Uniform wurde bereits 1797 als dunkelblau mit roten Abzeichen festgesetzt, Farben, die sich auch bisher noch erhalten haben. Die Uniformentwicklung des Marinekorps geht im allgemeinen parallel zu der des Heeres. Die Offiziersuniformen, deren Rangabzeichen denen des Heeres entsprechen, zeichneten sich durch reiche goldene Kragen- und Aufschlagbesetzung aus. Die Hosen sind hellblau mit rotem Vorstoß für Mannschaften, Besatzstreifen für Offiziere; weißes Lederzeug. Das Waffenabzeichen des Marinekorps ist der Globus auf schräg liegendem Anker mit dem Wappenadler darüber. Dieses Abzeichen wird auch zur Felduniform getragen, die der des Heeres gleich ist, aber im Tuch einen dunkleren, olivgrünen Einschlag hat. An Bord und zum Ausgang wird eine dunkelblaue einreihige Uniform mit Stehumlegekragen und Waffenabzeichen daran, weißem Lederzeug, gelben Knöpfen, hellblaue Hose mit rotem Streifen, dunkelblaue Mütze mit Waffenabzeichen auf dem Rand, angelegt (Abb. 98l).

Die Luftwaffe

Bis zum I. Weltkrieg war die militärische Luftfahrt in ihrer Entwicklung noch nicht weit fortgeschritten. Zwar bestanden schon seit den 80er Jahren des vorigen Jahrhunderts in vielen, besonders größeren Armeen Fesselballontrupps, die jedoch keine selbständige Waffengattung bildeten, sondern zum Genie gehörten und dessen Uniform trugen. Auch bis zum Krieg verblieb der innere Zusammenhang zwischen Genie und Luftfahrtruppe uniformmäßig gesehen in allen Heeren der gleiche. Erst die unerwartete Entwicklung während und besonders nach dem I. Weltkrieg machte die Fliegerwaffe zunächst zu einer selbständigen Truppengattung und zu einem eigenen, dem Heer und der Flotte gleichgestellten Wehrmachtsteil. Mit dieser Entwicklung Hand in Hand geht auch die Entwicklung einer eigenen Uniform für die Luftwaffe. Nur wenige Länder sind dabei verblieben, der Luftwaffe die Genieuniform zu belassen und ihr lediglich Spezialabzeichen zuzuerkennen. Sie werden im folgenden nicht besonders erwähnt. Die Mehrzahl aller Länder schuf für die Luftwaffe eine Uniform, die in sehr erheblicher Weise von den bisher gebräuchlichen Heeresuniformen abweicht. Es tritt bei dieser jüngsten Waffe international eine weitgehende Ähnlichkeit im Schnitt zutage, ist doch die Uniform der Luftwaffe der durch Tradition ungehinderte Ausdruck einer nach modernem Empfinden praktischen und gleichzeitig dem Auge gefälligen militärischen Bekleidung. Der internationale Uniformtyp der Luftwaffe, erkennbar englischen Ursprungs, ist danach das einreihige vierknöpfige Ziviljackett mit aufgesetzten Brust- und Seitentaschen möglichst großen Formats, farbige, außer Dienst weiße Wäsche, lange Hose, möglichst mit Umschlag, sowie eine Tellermütze mit Schirm und Sturmriemen.

Albanien

Die Uniform der Luftwaffe M. 29 ist die gleiche wie die Infanterieuniform. Zusätzlich in den vorderen unteren Kragenecken viereckige gelbe Patten. Zur Uniform M. 36 ist die Waffenfarbe gelb. Offiziere tragen in den Kragenenden einen fliegenden goldenen Adler; alles übrige wie beim Heer.

Dänemark

Die zur Fliegerwaffe kommandierten Offiziere tragen an sich die Uniform ihrer Herkunftswaffe, jedoch meistens die Uniform M. 23 mit dem Fliegerabzeichen über der rechten Brusttasche. Es besteht aus Goldstickerei; zwischen zwei stilisierten Adlerschwingen ein Kanonenrohr auf gekreuzten Gewehren mit der Krone darüber.

1936

a b c d e f g

Abb. 100. Luftwaffe 1936.
Deutsches Reich: a Offizier, Dienst – b Mannschaft, Dienst – England: c Offizier, Parade – Frankreich: d Unteroffizier – Italien: e Offizier – Polen: f Offizier – Schweden: g Unteroffizier

Finnland

Die Uniform M. 22 im allgemeinen Heeresschnitt ist bei Offizieren ganz aus dunkelblauem Tuch. Die Hose hat breite hellgraue Streifen; dazu Seeoffiziersmütze mit fliegendem Adler über der roten Kokarde im goldenen Eichenlaubkranz. Bei der Mannschaftsuniform ist der Rock hellgrau, das Besatztuch, die Feldmütze und die Hose dunkelblau; die Aufschläge sind rund, die Achselklappen schwarz mit hellblauem Vorstoß. Das Waffenabzeichen der Luftwaffe ist ein geflügelter Propeller. Die Uniform M. 27 ist im Schnitt dieselbe wie beim Heer, aber ganz aus dunkelblauem Grundtuch hergestellt, Hemd und Kragen im Dienst graublau.

Frankreich

Vor und während des I. Weltkriegs zunächst Genieuniform mit Spezialabzeichen in roter bzw. goldener Stickerei am rechten Oberarm, geflügelter Propeller für Flieger, geflügelter Anker für Ballontruppen. Gegen Ende des 1. Weltkrieges erhielt zur horizontblauen Uniform die Fliegertruppe orange Kragenpatten mit schwarzen Winkelschnüren und Nummer, die Ballontruppe schwarze Patten mit orange Beschriftung und Schnüren. Seit 1924 hat die ganze Luftwaffe dunkelblaue Kragenpatten in Heeresform; die Beschriftung ist orange, für Unteroffiziere und Offiziere golden; die Winkelschnüre sind verschiedenfarbig: Ballontruppen orange, Jagdstaffeln grün, Bombenstaffeln rot, Beobachtungsstaffeln hellblau, Bodentruppe violett, Wetterdienst weiß.
Seit 1934 für Offiziere und Unteroffiziere, seit 1935 auch für Mannschaften Einführung einer neuen Uniform aus dunkelblauem, von Offizieren meist schwarz getragenem Tuch. Knöpfe und Rangabzeichen sind gelb bzw. golden. Die Offiziere und höheren Unteroffiziere (Adjutanten) haben ein Jackett, wie Abb. 100 Figur d zeigt, jedoch ohne Stoffgürtel und Kragenpatten, mit einer Reihe von nur 4 Knöpfen. Die Rangabzeichen sind dieselben wie im Heer. Zur Parade werden goldgeflochtene Achselstücke, am Schulterende breiter werdend, für alle Offiziersrangstufen gleich, getragen. Das Koppel mit Schulterriemen sowie das Pistolenetui sind aus dunkelblauem Leder, der Fliegerdolch hat weißen Griff, gelben Beschlag und dunkelblaue Leder-

scheide. Er wird untergeschnallt getragen. Die Mütze hat dieselbe Form und Farbe wie bei der Kriegsmarine. Auf dem Randteil der Mütze über dem Schirm und auf der rechten Brustseite wird ein goldgesticktes Waffenabzeichen getragen: zwei stilisierte Adlerflügel, darüber die Abteilungsnummer, bei Kolonialtruppen unklarer Anker, beim Generalstab ein fünfstrahliger Stern. Die Mannschaftsuniform ist wie Abb. 100 d, ohne Gürtel und Passanten, die Gradabzeichen sind orange, die Kragenpatten in derselben Farbe und Ausführung wie bisher; das Lederzeug, das nur im Dienst unter Waffen getragen wird, braun, die Wäsche graublau, der Besatzstreifen der Mütze schwarz Mohair mit orangefarbenem Vorstoß oben und unten. Auch das Waffenabzeichen ist in orange Stickerei. Im Sommer wird weißer Deckelüberzug getragen. Die Unteroffiziere haben die Ärmelrangtressen in Gold und die Offiziersmütze ohne Rangtressen, aber mit schmaler Goldschnur am oberen Rand des Besatzstreifens. Für die Tropen hat die Uniform gleichen Schnitt, ist aber aus hellkakifarbenem Stoff hergestellt. Offiziere haben außerdienstlich eine weiße Uniform und einen Gesellschaftsnzug, der aus einem dunkelblauen Frack nach Marinemuster mit goldgestickter Aufschlageinfassung, goldenen Tressenachselstücken mit fliegendem Adler und querlaufenden dunkelblauen Rangschnüren sowie aus einer dunkelblauen Galahose mit breitem Goldbesatz besteht.

Großbritannien

Als nach dem I. Weltkrieg die Luftwaffe als selbständiger Wehrmachtsteil aus den bisherigen Verbänden ausgeschieden wurde, erhielt sie eine Uniform im Heeresschnitt aus hellblauem Grundtuch. Offiziere Jackett mit und ohne Stoffgürtel, hellblaue oder weiße Wäsche mit schwarzem Binder, Rangabzeichen in gleicher Zahl und Anordnung wie bei der Marine aus schwarzer Tresse mit schmalem Goldstreifen in der Mitte, ohne Schleife an der obersten Tresse, gelbe Knöpfe. Waffenabzeichen: R. A. F. (Royal Air Force) in Silber zwischen zwei goldenen Adlerschwingen mit Krone darüber auf der linken Brust; Hose ohne farbige Vorstöße. Tellermütze mit Stoffschirm, für Stabsoffiziere und Generale mit Schirmrandstickerei, dazu auf dem schwarzen Mohairband silbernen fliegenden Adler in gekröntem goldenem Eichenlaubkranz. Zur Parade lichtblauer Waffenrock (Abb. 100 c) mit Goldtresse am Kragenaußenrand, Stickerei in den Ecken, Rangtressen ganz aus Gold, goldbetreßtes schwarzes Koppel mit Säbel in schwarzer Lederscheide, stilisierter Sturzhelm aus schwarzem Lackleder mit schwarzem Pelzbesatz und hellblauem Stutz, goldener Kinnkette. Die Mannschaften haben hochgeschlossenen Feldrock im Heeresschnitt, Waffenabzeichen (fliegender Adler) in Gelb auf rechteckiger dunkelblauer Unterlage an beiden Ärmeln unterhalb der Schulter. Darunter Rangabzeichen in grauer Tresse wie beim Heer; lichtblaue Feldmütze in Bootsform.

Irland

Heeresuniform. Das goldene Kragenabzeichen stellt einen von einem Fels auffliegenden Adler in durchbrochenem Kreis dar. Zur Paradeuniform der Offiziere ist der Rock aus mittelblauem Tuch, Kragen und Aufschlag scharlachrot, Metallteile golden.

Italien

Zunächst wie Genie mit Spezialabzeichen; seit Anfang der 20er Jahre mausgraue Uniform (Abb. 100 e). Knöpfe und Rangabzeichen wie im Heer zur Uniform M. 34. Die oberste Rangtresse bildet einen Rhombus. Der Kragen ist grundfarbig, nur mit Aktivitätsstern in der Ecke. Das Mützenabzeichen ist ein fliegender Adler im gekrönten Eichenlaubkranz. Offiziere Rangstreifen auch um das Mützenband, hellblaue Seidenschärpe, Marinesäbel.

Lettland

Der Uniformschnitt und die Rangabzeichen sind dieselben wie im Heer, aber das Grundtuch ist schwarz, alle Vorstöße blau, Kragenpatten und Mützenband dunkelkirschfarben.

Litauen

Wie Heer, Grundtuch schwarzblau, Abzeichenfarbe schwarz.

Niederlande

Zur Felduniform trägt die Mannschaft Infanterieuniform mit gelben Waffenabzeichen am Kragen: Rotationsmotor mit Propeller, die Offiziere die Uniform der Herkunftswaffe mit goldgestickten Waffenabzeichen. Zur schwarzblauen Uniform wird am Kragen das Waffenabzeichen getragen, aber keine farbigen Vorstöße an Rock und Hose.

Polen

Die Luftwaffe erhielt 1919 Heeresuniform mit dunkelgelben Kragenpatten und Mützenband. Gesellschaftshose lichtblau mit dunkelgelben Lampassen. Fliegerabzeichen silberner fliegender Adler für Offiziere und Unteroffiziere oben an der linken Brust, Mannschaften am linken Oberarm.
1936 wird eine neue Uniform eingeführt, von grauer Grundfarbe. Jackett mit einer Reihe von 4 Knöpfen, aufgesetzte Brust- und Seitentaschen, die runden Aufschläge bei Offizieren durch eine schwarze Seidentresse markiert. Graue oder weiße Wäsche mit schwarzem Binder, Rangabzeichen auf der Achselklappe wie beim Heer. Schirmmütze mit grauem Teller und schwarzem Mohairband, auf dem die Rangsterne sich befinden. Der schwarze Lacklederschirm hat bei Offizieren einfache oder doppelte Tresseneinfassung; Generale Zickzacktresse. Auf dem Randteil befindet sich der polnische Adler, eingefaßt von zwei aufrechten stilisierten Adlerflügeln. Knöpfe, Metallverzierungen und Rangabzeichen silbern, Hose grau mit schwarzem Besatzstreifen, Koppel braun (Abb. 100 f).

Rumänien

Die Luftwaffe erhielt 1923–25 die Kakiuniform des Heeres mit hellblauer Abzeichenfarbe, dazu Tellermütze mit gekröntem fliegendem Adler über dem königlichen Namenszug im Eichenlaubkranz als Mützenabzeichen, gelbe Knöpfe.
1931 wird die Grundfarbe graublau. Bei den Mannschaften Feldrock, Mantel und Hose im Heeresschnitt, am Mantel- und Rockkragen speerspitzenförmige Patten, für Jagdstaffeln dunkelgrün, Bombenstaffeln rot, Beobachtungsstaffeln hellblau, Ballontruppe braun, Schulen orange, Stäbe dunkelblau. Ingenieure königsblau, bei Seefliegern statt der Patte gelben Anker. Dazu dunkelblaues Barett mit verkleinertem Mützenabzeichen in gelber Seide. Offiziere und Unteroffiziere Jackett mit einer Reihe von vier Knöpfen, aufgesetzte Brust- und Seitentaschen, in den Kragenenden Kragenpatten wie die Mannschaft, ebenso am zweireihigen Mantel im Ulsterschnitt. Graublaues oder weißes Hemd mit schwarzem Langbinder. Neben dem Barett graublaue Tellermütze englischer Form mit goldenen Abzeichen vorn, schwarzer Lederschirm und Kinnriemen. Offiziere dunkelblaues Mohairband, Stabsoffiziere und Generale 1 und 2 Reihen goldene Eichenlaubstickerei am Schirmaußenrand. Rangabzeichen der Offiziere an beiden Unterarmen von Jackett und Mantel in Form von goldenen Tressen wie bei der Marine. Die oberste Tresse bildet einen Rhombus. Unteroffiziere 1–3 stumpfe Winkeltressen in Gold am rechten Oberarm. Offiziere tragen im Sommer weiße Uniform mit den Rangstreifen auf den graublauen Achselstücken, Mütze mit weißem Überzug.

Sowjetunion

Es wird zunächst die kakifarbene Heeresuniform getragen, Waffenfarbe hellblau, an den Kragenpatten mit schwarzem Außenvorstoß und geflügeltem Propeller in Weiß am hinteren Ende. Seit 1935 ist die Grundfarbe der Uniform hellblau, der Rock erhält unter Beibehalt der Kragenpatten Jackettschnitt mit taubenblauer bzw. weißer Wäsche; schwarzer Langbinder. Auf den Kragenpatten Rangabzeichen wie beim Heer. Auf den Unterarmen für Offiziere schmale, Stabsoffiziere 1–3 mittelbreite rote, bei Generalen goldene Winkeltressen, Spitzen unten.

Schweden

Die Fliegerwaffe wurde zunächst vom Genie betreut. Offizierflieger behielten die Uniform der Herkunftswaffe mit goldenem Fliegerabzeichen – geflügelter Propeller mit Krone – auf der Brust. Seit 1930 eigene Uniformen aus dunkelblauem Tuch (Abb. 100 g). Offiziere einreihiges Jackett mit 4 gelben Knöpfen, aufgesetzte Taschen, Unteroffiziere und Mannschaften hochgeschlossen mit Stehkragen, braunes Lederzeug, fliegendes Personal Dolch in brauner Lederscheide mit Elfenbeingriff, zweireihigen Mantel wie bei Marine. Rangabzeichen an beiden Unterarmen von Jakkett, Rock und Mantel, gleicher Zahl und Anordnung wie bei Marine. Die oberste Tresse bildet keine Schleife, dafür ist darüber das goldene Waffenabzeichen, geflügelter Propeller mit Krone darüber, angebracht, das sich auch über dem Mützenschirm befindet. Die Unteroffiziers- und Mannschaftsgradtressen sind waagerecht.

Tschechoslowakei

Die Uniform ist dieselbe wie die allgemeine Heeresuniform. Die Waffenfarbe ist hellblau. Die Offiziere tragen ein Jackett mit einer Reihe von 4 Knöpfen, zweireihigen Mantel im Ulsterschnitt, beides ohne farbige Kragenpatten. Graugrünes Hemd mit gleichfarbigem Binder, außer Dienst weiße Wäsche mit schwarzem Langbinder sowie untergeschnalltem Fliegerdolch mit Elfenbeingriff in brauner Lederscheide mit goldenem Beschlag. Lange Hose mit hellblauem Vorstoß. Das Fliegerabzeichen ist ein geflügeltes Schwert im Lindenblattkranz aus Silber auf der rechten Brustseite. Seit 1936 graublaues Grundtuch.

Argentinien

Wie Heer, Waffenfarbe königsblauer Samt, Fliegerabzeichen Staatswappen zwischen zwei Adlerschwingen in Gold auf der rechten Brust.

Brasilien

1921 olivgrünes Jackett mit gelben Knöpfen, dunkelbraune Achselklappen, hellkaki Hemd und Binder, olivgrüne Hose ohne farbige Abzeichen, schwarzes Schuhzeug, hellbraunes Lederzeug. Tellermütze amerikanischer Form, Deckel oliv, Besatzstreifen dunkelbraun, Schirm und Kinnriemen hellbraun. Rangabzeichen wie im Heer Sommerdienstuniform hellkaki. Zur Uniform 1931 wird in Schnitt und Ausführung die Heeresuniform getragen. Das Waffenabzeichen ist ein stehendes geflügeltes Schwert, Waffenfarbe zur grauen und dunkelblauen Uniform hellblau.

Chile

Wie Heer. Waffenfarbe gelb, Knöpfe weiß. 1929 für Offiziere Jackett mit einer Reihe von 4 Knöpfen ohne Kragenpatten. Graues Hemd mit gleichfarbigem Binder. Die große farbige Uniform ist wie bei der Kavallerie hellblau, aber mit gelben Abzeichen; silberne Knöpfe. Das Kragenwaffenabzeichen ist ein fliegender Adler, evtl. mit Nummer darüber.

Mexiko

Heeresuniform. Waffenabzeichen geflügelter Propeller.

Vereinigte Staaten

Während des I. Weltkriegs war die Fliegertruppe zunächst dem Signalkorps angegliedert und trug die gleiche Uniform. Die Offiziere trugen ein silbernes geflügeltes Schild auf der linken Brust, Mannschaften gekreuzte weiße Propeller auf dunkelblauem Feld am rechten Oberarm unter der Schulter. Später wurde die Fliegertruppe eine selbständige Waffengattung und erhielt zur allgemeinen Heeresuniform als Waffenfarbe (Hutkordel) Dunkelblau mit Orange sowie als Waffenabzeichen einen geflügelten Propeller. Bei Offizieren ist der Propeller silbern, die Adlerschwingen goldgestickt; beides befindet sich an den Kragenenden. Bei Mannschaften ist das Waffenabzeichen auf einen runden goldenen Knopf aufgeprägt und wird am linken Kragenende getragen, am rechten Kragenende der allgemeine Heeresknopf mit der Prägung U. S.